Nicolas de Herberay sieur des Essarts Traducteur de ce fameux Roman mourut en 1558. il avoit dans son tems la reputation d'un grand Traducteur. Il a traduit aussy l'histoire des Juifs de Joseph; mais cette Traduction est aujourd'huy tombée et même fort ignorée. 1

ce volume contient la traduction des trois premiers livres d'amadis formant chacun un tome imprimé en differents temps.

le 1er a eté imprimé pour la 1ere fois in fol° en 1540. ainsy il s'en faut bien que ce soit icy sa premiere Edition.

le second n'a paru pour la 1ere fois qu'en 1541. in f.º il est icy de cette datte.

le 3eme a paru pour la 1ere fois in f.º en 1542. Il est icy de 1547. mais je ne crois pas que ces Editions ayent aucun merite sur les autres. 1

ce volume contient les 3 volumes indoues d'amadis de gaule traduits par le sieur herberay, ... dans celui ci il n'y a aucune difference, ni pour les ... ni pour le stile, des petits indoues, et toutes ces differentes editions sont en tout semblables,

LE PREMIER LI-

ure de Amadis de Gaule, trai-

TANT DE MAINTES AVANTVRES

d'Armes & d'Amours, qu'eurent plusieurs Cheualiers &
Dames, tant du royaume de la grand' Bretaigne, que
d'autres païs : Traduit nouuellement d'Espagnol en Françoys, par le Seigneur
des Essars Nicolas de
Herberay.

Acuerdo Oluido.

Auecq' priuilege du Roy.

A PARIS,

Pour Vincent Sertenas Libraire, tenant sa boutique au Palays en la galerie, pa
ou l'on va à la Chancelerie, & au mont saint Hylaire à l'hostel d'Albret.
1 5 4 8.

Il eſt defendu par letres patentes

Mellin de saint Gelays, au

Seigneur des Essars. N. de Herberay traducteur du
present liure d'Amadis de Gaule.

Au grand desir, à l'instante requeste,
De tant d'amys, dont tu peux disposer,
Voudrois-tu bien (ó amy) t'oposer
Par vn refus de chose treshonneste?
  Chacun te prie, & ie t'en amonneste,
Que l'Amadis, qu'il t'a pleu exposer,
Vueilles permettre au monde & exposer:
Car par tes faitz gloire & honneur aqueste.
  Estimes-tu que Cæsar, ou Camile,
Doiuent le cours de leur claire memoire
Au marbre,ou fer,à cyseau,ou enclume?
  Toute statue,ou medaille, est fragile
Au fil des ans , mais la durable gloire
Vient de main docte, & bien disante plume.

á ii

Michel le Clerc, Seigneur de Maisons,

Aux Lecteurs.

Qui voudra voir maintes lances briser,
Harnois froisser, escuz tailler & fendre.
Qui voudra voir, l'Amant amour priser,
Et par amour les combatz entreprendre,
Vienne Amadis visiter & entendre,
Que des Essars, par diligent ouurage,
A retourné en son premier langage:
Et soit certain, qu'Espagne en cest afaire
Cognoistra bien, que France a l'auantage
Au bien parler, autant comme au bien faire.

Antoine Macault Secretaire & valet de chambre du Roy, Aux Lecteurs.

Diuins espritz Françoys de hault sçauoir comblez,
Qui par viue vertu & merite louable,
En bien escriuant ceux, qui bien font, ressemblez,
Prenez exemple icy certain & honorable,
Que loz immortel vient d'œuure non perissable,
Comme est le present liure : Et vous oysifz cessars
Suyuez ce translateur, qui des branchuz Essars
Du parler Espagnol, en essartant, defriche,
Nostre Amadis de Gaule, & le rend par ses artz
En son premier Françoys, doux, orné, propre, & riche.

A Treshault & tresilluſtre Prin

CE CHARLES DVC D'ORLEANS ET
d'Angoulesme, ſecond filz du Roy, Nicolas de Herberay Seigneur des Eſſars, treshumble Salut.

Epuys deux ou trois ans en ça, que Mars s'eſt eſlongné d'entre les Princes Chreſtiens, contraint laiſſer enrouil- ler ſes armes & inſtruments belliqueux: à l'ocaſion de la treue, qui eſt de preſent, entre le Treſchreſtien, & ma- gnanime Roy voſtre pere, & Charles cinqieſme Empe- reur, eſtant par ce moyen reduit de l'impetueuſe vie des armes, au bien du repos & loyſir : me ſuis mis (pour euiter la trop pernici- ſe oyſiueté) à lire pluſieurs ſortes de liures, tant vulgaires qu'eſtranges. En tre leſquelz, m'eſtant tombé es mains celuy d'Amadis de Gaule en langue Caſtillane, lequel maintesfois pluſieurs Gentilzhommes d'Eſpaigne, m'a- uoient loué & eſtimé ſur tous les Romans, & le trouuant tel qu'ilz me l'a- uoient aſſeuré, tant pour la diuerſité des plaiſantes matieres, dont il trai- te, que de repreſentation ſubtilement deſcrite qu'il fait des perſonnes ſuy- uant les armes, ou amours : ay pris plaiſir à le communiquer par tranſla- tion (ſouz voſtre auctorité) à ceux qui n'entendront le langage Eſpagnol, pour faire reuiure la renommée d'Amadis (lequel par l'iniure & antiquité du temps, eſtoit eſtainte en ceſte noſtre France) Et auſsi pource qu'il eſt tout certain, qu'il fut premier mis en noſtre langue Françoyſe, eſtát Ama- dis Gaulois, & non Eſpagnol. Et qu'ainſi ſoit, i'en ay trouué encores quel- que reſte d'vn vieil liure eſcrit à la main en langage Picard, ſur lequel i'eſti me que les Eſpagnolz ont fait leur traduction, non pas du tout ſuyuant le vray original, comme l'on ponrra voir par ceſtuy : car ilz en ont obmis en d'aucuns endroitz, & augmenté aux autres : parquoy ſupliant à leur ob- miſſion, elle ce trouuera en ce liure. Dans lequel ie n'ay voulu coucher la plus part de leur dite augmentation, qu'ilz nom ment en leur lágage Con ſiliaria, qui vault autant à dire au noſtre, comme auis, ou conſeil, ſemblans telz ſermons mal propres à la matiere dont parle l'hiſtoire: laquelle i'ay ex preſſement miſe en lumiere, non pour eſperance d'en raporter louange (eſtant l'œuure de trop peu de merite) mais ſeulement pour teſmoigner à tout le monde, combien ie voudrois pouuoir pour vous faire treshumble ſeruice, meſmement pour vous donner quelquefois dequoy recréer voſtre gentil eſprit, lors qu'il ſera ennuyé de lire choſes plus hautes & ardues. Toutesfois ie n'euſſe eſté iamais ſi temeraire, ny ne me fuſſe iuſques là oublié de le preſenter deuát voſtre excellence, n'eſtoit qu'à l'imitation de

ã iii   voſtre

voftre trefilluftre progeniteur,vous eftes eftimé le Prince qui plus humainement & gracieufement reçoit aufsi toft les moindres prefens despetitz,
que les bien grans des maieurs , conformant voftre grandeur & magnanimité à la volunté de ceux:qui vous defirét faire feruice. Et combien que ce
qui s'offre en eefte traduction d'Amadis,ne foit tiré de nul auteur fameux
pour luy donner couleur de verité ,fi trouuera l'on en elle tant de rencontres cheualereufes, & plaifantes,auecq' infiniz propoz d'amours,fi delecta
bles à ceux qui ayment,ou font dignes d'aymer,que toute perfonne de bó
iugement fe doit perfuader (voyre quafi contraindre) à lire fon hiftoire,
pour le paffetemps & plaifir qu'il pourra receuoir en la bienvoyant.A'cefte caufe, mon Seigneur, ie m'ofe affeurèr, que fi elle treuue grace deuant
voz yeux,ou foit quelque peu fauorifée de vous,que non feulement elle fe
ra eftimée beaucoup : mais aquerra le premier lieu entre toutes les autres
hiftoires femblables.Qui eft en partie la caufe,pour laquelle i'ay entrepris
la traduire , & aufsi pour faire cognoiftre à chacun mon intention, qui
téd à exalter la Gaule,en laquelle paffe de prefent vn fiecle bien heureux,
par la grace que Dieu nous donne de nous auoir fait naiftre en voz iours:
durant lefquelz nous efperons tant de vous,que de vous voir quelque fois
aufsi grand par deffus les Pinces eftranges, que vous eftes aymé & honoré
des voftres . Doncques,mon Seigneur ,ie vous fuplie treshumblement reuoir ce premier liure d'Amadis, & le fruit de mon labeur , auecq' telle facilité & bon vifage , que vous auez acouftumé receuoir les prefens de chacun entre lefquelz nul ne vous eft offert plus grand,que les cueurs & bon-
nesvoluntez des Gentilzhommes,qui vous font du tout aquis , tant pour
le bon recueil que vous leurs faites,que pour la bóne grace que vous auez
acompagnée de voz autres perfections & vertuz . Et fi vous aperceuez en
quelque endroit que ie ne me foys affubiety à le rendre de mot à mot ie
vous fuplie croyre,que ie l'ay fait, tant pource qu'il m'a femblé beaucoup
de chofes eftre mal feátes aux perfonnes introduites, eu regard aux meurs
& façons du iourd'huy, qu'aufsi pour l'auis d'aucuns mes amys , qui ont
trouuébon me deliurer de la commune fuperftition des tranflateurs,mef-
mement que ce n'eft matiere ou foit requife fi fcrupuleufe obferuance. Ce
que pourtant,fi ie cognois vous auoir defpleu en ce premier liure,ie mettray peine aux autres de faire mieux,pour vous obeïr, & faire toute ma vie
treshumble feruice.

Prologue

Prologue de l'Autheur Espagnol

d'Amadis, traduit en François.

Es Hystoriens tresrenommez, qui ont escrit & embelly les hystoires & faitz cheualereux de ceux, qu'ilz ont voulu fauoriser & rendre immortelz, par la facilité de leur bien escriuante plume, considerãts qu'encores qu'ilz eussent assez matiere & subiet pour les hault louër : neantmoins les ont vouluz faire estimer tant excellens es choses esquelles ilz estoient apellez, qu'auecq' aucune verité, sur laquelle ilz ont pris leur fondement, y ont aiousté & aproprié plusieurs choses non auenues, si proprement & par tant vraye similitude, que l'on s'est aisément consenty à les croyre, tellement qu'auiourd'huy ilz nous representent en grãde admiration (deuãt les yeux) la force supernaturelle de maintz personnages, cõme l'on peult lire en Homere, & autres escriuãts les faitz tant des Grecz, Troyens, que Romains, sur lesquelz ilz ont employé & proieté leur parler eloquent. Ce que tesmoigne assez Saluste, disant, que les faitz & grandes entreprises des Atheniens, n'ont volé plus hault que ceux, qui en ont emply leurs liures leur ont donné depennage par leur bien dire. Ce qui se doit aysémét croyre, & plus encores nous faire douloir, voyãt maintenant la monarchie du monde (mesmes nostre Espagne) si rare de telz sçauans personnages : car si à present elle estoit tant amye de Fortune d'auoir en elle le moindre d'infinizqui sont morts, quel subiet, quelle matiere s'est oferte depuys dix ans en ça, pour remplir l'Orient & les autres regions terrestres des grands faitz d'armes, & cheualereuses entreprises, qu'a faites nostre magnanime Roy catholique don Fernand, en la glorieuse conqueste du royaume de Grenade? mesmes les grãdes persuasions qu'il donnoit à ses Capitaines & Souldatz, sufisantes pour animer les plus timides à combatre virilement, & trop hardíment? Mais quoy? ayant faulte de telz personnages, s'ensuyt il que sa gloire doiue estre moindre ? Vrayement non, toutesfois son heur en eust esté plus grand: car pour perpetuer, & rendre son nõ immortel, ilz l'eussent peu coloquer au plus hault siege de renommée, aioustant auecq' l'hystoire vraye ce qu'il leur eust semblé apte & propre à la matiere subiete, ainsi que l'on a fait pour ceux, lesquelz par grande affection & peu de verité, ont esté preferez à ce bon Prince, qui l'auoit merité deuant eux, d'autãt que la diferance de leurs loix est grande: car ces autres seruoient au mõde, duquel ilz ont receu leur retribution, par le nõ perpetué, & nostre Roy au Seigneur. Lequel cognoissant sonbon & saint vouloir, mesmes l'amour qu'il auoit en luy, l'a voulu tant ayder, & fauoriser, que de le rendre digne de mettre à execution auecq' (toutes-

ã iiii   fois)

fois)grand trauail & forte defpenfe,cefte conquefte, laquelle eft à l'augmentation de la region Chreftienne, & de fon feruice : Mais fi fa renommée n'a volé fi hault, comme il merite, fa recompenfe n'en eft amoindrie
au fiecle des fiecles.

Ce grand Hyftorien Tite Liue, defcriuant fon hyftoire (en laquelle il
a efleué & employé tout fon fçauoir pour illuftrer les glorieux Romains)
a eu autre maniere de faire trop plus perfuafiue à legiere creance,que celle
de ceux,defquelz cy deuant nous auós parlé.Car s'il a feparé d'eux les forces corporelles,il les a d'autant plus aprochées de la hardieffe & vertu du
courage,voulant ofter le doute que l'on faifoit fur telz efforts . Et pource
faire , a reduit en memoire la magnanimité de celuy Mucius Sceuola,qui,
fans contrainte , luy mefmes fe brufla le bras , & de ce gentil Cheualier.
QuintusCurcius,lequel de fa propre volunté fe precipita dans le perilleux
goufre . Ce qui fe doit ayfément croyre, veu que nous en voyons encores
maintenant tant de valereux & courageux , qui font aufsi peu de cas que
rien de mourir (voyre de mile morts s'ilz pouuoient)pour la faluation de
quelqu'vn leur particulier amy.Voylà pourquoy Tite Liue eft eftimé Hy
ftorien trefueritable:car il ne fait nulle mention en fes œuures de ces grans
coups efpouuentables, ou rencontres d'auantures ainfi qu'ont voulu faire
ceux qui ont parlé du fort Hector, du fameux Achilles , du vaillant Tro-
ylus,du hardy Aiax Telamon, & d'infiniz autres,defquelz il a efté efcrit
felon les affections de ceux qui ont mis la main à la plume, comme l'on
peult cognoiftre du Duc Godefroy de Builló Roy de Hierufalem,lequel
eftant au pont d'Antioche, donna(comme l'on dit)fi pefant coup d'efpée
à vn Turcq armé,qu'il le fepara en deux parts . Vray emét il fe peult & doit
on croyre auoir efté vne Troye afsiegée, & deftruite par les Grecz,& Hierufalem conquife,auecq' plufieurs autres places,par ce Duc & fes compagnons . Mais il eft tout clair à l'œil, & chofe trefcertaine,que ces coups qui
font l'effort des foudres & tonnerres font inuentions de gés, qui ont voulu ainfi parler,tant pour donner merueilles à ceux qui lesvoudroient croy
re,que pour decorer leursRomans de telles méfonges,n'ayans,peult eftre,
affez matiere pour emplir leurs volumes , à quoy ne fe doit aioufter nulle
foy. Et qu'il foit vray,confiderons fi les auantures des armes du fiecle prefent,aprochent en riens à celles d'alors :toutesfois ilz ne font à reieter : car
il s'y trouuera maints bons exemples, qui peuuent feruir pour la faluation
de noz ames , defquelz nous ayderons, pour aquerir la grace du Seigneur
auecq' laquelle nous paruiendrons au lieu de beatitude , qui nous eft pro-
mis.Parquoy confiderát ce que deffus,voulant pluftoft laiffer de moyquel
que memoire que d'eftre oyfif, me fuis adreffé aux chofes faciles , en imi-
tant les moindresOrateurs,pour eftre mon fçauoir au leur plus conforme.
Et pour ce faire me fuis mis à corriger les trois premiers liures d'Amadis,
lef-

lefquelz, par la faute des mauuais efcriuains, ou traducteurs trop corrompuz & vicieux, ont efté iufques à maintenant de peu de fruit:Et tranflatant aufsi le quart liure fuyuant, auecq' les faitz d'Efplãdian filz d'iceluy Amadis, lefquelz iufques adoncq' n'ont efté veuz de nul : car l'on les a trouuez par cas fortuit en vn Hermitage, pres Conftantinople, fouz vne tumbe de pierre, efcritz en letre, & en parchemin fi antique, qu'à grand' peine ilz fe pouuoient lire: puys aportez en ces païs d'Efpagne, par vn marchand Hógre. Or ont efté ces cinq liures tellement traduitz, corrigez, & enrichiz de telles exemples, & bonnes doctrines, que combien que iufques à prefent ilz ayent efté profanes, comme fabuleux: maintenant l'on les pourra comparer par raifon à la foyble efcorce du Liege, enchaffée en pur or, & enrichie de pierres Orientales: car non feulemét les ieunes Cheualiers y pourront prendre exemple, & y profiter, mais les anciens mefmes, y trouueront du fruit : auquel ilz prendront gouft & faueur. Et fi d'auanture en lifant & pourfuyuant l'hiftoire, il fe rencontre quelque faulte, ou parole mal digerée : ie fuplie humblement vn chacun les excufer, & m'eftre fauorable. Pourtant que la faulte, qui y peult eftre, eft plus caufée par fimpleffe, qu'autrement.

Fin du Prologue.

Enſuyt la table du premier liure

d'Amadis de Gaule.

Et premierement.

Velz furent les Roys Garinter & Perion, & d'vn combat qu'eut iceluy Perion par cas fortuit côtre deux Cheualiers : puys contre vn Lyon, qui deuoroit vn Cerf en leur preſence, & de ce qu'il en auint.　chapitre premier. Fueillet premier.

Comme l'Infante Eliſene & ſa Damoyſelle Dariolette ſ'en allerent en la chábre ou le Roy Perion eſtoit couché.　chapitre ii. Fueillet iiii.

Comme le Roy Perion partant de la petite Bretaigne cheminoit, ayant le cueur remply d'ennuy, & de melancolie.　chapitre iii. fu.vii.

Comme le Roy Languines emmena auecq' luy le Damoyſel de la Mer, & Gandalin filz de Gandales.　chapitre iiii. fu.xi.

Comme le Roy Liſuart nauigant par la mer, print port en Eſcoce, ou il fut grandement honoré & bien recueilly.　chapitre v. fu.xiiii.

Comme Vrgande la Deſcogneuë aporta vne lance au Damoyſel de la Mer.　chapitre vi. fueil.xix.

Comme le Damoyſel de la Mer, ſe combatit contre les gardes du chaſteau de Galpan, & depuys contre ſes freres, & à la fin auecques Galpan meſmes　chapitre vii. fu.xxiii.

Comme le troiſieſme iour apres que le Damoyſel de la Mer fut party du Roy Languines, arriuerent les trois Cheualiers qui menoiét vn Chaualier naűré dás vne lictiere & ſa deſloyale femme.　chapitre viii. fu.xxv.

Cóme le Roy Liſuart enuoya vers la Priceſſe Oriane ſa fille, qu'il auoit long temps laiſſée en la court du Roy Languines, lequel la luy renuoya acompagnée de l'Infante Mabile ſa fille vnique, & de bonne compagnie de Cheualiers, Dames & Damoyſelles.　chapitre ix. fu.xxvii.

Comme le Damoyſel de la Mer combatit le Roy Abies, ſur le diferent de la guerre qu'il menoit en Gaule.　chapitre x. fu.xxxii.

Comme le Damoyſel de la Mer eſt cogneu par le Roy Perion ſon pere, & par la Royne Eliſene ſa mere.　chapitre xi. fu.xxiiii.

Comme le Geant menant Galaor au Roy Liſuart, pour le faire Cheualier, rencontra ſon frere Amadis, par la main duquel il le voulut eſtre, & non d'autre.　chapitre xii. fu.xxxvii.

Cóme Galaor vaíquit le Geát de la roche de Galtares.　ch.xiii. fu.xli.

Comme Amadis au partir d'Vrgande la Deſcogneue, arriua en vn chaſteau

chasteau ou il luy auint ce que entendrez.　chap.xiiii.　fu.xlv.

Comme le Roy Lisuart fit eriger sepulchre à Dardan & à s'amye, auecq' epitaphes pour memoire, & de l'honneur qu'il fist à Amadis, apres auoir esté trouué & cogneu.　chapitre xv.　fueillet li.

Comme Amadis se fit cognoistre au Roy Lisuart, aux Princes, & grands Seigneurs de sa court, desquelz il fut grandement receu & festoyé. Chapitre xvi.　fueillet.lvi.

Quelles furent les auantures d'Agraies, depuys son retour de Gaule, ou il auoit laissé Amadis.　chapitre xvii.　fueillet lx

Comme Amadis estant bien voulu en la maison du Roy Lisuart, entendit nouuelles de son frere Galaor.　chap.xviii.　fueil.lxv.

Comme Amadis combatit contre Angriote & son frere, qui gardoient le passage du val, contre ceux qui nevouloiét acorder que leur amye estoit moins belle que celle d'Angriote.　chap.xix.　fueil.lxix.

Comme Amadis fut enchanté par Arcalaus, lors qu'il voulut deliurer la Dame Grindaloya de prison, & autres, puys eschapa de ses enchantemens par l'ayde d'Vrgande.　chapitre xx.　fueillet lxxiiii.

Comme Arcalaus porta nou uelles à la court du Roy Lisuart, que Amadis estoit mort, qui fut ocasion de maintes lamentations & regretz que firent ses amys, especialement la Princesse Oriane. cha. xxi.　fu.lxxvii.

Comme Galaor arriua fort blecé en vn monastere, ou il seiourna quinze iours, atendant qu'il fust guery, puys s'en partit, comme il vous sera declaré.　chapitre xxii.　fueillet lxxx.

Comme Amadis se partit du chasteau de la Dame, & des choses qui luy furent ocurrentes en son chemin.　cha.xxiii.　fueil. lxxxv.

Comme le Roy Lisuart estant à la chasse vid venir le long d'vn grand chemin trois Cheualiers armez, & de ce qu'il leur auint. chapitre xxiiii.　fueillet lxxxv.

Comme Amadis, Galaor, & Balays se delibererent d'aller ou estoit le Roy Lisuart, & des auantures qui leur suruindrent entre deux. chapitre xxv.　fueillet xci.

Comme Galaor fut venger la mort du Cheualier, qu'il auoit trouué mort souz l'arbre du carrefour.　chap.xxvi.　fueil. xciiii.

Comme Amadis courant apres le Cheualier, qui emmenoit la Damoyselle par force, rencontra vn autre Cheualier, contre lequel il combatit, & ce qu'il en auint.　chap.xxvii.　fu. xcvi.

Comme Amadis se combatit contre le Cheualier qui luy auoit desrobé la Damoyselle ainsi qu'il dormoit & le vainquit. chap.xxviii.　fu.xcix.

Comme Balays se porta à l'entreprise de suyure le Cheualier qu'il auoit fait perdre le cheual à Galaor.　chapitre xxix.　fueil.ci.

Comme le Roy Lisuart tint court magnifique, & de ce qu'il auint durant icelle.　chapitre xxx.　fueillet c iii.

Comme

Comme Amadis, Galaor, & Balays arriuerent en la court du Roy Lisuart, & de ce qui leur auint depuys.　　chap.xxxi.　　fueil.c ii.

Comme le Roy Lisuart s'en partit de Vindelisore, pour aller en sa bonne cité de Londres tenir court royale.　　chap.xxxii　　fueil.c vii.

Comme le Roy Lisuart voulut auoir l'auis des Princes & Seigneurs sur ce qu'il auoit à faire, pour au plus hault exalter & entretenir Cheualerie.　chapitre xxxiii.　　fueillet c ix.

Comme durant ceste grande & ioyeuse assemblée vint en Court vne Damoyselle vestue de dueil, requerir au Roy Lisuart ayde contre quelque tord qui luy auoit esté fait.　　cha. xxxiiii.　　fueillet cxvii.

Comme le Roy Lisuart fut en danger de perdre sa personne & ses estatz par les promesses illicites qu'il fit trop legieremét. chap.xxxv. fu. cxxii.

Comme Amadis & Galaor sceurent que l'on auoit emmené le Roy prisonnier & sa fille, parquoy ilz se diligenterent de les aller secourir.　chapitre xxxvi.　　fueillet cxxi.

Comme don Galaor deliura le Roy Lisuart de la prison, en laquelle on le menoit.　　chapitre xxxvii,　　fueillet c xxv.

Comme les nouuelles vindrent à la Royne de la prise du Roy, & que Barsinan s'esforçoit d'vsurper la ville de Londres.　　Chapitre xxxviii.　　fueillet cxxviii.

Comme Amadis vint au secours de la ville de Londres. cha. xxix fu. cxxx.

Comme le Roy Lisuart, tint court en la ville de Londres plusieurs iours durant lesquelz furent festoyez maintz grands personnages qui s'y trouuerent, la pluspart desquelz y seiournerent bien long temps apres:　chapitre xl.　　fueillet cxxxii.

Comme Amadis delibera d'aller combatre Abiseos & ses deux filz, pour venger la mort du Roy, pere de la belle Briolanie, & de ce qu'il en auint.　　chapitre xli　　fueillet cxxxv.

Comme don Galaor s'en alla auecq' la Dame, apres le Cheualier qui auoit abatu luy & ses compagnons, lequel il trouua, & combatirent ensemble, puys au plus fott du cóbat s'entrecogneurent. chap. xlii. fu. cxxxviii.

Comme don Florestan fut engendré du Roy Perion en la belle fille du Comte de Salendrie.　　chapitre xliii.　　fueil. c xli.

Comme Galaor & Florestan cheminants vers le Royaume de Sobradise rencontrerent trois Damoyselles à la fontaine des Oliuiers.　chapitre xliiii.　　fueillet c xlvii.

Fin de la Table.

Le premier liure de Amadis de

GAVLE, TRADVIT D'ESPAGNOL EN FRAN-
çoys, par le Seigneur des Essars Nicolas de Herberay, Commissaire
ordinaire de l'Artillerie du Roy.

Quelz furent les Roys Garinter & Perion, & d'vn combat qu'eut iceluy
Perion par cas fortuit contre deux Cheualiers: puys contre vn Lyon,
qui deuoroit vn Cerf en leur presence, & de ce qu'il en auint.

Chapitre premier.

Eu de temps apres la passion de nostre Sau-
ueur Iesus Christ, il fut vn Roy de la petite
Bretaigne, nómé Garinter, instruit en la loy
de verité, & grandement decoré de bonnes&
louables vertuz, qui eut d'vne noble Dame
son espouse, deux filles. L'aisnée (mariée a-
uecq' LanguinesRoy d'Escoce)cómunément
apellée la Dame de la Guirláde: par ce que le
Roy son mary,pour la beauté de ses cheueux
& le grád plaisir qu'il prenoit à les voir,ne les
luy permettoit couurir,sinon auecq' vn petit cercle, ou chapelet de fleurs.
De ce Roy Languines & d'elle furent engendrez Agraies & Mabile, desquelz l'histoire presente fera souuent mention.L'autre fille puisnée de ce
Roy Garinter, nómée Elisene, fut trop plus belle que son aisnée.Et combien qu'elle eust esté maintesfois demandée & requise en mariage de plusieurs Princes & gráds Seigneurs:neantmoins ne luy en print (pour lors)
aucun vouloir, ains par sa solitude, & sainte vie, estoit communément

A   apellée

apellée de tous, la Deuote perdue. Confiderans qu'à perfonnage de tel
eftat, douée de fi excellente beauté, & folicitée par fi grands Princes, n'e-
ftoit conuenable telle religion. Or eftant ce Roy Garinter ancien, pour
contenter fon efprit, prenoit plaifir à la venerie. Dont vne foys entre autres luy auint, qu'ayant fait l'affemblée pres d'vne fienne ville, nommée
Alyma, fe lança vn Cerf, que luy mefmes pourfuyuit fi longuement, qu'il
s'egara. Parquoy fe trouuant de gens & de chiens habandonné, fe recommandant à Dieu, commença au petit pas à fe remettre en fon adreffe, &
tant trauerfa de cofté & d'autre, que par fortune (affez pres de l'yffue du
boys) il auifa deux Cheualiers, qui contre vn feul combatoient. Les deux
furent par luy affez toft cogneuz: car ilz eftoient fes vaffaux, defquelz
maintesfois on luy auoit fait plaintes: mais il n'y auoit peu pouruoir,
tant à caufe de la grande aliance, qu'ilz auoient au païs, que pource que
ordinairement fe tenoient cachez en cefte grande foreft. Du tiers s'esbahiffoit qui il pouuoit eftre, & pour l'heure ne fe voulut tant fier à la bonté
de l'vn, que la crainte des deux luy fuft oftée: tellement qu'il fe retira quel
que peu dedans la foreft, à ce que plus affeurément il vift quelle feroit
l'yffue de cefte meflée, qui fut telle, que par l'effort de ce feul Cheualier les
deux furent vaincuz & morts. Ce voyant le leRoy, faillit du boys. Adõcq'
le Cheualier qui l'aperceut venir feul, luy demanda: Quelle contrée, hom
me de bien, eft cefte cy, en laquelle les Cheualiers errans font affailliz par
telz brigands? Ah Seigneur! refpondit il, ne vous en esbahiffez: car en ce
païs, comme aux autres, s'en treuue de bons & mauuais. Et ceux qui
vous ont maintenant affailly, ont fait autres infiniz maux & outrages,
non feulement en ce boys, ou ilz auoient acouftumé d'eux retirer, ains en
plufieurs & diuers autres lieux: mefmement à leur Seigneur & Roy, lequel n'en a peu faire iuftice, par ce qu'ilz eftoient aparentez desmeilleures
maifons de ce royaume. Et ou pourroys-ie trouuer leRoy, duquel vous me
parlez? dit le Cheualier: car ie fuis venu le chercher, & luy aporte nouuelle
d'vn fien grand amy. Quoy qu'il en doiue auenir, refpondit Garinter, ie
vous en diray ce que i'en fçay. Sçachez certainement, que ie fuis celuy que
vous demandez. A cefte parole le Cheualier ofta l'armet, & mit fon efcu
bas: puis le courut embraçer, difant foy mefme eftre le Roy Perion de
Gaule, qui des long temps auoit defiré le cognoiftre. Grandement furent
ces deux Roys efiouyz pour s'eftre ainfi par fortune cogneuz, & deuifants
enfemble de plufieurs propoz (eux retirants en la ville) prindrent la rou-
te du boys, ou ilz penfoient trouuer les Veneurs: mais par cas fortuit paffa
au deuant d'eux à l'heure vn Cerf mal mené & efchapé des toiles, apres
lequel les deux Princes fe mirent à courfe de cheual efperants le tuer. Ce
qu'autrement auint: car en la pourfuyuant, au fortir d'vn fort taillis,
vn Lyon efchauffé les deuança, qui en leur prefence, f'en faifit, puis l'ayãt
auecq' fes forts ongles mis en pieces, tourna fon regard, & leuant l'vne des

pates

pates de deuant, se prit à rugir contre ces deux Princes, croulant sa heure,
comme s’il les eust menacez . Ce que voyant le Roy Perion , dist en riant:
Maistre Lyon, vous ne serez pas tant goulu, que ne nous laissiez part de la
chasse. Et ausi tost se mettant à pied (pource que son cheual n’en vouloit
aprocher) print l’espée au poing & l’escu au bras (sans ce que les criz qu’a-
pres luy faisoit le Roy Garinter l’en sceussent destourner) & marcha droit
au Lyon , lequel pour defendre sa proye ausi tost courut au Roy, qui venoit vers luy , & commença entr’eux deux vne nouuelle guerre: mais le
Lyon agile fit tant, qu’il abatit son homme souz luy . Ce nonobstant, le
Roy eut le cueur si bon , que, combien qu’il fust en tresgrand peril de sa
personne, ne s’esbahit de rien , ains s’esuertua de sorte, qu’il mit son espée
si auant au ventre de la beste, qu’à l’instant elle tomba morte deuant luy.
Ce que voyant le Roy Garinter, deuint tellement esmerueillé, qu’il dit en
soy mesmes: Vrayemét cestuy n’est pas à tort renommé l’vn des meilleurs
Cheualiers du monde . Et sur ces entrefaites se r’assembla la compagnie,
qui pour le retrouuer s’estoit mise enqueste de tous costez. Adócq’ fut sur
deux cheuaux, leur venaison & proye, portée en la ville . Or fut incontinent la Royne auertie de la venue du Roy Perion , & à ceste cause fit
pouruoir promptement à tout ce qui estoit necessaire, pour bien recueillir & festoyer vn tel Prince. A leur arriuée trouuerét le disner prest, & les
tables dressées : parquoy apres les reuerances & bien venues faites d’vne
part & d’autre, s’asirent les deux Princes, la Royne pareillement, & la
belle Elisene leur fille . Amour adoncq’ estoit en embusche, qui par long
temps auoit assailly ceste ieune Princesse, sans l’auoir sceu vaincre : mais
il la vid tant au descouuert, qu’à l’heure presente la peut ataindre si au
vif, qu’il s’en fit de là en auant vaincueur . Mesme du Roy Perion, qui
ne pensoit qu’à l’honneste recueil , lors quil ieta l’oeil sur ma Dame Elisene, & elle sur luy , si que par ce regard, la chaste & sainte vie, acoustu-
mée à ceste Princesse , n’eut pouuoir de la garantir, qu’elle ne fust frapée
d’incroyable & extreme amour de ce ieune Roy, &au semblable luy d’elle. Lequel iusques adócq’ auoit eu le cueur franc & libre, & sans s’estre su-
mis en nul autre lieu . Ainsi se trouuerent tous deux , l’vn pour l’autre,
durant le disner, en vne estrange & par trop grande fantasie, tant que les
tables furent leuées , & que la Royne se voulut retirer . Parquoy se leua
Elisene pour la suyure: mais ainsi qu’elle marcha le premier pas, luy tomba vn anneau qu’elle auoit retiré en son sain, pour lauer ses mains ou elle
l’auoit oublié, à l’ocasion de ceste nouuelle amour, qui à autre chose la
faisoit penser . Or estoit le Roy Perion ioignant elle , lequel luy voulant
faire cognoistre l’enuie qu’il auoit d’estre sien, se baissa ausi tost qu’elle
pour le leuer: & si à propos se rencontrerent leurs mains , que le Roy eut
moyen de luy serrer les doitz, faignant prendre l’anneau. Parquoy ceste
amoureuse Dame, cómença à changer couleur: & toutesfois par vn doux

A ii   regard

regard, humblement le remercia. Ah! dit il, ma Dame, ce ne fera le dernier feruice, que i'efpere vous faire, car tout le temps de ma vie fera employé à vous obeïr. Contrainte fut Elifene(fans luy refpondre) fuyure la
Royne fa mere, tant alterée & furprife, qu'elle mefmes prefque fe mef-
cognoiffoit. Et de forte, que ne pouant foufrir ce nouueau feu d'amour
(qui par telle vehemence, & fi foudain auoit peu vaincre le fien chafte,
& ancien propos) ayant la larme à l'œil, & l'angoiffe au cueur, vint fe
defcouurir à vne fienne fidele Damoyfelle, nommée Dariolette: la priant
trefinftamment la confeiller, comme elle pourroit honneftement fçauoir, fi le Roy Perion n'auoit ailleurs mis fon amour, & fi ceft affectionné femblant, qu'il luy auoit monftré, luy pourroit point eftre venu de
la force de celuy qu'elle auoit nouuellement fenty en fon cueur. La Damoyfelle efpouentée de cefte mutacion fi foudaine, & en perfonne tant
efloignée de chofe femblable (prenant toutesfois compafsion de ses pi-
toyables larmes) luy refpondit: Ie voy bien, ma Dame, que felon l'extreme pafsion, dont ce tyran Amour vous tourmente, qu'il n'a laiffé en voftre iugement lieu, ou confeil & raifon puiffent loger. Et pourtant, fuyuant, non ce que ie doy, pour voftre feruice, mais le vouloir que i'ay de
vous obeïr, ie feray ce que me commandez, par le moyen plus honnefte,
que mon peu de difcretion, & l'enuie grande que i'ay de vous complaire, le fçaura trouuer. Et fans autre propos s'en alla Dariolette à la chambre, ou le Roy Perion s'eftoit retiré, à l'huys de laquelle trouua fon Efcuyer, qui luy portoit autres habillements pour veftir, lefquelz la Damoyfelle prit. Car, difoit elle, il fault que ie luy face ce feruice, & vous en
allez, s'il vous plaift(Efcuyer mon amy) à voz autres afaires. L'Efcuyer e-
ftimant que ce fuft la couftume, ne les luy refufa, ains les luy laiffa prendre librement: parquoy entra la Damoyfelle en la chambre, ou elle trouua le Roy couché, qui l'aperceut entrer: & cogneut aufsi toft que c'eftoit
celle que plus en priuauté il auoit veu parler à Elifene, & à qui mieux(à
fon auis) elle fe fioit, eftimant que fans luy aporter aucun remede à fes
mortelles pafsions, n'eftoit venue à telle heure vers luy. A cefte caufe,
tout en tremblant, luy dit: Que demandez-vous? ma grand'amye. Sire,
refpondit elle, ie vous veux bailler(s'il vous plaift) nouueaux veftements.
I'aymerois trop mieux, dit le Roy, que ce fuft à mon cueur, qui de prefent eft defnué & defpouillé de tout plaifir. En quelle forte, Sire, refpondit la Damoyfelle. Par ce, dit il, que quand i'arriuay en ce païs, i'eftois
libre de toutes pafsions, & n'auois doute feulement que des auantures,
qui peuuent furuenir aux Cheualiers errants: mais maintenant(ie ne fçay
en quelle forte) entrant en cefte maifon, par l'vne de vous autres, mes Dames, ay efté naüré de playe trop mortelle, à laquelle fi vous, bonne Damoyfelle, me fçauez donner aucun remede, la recompenfe en feroit fi
bonne, que vous m'en feriez obligée. Certes, refpódit elle, ie me tiendrois
fort

fort heureufe de pouuoir faire feruice, à fi hault perfonnage, & bon Cheualier que vous eftes, fi ie fçauois en quoy. Si vous me promettez, dit le
Roy, comme loyale Damoyfelle, ne me defcouurir fi n'eft ou il eft requis,
ie le vous diray. Dites hardíment, refpondit la Damoyfelle : car par moy
oultre voftre gré ne fera fceu. Damoyfelle m'amye (dit il adoneq') ie vous
auife, qu'en telle heure que ie regarday l'excellente beauté d'lEifene
voftre maiftreffe, que ie fu en trop d'extremité tourmenté de fon amour,
& tellement que ie ne me puis excufer de la mort, fi de brief ie ne treuue
allegement. Quand Dariolette qui fçauoit interieurement le vouloir
de la Princeffe) entendit celuy du Roy, elle luy refpondit. Sire, fi vous
me voulez affeurer en foy de Roy, qui en toutes chofes doit deuant tous
eftre veritable, ainfi que perfonne plus obligée à la vertu, & comme Cheualier loyal, qui auez (comme l'on dit) tant fouffert pour maintenir loyau
té & droiture de prendre à femme ma Dame Elifene quand le temps le
requerra : ie la vous mettray de brief en lieu, auquel non feulement voftre
cueur fera fatisfait : mais le fien mefmes, qui eft (peult eftre) autát ou plus
que le voftre, en foucy, & douleur, de l'angoiffe nouuelle, qu'elle a receué
par mefme moyen. Mais Sire, fi vous ne faites, ce que ie vous dy, ny vous
ne la recouurerez, & n'auray plus caufe de croire, que voz paroles foyétde
vray & loyal cueur, quelque chofe que vous diciez. Le Roy, auquel defia
Amour auoit rauy la liberté, pour l'vnir à Elifene (à fin qu'il en fortift a-
pres le bien, & grád fruit qu'il en auint, ainfi qu'il vous fera recité, print fon
efpée, qui ioignant luy eftoit, & mettant la main dextre deffus la croix,
dit ces paroles : Ie iur e en cefte croix, & fur l'efpée, auecq' laquelle i'ay receu l'ordre de cheualerie, de faire ce que vous (Damoyfelle) me demandez, toutesfoys & quantes que par voftre maiftreffe Elifene fera auifé.
Or maintenant, refpondit Dariolette, refiouyffez vous : car i'acompliray aufsi ce que ie vous ay promis. Et à l'inftant s'en retourna vers la Prin
ceffe, à laquelle, elle declara ce qu'elle auoit conclut auec le Roy Perion,
dequoy l'amoureufe Dame fut fi ayfe, qu'elle en perdoit toute contenáce
Car inceffamment embraçoit Dariolette, luy demandant : Ma grande a-
mye, quant viendra l'heure, que ie tiendray entre mes braz ce mien Seigneur, que vous m'auez donné? Ie le vous diray, refpondit la Damoyfelle,
vous fçauez qu'en la chábre ou le Roy Perion eft retiré, y a vn huys du co
fté du iardin, par lequel voftre pere fort quelquesfois pour s'en aller recréer, qui à prefent eft caché de la tapifferie: mais i'en ay la clef. Parquoy fur la
nuíct quand ceux de ceans repoferont, nous pourrons facilement y entrer
fans eftre de nul aperceuz : & venant l'heure qu'il fauldra vous retirer, ie
vous iray apeller. Quand Elifene entendit ce moyen, elle s'en contenta grandement, ce neantmoins en foufpirant luy dift : Helas! ma fidelle
amye, comme y pourrons nous paruenir? veu que le Roy mon pere fe deli-
bere coucher auec le Roy Perion, & s'il s'en aperceuoit, nous ferions en

A iii   trop

trop grand danger.Remettez à moy ceſte doute, reſpondit Dariolette,
car i'y pouruoiray ayſément,& pour l'heure mirent fin à ce propos,pour
ce que l'on vouloit couurir pour le ſouper.Et tout ainſi que le feſtoyemé
auoit eſté commencé des le matin,tout le iour ſe continua,tant que lesta-
bles furent leuées, & que chacun ſe voulut aller repoſer . Or vn peu deuant Dariolette ſ'adreſſa à l'Eſcuyer du Roy Perion,auquel elle dit : Eſcuyer mon amy , ie vous prie me dire(en bonne foy) ſi vous eſtes Gentil-
homme.Pourquoy?reſpondit l'Eſcuyer.Ie le vous diray, dit la Damoyſel
le,pource que ie deſire ſçauoir de vous vne choſe, que ie vous prie (par la
foy que deuez à Dieu & au Roy voſtre maiſtre)ne me taire.Par ſainteMa
rie,reſpõdit il,ie vous diray tout ce qu'il vous plaira,pourueu,qu'il ne por
te dommage à mon Seigneur.Celà,dit la Damoyſelle,vous acorderay-ie
bien:car ie ne voudrois vous demander choſe , qui luy donnaſt ennuy,&
auſsi auriez vous peu de raiſon de me le dire:mais ie deſire ſçauoir,qui eſt
(par voſtre foy)la Dame qu'il ayme plus perfaitement.LeRoy mon maiſtre,reſpondit l'Eſcuyer , les ayme toutes en general , & vous aſſeure n'en
cognoiſtre nulle à qui il porte l'affection , de la ſorte que vous dites . Et
ſur ces entrefaites ſuruint le Roy Garinter , lequel voyant Dariolette, tenir propos à l'Eſcuyer du Roy Perion,luy demanda,qu'elle auoit affaire
à ce Gentilhomme.En bõne foy,dit elle. Sire,il me diſoit,que le Roy ſon
maiſtre,a acouſtumé de dormir ſeul,&(à ce que ie voy)il n'ayme compagnie . Quand Garinter l'entendit, il vint auſsi toſt au Roy Perion,& luy
dit:Mon frere,il m'eſt ſuruenu quelques affaires , & auſsi iay apris de me
leuer à l'heure de matines , qui m'a fait penſer que(pour ne vous faire ennuy)le meilleur ſera,que ie vous faulce compagnie pour le coucher. Mõ-
ſieurr,eſpondit le Roy Perion , faites tout ainſi qu'il vous plaira.Ceſte reſ
ponſe ſembla au Roy Garinter,cõforme à ce que luy auoit dit la Damoyſelle : parquoy manda auſsi toſt que l'on oſtaſt ſon lict de la chambre du
Roy Perion. Quand Dariolette l'entendit ,elle penſa bien, que de mieux
en mieux ſe porteroient ſes affaires , & partant retourna à Eliſene & luy
recita tout ce qui s'eſtoit paſſé entre les Roys.En bõne foy,reſpondit elle,
ie croy maintenant,que puys que Dieu donne ſi bon commencement, en
noſtre entrepriſe,que ce qui ſemble à preſent grand peché , redondera cy
apres en ſon ſeruice. Mais dites moy que nous ferons:car la grãd' ioye que
i'ay,m'oſte la plus ſaine partie de mon iugemét.Ma Dame,dit Dariolette
executons ceſte nuict ce qu'auons deliberé,puys que la porte que vous ſça
uez eſt certainement ouuerte.A'moy ne tienne reſpõdit Eliſene,& àvous
ſeule,i'en remetz la charge,pour y pouruoir quand l'heure le permettra.
Et ainſi demeurerent atendans ſaiſon propice.

Comme

Comme l'Infante Elisene & sa

Damoyselle Dariolette s'en allerent en la chambre,
ou le Roy Perion estoit couché.

Chapitre   II.

VEnu le temps que chacun plus communémét prend repos, Dariolette, qui pour le côtentemét de sa maistresse
auoit fait diligence extreme, vint luy dire: Ma Dame, il
est saison de paracheuer nostre entreprise, allós s'il vous
plaist. Quand Elisene l'entendit, croyez qu'elle ne donna ocasion d'estre reprise de paresse, ains hastiuement se
leua, & sans tarder, ieta seulement vn manteau sur ses espaules, & se mit à
chemin, puis entrerent elles deux au iardin. Le temps estoit lors gracieux
& serain, la Lune belle & luysáte, qui dónoit clarté aux deux Damoyselles:
mais certes l'vne auoit plus d'ocasion d'estre côtente que l'autre , qui eust
tresuoluntiers pris ce bié ouvn semblable pour elle mesme, si elleen eust eu
moyen . Et tant en dónoit de cognoissance, que Elisene voyoit bien qu'il
n'y auoit faute que de executeur pour y satisfaire : car ceste Dariolette,
sentant en son esprit l'ayse prochain que deuoit receuoir celle, qu'elle
conduysoit, ne se pouuoit tenir de luy manier puys les tetins, puys les cuis-
ses & quelque chose d'auantage, & de trop vehemente ardeur souspiroit
souuent, tout ainsi que si elle eust deu participer à ce bien futur, de la Prin
cesse Elisene . A laquelle elle disoit: Helas! ma Dame, qu'heureux est le
Prince, par lequel vous receurez ceste nuict tant de plaisir: Vous dites
vray, respódit Elisene. Mais quoy? ne vous semble il que la fortune me soit
autát fauorable qu'à luy: car ie suys belle, n'est il l'vn des plus parfaitz que
l'on sçache, soit de personne, bóne grace, ou hardiesse? Croyez, Dariolette
m'amye, que ie me sentssi heureuse, que ie croy, qu'il me seroit impossible
de plus, & pour dieu hastós-nous, ie vous en prie. Ceste parole disoit elle,

A iiii   de telle

de telle affection,qu'elle trembloit comme la petite fueille fur le hault ar-
bre.Et ainſi qu'elle acheuoit ce propos,arriuerent à la porte de la chãbre,
ou eſtoit couché le Roy Perion,lequel(tant pour l'eſtrangeté de ceſte nou
uelle flamme amoureuſe,que pour l'eſperance ou l'auoit mis Dariolette)
n'auoit encores aucunement repoſé. Toutesfoys(à l'heure)agraué de trauail & de ſommeil vaincu, commençoit(ainſi que l'on ouuroit l'huys)à
ſommeiller,& ſongeoit,que l'on entroit en ſa chãbre,par vne faulſe porte,ſans cognoiſtre qui ce fuſt:mais il ſe ſentoit mettre les mains dãs les coſtez,&arracher ſon cueur,puys en ſa preſence le voyoit ieter dans la riuiere,& diſoit le Roy : Pourquoy faites-vous telle cruauté ? Ce n'eſt rien de
cecy(reſpondit celuy qui le mal faiſoit) car il vous en demeurera encores
vn autre, que ie vous oſteray oultre mon gré.De grand' frayeur s'eſueilla
en ſurſault, & ſe recommandant à Dieu, fit le ſigne de la croix . Deſia a-
uoient les Damoyſelles ouuert l'huys & entroiẽt dans la chãbre,parquoy
il entendit le bruit, & eut lors ſouſpçon de trahiſon,meſmement pour le
ſonge qu'il auoit ſongé : & leuant la teſte , aperceut entre les courtines la
porte ouuerte,de laquelle il ne ſçauoit rien:puys à la clarté de la Lune entreuid l'ôbre des Damoyſelles,qui eſtoiẽt entrées.Et àceſte cauſe,d'effroy
faillit du lict prit ſon eſpée, & s'en alla au lieu ou il les auoit entreueuës.
Mais quand Dariolette le vid ſi effroyé , elle parla diſant : Que ſera cecy;
Sire,tirez vous les armes contre nous,qui ſommes enuersvous de ſi petite
defenſe?LeRoy qui auſſi toſt les cogneut,meſmes Eliſene,que tãt deſiroit
ieta ce qu'il tenoit en terre,& d'vn manteau qui aſſez pres de luy eſtoit, ſe
couurit ſoudainemét.Lors de grande affection vint vers cellé, qui mieux
que ſoymeſme il aymoit, laquelle il baiſe,embraçe , careſſe , & luy fait ſi
bon viſage,que rien plus.Ce voyant Dariolette, ialouſe & enuieuſe de ce
bien,dit à Eliſene:Or eſtes vous quaſi contente:car(à ce que ie puiſiuger)
combien que iuſques icy de pluſieurs vousvous ſoyez defendue,& luy au
ſemblable à maintes ayt reſiſté : toutesfois,pour le preſent,l'vn ne l'autre
n'auez la force,ou moyen de vous ſçauoir garantir,ne defendre . Et ce diſant, regardoit de tous coſtez en quelle part le Roy auoit ieté ſon eſpée,
de laquelle elle ſe ſaiſit,pour teſmoing du ſermét & promeſſe, qu'il auoit
fait ſur le mariage futur d'Eliſene & de luy . Puys tirant l'huys apres elle,
r'entra au iardin, & demeura le Roy ſeul, auecq'ſ'amye. Laquelle(apres
pluſieurs amoureux embracementz, infinité de baiſers ,& execution de
iouyſſance)il contemploit, & bien luy fut auis, que toute la beauté du
monde eſtoit en elle, ſe reputant au demeurant plus que trop heureux,de
ce qu'Amour l'auoit conduit à vn tel ayſe,& bonne auanture.Voylà com
ment il en prit à ceſte Princeſſe, qui par ſi long temps , en ſa fleur & plus
grande ieuneſſe,requiſe de tant de haultx Princes & grãds Seigneurs, s'e-
ſtoit defendue, pour demourer en liberté de pucelle, en moins de temps
que d'vn ſeul iour ,& à l'heure que ſa fantaſie eſtoit (ce luy ſembloit)de

cecy plus

cecy plus esloignée. Amour rompant les forts liens de sa saincte & chaste
vie, luy fit soudain muer propos, la rendant peu apres de belle fille,
belle femme, seruant d'exemple à plusieurs autres: lesquelles essayants retirer leurs pensées des choses mondaines, & desprisants la grand' beauté,
dont Nature les a douées, & ceste tendre ieunesse, qui les fait ignorer les
plaisirs & delices, qui sont en la maison de leurs parents, dont ilz pouuoient quelque fois iouyr, se rendent, pour la saluacion de leurs ames, en
maisons & religions pauures, ofrans en toute obedience leurs libres voluntez, les vouants à subiection d'autruy, esperants passer le temps, sans
aucune renommée, ne gloire de ce monde. Certes, telles Dames doiuent
bien auecq' grand' solicitude estouper leurs oreilles, clorre les yeux, & s'a-
donner aux deuotes contemplacions, & continuelles oraisons, les acce-
ptants pour leurs vrays & singuliers plaisirs & passetemps, comme telz ilz
sont. Et sur tout s'exempter de voir parents, voysins, & amys: pource que
souuentesfois les propoz & frequentacions d'eux, font changer leur saint
& chaste vouloir. Et non sans cause ay fait ce petit discours: car c'est à fin
qu'il ne leur auienne, comme il fit à ceste Princesse Elisene, laquelle si longuement mit peine à se cuyder contregarder: ce neantmoins en vn seul
moment, voyant la beauté & bonne grace du Roy Perion, mua son vouloir, de telle sorte, que sans l'auis & discretion de Dariolette, qui voulut
couurir l'honneur de sa maistresse (souz le manteau de mariage) croyez
qu'elle estoit au poinct de tomber en la plus grande & basse part de son
deshonneur: ainsi qu'il est auenu à beaucoup d'autres, desquelles communément l'on oyt parler: auxquelles pour ne se garder de ce que i'ay
par cy deuant dit, est assez mal pris, & leur prendra, s'ilz n'y pouruoyent.
Or doncques estants ces deux amants en ce soulas, Elisene demanda au
Roy, si son partement seroit de brief. Pourquoy (ma Dame) le demandez
vous? dit le Roy Perion. Pource, respondit elle, que ceste heureuse fortune, qui a sceu mettre repos par si grande iouyssance à noz affectionnez
desirs, me menace desia, de l'extreme angoisse & tristesse, que par ceste
vostre absence ie receüray, & crains qu'elle me cause plustost vne prompte mort, que bien longue vie. N'ayez, dit le Roy, crainte de cela: car encores que mon corps se separe de vostre presence, mon cueur demeurera
à iamais auecq' le vostre, qui à tous deux donnera effort, à vous de soufrir,
& à moy de tost retourner. Ainsi deuisants les deux contents, pas ne leur
ennuyoit: quand celle qui auoit esté moyen de les assembler (voyant qu'il
estoit temps de faire leuer Elisene (qui en cest ayse se pourroit oublier entre les braz de son amy) entra en la chambre, & dit assez hault : Ma Dame, ie sçay qu'autresfois vous auez eu plus agreable ma compagnie, que
non pas maintenant: mais si vous fault il leuer, & nous en aller, car l'heure nous presse. Quand le Roy l'entendit, sçachant que force estoit d'ainsi
le faire, pria Dariolette de sortir au iardin, & regarder, à son auis, de quel
costé

cofté venoit le vent : & ce pendant prit pour cefte foys le congé amoureux, auecq' vn plaifir tant reciproque, que vous qui aymez, pouez penfer
Puys la baifant, luy dit : Ie vous affeure, ma Dame , que ie feray (pour l'a-
mour de vous) en ce païs plus de feiour que ne penfez , pourtant ie vous
fuplie n'oublier le retour en ce lieu. Lors fe leua Elifene , & fe retira en fa
chambre auecq' Dariolette , laiffant le Roy feul en grand contentement
de fa nouuelle acointance : neantmoins efpouuenté du fonge qu'auez entendu, pour en fçauoir la fignifiance luy reuint le defir de retourner en
fes païs , ou pour lors fe trouuoient affez de Philofophes, qui fe cognoiffoient en telles fciences : & luy mefmes autresfoys y auoit prins grand
plaifir, & s'y entendoit quelque peu. Ce neantmoins il feiourna dix iours
auecq' le Roy Garinter, depuys la iouyffance d'Elifene, laquelle ne failloit
toutes les nuiétz à retourner au lieu, ou elle s'eftoit fi bien trouuée la premiere nuiét. Les dix iours paffez, fe delibera le Roy Perion, forçant fa volunté, & nonobftant les larmes & prieres d'Elifene, qui ne furét que trop
excefsiues , s'en partit , & de fait prit congé de la court : mais ainfi qu'il
vouloit monter à cheual, il s'aperceut qu'il n'auoit point fa bonne efpée,
dont il fut affez fafché : pource que c'eftoit l'vne des meilleures & des
plus belles du monde , toutesfois il ne l'ofa demander , craignant que les
amonrs d'Elifene & de luy, fuffent à cefte caufe defcouuertes , ou que le
Roy fe fafchaft contre quelqu'vn des fiens , qui hantoient en fa chambre.
En telles penfées , acompagnées d'infiniz regretz , fans plus de feiour.
prit fon chemin en Gaule : combien qu'auant fon partement la Damoyfelle Dariolette fuft venue le fuplier d'auoir fouuenance de l'ennuy
grand, en quoy il laiffoit fon Elifene, & de la promeffe qu'il luy auoit faite. Helas! ma grand' amye , dit le Roy, ie vous prie l'affeurer de ma part,
qu'il n'y aura aucune faute, & que de brief ie la verray. Ce pédát ie la vous
recommande , come mon propre cueur. Puys tira de fon doigt vn anneau , qui eftoit femblable à vn autre, qui luy demeuroit : & l'enuoya à
cefte amante defolée, la priant affeétueufement, que pour l'amour de luy
elle le portaft. Làs ce nouueau prefent ne peut amoindrir fa grande trifteffe, ains pluftoft l'augmenta : tellement que fi elle n'euft efté reconfor-
tée par Dariolette , fans doute elle fuft lors trepaffée : mais fi bien elle
la perfuada de prendre efperance, que par fes remonftrances (luy prefen-
tant deuant les yeux les dangers ocurrents) elle fe reuint vn peu , & a-
prit de là en auant à mieux difsimuler, tant qu'elle fe fentit groffe d'enfant : & à cefte ocafion, perdit non feulement le gouft de la viande, mais
aufsi le plaifir du repos, & la couleur belle de fon vifage. A dócq' fe prefen
terent nouuelles douleurs , & plus grans fouciz. Adoncq' au plus hault
degré de malheur fut la trifteffe afsife , & à bon droit : car en ce temps
eftoit loy inuiolable, que toute femme , ou fille (de quelque qualité , ou
eftat qu'elle fuft) forfaifant en telle maniere, ne pouuoit s'excufer de
la mort.

la mort. Ceſte faſcheuſe & cruelle couſtume dura iuſques à la venue du
vertueux Roy Artus, le meilleur Prince qui regna oncques en ſon païs,
lequel la reuoqua au temps qu'il tua en bataille, deuant les portes de Paris, le Floyan. Mais beaucoup d'autres Roys furent entre luy & Garinter, qui la maintindrent, & pour ceſte cauſe la dolente Dame n'euſt lors
eſté abſoulte de ſon ignorance: combien que veu les paroles de futur
iurées & promiſes par le Roy Perion ſur ſon eſpée, Dieu n'y pouoit eſtre
aucunement offenſé: ce, nonobſtant elle n'euſt ſceu excuſer ſa coulpe
enuers le monde, pource qu'il auoit eſté fait ſecretement comme vous
l'auez entendu. Voylà l'ennuy auquel le Roy Perion auoit laiſſé ſon Eliſene, laquelle le luy euſt voluntiers fait entendre, s'il luy euſt ſemblé
poſſible. Ce que non: car elle cognoiſſoit la promptitude de ce ieune Roy
qui ne prenoit repos en quelque lieu que ce fuſt, & n'eſtoit ſon cueur ſatisfait, ſinon lors, qu'il ſuyuoit les armes, & cherchoit les auantures e-
ſtranges & hazardeuſes: & pourtant il euſt eſté dificile à trouuer. Ainſi
deſeſpcré de ce ſecours, n'eſperoit nul remede à ſa vie, à laquelle elle
n'auoit tant de regret, qu'à perdre de veuë ſon vray amy & ſeul Seigneur. Mais à l'heure, ce grand & puiſſant fabricateur de toutes choſes, par la permiſſion duquel ce fait ſe conduyſoit pour ſon ſeruice,
mit tel effort & conſeil en Dariolette, qu'elle ſeule peut remedier à toutes ces choſes ocurrentes, ainſi que maintenant vous entendrez· Il y a-
uoit au Palays de ce Roy Garinter vne chambre vouſtée, ſeparée des autres, aſſez pres de laquelle paſſoit vne riuiere, ou l'on pouuoit deſcendre ayſément, par vn petit huys de fer. Ceſte chambre fut (du conſeil
de Dariolette) demandée par Eliſene au Roy ſon pere, tant, diſoit elle,
pour ſon ayſe, que pour mieux maintenir la vie ſolitaire de long temps
par elle acouſtumée. Et pour toute compagnie, vouloit ſeulement Dariolette, laquelle, comme auez entendu, ſçauoit l'ocaſion de ſes doleances & ennuyz. Ceſte requeſte luy fut octroyée aſſez legierement, eſtimant le Roy l'intention de ſa fille eſtre telle qu'elle faignoit: & à ceſte
cauſe fut la clef de l'huys de fer baillée à Dariolette, pour l'ouurir quand
il plaiſoit à Eliſene s'aller recréer ſur l'eau. Par ce moyen eut elle lieu
propre à ſon affaire, & demeura auecq' plus de repos & aſſeurance qu'au
parauant: car bien luy eſtoit auis, qu'en ceſte part mieux, qu'en vne
autre, pouuoit eſtre pourueu à ſon mal, ſans nul danger. Parquoy vn iour
elle là eſtant ſeule auecq' ſa Damoyſelle, ſe mit en propos & demanda
conſeil, qu'elle feroit du fruit que Dieu luy enuoyroit. Quoy? reſpondit
Dariolette, il fault qu'il ſeuffre pour vous racheter. Ah! ah mere pucelle!
dit Eliſene, comme pourrois-ie conſentir à la mort de la creature engen-
drée en moy par la perſonne du monde que i'ayme le plus? Ne vous chaille, reſpondit la Damoyſelle: car s'il vous faloit mourir, l'on ne le laiſſe-
roit apres viure. Certes, dit Eliſene, encores que ie meure comme coulpable, ſi

ble, fi n'eft ce raifon que le petit innocent en feufre. Laiffons à prefent telz propoz, refpondit Dariolette, veu que ce feroit grand' folie hazarder la faluacion d'vne chofe, laquelle feroit cy apres entierement caufe de la perdicion de vous, & de voftre amy : & qu'ainfi foit, vous fçauez bien, que fi vous eftes defcouuerte, vous mourrez, & l'enfant ne viura, & que vous mourant, ne pourra plus viure celuy, qui tant vous ayme. Ainfi vous feule, ferez caufe de la mort de tous trois : mais au contraire, fi euitez ce peril, vn temps viendra, que vous pourrez auoir enfemble affez d'autres enfants, qui vous feront oublier l'affection que portez à ce premier. Et comme cefte Damoyfelle fuft de Dieu infpirée, voulut deuant l'inconuenient pouruoir au remede, qui fut de telle forte, qu'elle fe faifit de quatre petitz aiz, autant larges comme il eftoit de necefsité, pour faire vn coffre propre pour y coucher vn enfant, auecques fes langes, & l'efpée qu'elle auoit. Puys fit aporter du cyment, pour ioindre & lier enfemble ce boys, à ce que l'eau n'y peuft entrer en aucune maniere que ce fuft. Ce fait, & aproprié, le mit fouz fon lict, fans en declarer aucune chofe à Elifene, iufques à ce que le temps de l'enfantement s'aprocha. Et lors Dariolette, luy dit : Ma Dame, que diriez-vous pourquoy ce petit coffre ayt efté fait? Ie ne fçay, en bonne foy, refpondit elle. Ce fera pour nous en feruir, quand en aurons befoing, dit la Damoyfelle. Certes, refpondit Elifene (en larmoyant) ie ne me foucie beaucoup de chofe qu'il auienne : car ie me fents trop prochaine de la perte de mon bien, & de toute ma ioye. Et de là ne tarda gueres, que la ieune Princeffe fut aux grandes angoiffes du mal d'enfant, fentant vn trauail non acouftumé, & à elle trop eftrange : dont fut mis fon cueur en grande perplexité, & amertume: Et toutesfois pour pafsion qu'elle enduraft, la pauurette n'ofoit autre chofe faire, que fe taire, de paour d'eftre entendue. Ainfi fe redoubloit fon martire, quand le Seigneur tout puiffant voulut que fans le danger de fa perfonne elle fe deliuraft d'vn beau filz, que receut la Damoyfelle. Et ainfi qu'elle le tenoit, il luy fembla tant bien formé que merueilles : & l'euft eftimé heureux, n'eftoit fon infortune, laquelle Dariolette fut contrainte à l'heure mefme auancer, pour la redemption de la trifte mere: ce qu'elle ne differa. Mais tout ainfi que parauant auoit conclud, enuelopa l'enfant en riches draps : puys l'aporta à Elifene, auecques le coffret, dont auez ouy parler. Et quand la bonne Dame le vid, elle demanda à Dariolette qu'elle en feroit. Ma Dame, refpondit elle, il fera mis cy dedans, puys ie le lanceray en l'eau : & s'il plaift à Dieu, il pourra efchaper, & viure. Helas, dit Elifene, mon enfant petit, combien grande & ennuyeufe m'eft voftre deftinée! Ce pendant Dariolette prit ancre & parchemin, & efcriuit ces paroles. Ceftuy eft Amadis fans temps, filz de Roy. Et fans temps, difoit elle, pource qu'elle eftimoit, qu'en brief il feroit mort. Ce nom d'Amadis eftoit en ce païs là fort

reueré

reueré, à l’ocafion d’vn faint, à qui elle l’auoit recommandé. La letré
efcrite & ployée, fut couuerte & bien enuelopée de cire: & puys atachée à vn cordon,& mife au col de ce petit garçonnet,auecques l’anneau
que le Roy Perion enuoya à Elifene,quand il voulut partir.Celà ainfi ordonné,Dariolette vint à la dolente mere, & luy prit fon enfant: puys en
fa prefence fut mis & couché dedans ce coffret, & ioignant de luy l’efpée
du Roy fon pere: laquelle il ieta à terre la premiere nuiét qu’il coucha a-
uecq’ Elifene,comme il a efté cy deuant recité: & aufsi l’ocafion,pour laquelle cefte Damoyfelle l’auoit fi bien gardée. Toutes ces chofes ainfi
acheuées, fut le coffret mis & ataché au deffus d’vne table, bien ioint
& calfeuftré: & pour le dernier adieu, la dolente mere auecques vne angoiffe mortelle baifa le petit enfançon, le commandant en la garde de
Dieu. Puys Dariolete ouurit la porte de fer, & le lança fur l’eau : le long
de laquelle (pour eftre forte & royde) fut affez toft conduit à la mer, qui
en eftoit à moins de demye lieuë pres. L’aube du iour alors commençoit
à poindre, & la petite creature à fuyure l’auanture, agitée puys çà, puys
là,de l’impetuofité des vagues.Mais par le vouloir de Dieu,lequel,quand
c’eft fon plaifir, fait les impofsibilitez faciles, furuint vne telle auanture,
qu’à l’heure mefmes que cecy fe faifoit vne nauire Efcoçoyfe eftoit en mer
dans laquelle nauigeoit vn Gentilhomme, qui de la petite Bretaigne faifoit voyle en Efcoce auecq’ fa femme, qui nouuellement eftoit ácouchée
d’vn filz, qui Gandalin eut nom:& le Gentilhomme Gandales. La mati-
née eftoit lors claire, & le temps calme: parquoy aysément Gandales a-
perceut ce coffret, que l’eau emmenoit: lequel il enuoya diligemment
pefcher,eftimant bien que c’eftoit quelque chofe de pris.Adoncq’ les mariniers ieterent vn efquif en l’eau, & fut ce coffret recoux, encores que
defia il fuft efloigné d’eux. Quand Gandales le tint, & qu’il eut leué la
couuerture, dnquel il eftoit couuert & caché, & aperceut ce bel enfant
dedans, & les riches draps dont il eftoit enuelopé, il eut aufsi toft foufpçon qu’il venoit de bon lieu,mefmement qu’à ce faire luy en donnoient
tefmoignage l’anneau & la bonne efpée qu’il y trouua. Lors le prenant
entre fes braz, en fut fi compafsionné, qu’il fe print à maudire la mere,
qui, par crainte, vne telle creature fi cruellement auoit habandonnée.
Puys foigneufement fit garder les petitz meubles trouuez dans ce coffret, & pria fa femme, que ceft enfant fuft comme fon propre filz nourry & alaité. Ce que bien luy pleut, & furent les deux enfants de là en a-
uant efleuez d’vn mefme laiét. Point n’auoit encores ce petit garçonnet
teté: mais aufsi toft qu’il fentit le bout du tetin de fa nourrice, il n’en fit
aucune dificulté, & d’vne aleinée le vuyda fans en faire à deux fois, tant
auoit de foif: dequoy Gandales & fa femme furent trefioyeux. Or eurent ilz temps fi oportun, qu’en peu de iours prindrent port en Efcoce,
pres d’vne ville nommée Antalia. Et peu apres arriuerent en l’vne de

B   leurs

leurs terres, en laquelle furent nourriz le petit Gandalin, & celuy qu'ilz
auoient trouué en la mer. Et pource que Gandales defendit
à ſes gents ne faire bruit de leur rencontre: & que les
mariniers (à qui eſtoit le nauire) nauigerent
ailleurs, furent ces deux enfants
eſtimez freres par ceux
qui ne ſçauoient la
fortune.

Comme le Roy Perion partant

de la petite Bretaigne cheminoit, ayant le cueur trop
remply d'ennuy & de melancolie.

Chapitre   III.

Eſtát le Roy Perion en chemin pour retourner en Gaule, comme deſia ie vous ay recité, il entra en gráde melancolie, tant pour l'ennuy auquel il auoit laiſſé ſon E-
liſene, à laquelle de tout ſon cueur il vouloit bien, que
auſsi pour le ſonge qu'il ſongea, en telle ſaiſon que vo°
auez ouy. Et tant chemina en ceſte triſteſſe, qu'il arriua
en ſes païs. Et peu apres manda venir vers luy les gráds Seigneurs, & Pre-
latz de ſon royaume, leur faiſant ſçauoir par expres, qu'ilz menaſſent a-
uecq' eux les plus ſages clercz qu'ilz auroient en leurs cótrées & dioceſes:
& ce faiſoit il à fin qu'ilz expoſaſſent le ſonge, duquel vous a eſté parlé.
Quand ſes vaſſaux entendirent ſon retour, non ſeulemét ceux qu'il auoit
mádez: mais pluſieurs autres vindrent à la Court, monſtrás le deſir qu'ilz
auoient de le voir, & leur vouloir de luy obeïr: car ilz l'auoient en telle a-
mytié & reuerance, que ſouuent (craignant le perdre) ilz eſtoient pour luy
en grand' peine & ſoucy, penſant aux grands dangers, eſquelz pour faire
cheualerie, & aquerir honneur il ſe hazardoit, ſi qu'ilz euſſent bien voulu
l'auoir touſiours aupres d'eux: mais ce ne pouuoit eſtre, pource que ſon
cueur n'eſtoit content, ſinon quand par armes il auoit mis à fin de grands
& hazardeux perilz. Les Princes & Seigneurs aſſemblez: le Roy leur tint
propos de l'eſtat & afaires du royaume, toutesfois ce fut auecq' vn tát triſte viſage que rien plus. Car à l'ocaſion de ce ſonge, il eſtoit deuenu ſi me-
lancolique, que ſes ſubietz (ſ'en esbahiſſants) furent en vne merueilleuſe
peine

peine : ce neantmoins apres qu'il leur eut faict entendre son vouloir, &
mis ordre aux choses requises, il leur donna congé, & renuoya chascun
en sa maison. Seulement retint trois Astrologues (selon sa fantasie) les
plus sçauans en l'affaire, pour lequel il les auoit mandez. Lesquelz il feit
appeller en sa chappelle, & sur le corps de dieu iurer & promettre, que sans
crainte d'aulcun cas, tant fust il dangereux, ilz luy interpreteroiét à leur
pouoir, & le plus vrayement qu'ilz sçauroient ce qu'il leur declaireroit.
Puis recita son songe, comme il est cy deuant deuisé. Adonc l'un d'iceulx
nommé Vngan le Picard, le plus expert de tous luy respondit: Sire, songes
sont choses vaines, & pour telz doibuent estre tenuz : toutesfois puis que
c'est vostre plaisir que l'on face cas du vostre, donnez nous terme pour y
penser. Il me plaist bien, dit le Roy, dans douze iours rendez m'en respon-
se. Mais afin qu'ilz ne s'entendissent ou deguisassent la verité, il les
feit separer, de sorte que durant ce terme accordé, ilz n'eurent moyen
de se veoir ny parler ensemble. Parquoy à leur possible trauaillerent en
ce qu'ilz auoient promis au Roy : Telement que le iour escheu qu'ilz deb-
uoient rendre compte de leur labeur, il tira premier apart Albert de Cam-
paigne, & luy dit : Vous sçauez ce que vous m'auez iuré & promis, declairez moy maintenant ce que vous en auez trouué. Sire, respondit Albert, faictes doncques les aultres estre presens, car ie le vous diray deuant
eulx. C'est bien aduisé, dit le Roy. Lors ilz furent appellez. Puis commença Albert son propos. Sire mon aduis est, que la chambre fermée, & ce
que vous y vistes entrer par la porte secrette, signifie ce royaulme qui
est bien cloz & gardé, Ce neantmoins par quelque endroict d'icelluy,
viendra aulcun pour le vous oster. Et tout ainsi que l'on vous mettoit la
main par les costez, & vous arrachoit on le cœur, puis estoit ietté en la
riuiere : ny plus ny moins vous sera emblée ville ou forteresse, & mise en
main de qui ne la pourrez aisécment recouurer. Et que sera ce de l'aultre
cœur, dit le Roy, lequel ie songeoys me demeurer, & me disoit on que
puis apres ie le perdrois oultre le gré de celluy qui m'embloit le premier?
En cela, respondit Albert, il semble que quelque aultre inuadera vostre
pays, comme aura faict le premier, plus contrainct (toutesfois) par force
d'aultruy, qui luy commandera le faire, que de vouloir qu'il en ayt. Et
voila, Sire, ce que ie vous en puis dire. Or apres (dit le Roy au second
nommé Antalles) dictes nous vostre aduis. Sire il me semble que Albert a
tresbien dict, & suis de son opinion, fors que (à ce que ie puis cognoistre,
& que le sort me monstre) ce qu'il dit debuoir aduenir, est desia aduenu:
& par la personne que plus vous aymez, & toutesfois ie m'en esbahis
grandement, veu qu'il n'y a encores rien de vostre royaulme perdu : & si
vous en perdez quelque chose, ce ne peult estre par personne qui vous
ayme beaucoup. Quand le Roy l'entendit, il branla la teste, car il luy
sembla bien qu'il n'auoit donné au but. Mais Vngan le Picard qui sçauoit

B ii   trop plus

trop plus que les aultres ſe ſoubzrit : ce que peu ſouuent luy aduenoit, pource qu’il eſtoit homme fort triſte & melancolicque. A l’heure le Roy (par fortune) prenoit garde à luy, & l’ayant apperceu, luy dit : Maiſtre Vngan mon amy, il ne reſte plus ſinon que vous dictes hardiment ce qu’il vous en ſemble. Sire, reſpondit il, paraduenture ay ie entendu choſes qu’il n’eſt beſoing manifeſter à aultre qu’à vous ſeul : Et pourtant, Sire, faictes les retirer ſ’il vous plaiſt. A ceſte parolle chaſcun ſe recula, & demeurerent le Roy & Vngã ſeulz. Lors dit Vngan: Sire, ſi i’ay n’aguieres ſoubzry, c’eſt d’une parolle que vous auez eſtimée peu, & ſi eſt veritable, & ſçauez vous quelle? C’eſt de ce que Antales a dict, que cẽ qu’il a trouué de voſtre ſonge, eſtoit deſia aduenu, & par la perſonne qui mieulx vous aymoit. maintenant ie vous declaireray ce que vous tenez bien couuert, & penſez que nul aultre le ſçache que vous. Sire vous aymez en tel lieu, ou auez accomply voſtre volunté, & celle que vous aymez eſt excellemment belle. (Puis luy declaira tous les geſtes & façons d’elle, comme ſi elle euſt eſté preſente) Mais quant eſt de la chambre ou vous trouuaſtes enclos, vous ſçauez, Sire, clairement ce qui en eſt, & comme celle que vous aymez, deſirant deliurer voſtre cœur & le ſien d’ennuy & triſteſſe, vint vers vous, entrant en voſtre chambre par la porte qui vous eſtoit occulte. Les mains qui ouurirent voſtre coſté, eſt la coniunction de vous deux : puis le cœur qu’on en tiroit, demonſtre qu’elle aura de vous filz ou fille. Or declairez maintenant, dit le Roy, que veult dire qu’elle le iettoit en la riuiere. Sire, reſpondit il : Cela ne vous touche en rien, ainſi ne vous debuez trauailler de le ſçauoir. Toutesfois, dit le Roy, ie le veulx entendre, & ne craignez à me le dire pour quelque mal qui en puiſſe aduenir. Puis qu’il vous plaiſt, reſpondit Vngan, ie vous ſupplie, Sire, m’aſſeurer que de voſtre vie (pour choſe que ie vous reuele) n’en ſçaurez mal gré à celle qui ſi loyaulment vous ayme. Ie le vous prometz, dit le Roy. En bonne foy, Sire, reſpondit Vngan : le cœur que vous viſtes lancer en l’eaue, eſt l’enfant premier qu’elle aura de vous, lequel y ſera habandonné. Et l’aultre, dit le Roy, qui me demeurera que ſera ce ? Vous pouez (reſpondit Vngan) entendre l’un par le deſſeing de l’aultre. C’eſt qu’elle cõcepura vn aultre filz : lequel on rauira cõtre la volunté de celle qui cauſe la perditiõ du premier. Vous m’auez, dit le Roy, faict entendre cas bien eſtrange. Et à dieu ne plaiſe que l’infortune de mes enfans ſoit autant veritable comme ce que m’auez dict de la dame que i’ayme. Aux choſes ordonnées & permiſes de dieu, reſpondit Vngan, nul ne ſçauroit contredire ne remedier · & pourtant les perſonnes ſaiges ne ſe doibuent contriſter ne ſ’eſiouyr en icelles, pource que ſouuenteſfois le ſeigneur en diſpoſe hors le iugement des hommes, & tout aultrement qu’ilz n’eſperent. Pourtant, Sire, mettant en oubly tout ce que ie vous en ay dict, & qu’auez ſi curieuſement voulu ſçauoir : ayez ſeulement en penſée de remettre le tout à dieu, & le ſupplier

qu’en

qu'en ces voſtres affaires, & tous aultres : il luy plaiſe ordonner de ſorte
que ce ſoit à ſon honneur & à ſa gloire . Voila Sire comme il me ſemble que vous y debuez pourueoir. Le Roy ſe tint lors treſcontent D'on-
gan, & tant l'eſtima, que de la en auant il l'eut touſiours aupres de ſa perſonne : au moyen dequoy il en receut de grans biens . Or aduint qu'a
l'inſtát meſmes que le Roy ſortoit d'auec ſes Philoſophes, ſe preſenta deuát luy vne damoyſelle, trop mieulx parée d'accouſtremés que de beaulté : laquelle luy dit, ſaches Roy Perion que quand tu recouureras ta perte la ſeigneurie D'irláde perdra ſa fleur. Et ce dit, tourna bride à ſon cheual : & ſans ce que le Roy la peuſt arreſter ſ'en alla . De ceſte parole, fut
le bon Prince encores plus triſte & penſif que deuant.

Pour ceſte heure, L'autheur laiſ-

ſe ce propos , & rentre au traiɛtement de l'enfant que Gandales faiſoit
nourrir : lequel il feit appeller Damoiſel de la mer . Or eſtoit il curieuſe-
mét entretenu : parquoy en peu de iours creut & ſe feit tát beau, que tous
ceulx qui le reguardoiét ſ'en eſmerueilloient : mais vng iour entre aultres
aduint qu'il print volunté à Gandales de ſ'aller esbatre aulx champs, & à
ceſte cauſe ſ'arma cóme bon cheualier qu'il eſtoit, & qui auoit touſiours
accompaigné le Roy Languines au temps qu'il cherchoit les aduentu-
res : Car encores que ce Roy euſt diſcontinué les armes, Gandales neantmoins y prenoit aſſez ſouuent exercice. Et ainſi qu'il cheminoit luy vint
vne damoyſelle encontre qui luy dit : Ha Gandales, ſi beaucoup de grans
perſonnaiges eſtoient aduertis de ce que ie ſcay certenement, ie t'aſſeure qu'ilz te feroieut perdre la teſte. Pourquoy? reſpondit il . Pour autant
(dit la damoyſelle) que tu nourris en ta maiſon leur mort . Point ne cognoiſſoit le Cheualier la femme qui parloit à luy : Mais ſachez que c'e-
ſtoit celle meſme qui dit au Roy Perion , que quand ſa perte ſeroit recouuerte la Seigneurie D'irlande perdroit ſa fleur : Ce nonobſtant il fut
fort eſtonné de ce propos : pource qu'il ne ſcauoit de qui elle parloit, & à
ceſte cauſe luy reſpondit : pour Dieu Damoyſelle ie vous ſupplye me de-
clairer à quelle occaſion vous dites telle choſe . Croy moy Gandales
(reſpódit elle) que ie te diz verité. Et à ceſte parole ſe departit d'auec luy
le laiſſant fort penſif : toutesfoys il n'eut guieres eſté en ceſte penſée, qu'il
l'apperceut retourner à grád haſte criát & appellant : Ha Gandales, pour
Dieu ſecourez moy. Lors Gádales tournát ſa veue, aduiſa vng Cheualier
qui la ſuyuoit l'eſpée au poing. Adóc picqua le cheual des eſperós encó-
tre, & ſe meit auát pour guarentir la Damoyſelle : Et ſ'adreſſant à celluy
qui la pourſuyuoit luy dit, Damp Cheualier mal aduiſé , qui vous meut
de ſi laſchement oultraiger les Damoyſelles? Comment reſpondit l'aul-
B iii　　　　tre, l'eſpe

tre l'esperez vous sauluer, elle qui par tromperie me rend perdu : & le
corps & l'ame? de cela ne me chault, dit Gandales : car ie la deffendray à
mon pouuoir, sachant bié que les dames ne doibuent estre corrigées de
telle façon (encores qu'elles l'eussent merité)vous le voirez maintenant
respondit le cheualier, & tournant arriere remeit l'espée au fourreau.Et
à course de cheual se retira d'ou il estoit party, qui estoit vng lieu plein
d'arbres, ou l'attendoit vne bien belle damoyselle : laquelle quand elle
le vid retourner,alla au deuant, & luy porta vng escu & vne roide lance
qu'il print : puis sans faire aultre seiour,retourna court vers Gandales:Et
Gandales qui roide cheualier estoit, ne le refusa. Parquoy se rencontrerent de telle sorte, que leurs lances furent brisées sur leurs escuz, & eulx
& leurs cheuaulx tomberent en la place : Mais ilz furent promptement
sur piedz. Et lors commencea entre eulx vng combat merueilleux,
& pire eust esté, sans celle qui naguieres demandoit secours à Gandales,
laquelle se meit entre deux : disant hola seigneurs, n'en faictes plus. A
ceste parole le cheualier qui parauant la poursuyuoit se retira arriere.A-
donc luy dit la damoyselle: Or venez maintenant me demander pardon, tresvoluntiers respondit le cheualier, & iectant son escu bas, &
l'espée à terre, se vint prosterner à deux genoulx deuant elle, dequoy
Gandales fut trop esbahy, puis dit la damoyselle au cheualier : Allez cómander à la damoyselle de dessoubz ces arbres,qu'elle s'en voise incontinent,sinon,que vous luy taillerez la teste.A ce commandement se rendit
le cheualier obeissant : Et à celle que plus il aymoit que soymesmes (par
mutation soubdaine d'amytié en inimitié)vint dire en colere,trahistres-
se femme,ie ne scay comme ie me puis guarder que ie ne t'occie presentement. Bien s'apperceut la pauurette que son amy estoit enchanté, & que
contestation ny proffiteroit de riens : Parquoy incontinét monta sur son
pallefroy & s'en alla,faisant le plus grand dueil du monde, & la demeura
celle que Gandales deffendoit,qui luy dit: Vous auez tát faict pour moy,
que ie vous en scauray gré toute ma vie,Et maintenát vous en pouez aller
à vostre plaisir, car si ce cheualier m'a offensée,ie le luy pardonne de bon
cueur . De vostre pardon respondit Gandales,ie n'ay que faire: Car quát
à moy,i'acheueray ce cóbat,ou il se tiendra pour vaincu . Il conuient que
vous le quictiez,dit la damoiselle,veu que si vous estiez le meilleur cheua
lier du monde, ie feroys qu'aiséemét il vousvaincroit : vous ferez ce que
vous pourrez,respondit Gandales:Mais ie ne le quicteray si ne me declai
rez (premier) pourquoy naguieres vous m'auez dict que ie guardoys la
mort de beaucoup de gens de bien,Plustost le vous diray,dit elle: pource
que ie vous ayme tous deux,luy cóme mó amy,& vous cóme mon adiu-
teur,que pour cótraicte que m'é scachiez faire. Lors le tira à part,puis luy
dit,vous me ferez donc serment cóme loyal cheualier,que aultre de par
vous ne le scaura iusques à ce que ie le vous máde, & adonc luy octroya.
Sachiez dit

Sachiez dit il la damoyfelle,que celuy que vous trouuaftes en la mer,fera
quelque iour la fleur de cheualerie, & fera fremir les plus fors,entrepré-
dra & parachcuera à fô hôneur ce à quoy les aultres fauldrôt:Et fera telles armes,que nul ne péfe qui fe puiffent cômécer ny acheuer par le corps
d'ung feul homme . Et fi rendra les fuperbes doulx & gratieulx . Eftant
cruel aulx impetueulx, begnin & amyable aux debonnaires : & fi fera le
cheualier qui plus loyaulment maintiendra l'amour, & aymera en lieu
conüenable à fa magnanimité . Vous affeurant Gandales , qui'l eft filz de
Roy : & fans doubte, tout ce aduiendra comme ie le vous diz : Mais fi ne
le tenez fecret, il vous en pourra venir trop plus de mal que de bien . Ha
madame(refpondit Gandales)ie vous prie pour Dieu,me dire ou ie vous
trouucray deformais pour conferer auec vous des affaires de ceft enfant:
cela ne fcaurez vous par moy, ny par aultre dit la damoyfelle.Aumoins,
refpondit Gandales,dictes moy voftre nom fil vous plaift(par la foy que
debuez à la chofe que plus au monde vous aymez) tant me coniurez,re-
fpondit elle, que vous le fcaurez,encores que ce que plus i'ayme, eft celuy qui moins me veult de bien , & fcauez vous quil eft ? c'eft ce cheualier contre lequel vous eftes maintenant combatu : toutesfoys ie ne laiffe à le traicter à mon plaifir, fans ce qu'il y puiffe remedier. Mon nom eft
Vrgande la defcogneue : & affin que me cognoiffez vne aultre foys , re-
guardez moy bien à prefent. A l'inftant,elle qui f'eftoit monftrée à Gandales belle, ieune & frefche, comme de dix huyt ans, fe feit tant vieille
& fi caffée, qu'il f'eftonnoit comme elle fe pouoit tenir à cheual. S'il fut
lors emerueillé vous le pouez penfer: mais quand elle eut efté quelque
peu en cefte forme, tira d'une boitelette qu'elle portoit quelque vnguét,
dont elle fe frota , & auffi toft reprint fa premiere forme, difant à Gandales, & bien que vous en femble ? à voftre aduis me pourrez vous trouuer oultre mon gré cy apres,quelque diligence que fceuffiez faire?Pour-
tant ne vous en donnez peine : car quand tous les viuans l'entrepren-
droient ilz y perdroiét leurs pas, fi bô ne me fembloit.En bonne foy madame refpondit Gandales,ie n'en faiz doubte,toutesfois ie vous fupplye
pour Dieu auoir fouuenance du Damoyfel qui eft delaiffé de tous , fors
de moy feul, ne vous en fafchez, dit Vrgande, ce delaiffement fera vng
recouurement de beaucoup,ie l'ayme plus que ne penfez , comme celle
qui entend en brief recepuoir de luy deux aydes que aultre ne me fcau-
roit donner:& en recompenfe luy en donner deux auffi, dont il fe tiendra grandement fatisfaict, Et vous fuffife pour cefte foys, car ie m'en
veulx aller, vous aduifant que vous me reuoirez plus toft que ne penfez.
A cefte parole fe retira la damoyfelle , & Gandales qui n'auoit encores
pris guarde au cheualier contre qui il f'eftoit combatu, l'aduifa nue tefte,
& luy fembla l'ung des plus beaulx gentilz hommes qu'il euft oncques
veu: Lequel apres qu'il eut leué fon efcu , & relaffé fon armet , fuyuit la

B iiii　　　damoyfel

damoyſelle, parquoy les laiſſerons pour le preſent aller, & continuerons
de ce qui aduint à Gandales, qui au partir D'urgande (retournant vers
ſon chaſteau) trouua en ſon chemin la damoyſelle que Vrgande auoit
faict chaſſer d'auec ſon amy : & eſtoit ceſte dolente femme pres d'une
fontaine pleurant trop amerement : Laquelle aduiſant celuy qui venoit
vers elle le recongneut facilement & luy dit, Eſt il poſſible (cheualier)
que ceſte meſchante que vous ſecouruſtes vous ayt tant laiſſé viure? Meſchante n'eſt elle pas, reſpondit Gandales, mais ſaige & vertueuſe, & ſi
vous eſtiez aultre, ie vous ferois deſdire ceſte parole folle. Hée Dieu dit la
damoyſelle comme la vilaine ſcait decepuoir vng chaſcun, dequoy vous
a elle deceue ? reſpondit Gandales. Helas dit la damoyſelle elle m'a oſté
ce beau cheualier qui mié eſtoit, & tel le puis ie bien dire, veu qu'il ſeroit
plus content d'eſtre auec moy qu'auec elle. C'eſt ce qui la trompe dit Gã-
dales: car ſelon mon iugemét vous & elle aymez ſans raiſon. Quoy qu'il
en ſoit dit la damoyſelle ſi ie puis ie m'en vengeray . Vous trauaillez en
vain (reſpondit elle) de cuyder faſcher celle qui le ſcaura, non ſeulement
deuant que l'ayez exceuté, ains le penſé. Certes dit la damoyſelle vous en
pouez meshuy aller quand il vous plaira: & toutesfois il aduient ſouuent
que ceulx qui penſent plus ſcauoir par preſumption , tombent aulx plus
grans dangers . Gandales la voyant faſchée , la commanda à Dieu &
ſuyuit ſon erre, penſant plus en l'affaire du Damoyſel qu'a ce que ceſte
femme luy diſoit. Et tant chemina qu'il arriua en ſon chaſteau, & le voyant le petit gars approcher courut au deuant, & luy vint ſaulter au col:
lors Gandales l'embraſſa de grand amour, & ainſi qu'il le tenoit entre ſes
bras ſe ſouuint de ce que naguieres Vrgãde luy auoit predit, parquoy de
ioye luy vidrét les larmes aulx yeulx diſant en ſoymeſmes: Mõ bel enfãt
ie prie à Dieu qu'il me donne la grace de tant viure , que ie vous voye tel
comme i'eſpere , En ce temps ce petit prince pouoit auoir enuiron troys
ans : lequel voyant ſon ſeigneur pleurer (comme ſ'il en euſt eu compaſſion) luy eſſuyoit les yeulx, qui promit de luy grande humanité à Gandales , & que l'enfant croiſſant d'aage & de puiſſance, croiſtroit auſſi en
vouloir de mieulx le ſecourir ſ'il auoit affaire. Parquoy de la en auant il
en deuit plus curieux que iamais , & telemét qu'il ne prenoit plaiſir qu'a
le bien eſleuer & nourrir, meſmes pour luy faire paſſer le temps l'exerci-
toit & adeſtroit auec le petit Gandalin ſon compaignon à tirer de l'arc :
mais ainſi qu'il peruenoit à l'aage de ſix ans , Le roy Languines accompaigné de la Royne (trauerſant pays) vint paſſer par la maiſon de Gandales ou il fut grandement feſtoyé , neantmoins auant qu'il y arriuaſt,
Gandales (eſtant aduerty de ſa venue) fit retirer le petit prince & ſes compaignons en vng logis arriere, craignant peult eſtre que pour ſa beaulté
& bonne grace le Roy euſt deſir de l'émener auec luy, ou bien à ce qu'ilz
n'empeſchaſſent pour l'heure le logis: mais (de fortune) la Royne eſtant

logée au

logée au plus hault eſtaige du chaſteau, ainſi qu’elle regardoit en vne feneſtre qui auoit veue ſur la part ou eſtoient les enfans, apperceut le Damoyſel & ſes compaignons tirans de l’arc. Lors ietta l’oeil ſur le Damoyſel qui luy ſembla entre tous les plus diſpoſt, & tel en contenance qu’elle
eut grand plaiſir à le regarder, l’eſtimant le filz du ſeigneur de leans: toutesfois en eſtant doubteuſe, & ne voyant à qui le pouoir demander, cria à
ſes femmes: Venez veoir la plus belle petite creature que oncques fut
veue. A ceſte parolle y coururent toutes, & ſur ces entrefaictes l’enfant eut
ſoif. Parquoy laiſſant ſon arc pres de ſes compaignons, vint boire en vn
canal d’eaue qui paſſoit ioignant de la : mais ce pendant l’un d’eulx, plus
grand que le Damoyſel, print ceſt arc pour en tirer, ce que Gandalin ne
voulut permettre, dont ſourdit entre eulx deux groſſe queſtion : & telle
que Gandalin qui fut le plus foible, ſ’eſcria à haulte voix : Damoyſel de la
mer ſecourez moy. Quand le Damoyſel l’entendit, laiſſa le boire & ſ’en
courut droit à celluy qui ſ’eſtoit harpé à ſon frere, auquel il arraçha l’arc,
& luy en donna au plus hault de la teſte de toute ſa puiſſance, luy diſant:
Chiart en malheure oultrageaſtes vous mon frere. L’aultre de ce non content ſe ietta ſur le Damoyſel & ſe couplerent enſemble : toutesfois celluy
qui auoit commencé la noyſe fut ſi mal mené qu’il gaigna au pied, & en
fuyant rencontra leur gouuerneur, qui luy dit : Qu’as tu à fuyr? Seigneur,
reſpondit il, le Damoyſel de la mer me veult battre. Lors le gouuerneur
ſ’approchant du Damoyſel le menaſſa rigoureuſement, diſant: Comment
eſtes vous deſia ſi oſé de battre voz compaignons? vous verrez maintenant comment il vous en prendra. Quand le Damoyſel ſ’entendit menaſ-
ſer, il ſe meit à genoulx, diſant à ſon gouuerneur : Si vous ordonnez que
ie ſoye feſſé, ie l’ayme trop mieulx que d’endurer en ma preſence oultra-
ger mon frere. Et ce proferant les larmes luy vindrent aux yeulx, qui firent pitié au gouuerneur, au moyen dequoy il luy reſpondit:S’il vous aduient iamais, ie vous aſſeure que ie vous feray bien pleurer d’aultre ſorte.
La Royne qui auoit veu & entendu tout ce debat, ſ’esbahiſſoit fort, pourquoy l’on appelloit ce petit gars le Damoyſel de la mer.

Comme le Roy Languines em-

mena auec luy le Damoyſel de la mer, & Gandalin filz de Gandales.

Chapitre   IIII.

En ces

N ces entrefaictes que la Royne regardoit le Damoyfel de la mer, le Roy entra en fa chambre accompaigné de Gandales, & quand la Royne l'apperceut elle luy demanda auffi toft fi ceft en-fant(tant beau) eftoit fien. Ouy madame, refpondit Gandales. Et pour-quoy le faictes vous appeller le Damoyfel de la mer? dit la Royne. Pource ma dame, refpondit il, qu'au retour du voyaige que ie feiz dernierement de la petite Bretaigne il fut né fur la mer. Vrayement, dit elle, il vous ref-femble peu: & tel eftoit fon aduis, pource que le Damoyfel eftoit d'excel-lente beaulté & Gandales affez laid de vifaige, mais trefgentil cópaignon. Aduint que durant ce propos, le Roy ietta l'oeil fur ce petit prince, lequel ne luy fembla moins beau qu'il auoit faict à la Royne. Parquoy comman-da à Gandales le faire venir à luy. Et puis, dit il, au partir de ceans ie l'em-meray quant & moy, & le feray nourrir auec mon filz. En bonne foy, Sire, refpondit Gandales, il eft encores bien ieune pour laiffer fa mere. Ce non-obftant peu apres il le prefenta au Roy, lequel luy demanda: Mignon, ne voulez vous pas venir à la court? Sire refpondit l'enfant, ie yray ou il vous plaira, fi mon frere vient auec moy. Et moy, dit Gandalin, ie ne demou-reray fans luy. A ce que ie voy, Sire, dit Gádales, fi vous l'emmenez, il vous fauldra auoir l'aultre, car ilz ne fe veulent feparer. Et bien, refpondit le Roy, i'en fuis content. Puis appella Agraies, & luy dit: Mon filz, ie veulx que vous aymez ces deux gentilz hómes comme i'ayme leur pere. Quand Gandales veit que c'eftoit à bon effient que le Roy les vouloit auoir, les larmes luy vindrent aux yeulx, difant en fon cœur: Mon enfant qui fi pe-tit commenças à efprouuer fortune, maintenant te voy ie en feruice de ceulx qui te pourront quelque iour feruir, f'il plaift à Dieu te garder & conduire (ce que ie le fupplie faire) & permettre que les parolles que la faige Vrgande l'incogneue me predit de toy foient veritables, me faifant la grace de tant viure que ie veoye le temps des grandes merueilles qui te font promifes aux armes. Le Roy qui prenoit garde à Gandales voyant qu'il auoit les yeulx pleins de pleurs, fe meit à le gaudir, difant: Vraye-ment ie n'euffe iamais penfé que vous euffiez efté fi fol de plurer pour vn enfant. Ah Sire, refpondit Gandales, c'eft(peult eftre)auec plus d'oc-cafion que vous n'eftimez, & f'il vous plaift la fçauoir, ie la vous diray pre-fentement deuant la Royne. Adonc luy fit difcours comme il auoit trou-ué le Damoyfel en la mer, & en quel equipaige: & auffi toft il luy euft de-clairé ce que Vrgande auoit predit de luy, n'euft efté le ferment qu'il a-uoit faict. Or maintenant, dit Gandales, ordonnez de luy ce qu'il vous plaira: car (fi dieu me faulue) felon fon commencement, ie croy qu'il eft yffu de bien grand lignaige. Quand le Roy l'eut efcouté il l'eftima beau-coup de ce que fi curieufement il auoit efleué ceft enfant trouué. Et luy re-fpondit, C'eft bien raifon, (puis que dieu a tant faict pour luy de le prefer-uer des grands dangers ou il eftoit) qu'a prefent nous ayons le foing de le

nourrir &

ñourrir & faire des biens quand il en fera temps. En bonne foy, monfieur, dit la Royne, f'il vous plaift il fera mien pendant fon ieune aage, puys venant à eftre homme, ie le vous rendray pour vous feruir. Et bien, refpondit il, ie le vous donne. Or auint que le lendemain matin le Roy fe voulut mettre à chemin: parquoy la Royne n'ayant oublié le prefent qu'on luy auoit fait, fit mener auecq' elle Gandalin, & le petit Damoyfel de la Mer, qu'elle commãda nourrir autant foigneufement que fon filz: car elle prenoit tel plaifir à le voir, qu'ordinairement le vouloit auoir auprcs de fa perfonne, pource qu'il auoit l'efprit fi bon, & fut tant bien né, qu'il eftoit agreable à vn chacun: mefmes que tout ce qu'il faifoit fe trouuoit de meilleure grace & plus dextre que de nul autre, & fi n'auoit paffetemps pour lors qu'à tirer de l'arc, nourrir chiens, ou aller à la chaffe.

Maintenant l'Autheur laiffe ce

propos, pour retourner à ce qu'il auint au Roy Perion, & à fa nouuelle amye Elifene. Ce Roy Perion (comme vous auez defia entendu) eftoit arriué en Gaule: lequel depuys qu'il eut fceu des Philofophes l'expofition de fon fonge, & que la Damoyfelle luy eut predit, qu'au temps qu'il recouureroit fa perte, le païs d'Irlande perdroit fa fleur: il deuint plus penfif que deuant, ce nonobftant il n'y pouuoit rien entendre. Et ainfi fe pafferent aucuns iours, entre lefquelz eftant en fon palays entra vne autre Damoyfelle, qui luy bailla vne letre d'Elifene: par laquelle elle luy faifoit fçauoir, que le Roy Garinter fon pere eftoit mort, & elle demeurée feule, & qu'à cefte caufe il en euft pitié: car le Roy d'Efcoce luy vouloit ofter fa terre. De la mort du Roy Garinter fut le Roy Perion aucunemét fafché: mais fi fe reconforta il, penfant qu'il yroit voir s'amye, vers laquelle il n'auoit en rien diminué fon affeótion. Pourtant depefcha promptement la Damoyfelle, & luy dit: Retournez, & dites à voftre maiftreffe, que fans feiourner vn feul iour, ie feray de brief auecq' elle. La Damoyfelle fort ayfe de cefte refponfe s'en retourna: & apres que le Roy eut mis ordre à fes afaires, s'en partit en bon equipage pour allet trouuer Elifene, & fit tãt par fes iournées, qu'il arriua en la petite Bretaigne, ou il eut nouuelles que le Roy Languines auoit defia pris toute fa feigneurie du païs, fauf les villes, que le Roy Garinter auoit données à Elifene. Laquelle eftoit, à ce qu'il fut auerty, en vne place qui fe nommoit Arcata, ou il adreffa fon chemin. S'il y fut bien receu ie le vous laiffe penfer, & elle au femblable, de celuy qui tant l'aymoit: & apres les recueilz & feftiements d'vn & d'autre, le Roy luy declara qu'il la vouloit efpoufer, & qu'à cefte caufe elle en auertift fes parents & fubietz. Ce qu'elle fit en la plus grande diligence qu'elle peut, & auecq' autant d'ayfe & contentemét, que fon cueur en euft fceu defirer:

car

car en celà feul confiftoit le comble de fes affections . Ce qu’entendu par
le Roy d’Efcoce, & comme pour ce faire le Roy Perion eftoit defia arriué
auecq’ fa fœur:manda incontinent tous les haultx hômes de fes païs,pour
auecq’ luy aller faire honneur & bon recueil au Roy fon beau frere.A fon
arriuée fut receu le Roy Perion humainement: & apres que par grands
embracements fe furent faluez, & que les noces eurent pris fin , les deux
Roys delibererent de retourner chacun en fon païs.Parquoy tirât le Roy
Perion en Gaule auecq’ Elifene fa femme,eftant vn iour trauaillé de long
chemin, luy vint à plaifir de fe refrefchir le long d’vne riuiere : & tandis
que l’on y dreffoit fes tentes , fe mit à fe proumener feul à chcual le long
de l’eau , penfant comme il pourroit fçauoir la verité, fi Elifene auoit eu
enfant,ainfi que les Philofophes luy auoient dit en luy expofant fon fonge. Mais fi auant fe mit en cefte penfée, que cheminant toufiours fans y
prendre garde, arriua en vn hermitage, qui pres de là eftoit : parquoy fe
trouuant en lieu de deuotion, mit pied à terre , & atacha fon cheual à vn
arbre,pour aller faire fon oraifon.Et entrât dans l’Eglife,trouua vn Reli-
gieux trefancien,qui vint à l’encontre de luy, & dit:Cheualier,eft il vray
que le Roy Perion s’eft marié auecq’ la fille de noftre Roy?Oy vrayemét,
refpódit le Roy. Loué en foit Dieu,dit le bon Hermite:car ie fçay certainement qu’il eft d’elle aymé de tout fon cueur.Comment le fçauez-vous?
refpondit il.Par fa bouche mefme,dit le bon homme. Le Roy alors penfant qu’il fçauroit de luy ce qu’il defiroit, fe fit cognoiftre, & luy dit : Ie
vous prie , pere , que vous me diciez ce que d’elle & de moy vous fçauez.
Certes,fire,refpondit le preud’homme,ie faudrois en celà grandement,&
auriez caufe de me reputer heretique, fi ce qu’elle me dit en confefsion ie
manifeftois: mais fufife-vous de ce que ie vous ay declaré,que de vraye &
fincere amour elle vous ayme . Et puys que fi à propos ie vous treuue, ie
veux que fçachiez ce qu’vne Damoyfelle(à mon auis fort fage)me dit au
temps que vous vinftes premierement en ce païs:combien qu’elle me parla fi obfcurement, que ie ne l’ay iamais bien fceu comprendre.Car elle difoit, que de la petite Bretaigne fourdroient deux grands Dragons, qui
tiendroient leur feigneurie en Gaule, & leurs cueurs en la grand’ Bretaigne,& que de là yroient deuorer les beftes des autres païs : mais que contre les vnes ilz feroient braues & cruelz , & contre les autres humbles &
gracieux, comme s’ilz n’auoient ny ongles,ne cueur.De cefte parole fu-ie
lors tout penfif, ne depuys oncques ie n’en ay fceu comprendre la figni-
fiance.Non plus l’entendit le Roy pour l’heure,qui n’en fut moins efmerueillé que l’Hermite : & toutesfois quelque temps depuys il trouua cefte
prophétie vraye . Or ayant le Roy commandé le faint homme à Dieu,re-
tourna ou il auoit fait dreffer fes tentes, & laiffa la Royne, qui l’atendoit,à laquelle pour lors il ne declara aucune chofe de ce,en quoy il auoit
tout le iour penfé : ains le diffimula iufques à ce qu’ilz furent couchez, &

apres

apres les acouſtumez embraſſemens, le Roy par bon moyen vint à luy
conter ce que les Aſtrologues luy auoient expoſé de ſon ſonge, la priant affectueuſement, qu'elle luy declaraſt, s'elle auoit fait enfant, ou non.
Quand la bonne Dame l'entendit, honte la ſurprit de telle ſorte, qu'elle
euſt voulu eſtre morte, & nya la verité entierement, ſi que pour ceſte fois
le Roy ne peut ſçauoir ce qu'il deſiroit. Le lendemain partirent de là, &
tant cheminerent, qu'ilz arriuerent en Gaule: ou fut ceſte noble Royne de
tout le païs receuë en grand' ioye. Et pource que, comme a eſté cy deuant
recité, le Roy luy portoit ſinguliere affection: il fut (pour luy tenir compagnie) de là en auant plus arreſté en ſes païs que oncques n'auoit eſté:
& tant, que peu apres ſon arriuée, la bonne Dame ſe trouua groſſe d'vn
filz, qui fut nommé Galaor, & depuys d'vne fille apellée Melicie. Mais
eſtant le petit Galaor en l'aage de deux ans & demy, auint qu'vn iour le
Roy ſon pere faiſant ſeiour le long de la marine en vne ſienne ville, nommée Orangil, eſtant apuyé ſur vne feneſtre ayant veuë vers le iardin, ou
eſtoit la Royne, qui lors auecq' ſon filz & ſes Dames & Damoyſelles ſ'esba
toit: entra par vne poterne vn Geant ſi horrible, qu'il n'y auoit homme
qui à le voir ne fuſt ſurpris de treſgrand' paour, lequel portoit ſur le col
vne groſſe & lourde maſſe. Quand ceſte compagnie de femmes l'aperceut, les vnes fuyoient entre les arbres, & les autres, pour ne le voir, ſe
ietoient contre terre: mais le Geant n'en fit cas, ains ſeulement ſ'adreſſa
au petit Galaor, qu'il prit entre ſes braz, & en ſouzriant dit: Sur ma foy la
Damoyſelle eſt veritable: & ſans faire autre choſe, portant l'enfant, ſ'en re
tourna & reprit le chemin par ou il eſtoit venu, puis entrant en vn brigantin, qui l'atendoit, fit voile. Ce pendant la triſte Royne, qui auoit veu
rauir ſon filz (oubliant pour l'amour maternelle la paour qu'aucunement
luy auoit faite le Geant) le fuyuit d'aſſez pres, penſant recouurer ſon Galaor. Mais quand elle vid qu'il eſtoit entré dás le brigantin, Dieuſçait quel
le angoiſſe elle eut lors: car le petit garçonnet en criant apelloit: Ma mere
ſecourez moy! Helas elle ne pouuoit, & trouuoit plus eſträge que la mort
meſme de voir emmener celuy, qu'elle aymoit plus que ſa vie : & en ceſte
douleur extreme luy va ſouuenir de ſon autre enfant, qu'elle auoit ieté
en l'eau, parquoy, la triſte mere pire que morte tomba eſuanouye. Adócq'
le Roy Perion ſon mary, qui tout ce auoit bien aperceu du lieu, duquel
il ne pouuoit promptement ayder ny à la l'enfant ny à la mere, ſe trouua
bien perplex: & toutesfois virilement prit cueur, & vint vers la Royne,
qu'il trouua paſmée, à laquelle il fit pouruoir au mieux qu'il peut, & tant
qu'elle reuint à ſoy. Lors commença à faire le plus merueilleux dueil du
monde, regrettant ceſte nouuelle perte, ſans laquelle elle eſperoit auoir re
couuert la premiere: & eſtant hors d'eſperance de iamais en auoir nouuelles ſe deſconfortoit de ſorte, qu'elle faiſoit grand' pitié à ceux qui la
voyoient. Le Roy ce pendant mettoit toutes les peines qu'il pouuoit à la
C conſo-

confoler & reconforter: & tant fit qu'elle recouura la raifon qui delle fe-
ftoit abfentée. A dócq' luy dit le Roy: MaDame, il fault louër Dieu detout
& mefmes en ce cas, veu que ie voy clairement auenu ce qui deuoit a-
uenir du fonge, dont autresfois vous ay parlé. Et qu'ainfi foit noftre, petit Galaor eft le dernier cueur, qui nous deuoit eftre ofté maugré nous.
Pourtant ne craignez d'orefenanant declarér ce, qui eft du premier: car
quoy qu'il en foit, veu l'eftat auquel vous eftiez lors, vous n'en deuez eftre
blafmée. A' cefte parole la dolente mere s'oubliant plus que la faulte qu'el
le auoit faite, luy fit entendre partie de l'infortune de fon premier né: le
fupliant luy pardonner, veu que ce qu'elle auoit fait eftoit pour crainte
de la mort, atendu la loy du païs. En bonne foy, ma Dame, refpondit le
Roy, vous pouuez eftre affeurée, que iour de ma vie ne vous en fçauray
mauuais gré: & de voftre part ie vous prie de prendre leur deftinée le plus
fagement que vous pourrez. Pource que i'efpere en Dieu, que puys qu'il
luy a pleu nous donner au commencement fi peu de ioye & iouyffance
de noz deux enfants, à l'auenir il nous recompenfera de meilleure fortune, & peult eftre, aurons-nous vn iour d'eux bonnes nouuelles. Or
laiffant ce propos fault entendre, que le Geant, qui emporta ce petit Prince
fut du pais de Leonois, feigneur d'vne Ifle nommée Gandalan, en laquelle il auoit deux fortes places. Il n'eftoit point mal faifant ainfi que beaucoup d'autres (mais doux & de paifible conuerfation) fi ce n'eftoit quand
il eftoit offenfé: car en fureur il faifoit de grandes cruautez. En vn inftant fut fa petite barque tant pouffée par le vent, qu'il arriua en fon pais,
lequel il auoit fait peupler de Chreftiens, & y entretenoit vn Hermite de
tresfainte vie, vers lequel il fe retira, & luy dit: Pere, prenez ceft enfant
& le me nourriffez, & enfeignez en tout ce qui eft conuenable à Cheualier, pource que ie vous puis affeurer, qu'il eft filz de Roy & de Royne. Ah!
dit l'Hermite, pourquoy auez vous fait telle cruauté? Ie le vous diray, refpondit le Geant. Vous deuez fçauoir, qu'ayant entrepris d'aller combatre
le Geant Albadan, qui occit mefchamment mon pere, comme auez peu
entendre, & qui encores de prefent me detient par force la roche de Galtares, laquelle de droit m'apartient, eftant ia embarqué pour executer
ma penfée: vint vers moy vne Damoyfelle, qui me dit: Tu t'abufes: car ce
que tu penfes fe doit acheuer par le filz du Roy Perion de Gaule, qui aura
beaucoup plus de force & de hardieffe que tu n'as. Et ie luy demanday en
fa foy, fi elle difoit verité. Cela pourras-tu voir, dit elle, en la faifon que
les deux branches d'vn arbre fe ioindrót, qui à prefent font feparées. Puys
m'enfeigna ou ie trouuerois celuy duquel elle me parloit, lequel à prefent
ie vous baille en garde d'autant que vous m'aymez. Par ce moyen demeura le petit Galaor fouz la códuite du faint homme, & y fut fi longuement,
qu'il n'en fortit qu'il ne fuft en aage de receuoir cheualerie, cóme il vous
fera quelquefois recité.

En ce

En ce temps regnoit en la grand'

Bretaigne vn Roy nommé Flangaris, lequel mourant sans enfants, laissa
heritier vn sien frere (non moins prudent en ses afaires, que cheualereux
& adroit aux armes) nommé Lisuart, lequel s'estoit marié (n'auoit pas lóg
temps) auecques Brisene fille du Roy de Dannemarc, la plus belle Dame
qui se trouuast lors en tout le Septentrion. Et combien qu'elle eust esté
demandée en mariage par de grands Princes du païs : neantmoins par
crainte des vns, le pere ne l'osoit acorder aux autres, dont elle demeuroit
desprouueuë, par auoir trop d'abondance : & non aquise, par trop estre
requise. A quoy elle voulant pouruoir en choisit vn à sa poste, & se ma-
ria à ce ieune Prince Lisuart, qui par amour lr seruoit, & duquel elle n'i-
gnoroit les vertuz ne le gentil cueur. Or apres le trepas de Flangaris, les
Princes de la grand' Bretaigne sçachãts que de droit Lisuart venoit à luy
succeder au Royaume, mesmes qu'estants en païs estrange (par ses haultx
faitz & prouësses) il s'estoit allié par mariage en si bon lieu : depescherent
incontinent embassades pour aller vers luy, le suplier d'accepter le royaume & subietz de la grand' Bretaigne, & de s'en venir reuestir & saisir.

Comme le Roy Lisuart naui-

par la mer, prit port en Escoce, ou il fut grandement honoré & bien recueilly.

Chapitre　　　V.

Ntendu par le Roy Lisuart l'enuie, que ses subietz a-
uoient de son brief retour, dressa son equipage en mer,
par l'ayde & moyen du Roy de Dannemarc son beau
pere : puys fit faire voyle pour tirer vers la grand' Bretaigne. Et pource qu'il trauersoit le lóg de la coste d'Escoce, y prit port : dequoy Languines Roy du païs auer-
ty, fut au deuant, & le receut magnifiquement. Or estoit ce nouueau Roy
de la grand' Bretaigne, acompagné de la Royne sa femme, & d'vne ieune
fille leur enfant, aagée (peult estre) de dix ans, nommée Oriane, l'vne des
plus belles creatures qui iamais fut veuë : & telle, que durant le temps
qu'elle demeura en Dannemarc estoit apellée Vnique, pource qu'on ne
trouuoit sa pareille en beauté. Ceste petite Oriane pour le trauail de la
mer non acoustumé se trouua fort lasse : & craignant son pere qu'elle eust
pis, pria le Roy d'Escoce de la garder tant qu'elle se fust reposée, & qu'ilz
l'enuoyroient querir. Tresuoluntiers accepterent ceste garde le Roy Lan-
C ii　　　　guines

guines & la Royne. Parquoy le Roy Lisuart sans faire plus long seiour en
Escoce, r'entra en mer, & fit leuer les ancres de ses nauires faisant voyle:
dont en peu de iours prit terre en ses païs,ou arriué auant qu'en demeurer
paisible (comme en tel cas souuent auient) y trouua aucuns rebelles, lesquelz auecq' le temps il debella, qui fut la cause qu'il ne peut si promptement faire venir sa fille,qui estoit demeurée en Escoce.

En cest endroit laisse l'Autheur

ce nouueau Roy regner paisiblement en la grand' Bretaigne, & tourne
au Damoysel de la Mer, qui en ce temps pouuoit auoir seulement douze
ans . Combien que veu sa grandeur il paroissoit en auoir plus de quinze,
& pour sa bonne grace estoit, tant de la Royne, que des autres Dames,
plus que nul autre bien voulu & aymé . Or ainsi que cy deuant vous a esté
recité, ceste ieune Princesse Oriane fille du Roy Lisuart, estoit demeurée
auecq' la Royne d'Escoce pour se refraischir,atendant que le Roy son pere la r'enuoyast querir:& luy faisant la Royne toutes les gracieusetez dont
elle se pouuoit auiser,luy dit:M'amye,ie veux desormais, que le Damoysel de la Mer vous serue, & qu'il soit vostre. Ce que l'Infante Oriane accepta volūtiers,& de fait ceste acceptation s'imprima en l'esprit du Damoy
sel de telle sorte, que iour de sa vie il n'eut enuie d'en seruir, ou aymer autre, & à elle depuys eut tousiours le cueur:mais si bien luy auint,que ceste
amour fut mutuelle & egale en eux deux . Toutesfois le ieune Damoysel
pour vn temps n'en eut cognoissance, & se reputoit indigne de si grand
bien:estimant que ce seroit trop entrepris à luy de seulement y penser,qui
fut cause qu'il ne luy en osoit, non pas parler, mais monstrer aucun sem-
blant.La ieune Princesse,qui estoit de mesme pensée, & en pareille peine,
se gardoit de luy tenir propos plus qu'à vn autre, pour euiter tout soup-
çon.Mais les yeux des deux amants,faisants le deuoir de leur ofice,por-
toient la chose que plus ilz aymoient. Et ainsi viuoient couuertemēt,sans
ce que l'vn à l'autre declarast aucune partie de ceste affection amoureuse.
Quelque temps apres voyant ce ieune Prince incogneu,que pour aquerir
la bonne grace de sa Dame tant aymée, il estoit necessaire qu'il prist les
armes, & receust l'ordre de cheualerie, disoit en soymesmes : Si vne fois
ie suis Cheualier, ie feray telle chose, que i'auray bonne reputacion &
faueur de ma Dame,ou ie mourray en la peine. Et du desir qu'il en eut es-
pia le iour qu'il pourroit trouuer le Roy Languines à propos,pour luy en
faire requeste: parquoy sçachant qu'il se proumenoit en vn iardin,se vint
ieter à genoux deuant luy, & luy dit : Sire, si c'estoit vostre plaisir, il seroit desormais temps que ie fusse Cheualier. Quand le Roy l'entendit
(veu son

(veu fon ieune aage) il fut tout esbahy & luy refpondit : Comment? Damoyfel de la Mer, vous cuydez vous defia affez royde pour maintenir fi
pefante charge ? Certes c'eft chofe affez ayfée de receuoir tel honneur:
mais le maintenir comme il apartient, c'eft peult eftre, plus gros faix que
vous ne penfez, & tel que fouuent vn bien bon cueur s'en ennuye. Toutesfois fi par crainte, ou couardie, il laiffe à faire ce qu'il doit, mieux luy
vaudroit la mort que la vie honteufe : pourtant ie ferois bien d'auis, que
pour quelque temps vouluffiez encores differer. Le Damoyfel non content de cefte refponfe, luy repliqua : Sire, ie ne laifferay à l'eftre, s'il
vous plaift, pour crainte de ce que m'auez dit: car fi n'auois le defir de
faire tout ce qui apartient à cheualerie, ie n'euffe pris la hardieffe de
vous en requerir : & puys que de voftre grace m'auez iufques icy nourry,
ie vous fuplie treshumblement m'otroyer cefte requefte, & ne me donner ocafion de perdre voftre feruice, pour chercher qui la m'acorde. Le
Roy eftimant d'auantage le cueur de ce ieune enfant, & doutant
qu'ainfi le fift, luy refpondit : Affeurez vous, Damoyfel, que ie le feray,
quand ie verray qu'il vous fera neceffaire, & ce pendant faites acouftrer voz armes & ce qui eft de befoing : toutesfois, beau fire, dites moy
vers qui, pour mon refus, vous pourriez-vous retirer? Au Roy Perion, dit
le Damoyfel, lequel on eftime treshardy & bon Cheualier. Puys il a efpou
fé la foeur de la Royne, qui me fait croyre qu'il ne me refuferoit, luy faifant entédre cóme elle m'a nourry & que ie fuis fien. Il eft vray, dit le Roy
mais pour le prefent ayez vn peu de pacience, & quand il fera temps
vous le ferez honorablement. Adoncq' commanda que l'on luy mift en
ordre les acouftremens neceffaires pour receuoir Cheualerie. Et ce pendant le Roy en auertit Gandales, qui en fut fi ayfe, qu'il depefcha aufsi
toft vne Damoyfelle vers le ieune Prince: par laquelle il luy enuoya l'efpée, l'anneau, & la letre couuerte de cire, qu'il auoit trouuée dans le berceau, lors qu'il fut recoux en la mer. Tant chemina cefte Damoyfelle, qu'el
le arriua vers le Damoyfel, ainfi qu'il s'esbatoit auecq' Oriane & les autres
Dames (pendant que la Royne dormoit) A' l'heure eftoit il penfant fi fort
à Oriane, que feulement il n'ofoit leuer la veué pour la regarder, & difoit
en foy mefme: Ah ! ah Dieu! comme vous a il pleu douër cefte femme de
tant excellente beauté, pour à moy malheureux faire fouffrir fi eftrange
pafsion en l'aymant. Ah! ah mes yeux! trop haultement auez regardé celle dequoy vous eftes indignes : mais au pis aller la mort fatisfera à cefte temerité, à laquelle mon cueur s'eft pour vous fubmis. En cefte péfée fe cuyda laiffer tomber, tant s'eftoit oublié & mis hors de foy mefmes, quand
vn paige s'adreffa à luy, difant : Damoyfel, là dehors eft vne Damoyfelle
eftrange, qui vous aporte quelques prefens & veult parler à vous. Quand
celle qui l'aymoit entendit ce meffage, le cueur luy prit à fremir de telle forte, que ne pouuant difsimuler cefte nouuelle flamme, apella le Da-

C iii   moyfel,

moyſel, & luy dit : Ie vous prie demeurez icy & faites entrer la Damoyſelle,à fin qu’ayons la veuē de ce qu’elle vous aporte . Ce qu’il fit, & entra laDamoyſelle,qui luy dit:Seigneur,voſtre bon amy Gandales vous ſa-
lue grandement comme celuy qui vous ayme , & vous enuoye ceſt anneau,la cire, & l’eſpée,que voicy , laquelle il vous prie que (pour l’amour
de luy) vous portiez tant que viurez.Adoncq’ le Damoyſel receut les preſents, & mit l’anneau & la cire à part,pour regarder l’eſpée qui eſtoit ſans
fourreau , enuelopée en vn drap de fin lin, dont il fut fort esbahy . Et
tandis qu’il s’y amuſoit,Oriane prit la cire, penſant que ce fuſt autre choſe, & luy dit: En bonne foy,Damoyſel, ie veux pour ma part ceſte cire.
Non aurez, s’il vous plaiſt(ma Dame) reſpondit il : mais ceſt anneau, qui
eſt, ce me ſemble,aſſez beau . Ie ne veux que la cire,dit Oriane, & ce fait
la prinſ . Et ſur ces entrefaites ſuruint le Roy , qui dit au Damoyſel : Que
vous ſemble de ceſte eſpée ? Sire, reſpondit il, ie la treuue fort belle : mais
ie neſçay pourquoyelle n’a point de fourreau.Il y a(dit leRoy)bien quin
ze ans qu’elle n’en eut.Et ce diſant le tira à part, puys luy dit:Vous voulez
eſtre Cheualier, & ne ſçauez ſi de droit vous apartient de l’eſtre: pourtant il fault maintenant que vous entendiez qui vous, eſtes & que ie vous
die ce que i’en ſçay . Adoncq’ luy recita comme il auoit eſté trouué en la
mer auecq’ ceſte eſpée & l’anneau eſtans dans vn coffret,comme auez peu
cy deuant entendre.Sur ma foy,Sire,reſpondit le Damoyſel , ie croy que
pour voſtre plaiſir me donnez de ceſte inuention , pource que ceſte Damoyſelle m’a dit en entrant ceans que mon bon amy Gandales m’enuoyoit ces preſents: mais ie penſe qu’elle a failly à parler & qu’elle vouloit dire mon pere . Toutesfois , Sire , s’il eſt ainſi qu’il vous a pleu me reciter ie
n’en ſuis deplaiſant , ſinon pour ne cognoiſtre ceux dont ie ſuis venu, ny
eux moy , ce neantmoins ie m’eſtime Gentilhomme: car le cueur me le
promet . Et pourtant,Sire, il m’eſt maintenant plus conuenable que ie
ſoys Cheualier qu’au parauant: à fin que ie mette peine d’eſtre tel que
i’aquiere honneur & reputation , puys que ie n’ay parent, par lequel ie
me puiſſe nommer,ne ſçachant qui ie ſuis . Quand le Roy l’entendit parler ſi vertueuſement,il eut encores meilleure eſtime de luy que iamais,iu-
geant en ſoy, qu’il ne pourroit eſtre autre qu’homme de bien , & bon
Cheualier.Et ainſi qu’ilz deuiſoient vint vn Gentilhomme vers le Roy,
qui luy dit:Sire leRoy Perion voſtre frere eſt preſentement arriué.Ceans?
dit le Roy.Ouy,Sire,reſpondit le Gentilhóme.A’ ceſte parole le Roy ſ’en
partit pour aller receuoit ſon frere,lequel il courut embracer , luy diſant:
Comment?mon frere,vous me cuydez prendre au deſpourueu ? ie n’euſſe
pas penſé voſtre arriuée ſi prompte en ce païs. Mon frere , reſpondit le
Roy Perion,ie vien requerir mes amys, pource que i’en ay à preſent plus
de neceſſité que ie n’eu oncques : pourtant que le Roy Abies d’Yrlande
me meine vne forte guerre, & eſt en grand’ puiſſance entré en mes païs,
tellement

tellement que luy & Daganil son cousin tiennent ma place de la Deserte assiegée. Et, qui pis est, la fortune m'a si mal dit, qu'aucuns, à qui ie me fiois m'ont habandonné, & la plus grande partie de mes autres parents & a-mys ont esté deffaitz aux rencontres & courses, que nous auons faites l'vn sur l'autre: si que maintenant ie vien pour vous suplier me secourir à ce tesgrand besoing. Vrayement, mon frere, respondit Languines, ie le feray, & croyez qu'il me grieue fort de vostre infortune: mais i'y pour-uoiray au mieux que ie pourray. Agraies, qui estoit nouueau Cheualier, ardant & prompt aux armes, ayant entendu la requeste de son oncle, & l'otroy que luy faisoit le Roy son pere de luy ayder: se vint mettre à ge-noux deuant luy, disant: Mon seigneur, ie vous suplie m'octroyer la re-queste, que ie vous feray presentement. Le Roy, qui l'aymoit comme soy-mesmes, luy respondit. Or demandez: car vous ne serez pas refusé. Ie vous suplie, môsieur, dit il, soyez content que ie voise en Gaule ayder à la Roy-ne ma tante. En bonne foy, respondit le Roy, i'en suis bien content, & si y-rez en bonne equipage & forte côpagnie. Quand le Damoysel de la Mer sceut ceste deliberation, il deuint plus curieux de parachauer son entrépri-se que iamais: & voyant si à propos le Roy Perion, il ne se pouuoit ressasi-er de le regarder, seulemét pour les biens qu'il auoit entenduz de luy : car il n'y pensoit lors auoir aucune afinité de parentage, & eust bien vou-lu estre Cheualier de sa main, plustost que d'vn autre, pour les haultx faitz d'armes qu'il auoit autresfois mis à fin. Et pour y paruenir s'auisa d'en suplier la Royne: esperant que si elle vouloit tant faire pour luy que d'en prier le Roy son frere, elle n'en seroit iamais refusée: & toutesfois il la voyoit tant triste, qu'il ne luy en osoit nullement parler: mais print la har-diesse deuenir vers Oriane, & se mettât à genoux luy dit: Ma Dame, vous plairoit il me faire ce bien de me dire la cause qui dône tel ennuy à la Roy-ne? Oriane, qui en telle sortevoyoit deuât elle celuy que de tout son cueur elle aymoit (sans toutesfois que luy ne autre le sceust) fut lors surprise de telle vehemence d'amour, que ne le sçachant bonnement dissimuler, luy respondit: Damoysel de la Mer mon amy, en bonne foy ie mettray peine de le sçauoir: puys ie la vous diray de bienbon cueur, veu que c'est la premiere requeste qu'onques vous me fistes. Ma Dame, dit il, ie me sents de si peu de merite enuers vous, que ie me repute indigne de vous rien re-querir: mais ie me tiendrois trop heureux si i'auois moyen de vous obeïr, & qu'il vous pleust me cômander. Comment? respondit elle, auez vous le cueur si bas & si peu d'estime devous? MaDame, en quelque sorte que cesoit dit il, ie n'ay aucunes forces, sinon celles que m'a laissées le grâd desir que i'ay devous seruir: car mon cueur, qui est toutvostre, ne peult rien receuoir sinon vous. Mien? respondit Oriane, & depuys quâd? Depuys qu'il vous pleut, ma Dame, dit le Damoysel. Et quâd fut ce qu'il me pleut? dit elle. De ce mesme temps, respôdit le Damoysel, que le Roy vostre pete vous laissa

C iiii

en ce

en ce païs s'il vous en fouuient,& que la Royne me prefenta : vous difant
telle parole : Ie vous donne ce Damoyfel pour vous feruir, & de ce iour
m'acceptaftes voftre, quand vous luy refpondiftes que ie vous eftois a-
greable. Ainfi à vous ie fu donné,& pour voftre me fuis depuys reputé,fi
que moymefmes n'ay fur moy aucune puiffance.Certes,dit Oriane, vous
priftes cefte parole à meilleure fin que pour l'heure elle n'entendoit,dont
vous en fçay tresbon gré, & fuis contente qu'il foit ainfi: A`peine eut elle
proferé cefte parole que le Damoyfel fe fentit fi efpris d'ayfe,qu'il perdit le
pouuoir de refpondre facilement aucune chofe.Ce que cognoiffant Oriane n'en fit aucun femblant,feulement luy dit, qu'elle alloit vers la Royne,
pour faire ce dont il l'auoit priée: & affez toft apres retourna, & luy declara que ceft ennuy luy procedoit de celuy, que la Royne de Gaule fa
fœur auoit pour le dommage que faifoit le Roy d'Yrlande en fes païs . Si
c'eftoit voftre plaifir,ma Dame,dit lors le Damoyfel, que ie fuffe Cheualier, i'irois voluntiers la fecourir,ayant congé de vous . Et fans mon congé,refpondit Oriane, n'iriez vous point?Non,pour mourir,dit il:car fans
la faueur de voftre bonne grace,mon cueur vaincu ne pourroit auoir force, ne vertu, en peril ou il fe trouuaft . De cefte parole fe fouzrit Oriane,
& luy refpondit:Puys qu'ainfi eftes mien,ie vous octroye que vous foyez
mon Cheualier, & qu'aydiez à la fœur de la Royne. Treshumblemét l'en
remercia le Damoyfel, luy remonftrant cóme le Roy n'auoit trouué bon
qu'il receuft encores l'ordre de cheualerie:mais l'auoit refufé. Toutesfois,
dit il,le Roy Perion eft ceans, comme vous fçauez,de la main duquel (s'il
vous plaifoit l'en prier) ie la receürois plus voluntiers que de nul autre.
Il ne tiendra à celà, refpondit elle : & pour mieux moyenner ce que defirez , ie priray voluntiers l'Infante Mabile, qu'elle me tienne compagnie
à luy faire cefte requefte, pource qu'elle y peult beaucoup . Et fur l'heure
mefme s'en alla vers elle & luy declara l'entreprife qu'elle & le Damoyfel de la Mer auoient faite, pour le faire Cheualier : aufsi l'enuie grande
qu'il auoit de l'eftre par la main du RoyPerion,la priant affectueufement
luy ayder à l'en fuplier.La Princeffe Mabile , qui aymoit le Damoyfel de
faine amour,luy refpondit:Ie vous affeure,ma fœur,qu'à moy ne tiendra:
car celuy pour qui me priez merite bien que l'on face d'auantage pour
luy, pourtant faifons le acouftrer ce foir & tenir preft en la chapelle de
la Royne:puys quand il fera temps , nous yrons luy faire cópagnie auecq'
noz femmes,& enuoyray fuplier le Roy Perion mon oncle à l'heure qu'il
voudra partir (qui fera à ce que i'ay entendu deuant l'aube du iour) de
me venir voir: & luy arriué vers nous, vous & moy luy ferons cefte requefte, de laquelle, à mon auis, il ne nous efcondira, veu qu'il eft Prince
de bon affaire,doux,& gracieux . C'eft tresbien auifé, refpondit Oriane:
parquoy firent apeller le Damoyfel, & luy declarerent la conclufion
qu'ilz auoient prife fur ceft affaire : lequel treshumblement les remertia,
& voulant

& voulant pouruoir à tout son cas, prit congé d'elles. Puys vint trouuer Gandalin, auquel il fit le tout entendre, luy disant: Mon frere, ie vous prie, que le plus couuertement qu'il vous sera possible portiez mes armes en la chapelle de la Royne, pource que i'espere ceste nuict estre fait Cheualier: & pour autant qu'aussi tost il me conuiendra partir, ie voudrois bien sçauoir, si auez desir de me suyure, & venir auecq' moy. Certes, dit Gandalin, de mon gré iamais de vous ne partiray. De ceste parole fut si ayse le Damoysel, que les larmes luy en vindrent aux yeux. Or bien, dit il, pouruoyez à ce que ie vous ay dit. A' quoy Gandalin ne fit faulte: car deuant le souper de la Royne y donna tel ordre, que de nul ne fut aperceu: puys estants les tables leuées, le Damoysel eut moyen d'aller en la chapelle, ou il se fit entierement armer, hors la teste & les mains. Lors en atendant les Dames & le Roy Perion, il se mit à genoux deuant l'autel, faisant sa priere à Dieu, que son plaisir fust luy estre aydant, non seulement à la victoire de ceux à qui par armes il auoit afaire: mais aussi à l'auoir de celle, qui luy causoit tant de mortelles affections. Ce pendant la nuict vint, & se retira la Royne. Adoncq' les Princesses Oriane & Mabile, auecques leurs femmes arriuerent en la chapelle, ou les atendoit le Damoysel: puys venant l'heure, que le Roy Perion vouloit monter à cheual, Mabile l'enuoya suplier, qu'il la vist deuant que partir. Ce qu'il fit voluntiers, & arriué vers elle, luy dist: Mon Seigneur, puys qu'il vous a pleu tant faire pour moy, que d'auoir pris la peine d'estre venu iusques icy, ie vous prie encores octroyer à ma Dame Oriane, fille du Roy Lisuart, la requeste qu'elle vous veult faire. Ie serois bien marry, respondit il, de la refuser, tant pour l'honneur du Roy son pere, que pour l'amour d'elle. Adoncq' s'auança Oriane pour la remercier, laquelle quand le Roy vid si belle, il estima qu'en tout le monde l'on faudroit bien à trouuer sa paragonne en beauté, & luy dit: Ma Dame, vous plaist il quelque chose de moy? Oy sire, respondit Oriane, puys qu'il vous plaist me le donner, ie vous suplie que faciez ce mien Damoysel Cheualier, & le luy monstra estant à genoux deuant l'autel. Quand le Roy le vid, il fut si esmerueillé de sa grand' beauté, que rien plus, & luy vint dire: Mon amy, voulez-vous receuoir l'ordre de cheualerie? Oy, sire, s'il vous plaist, respondit le Damoysel. De par Dieu soit, dit le Roy, & vous doint grace d'autant l'augmenter en vous, comme il a fait la bonne grace. Puys luy chauffa l'esperon droit, & luy bailla l'espée, disant: Maintenant auez-vous l'ordre de cheualerie: mais ie voudrois auoir eu le moyen & oportunité de vous l'auoir dónée auecq' plus d'honneur. Toutesfois selon que ie puis iuger & estimer de vous, i'espere que serez tant bon, que vostre renommée suplira au default de ce qui deuoit estre fait plus honorablement. Puys print le Roy Perion congé des Dames, qui le remercierent grandement: & se mit en ce chemin pour retourner en Gaule, commandant à Dieu son nouueau Cheualier. Cest

acte fut

acte fut le premier, qui peult porter tefmoignage de l'amour de ces deux amants. S'il femble au lecteur leurs propoz n'eftre felon l'affection, mais fimples, au refpect de la vehemence de leur pafsion: ie luy refponds, qu'il doit excufer l'aage: aufsi il eft fouuent auenu, que les plus expertz(ce leur femble) en telz actes, ont efté par ce Dieu bendé fi viuement ataints, que non feulement il leur a ofté la parole, mais le iugement: & de telz perfonnages feroit neceffaire faire les propoz plus grands, non pas de ces deux cy eftants encores aprentiz. Or eftant ce nouueau Cheualier en e-quipage, & preft à faire le voyage, que fa Dame luy auoit octroyé: voulut en remerciant la compagnie, prendre congé fecretement d'Oriane. Et lors elle, qui pour ce partement tant foudain, fentoit vne nouuelle pafsion en fon cueur, la difsimulant toutesfois, le prit par la main, & retira à part, puys luy dit: Damoyfel de la Mer, vous vous en allez, mais ie vous prie deuant, me declarer fi vous eftes filz de Gandales: car felon la bonne efti-me que i'ay de vous, ie croy que vous eftes yffu de meilleur lieu. Adoncq' le Damoyfel luy recita ce que luy en auoit dit le Roy Languines, dequoy elle receut grand plaifir: ce fait le commanda à Dieu. Ainfi fe partit le Damoyfel de cefte compagnie: & aufsi toft trouua Gandalin qui l'aten-doit à la porte du logis du Roy, auecq' le refte de fes armes, & fon cheual: fur lequel il monta, & faillirent hors de la ville, fans eftre de nul aper-ceuz, par ce qu'il n'eftoit encores iour, puys cheminerent tant qu'ilz en-trerent dans vne foreft. Defia eftoit la plus grand' part du iour pafsée a-uant qu'ilz vouluffent repaiftre: mais la faim les contraignant, fe defieu-nerent de telz viures que Gandalin auoit aporté au partir de la ville. Et en ces entrefaites: ilz ouyrent fur la partie dextre vne voix de quelque per-fonnage, qui à leur auis fentoit grande douleur: parquoy le Damoyfel pi-qua diligemment cefte part, ou il trouua vn Cheualier mort, & ioignant luy vn autre, qui ne valoit gueres mieux: car il eftoit fi nauré, qu'il n'ef-peroit plus viure. Et ce qui le faifoit tant crier, eftoit vne femme, qui s'e-ftoit mife fur luy, & le preffoit fi fort, qu'elle luy faifoit faillir le cueur: &, qui pis eftoit, cefte vilaine pour le faire pluftoft mourir, luy mettoit les mains au dedans de fes playes. Mais quand le Cheualier nauré aperceut le Damoyfel, au mieux qu'il peut, demandant fecours, luy efcria: Ah ah Seigneur! pour Dieu ne me foufrez ainfi tuer par cefte ribaude! Trop fut esbahy le Damoyfel de telle mefchanceté, & affez rudement dift à celle qu'il auifa: Femme, tirez-vous arriere, pource que vous faites chofe affez mal conuenante à vous, & à voz femblables. Cefte mal'heureufe a-doncq' toute honteufe fe retira, & le Cheualier plein de douleur demeu-ra efuanouy. Lors le Damoyfel eut plus grand' enuie de fçauoir qui il e-ftoit que deuant: mais craignant que foudain ce pacient trepaffaft, mit legierement pied à terre, & en l'embraçant, tant bien le fecourut, qu'il reuint à foy, & commença à crier: Ah ie fuis mort! pour Dieu, mes amys,

faites

faites moy porter en lieu, ou ie puiſſe auoir conſeil de mon ame . Prenez
courage, reſpondit le Damoyſel : car vous aurez ce que demandez : mais
ie vous prie me dire quelle fortune vous a icy mis, ou qui eſt celuy qui
vous a tant mal traité. C'eſt, dit le Cheualier, par ceſte meſchante, laquelle (combien que ie fuſſe riche & puiſſant, & trop plus qu'elle) ie voulu, pour la bonne amour que i'auois à elle, choiſir à femme & eſpou-
ſe : & toutesfois la malheureuſe, oubliant le bien & honneur que ie luy
auois fait, a par pluſieurs fois habandonné ſon honneur, meſmes ceſte
nuict paſſée auecq' ce Cheualier mort, lequel ſans iamais l'auoir veu, d'a-
uanture hyer ſe ioignit à moy, & ceſte nuict derniere m'a fait vn tour
vilain & laſche, tel que le trouuant ſur le fait auons eu combat enſemble,
ou il eſt demouré comme vous voyez . Et quand ceſte maſtine a a veu que
ie l'auois occis, craignant que ie luy en fiſſe autant, s'eſt venue ieter à
mes piedz & demander pardon : ce que ie luy ay ayſément acordé, pourueu qu'elle n'y tetournaſt iamais . Toutesfois quand elle a cogneu que des
playes que l'autre m'a faites i'eſtois du tout afoybly, par la profuſion
de mon ſang, elle eſſayoit à m'acheuer de tuer : & pour en mourant me
faire plus languir, inhumainement mettoit les mains dans mes playes
tellement que ie ſents bien que ie ne puis plus viure. Pourtant ie vous prie
me faire porter en vn Hermitage aſſez pres, ou ie trouueray quelque Re-
ligieux, qui m'aydera à ſauuer ma pauure ame. Telle compaſſion en eut le
Damoyſel, qu'il le mit entre les braz de Gandalin, lequel le porta ſur ſon
cheual iuſques à l'Hermitage : ce pendant ceſte louue ſe deſroba : mais peu
deuant, craignant que ſon mary ſe vengeaſt d'elle, auoit enuoyé querir
trois de ſes freres, qui aſſez pres de là ſe tenoient, à ce qu'ilz vinſent
vers elle le chemin qu'elle leur fit ſçauoir . Et ainſi qu'elle gaignoit
païs, elle les rencontra, & auſsi toſt qu'elle les aperceut leur eſcria : Ah
mes freres mes amys, pour Dieu ſecourez moy ! car cy deuant s'enfuyt
vn larron, qui a occis ce Cheualier, qui cy giſt, & a tellement outragé mon
mary, que ie n'y eſpere iamais vie . Pour Dieu qu'il ne vous eſchape, ne
celuy qui eſt auecq' luy : car autãt de mal on ilz fait l'vn que l'autre. Tel pro
pos diſoit ceſte ribaude, à ce que mourans le Damoyſel & Gandalin, la
trahiſon fuſt couuerte : pource que ſon mary n'en ſeroit creu tout ſeul, cõme elle l'eſtimoit, & ce diſant leur va mõſtrer le Damoyſel de la Mer, qui
retournoit de l'Hermitage ou il auoit laiſſé le Cheualier naüré. A dõcq' ces
trois freres de trop legiere creãce luy coururent ſus, & d'arriuée luy eſcrie-
tent : Trahiſtre, vous mourrez. Par dieu, reſpondit le Damoyſel, paillardz
vous menritez : car de telz trahiſtres que vous me ſçauray bien defendre.
Beſoing vous en ſera, dirent les freres : car tous trois nous auez offenſez,
& tous trois vous ofendrons ſi pouuons . De bonne fortune le Damoyſel
tenoit lors eſcu & lance entiere, & auoit ſon armet bien lacé : au moyen
dequoy ſans leur reſpondre les chargea rudement, & au premier donna ſi

verte

verte atainte en l'efcu, qu'il le tranfperça, & le bras duquel il le portoit. Et
de cefte rencontre le ieta luy & fon cheual par terre fi lourdement, qu'il
en eut l'efpaule droite rompue, & le cheual la iambe, tellement que l'vn
ne l'autre ne fe peurent pour lors leuer. De ce coup brifa fa lance: parquoy
mit foudain l'efpée au poing, s'adreffant aux autres deux, qui ne le re-
fuferent, ains coururēt à luy par telle roideur, que de leurs lances luy faul-
ferent l'efcu, non pas le haubert, qui fe trouua trop bon. A dōcq' le Damoy
fel chargea l'vn des deux, & de plein bras le frapa au deffus de l'efcu fi
fort, que pour la pefanteur du coup il le fendit iufques à la poignée, fans
que l'efpée s'arreftaft: mais paffa oultre, & récótra l'efpaule fi à ferme, que
le harnois fut faulfé, la chair & les os bien endommagez : tellement que le
Cheualier tomba à terre. Quand il fut depefché de ces deux, retourna au
tiers, auquel il donna de fi grand' puiffance fur l'armet, que le pauureGen-
tilhomme cuydant embracer le col de fon cheual pour fe garātir de choir
fe trouua fi eftourdy, que les braz luy faillirent, & cheut comme les autres. Alors cefte ribaude, qui les auoit amenez print la fuite. Ce que voyāt
le Damoyfel, cria à Gandalin qu'il l'arreftaft. Ce pendant le dernier Cheualier qui eftoit tóbé, fe releua & dit au Damoyfel: Seigneur, nous ne fçauons fi cefte bataille a efté commencée à tort, ou à droit. A droit ne pourroit elle eftre, refpondit le Damoyfel, fi n'eftimez que i'aye eu tort d'auoir
fecouru le mary de cefte mefchante que voylà, lequel elle faifoit mourir
cruellement. Quand les trois Cheualiers l'entendirent ilz furent trop ef-
bahiz, & penferent lors, qu'ilz auroient efté abufez par leur fœur: parquoy
luy refpondirent: Vrayement, Seigneur, s'il vous plaift nous affeurer, nous
vous dirons l'ocafion pour laquelle vous fuftes affailly pour nous. Vous
aurez bien affeurance pour ce faire, dit le Damoyfel : mais ie ne vous quite le combat. Alors celuy qui premier s'eftoit releué prit la parole, & luy
recita le fait & trahifon de la Damoyfelle, ainfi que cy deffus a efté conté.
En bonne foy, refpondit la Damoyfelle, oncques mefchanceté ne fut defguifée de telle forte : car cefte cy dont vous parlez a bien fait autrement,
ainfi que vous pourrez entendre par fon mary mefmes: lequel eftant prefque mort, i'ay fait porter au prochain hermitage. Puys qu'ainfi eft, dirent
les trois, faites de nous comme de ceux qui font en voftre mercy. Vous ne
l'aurez ia de moy, refpondit le Damoyfel, fi premier ne me iurez comme
loyaux, que cefte femme & fon mary menerez vers le Roy Languines : &
là en fa prefence reciterez comme tout ce eft auenu, & luy direz auffi, que
contraints auez efté de ce faire par vn Cheualier nouueau, qui vous y enuoye, lequel eft ce iourd'huy party de fa court, qui luy fuplie ordonner de
ce mefait ainfi qu'il luy plaira. Ce qu'ilz luy promirent & iurerent : parquoy les commandant à Dieu, s'en alla fon chemin & les laiffa enfemble.

Comme

Comme Vrgande la Descogneuë

aporta vne lance au Damoysel de la Mer.

Chapitre VI.

Efte querelle demeflée auecq les troisCheualiers, le Damoyfel de la Mer reprit le chemin duquel il f'eftoit defuoyé : mais il n'eut longuement cheminé qu'il vid venir vers luy deux Damoyfelles par deux diuers chemins, lefquelles à l'adreffe fe ioignirent enfemble, & a leur rencontre fe mirét à deuifer. L'vne d'elles portoit vne lance en fon poing : puis quand elle eurent ataint le Damoyfel, celle de la lance s'auança, & luy dit: Seigneur, prenez cefte lance, laquelle ie vous donne, pource que ie vous puis affeurer, que dedans le troifiefme iour elle vous feruira tant, qu'en deliurerez de mort la maifon, de laquelle premier vous fortiftes. De cefte parole fe trouuát eftóné le Damoyfel, luy refpódit: Cóment? Damoyfelle, peult viure ou mourir vne maifon? Il fera ainfi que ie le vous dy, dit elle, & tel prefent vous ay voulu faire, pour cómencemétde recompenfe de deux plaifirs que i'efpere auoir de vous. dót le premier fera, quand vn bien voftre amy aura par vous l'vn des plus grans honneurs qu'il fçauroit iamais receuoir, par lequel il tombera au plus grand danger que fut Cheualier paffé à dix ans. Certes, Damoyfelle, refpondit il, tel honneur, fi Dieu plaift, ne feray-ie à mon amy. Ie fçay certainement, dit la Damoyfelle, qu'il auiendra ainfi. Ce difant chaffa rudement fon pallefroy & paffa oultre. Et entendez que c'eftoit Vrgande la Defcogneuë. Quand l'autre Damoyfelle, qui auoit ouy ces propoz, fe vid habandonnée de fa compagnie, delibera de demeurer pour quelques iours auecq' le Damoyfel, pour voir qu'il feroit : parquoy elle luy dit: Seigneur, encores que ie fois eftrangere, s'il vous eftoit agreable, ie demourerois voluntiers pour quelque temps auecq' vous, & differerois vn voy-

D   age que

age que i'ay vers ma maiftreffe. Le Damoyfel cogneut bien que vrayement elle eftoit eftrangere: parquoy il luy demanda dont elle eftoit. De
Dánemarc,réfpondit la Damoyfelle.Et ce ne luy pouuoit elle nyer,pour
ce que fon langage en donnoit affez d'affeurance: car pour l'auoir quelque fois ouy parler à fa dame Oriane au premier qu'elle vint en Efcoce,il
en auoit encores aucune fouuenance.Et pourtant il luy refpódit:S'il vous
plaift me fuyure,ie vous prometz,Damoyfelle m'amye,de vous garder à
mon pouuoir :mais ie vous prie dites moy fi vous cognoiffez l'autre, qui
n'a gueres m'a donné cefte lance. Certes, refpondit elle, oncques ne l'a-
uois veuë quond ie la rencontray fur ce chemin, ou elle me dit, qu'elle
portoit la lance qu'elle vous a donnée,au meilleur Cheualier du monde:
& me pria vous faire entendre (apres fon partement) qu'elle vous porte
grand' affection, & que fon nom eft Vrgande la Defcogneuë. Ah Dieu!
dit il, comme ie fuis mal fortuné de ne l'auoir point cogneuë. Croyez,
Damoyfelle, que fi ie delaiffe d'aller maintenant apres elle, c'eft pource
que contre fa volunté nul ne la pourroit trouuer. Et ainfi deuifants la Da
moyfelle & luy cheminerent tant ,que la nuict les furprit. A'l'heure (de
fortune) rencontrerent vn Efcuyer,qui leur demanda,ou ilz penfoient fi
tard heberger.Ou nous pourrons,refpondit le Damoyfel. En bonne foy,
dit l'Efcuyer,fi voulez trouuer logis,il vous fault laiffer le chemin qu'auez
pris:car par là de long temps n'en trouueriez : mais fi me voulez fuyure ie
vous conduiray à vne forterefse,qui eft à mon pere : lequel vous fera tout
l'honneur & bon traitement qu'il pourra. Alors la Damoyfelle trouuant
ce confeil bon , pria le Damoyfel de le croire,ce qu'il fit : & à cefte caufe
l'Efcuyer paffa deuant pour les guider,lequel expreffement les auoit defuoyez,pource qu'oncques n'auoit veu combatre Cheualier errant:& efperoit les conduyre le iour enfuyant par deuant vn chafteau, ou il en auroit le paffetemps:car force feroit au Damoyfel,fuyuant la couftume dela
forterefse, d'y combatre : & tant cheminerent,qu'ilz arriuerent au logis
de l'Efcuyer,ou ilz furent feftoyez & bien traitez:toutesfois le Damoyfel
ne peut repofer la nuict, pource que continuellement il penfoit à fa Dame, de laquelle il s'eftoit departy n'a gueres. Le lendemain au plus matin il voulut defloger, & prenant congé de fon hofte, l'Efcuyer qui l'a-
uoit fait venir leans, luy dit, qu'il l'acompagneroit pour le remettre en
fon chemin, iufques à vn chafteau, qui eftoit affez pres de là.Et tant cheminerent, que l'Efcuyer leur monftra le lieu, dont il leur auoit parlé, en
afsiete plaifante & forte: car à l'entour couroit vne eau roide & profon-
de, & n'y auoit paffage pour y arriuer qu'vn long pont leuis, au bout
duquel eftoit vne tour belle & haulte pour le defendre. Quand le Damoyfel l'aperceut, il eftima bien qu'il luy conuenoit auoir paffage au
pont: neantmoins il demanda à l'Efcuyer fi l'on le pourroit euiter. Non,
dit il : mais chacun paffe là qui veult.Marchez doncq' deuant, dit le Damoyfel

.moyſel : & il piqua, & la Damoyſelle & les Eſcuyers apres. Adoncq' le
Damoyſel de la Mer, qui eſtoit demeuré derriere, ſe prit ſi fort à penſer
en ſon Oriane, qu'il eſtoit quaſi hors de ſoy, quand il entr'ouyt vn bruit
de ſix hallebardiers armez de halecretz & cabaſſetz, qui auoient arreſté
à l'entrée du pont la Damoyſelle : & la vouloient forcer de faire ſerment
de n'auoir iamais amytié à ſon amy, s'il ne luy promettoit ayder au Roy
Abies, contre le Roy Perion. Ce que refuſant la Damoyſelle, s'eſcria au
Damoyſel, que l'on la vouloit outrager. A ceſte clameur le Damoyſel oubliant ſa penſée y courut legierement, & s'adreſſant à ces paillardz, leur
dit : Trahiſtres vilains, qui vous a commandé mettre la main à ceſte Damoyſelle eſtant en ma conduite ? Et en diſant ceſte parole, s'aprocha du
plus grand des ſix : auquel il arracha promptement la hache & luy en donna tel coup, qu'il l'abatit à terre. Alors tous les autres enſemble deſcharge-
rent ſur luy : mais ſe deſtournant, en rencontra vn qu'il fendit iuſques aux
dents, & peu apres l'vn des autres ſe cuydant auancer, n'en eut pas moins :
car l'eſpaule luy fut ſeparée d'auecq' les coſtez. Quand les trois qui reſtoient virent leurs compagnons ſi mal acouſtrez, ilz ſe mirent à fuyr, &
le Damoyſel à les pourſuyure de ſi pres, qu'en courât il arracha à l'vn des
fuyans ſa hache, de laquelle il luy donna tel coup, qu'il luy coupa la moi-
tié de la iambe : & laiſſant aller les autres, retourna ou eſtoit demeurée la
Damoyſelle, à laquelle il dit : Or marchez hardiment, que male fortune
puiſſent auoir ceux qui donnent hardieſſe à vilain, de mettre la main par
force à Dame, ou Damoyſelle. A ceſte parole ſe r'aſſeura la Damoyſelle, & paſſa oultre auecq' le Damoyſel & les Eſcuyers : mais ilz ne furent
gueres auant, qu'ilz entr'ouyrent au dedans du chaſteau grande emotion
& tumulte de gents. Ah! dit la Damoyſelle, croyez qu'il y a leans quelque
rumeur. Parquoy, Cheualier, ie vous conſeille de vous ſaiſir du reſte de
voz armes. Marchez, marchez, reſpondit le Damoyſel, & n'ayez paour :
car en part ou les Damoyſelles ſont mal traitées (qui doiuent par tout e-
ſtre en ſeureté) n'y peult auoir homme qui rien vaille. Certes, dit elle, ſi
vous ne faites ce que ie vous dy, ie ne paſſeray pas plus auant. Et tant le
perſuada qu'il la creut, puys entrerent dans le chaſteau, à l'entrée duquel
le Damoyſel trouua vn Eſcuyer qui s'en retournoit, & en cheminât pleuroit amerement, diſant ſans interuale : Hé Dieu! comme ilz meurtriſſent
ſans ocaſion le meilleur Cheualier du monde : helas ilz le veulent forcer
de promettre ce qui luy ſeroit impoſſible d'acomplir. Pour ceſt Eſcuyer
ne ſe voulut arreiter le Damoyſel : car il auiſa le Roy Perion, qui nouuellement l'auoit fait Cheualier, treſmal mené par deux Cheualiers, qui à
l'ayde de dix hallebardiers armez l'auoient aculé de toutes parts, & luy
diſoient les Cheualiers : Iurez, ſinon vous eſtes mort. Grand deſpit eut le
Damoyſel de voir tant de gents outrager le Roy Perion, parquoy il leur
eſcria : Trahiſtres paillardz, qui vous meut de vous adreſſer ſi laſchemét au

D ii

meilleur

meilleur Cheualier du móde?par Dieu vous en mourrez tous , pour luy.
A' cefte parole l'vn des deux Cheualiers laiffa le Roy, prenant auecq' foy
cinq hallebardiers, & vint s'adreffer au Damoyfel,luy difant:Il conuient
que vous iurez vous mefmes , finon vous n'efchaperez non plus que l'autre . Comment ? dit il , iureray-ie doncques contre mon vouloir ? fi Dieu
plaift il ne fera pas ainfi . A' l'heure ceux du chafteau crierent au portier
qu'il fermaft la porte.Parquoy le Damoyfel aperceut bien qu'il eftoit faifon de fe defendre : & fans marcháder courut le plus roide qu'il péut contre le Cheualier,lequel il chargea de telle forte,qu'il le renuerfa par deffus
la croupe du cheual, & le rendit mort en la place:car en tóbant il fe rompit le col . Ce que voyant le Damoyfel, fans s'arrefter aux hallebardiers,
vint à l'autre Cheualier, à qui le Roy Perion fe combatoit : & d'arriuée,
fans que l'efcu ne le haubert le peuffent garantir, luy mit la lance au trauers des coftez, de forte qu'il alla tenir compagnie au premier . Quand le
Roy Perion fe vid ainfi fecouru,le cueur luy creut, de forte qu'il s'efuertua
plus que deuant contre le refte de cefte canaille:tellement que peu apres à
grands coups d'efpée les fit reculer: & ce pendant le Damoyfel de la Mer
(ainfi à cheual qu'il eftoit)fe mefla parmy eux, & les efcarta,frapant l'vn,
& tombant l'autre fi rudement , que la plus grand' part demeurerent en
la place : au moyen dequoy (& par l'ayde du Roy) peu apres ilz furent
tous maffacrez, fors aucuns,qui s'en fuyrent,gaignants le hault de la muraille. Ce que voyant le Damoyfel fe mit à pied pour les fuyure, dont fut
leur paour fi augmentée, qu'ilz fe laifferent tous tomber du hault à bas:
refte deux, qui de vifteffe entrerent en vne chambre , ou ilz fe cuydoient
garantir . Mais ilz furent fuyuiz de fi pres par le Damoyfel, qu'il entra
pefle mefle auecq' eux : & leans trouua gifant dedans le lict vn tant vieil
Cheualier , que pour fon ancien aage ne luy reftoit que la parole , auecq'
laquelle il increpoit ceux qui fuyoient,difant:Lafchez pendardz, deuant
qui fuyez-vous fi efroyez ? Deuant vn Cheualier, refpondit l'vn de ces
deux , qui fait là bas diablerie : car il a tué voz deux neueux , & tous noz
autrese compagnons . Et prefque n'eut le foldat acheué cefte parole, que
le Damoyfel entra en la chambre, & empoigna celuy qui parloit, luy
difant : Paillard, dy moy ou eft le Seigneur de ceans, finon c'eft fait
de toy . Le pauure diable fe voyant en tel peril , luy monftra ce vieillard
couché : mais quand le Damoyfel l'aperceut fi caffé & decrepit, il en fut
tout esbahy, & s'adreffant à luy fe prit à le blafmer, & luy dit : Comment ? faulx vilain , tu as la mort entre les dents , & neantmoins tu fais
maintenir la mefchante couftume de ceans ? par le Dieu viuant bien te
prend que l'aage t'excufe de plus porter armes: car prefentement ie te ferois cognoiftre ta mefprifon . Et ce difant, faignit luy vouloir trencher la
tefte : parquoy le vieillard(qui eut paour)s'efcria : Helás! Seigneur, pour
Dieu mercy! C'eft pour neant,refpondit le Damoyfel,tu es mort,fi ne me

iures

iures que iour de ta vie ne confentiras que l’on face ceans, ny ailleurs, telles trahifons . Ie le vous prometz, dit le vieillard . Or me dy maintenant,
refpon dit le Damoyfel , pourquoy tu as cy deuant fait eftablir cefte couftume? Pour l’amour du Roy Abies d’Irlande, dit le vieillard, qui eft mon
neueu : auquel pource que ne luy puis ayder de ma perfonne en la guerre
ou il eft, ie defirois le fecourir par les Cheualiers erräts päffäs par cy. Faux
vilain, refpondit le Damoyfel, qu’ont affaire les Cheualiers errants de ton
defir? Et donnant du pied au lict le pouffa fi lourdement, qu’il le renuerfa,
& le vieillart deffouz. Puis le commandant à tous les diables, le laiffa: &
retourna en la court prendre l’vn des cheuaux de ceux qu’il auoit occis, &
le mena au Roy, auquel il dit: Montez fire: car peu me plaift le feiour en ce
lieu, & moins ceux qui y habitent . Adonc le Roy monta & yffirent en -
femble hors du chafteau : mais le Damoyfel , craignant que le Roy le co-
gneuft, ne voulut ofter fon armet. Toutesfois ainfi qu’ilz cheminoient enfemble, le Roy luy dit: Sire Cheualier, ie vous prie me dire qui vous eftes,
qui m’auez fecouru tant à propos & fi pres de la mort: & garäty deformais
plufieurs autres du deftourbier & iniure que l’on leur euft peu faire en cefte place, mefmement aux Cheualiers errans & aux Damoyfelles ayäs amy
Quant eft de moy : ie veux bien que fçachez que ie fuis celuy côtre lequel
ilz faifoient garder ce paffage: & faire le ferment pour lequel vous vous e-
ftes côbatu. Sire, refpondit le Damoyfel, ie fuis vn Cheualier qui a bonne
enuie de vous faire feruice . Par dieu, dit le Roy, ie m’en fuis defia bien a-
perceu: car à gräd’ peine euffe-ie peu trouuer en vn autre meilleur fecours:
toutesfois ie ne vous laifferay que ie ne vous cognoiffe. Celà ne vous peult
(ny à moy) profiter , refpondit il : toutesfois, dit le Roy, ie vous prie par
courtoifie que vous oftiez voftre armet . Mais au lieu de ce faire il baiffa
plus bas fa veuë. Quand le Roy vid que fa priere n’y feruoit de rien, il pria
la Damoyfelle qu’elle l’en fupliaft. A cela ne tiendra, refpôdit elle. Et pre-
nät le Damoyfel par la main, luy dit: Ie vous prie octroyez au Roy ce qu’il
vous demande. Mais en fecouant la tefte il paffa oultre: toutesfois elle l’im
portuna tät qu’il ofta fon armet. Adôcq’ le Roy le cogneut, & luy fouuint
que c’eftoit celuy qu’il auoit n’a gueres fait Cheualier à la requefte des Da
moyfelles, parquoy le vint embracer, luy difant: Or maintenät fçay-ie qui
vous eftes. Sire, refpondit le Damoyfel , ie vous cogneu incontinent que
i’arriuay au chafteau, comme celuy qui m’a donné l’honneur de cheualerie, auecq’ lequel (s’il plaift à Dieu) ie vous feruiray tant que durera voftre
guerre de Gaule: & voudrois bien, s’il vous plaifoit, n’eftre cogneu de per
fonne iufques à ce qu’elle foit finie . Vous auez defia tant fait pour moy,
refpondit le Roy, que ie m’en tiendray voftre obligé tout le temps de ma
vie, & pourrez difpofer de vous & de moy: & fi venez côme vous dites en
Gaule , vous augmenterez d’auantage cefte grand’ obligation . Que be-
noifte foit l’heure, ou ie fu fi bien fortuné, que de faire vn fi bô Cheualier.

D iii　　Telles

Telles paroles difoit le Roy Perion, fans penfer à la proximité du lignage
qu'ilz auoient enfemble: car elle luy eftoit encores incogneuë. Ainfi deui-
ferent vn bien long temps enfemble: & tant qu'ilz arriuerent en vn chemin fourché. Lors dit le Damoyfel: Sire, lequel des deux chemins vous
plaift il prendre? Celuy qui tend à gauche, refpondit le Roy, pource que
c'eft le droit pour retourner en mes païs. Dieu vous y conduye, dit il, ie
m'en vois doncq' par l'autre. Ie vous prie, refpódit leRoy, fouuiennevous
de venir en Gaule, ainfi que m'auez promis: car l'efpoir que i'ay en vous
m'ofte defia partie de mes peines, & me donne affeurance, que par voftre
moyen ie recouureray ma perte. Ainfi prindrent congé l'vn de l'autre, &
s'en alla le Roy fon chemin, & le Damoyfel d'autre part auecq' la Damoyfelle: mais pource qu'elle auoit veu ce qu'elle defiroit voir, qui eftoit l'effait de la lance, qu'Vrgande auoit donnée au Damoyfel: ne voulut paffer
oultre. Et pour tourner arriere, dit au Damoyfel: Seigneur, i'ay bien voulu
iufques icy vous acompagner, pource que la Damoyfelle, qui vous donna
la lance, me dit qu'elle la portoit au meilleur Cheualier du monde, & i'en
ay tant veu, que n'en fais plus de doute: parquoy ie reprendray mon a-
dreffe pour aller trouuer celle, vers laquelle l'on m'éuoye ainfi que ie vous
ay dit. Ie vous prie, Damoyfelle, refpódit il, me dire qui elle eft. C'eft, dit
la Damoyfelle, l'Infante Oriane fille du Roy Lifuart. Quád le Damoyfel
entendit nommer celle que tant il aymoit, le cueur luy fremitfi fort, qu'il
fuft tombé à terre, fans Gandalin qui s'en aperceut, & courut l'embracer.
Lors le Damoyfel fit vn hault foufpir, difant: Hé Dieu le cueur me fault!
La Damoyfelle péfant qu'il euft aulrre mal le voulut faire defarmer: mais
il reuint foudain à foy & dit, qu'il n'en eftoit befoing, & que telle defaill-
lance luy furuenoit affez fouuent. Adoncq' l'Efcuyer, qui lesauoit códuitz
(prenant congé de luy) demanda à la Damoyfelle, fi fon chemin s'adreffe-
roit point vers la court du Roy Languines. Ouy vrayemét, dit elle. Ievous
y feray dócq' compagnie, refpondit l'Efcuyer: car il fault que i'y fois au
iour afigné. Par ainfi commandans le Damoyfel à Dieu, retournerent par
ou ilz eftoient venuz, & le Damoyfel auecq' Gandalin pafferent oultre,
ainfi qu'auanture les menoit.

Maintenant laiffe l'Autheur ce

propos, & veult reciter ce qu'il auint à Galaor, que le Geant auoit em-
porté & baillé en garde à l'Hermite, ainfi que defia auez entendu. Or atai
gnant Galaor l'aage de dixhuict ans profita tant bien en croiffance &
force de membres, que ce fut merueilles: & n'auoit gueres autre exercice
qu'à lire

qu'à lire dans vn liure, que le bon homme luy auoit baillé, lequel traitoit des faitz d'armes d'aucuns Cheualiers anciens. Et tant y receut de
plaifir, qu'à cefte ocafion (& aufsi d'vn inftinct naturel) luy prit grand
vouloir d'eftre Cheualier: toutesfois il ne fçauoit fi de droit tel hôneur luy
apartenoit. Parquoy pria bien inftamment le bon hôme le luy dire: mais
le faint Hermite qui fçauoit certainement qu'aufsi toft qu'il feroit Cheualier il fe mettroit au hazard de combatre le Geant Albadan, emplit fes
yeux de larmes, & luy refpondit: Mon filz, il feroit meilleur que vous
prinfiez chemin plus feur pour voftre ame, que de vous mettre en l'ordre
de cheualerie, laquelle eft de grand trauail à maintenir. Mon Seigneur,
dit Galaor, mal ayfément pourrois fuyure l'eftat que ie prendrois contre
ma volunté: mais ceftuy que mon cueur me choifift (fi Dieu me dône bonne auanture) ie pafferay en fon feruice: car hors d'iceluy ie ne voudrois
que la vie me demouraft. Le bon Hermite, qui cogneut lors la refolutiô
de fa fantafie, luy refpondit: Certes, mon enfant, puys qu'auez determiné
de fuyure les armes, ie vous puis bien affeurer, qu'à faulte de hault lignage ne deuez vous faillir à eftre homme de bien, veu que vous eftes filz de
Roy & de Royne: toutesfois gardez bien que le Geant ne fçache que ie
vous en ay auerty. Quand Galaor l'entendit, il fut fi ayfe que plus n'euft
peu eftre, & luy dit: Mon pere, le foucy que i'ay eu tout le temps de ma
vie iufques à prefent pour eftre Cheualier a efté fort grand: maintenant,
graces à Dieu & à vous, i'en fuis quafi hors: car, à ce que m'auez dit, ie n'y
puis faillir. Et pource que l'Hermite l'en vid fi affectionné, il eut doute que de là en auant il l'habandonnaft. A' cefte caufe il fit entendre au
Geant l'eftat, auquel il trouuoit fon difciple: & aufsi comme il eftoit creu
en force & puiffance de membres, & plus encores en vouloir de receuoir
cheualerie, & que partant il auifaft ce, qu'il eftoit bon d'en faire. Le Geant informé de la verité, monta incontinent à cheual, & f'en alla vers le
bon hôme, auecq' lequel il trouua Galaor tant beau, tant creu, & fi difpos
que merueilles, & plus que fon aage ne requeroit: auquel il dit: Filz i'ay
fceu que vous voulez fuyure les armes & eftre Cheualier, vrayement vous
le ferez, & viendrez quant & moy puys quand il fera temps, ie feray qu'à
voftre honneur voftre vouloir vous fera fatisfait. Mon pere, refpondit
Galaor, en celà eft le comble de mes defirs. Au moyen de quoy, fans plus
tarder, le Geant commanda à Dieu l'Hermite, & emmena Galaor: lequel
auant que partir fe vint mettre à genoux, & fuplia humblement celuy
qui l'auoit fi doucement traité, ne l'oublier en fes deuotes oraifons. Lors
le faint homme pleurant le baifa, & benit: puys monta Galaor à cheual,
& fuyuit le Geant qui le mena en vn fien chafteau, ou pour quelque temps
il le fit adextrer au combat de toutes armes, piquer cheuaux, & les bien
dompter: & pour ce faire luy bailla harnois & equipage propre, & deux
maiftres, qui y eftoient bien experts. Puys ayant continué vn an tel

D iiii

exerci

exercice le Geant le voyant digne, à son auis, de receuoir l'honneur, &
fort pour porter le faix de cheualerie, en disposa comme cy apres pourrez
entendre.

Mais l'Autheur s'en taist à pre-

sent & traitera de ce qui auint au Damoysel de la Mer : lequel apres qu'il
fut party du Roy Perion & de la Damoyselle, chemina deux iours entiers
sans trouuer auanture : & au troysiesme enuiron le midy, arriua pres
d'vne forteresse tresbien bastie, ce luy sembla, laquelle apartenoit à vn
Gentilhomme nommé Galpan. Ce Galpan estoit lors le plus vaillant &
adroit Cheualier qui se trouuast en toute celle contrée : & pourtant estoit
il fort craint & redouté de tous ses voisins. Car souz ombre de ceste place, & de sa prouësse, il maintenoit vne si lasche coustume & tant malheureuse, qu'oubliant Dieu, qui entre tous l'auoit fauorisé & fait cognoistre : il s'adonnoit du tout au seruice du diable, contraignant toutes
Dames ou Damoyselles, passans deuant son chasteau, d'y entrer: puys en
faisoit vilainement son plaisir. Et de ce non content, les forçoit de iurer,
que tant qu'il viuroit elles n'auroient bonne volunté ne affection à autre
qu'à luy:& s'elles y estoient contredisantes, les faisoit cruellemét mourir.
Pareillement forçoit tous Cheualier qui arriuoient là à combatre vn seul,
contre deux de ses freres:& si ceux de dedans estoient vaincuz, il contrai-
gnoit encores le vaincueurs à recómencer contre luy mesmes : qui estoit,
comme cy deuant a esté dit, le plus adroit qui se trouuast en ce païs. Et s'il
auenoit qu'ilz fussent les plus foybles, il leur ostoit tout ce qu'ilz auoient:
& les laissoit aller à pied apres les auoir fait iurer qu'ilz se nommeroient
tant qu'ilz viuroient les vaincuz de Galpan, autrement luy mesmes leur
ostoit la vie. Mais Dieu ennuyé de la cruauté (que si long temps ce paillard auoit maintenue, au desplaisir & dommage de tant d'honnestes personnes) voulut qu'en peu de iours ceste maniere de viure tournast au re-
bours, & que Galpan, & ses complices receussent le loyer de leurs merites, les faisant exemplaire pour tous autres, ainsi que maintenant vous
sera recité

Comme le Damoysel de la Mer

combatit contre les gardes du Chasteau de Galpan, & de
puys contre ses freres, & à la fin auecq' Galpan mesmes.

Chapitre VII.

Donc-

Oncques arriuant le Damoyſel de la Mer pres ce chaſteau, aperceut venir vers luy vne belle Damoyſelle merueilleuſement afligée: laquelle n’eſtoit acompagnée que d’vn Eſcuyer, & d’vn ſeul
paige. Ceſte dolente femme ſans interuale ſouſpiroit tendrement, & à
chacun pas qu’elle faiſoit recommençoit eſtrange guerre entre ſes mains,
& ſes blons & dorez cheueux, leſquelz elle arrachoit à force de ſon chef.
Trop fut esbahy le Damoyſel, & deſira grandement ſçauoir, qui la mouuoit à ce faire: parquoy aprochant d’elle, luy dit: Damoyſelle m’amye, ie
vous prie me declarer quelle eſt la cauſe de voſtre ennuy. Ah ah Seigneur!
reſpondit elle, ie doy bien deſirer maintenant la mort ! helas elle me ſeroit treſagreable: car mon infortune eſt telle, que le pleurer m’eſt plus conuenable, que le rememorer de la cauſe! Vrayement, dit le Damoyſel, ſi en
aucune partie vous y puis dóner allegement, ie le feray de bien bon cueur.
Seigneur, reſpondit elle, en m’en allant par le commandement de ma
maiſtreſſe vers vn ieune Cheualier (l’vn des meilleurs que l’on ſçache à
preſent) & paſſant icy aupres, i’ay eſté priſe de quatre meſchants brigans:
qui, oultre mon gré, m’ont menée en ce chaſteau, ou i’ay eſté forcée par
vn trahiſtre, & puys m’a fait iurer, que ie n’auray autre amy que luy tant
qu’il viura. Quand le Damoyſel l’entendit il fut tout eſmerueillé, & luy
dit: Or me ſuyuez, car ceſte iniure vous ſera reparée, ſi ie puis. Alors la Damoyſelle le ſuyuit: & en cheminát le Damoyſel la pria luy dire, qui eſtoit
celuy vers qui elle alloit. Ie le vous diray, reſpondit elle, ſi vous me vengez. Tant y a que ie vous puis aſſeurer qu’il eſt tel, qu’il receüra grand ennuy quand il ſçaura mon deshonneur. Il aura raiſon, dit le Damoyſel. Et
ainſi deuiſants, arriuerent ou eſtoient ces quatre paillardz, que la Dame
monſtra au Damoyſel: parquoy auſsi toſt il leur cria: Trahiſtres meſcháts,
pourquoy auez-vous fait mal à ceſte Damoyſelle paſſant par cy? Pourtant
que nous n’auons eu crainte de vous, reſpondirent ces galans: mais ſi plus
gueres atendez, vous meſmes aurez encores pis qu’elle n’a eu. Il y pare-
ſtra maintenant, dit le Damoyſel. Et ce diſant aprocha d’eux l’eſpée au
poing, de laquelle il donna à vn (qui haulçoit vne hache pour le fraper)
tel coup, qu’il luy coupa le bras: & de grand douleur, en criant, ſe laiſſa
tomber: puys en chargea vn autre, qu’il fendıt d’vn reuers par les narines, iuſques aux oreilles. Quand les autres virent ainſi leurs compagnons ſacquementer, ilz ſe mirent à fuyr au pluſtoſt qu’ilz peurent, le
long d’vn petit ſentier, qui eſtoit tout ioignant de la riuiere: & le Damoyſel ne fit nul ſemblant de les pourſuyure, mais eſſuya ſon eſpée, & la
remit au fourreau. Puys retourna vers la Damoyſelle, à laquelle il dit:
Paſſons oultre. Seigneur, reſpondit elle, aſſez ioignant d’icy eſt vne porte, ou ie trouuay deux Cheualiers armez. Bien, dit il, ie les verray quand
nous y ſerons. Lors cheminerent: & ainſi que le Damoyſel entroit dans
la baſſe court, elle aperceut ouurir la porte du donion, & ſaillir vn Cheualier

ualier armé, monté fur vn cheual, qui venoit droit à eux: apres lequel l'on
laiffa abaiffer vne herce, & fermer l'huys . Adoncq' le Cheualier du chafteau s'auança, & audacieufement dit au Damoyfel: Pauure chetif, affez
à temps es-tu venu ceans receuoir honte & deshonneur . Deshonneur?
refpondit il, ce font paroles . Laiffons les chofes qui doiuent auenir à la
prefcience de Dieu, qui feul les peult fçauoir : & me dy fi tu es celuy qui a
forcé cefte Damoyfelle. Non, dit le Cheualier, & encores que ce fuft moy,
qu'en feroit il ? Ie la vengeray, fi ie puis, refpondit le Damoyfel . Or fus
doncques, voyons maintenant comme tu fçaurois vfer de vengeance. Et à
l'inftant donnant des efperons au cheual, vint au plus roide qu'il peut
contre le Damoyfel: toutesfois il faillit à l'ataindre . Mais le Damoyfel
qui couroit de droit fil, luy donna tel coup de lance en l'efcu, que nulle
armeure ne peut garantir, que le fer ne luy paffaft au trauers des efpaules,
de forte qu'il tomba mort en la place . Puys retira fa lance, & chemina
vers vn autre qu'il auifa venir au fecours du premier, lequel luy crioit:
A' mal'heure pour vous entraftes ceans . Et ce difant, le vint ataindre en
l'efcu qu'il perça oultre : & demeura le fer dans le harnois, qui fe trouua
bien aceré: & le Damoyfel luy donna en l'armet fi rudement, qu'il le luy
arracha hors de la tefte : puys parfaifant fa pointe, le heurta tellement,
qu'il le defarçonna, fans qu'il fe peuft plus tenir à cheual . Quand le Cheualier fe vid ainfi defarmé, il commença à crier tant qu'il peut: A' l'ayde.
Lors vindrent au fecours trois hallebardiers, auxquelz il dit : Mes amys,
gardez bien qu'il ne nous efchape. A' cefte parole tous trois coururent
foudainement au Damoyfel, lequel ilz hafterent de fi pres, qu'ilz luy
tuerent fon cheual entre les iambes : tellement qu'il fut contraint de là en
auant combatre à pied: dont il fut merueilleufement fafché, & tant marry, qu'aufsi toft qu'il fut releué, il donna de fa lance fi viuement au Cheualier defarmé droit au vifage, qu'il luy fit paffer le fer oultre le chinon
du col, & rendit l'efprit. Puys mieux que deuant fe mit à trencher & fendre les autres, qui luy auoient, par derriere, fait vne playe en l'efpaule:
par laquelle il perdoit grand' quantité de fang, encores eut tel coup d'efpée, qu'il luy aualla l'aureille, auecq' la plufpart de la iouë, & de roideur
l'efpée coula le long de la poitrine, tellement qu'elle fendit tout ce qu'elle rencontra . Les deux autres efpouentez de ce coup, prindrent la fuyte
au pluftoft qu'ilz peurent le long d'vne gallerie, criant à haulte voix: Seigneur, venez toft: car nous fommes defaitz. Allez, dit le Damoyfel, à tous
les diables . Et pource que fon cheual eftoit mort, monta fur celuy du
Cheualier, qu'il auoit n'agueres occis. Puys peu apres aperceut vn autre
Cheualier defarmé, qui le regardoit par vne porte : lequel voyant que le
Damoyfel l'auoit defcouuert, luy dit : Qui vous meut d'eftre venu ceans
tuer mes gents? Autre chofe, refpondit le Damoyfel, que l'enuie que i'ay
eu de venger cefte Damoyfelle, laquelle fi lafchement l'on a outragée.

Mais

Mais ainſi qu'il acheuoit la parole elle s'aprocha, & cogneut que celuy qui parloit au Damoyſel, eſtoit le ſeigneur du chaſteau, qui l'auoit forcée: parquoy elle s'eſcria: Ah! bon Cheualier, gardez qu'il ne vous eſchape: car c'eſt celuy par qui ie ſuis diffamée. Lors il s'aprocha & luy dit: Ruffian infame, tu compareras maintenant la deſloyauté que tu as faite. Va t'armer: autrement ie te tueray ainſi nud que tu es: car à toy, ne aux meſchans, qui te reſſemblent, l'on ne doit auoir egard. Mais la Damoyſelle de plus fort en plus fort cryoit: Tuez tuez le trahiſtre, & luy oſtez le moyen de plus mal faire à moy & aux autres: autrement tout en viendra à voſtre charge. Meſchante, reſpõdit le Cheualier, en mal'heure vint il oncques ceans par ton conſeil & en ta compagnie: & toy qui tant me menaces aten moy, & ne t'en fuyz: car auſsi bié en nulle maniere tu ne pourrois te garantir. Puys ſe departit: & ne tarda gueres qu'il entra en la court armé & monté deſſus vn chaual blanc. Lors aprochant du Damoyſel ſe prit à le menacer, luy diſant: Mal pour toy vis-tu oncques la Damoyſelle: car tu en perdras preſentement la teſte. Quand le Damoyſel de la Mer l'entendit vſer de menaces, il fut fort deſpité, & luy reſpondit: Or chacun gar de ce qu'il a, & qui ne le pourra faire, le perde. A dõcq' laiſſerét courre leurs cheuaux au pluſtoſt qu'ilz peurent, & mettants les lances aux arreſtz leſquelles eſtoient fortes & roides, faulſerent leurs eſcuz & harnois, de telle force qu'elles entrerent dedans leurs chairs: & ſe ioignirent, de corps, d'eſcuz, & d'armetz, ſi lourdemēt, qu'ilz tõberent tous deux à terre. Toutesfois il auint ſi bien au Damoyſel de la Mer, qu'il ne perdit les reſnes de ſon cheual, & pource il ſe releua plus promptement que Galpan: lequel peu apres fit comme luy, mettans tous deux les eſpées aux poings, & leurs eſcuz au deuant. Puys vindrent l'vn contre l'autre ſe donner de grás & merueilleux coups, telz que ceux qui les regardoient s'en esbahiſſoiét car ſouuent ilz faiſoient voler en la place les pieces des eſcuz, & des harnois. Et, qui plus eſt, leurs armetz furent en peu de temps ſi decoupez, qu'ilz ne pouuoient garder que les eſpées ne dõnaſſent ſouuent au vif, tãt que la place ou ilz ſe combatoient eſtoit toute vermeille de leu ſang: mais de fortune Galpan fut ataint en la viſiere, & luy couloit le ſang ſur les yeux, parquoy il ſe retira pour s'eſſuyer. Cóment? Galpan, dit le Damoyſel, ou veux-tu aller? Ne te ſouuient il que tu combatz pour la teſte: ſi tu la gardes mal, tu la perdras. Ayes vn peu pacience, reſpondit Galpan, & reprenons noz aleines: car nous auons aſſez de temps pour acheuer. Celà n'eſt raiſonnable, dit le Damoyſel, veu que ie ne combatz à toy par courtoiſie: ains pour faire amender à la Damoyſelle le deshonneur que tu luy as fait. Et ce diſant luy donna aultre tel coup ſur la teſte qu'il luy fit ployer les deux genoux à terre: toutesfois il ſe releua promptement & print cueur. Mais pour celà le Drmoyſel de la Mer ne laiſſoit à le renger à ſa volunté: car il eſtoit deſia tant hors d'aleine, qu'à peine pouuoit il tenir

ſon

son espée, & n’atendoit à autre chose qu’à se couurir de son escu, qui luy
fut coupé si pres de la poignée, qu’il ne luy en demeura que bien peu,
Et lors voyant qu’il n’auoit en soy plus de remede, commença à fuyr deuant l’espée de son ennemy. Puys à la fin, pour dernier refuge, cuyda se
sauuer en vne tour ou estoient ses gents : mais le Damoysel le deuença,&
le prenant par l’armet le tira si rudement, qu’en tombant il luy demeura es mains, parquoy il luy donna au descouuert tel coup d’espée sur le
chinon du col, qui luy fit separer la teste d’auecq’ le corps. Adoncq’ dit à
la Damoyselle:Damoyselle m’amye,vous pouuez choisir desmaintenant
autre amy si vous voulez : car celuy à qui auez promis , vous quite de
promesse . Grace en soit à Dieu & à vous, respondit elle . Et ainsi que le
Damoysel montoit en la tour ou Galpan s’estoitvoulu sauuer, il entendit
fermer l’huys : Parquoy sans plus seiourner monta sur le cheual de Galpan (lequel estoit l’vn des plus beaux du monde) disant à la Damoyselle : Ie vous prie sortons de ceans . Sire Cheualier, respondit elle,s’il vous
plaist i’emporteray ceste teste à celuy , vers lequel ie m’en voys , & la luy
presenteray de vostre part.Non ferez,respondit le Damoysel:car ce vous
feroit trop de peine : mais prenez le heaume en son lieu . La Damoyselle
trouua bon ce conseil,& commanda à son Escuyer qu’il l’emportast.Ainsi
se partirent du chasteau: car ceux qui s’en estoient fuyz auoient laissé les
portes ouuertes.Or n’auoit le Damoysel oublié la promesse,que luy auoit
faite ceste Damoyselle, de luy dire le nom du Cheualier , vers qui elle alloit: & à ceste cause la pria tresinstamment de s’aquiter . C’est’raison , dit
elle,ie vous auise que c’est Agraies filz du Roy d’Escoce. Loué soit Dieu,
respondit le Damoysel,qui m’a donné la grace d’auoir tant fait,que si bon
Prince ne receüra pour ce coup ennuy de Galpan : car vous en estes,ce me
semble, bien vengée: & vrayement vous auez raison ce dire que Agraies
est bon Cheualier,veu que c’est l’vn des meilleurs que ie sçache à present,
& pour lequel si receuiez deshonneur,il vous tourneroit à louange.Or al
lez à Dieu,& luy dites qu’vn sien Cheualier se recommande fort à luy : &
qu’il le trouuera en la guerre de Gaule s’il y vient.Ah,Seigneur,respondit
elle,puys que tant vous l’aymez,ie vous prie octroyez moy vn don . Ie le
veux,dit le Damoysel. Dites moy dócq’ vostre nom.Damoyselle,respon-
dit il,pour le present n’ayez enuie de le sçauoir:mais demádez autre chose &ie l’acompliray.Ie ne vous prieray d’autre dit la Damoyselle.Si Dieu
m’ayde,respondit il,vous n’estes pas courtoise de vouloir sçauoir de nulle personne son fait plus qu’il n’a vouloir d’en dire.Si le sçauray-ie toutesfois, dit la Damoyselle, si vous voulez demeurer quite . Et quand il vid
qu’il ne la pouuoit dissuader, comme despité, luy respondit: Ceux qui
me cognoissent m’apellent le Damoysel de la Mer . Et à l’instant donna des esperons à son cheual, s’esloignant le plus soudain qu’il peut de
la Damoyselle , qui demeura seule tresayse d’auoir entendu le nom du

bon

bon Cheualier: mais au partir d'elle s'aperceut le Damoyſel, de la playe
que luy auoient faite les gents de Galpan, quand ilz luy occirent ſon che-
ual:car il en ſortoit telle abondance de ſang, qu'il euſt eſté aysé de le ſuyure à la trace, & meſmes le cheual ſur lequel il eſtoit monté (encores qu'il
fuſt blanc de pelage) ſe monſtroit vermeil en pluſieurs endroitz, & couuert de ſang. Et tant chemina, qu'à l'heure de veſpres, aprochant d'vne
fortereſſe, il auiſa vn Cheualier deſarmé venir vers luy, qui à ſon arriuée
luy demanda:Seigneur,ie vous prie me dire,ou vous auez eſté tant naüré.
Sur ma foy, reſpondit il, ç'a eſté en vn chaſteau, qui n'eſt pas loing d'icy.
Et ce cheual blanc, comme l'auez-vous recouuert? Ie l'ay eu, reſpondit le
Damoyſel,au lieu du mien,qu'aucuns paillardz de leás ont occis. Et Galpan à qui il eſtoit, comme l'a il ſoufert? dit le Cheualier. Il a eſté encores
plus pacient, reſpondit il: car il s'eſt laiſſé oſter la teſte. Quand le Cheualier deſarmé entendit que Galpan eſtoit mort, ſubitement deſcendit du
cheual bas, & courut pour baiſer le pied du Damoyſel: mais il ne le voulut aucunement permettre. Toutesfois ne peut il tant reſiſter, qu'il ne luy
embraçaſt le bas de ſon haubert,luy diſant: Ah gétil Cheualier!combien
i'ay à vous d'obligation, vous ſoyez par deçà le plus que tresbien venu:
car par voſtre ſeul moyen i'ay recouuert entierement mon honneur.Laiſ-
ſons ces propoz,reſpondit le Damoyſel,& me dites ou ie pourray promptement auoir remede à mes playes. En ma maiſon, reſpondit le Cheualier,là trouuerez vne mienne niece, laquelle vous guerira mieux qu'autre
que puiſsiez rencontrer.Et en deuiſant arriuerent au chaſteau.Lors le Seigneur de leans fit deſcendre le Damoyſel, & mener au donion : & en le
conduiſant luy recita commé Galpan l'auoit gardé l'eſpace d'vn an & demy de porter armes, & contraint de changer ſon nom, & iurer que tant
qu'il viuroit s'apelleroit le vaincu de Galpan.Mais maintenant,dit il,gra-
ces à Dieu & à vous, puys qu'il eſt mort, ie ſuis en mon honneur remis.
Puys fit deſarmer le Damoyſel, & coucher en vn riche lict,ou il fut penſé
de ſes playes par la Damoyſelle:qui l'aſſeura,qu'en brief temps elle le rendroit preſt à cheminer,s'il vſoit de ſon conſeil, ce qu'il luy promit faire.

Comme le troiſieſme iour apres

que le Damoyſel de la Mer ſut party du Roy Languines, arri-
uerent les trois Cheualiers,qui menoient vn Cheualier
naüré dans vne litiere, & ſa deſloyale femme.

Chapitre   VII.

E   Au

AV troisiefme iour que le Damoyfel de la Mer partit de la court du Roy Languines, ou il fut fait Cheualier, y arriuerent les trois Cheualiers, leur beau frere naũré,& la defloyale femme, de laquelle cy deuant a efté parlé. A leur arriuée fe vindrent prefenter deuant le Roy,luy faifant entendre la caufe de leur venue:& luy liurerent leur prifonnier,de la part du Cheualier nouueau,pour en ordonner comme il luy plairoit. Trop fut le Roy efmerueillé de la defloyauté de cefte ribaude, n'eftimát iamais qu'en femme peuft auoir tant de malheureté:& neantmoins remercia grádement le Cheualier,qui les auoit enuoyez vers luy.Mais il eftoit en peine de fçauoir qui il pouuoit eftre:car luy,ne autre, ne penfoit lors que le Damoyfel de la Mer fuft Cheualier, fors l'Infante Oriane,& les Dames, qui l'auoient acompagné à la chapelle. Bien eftoit auerty le Roy, qu'il eftoit abfent de la Court : toutesfois il eftimoit qu'il fuft allé vifiter Gandales. Puys s'adreffa au Cheualier de la litiere, & luy dit:Il me femble, que fi defloyale femme, que la voftre, ne merite pas viure.Sire,refpondit le Cheualier,vous en ferez ce qu'il vous plaira:quant à moy,ie ne côfentiray iamais que la chofe que i'ayme le plus,meure.Ce dit les Cheualiers prindrent congé du Roy, & r'amenerent leur beau frere dás fa litiere,laiffants leur fœur pour en eftre fait telle iuftice que le Roy a uiferoit:lequel apres leur partement la fit venir, & luy dit:Féme, en bonne foy voftre malice a efté grande enuers la bonté de voftre mary, mais vous ferez deformais exemple à toutes celles,qui vous reffemblét.Et commanda à l'heure qu'elle fuft bruflée viue. Cefte execution parfaite,le Roy deuint plus penfif que deuant,pour ne fçauoir qui eftoit le nouueau Cheualier, lequel s'eftoit party fi foudain de la Court. Mais l'Efcuyer, qui auoit logé le Damoyfel de la Mer (& depuys conduit au chafteau du vieillard, ou le Roy Perion fut deliuré de mort) va penfer en foymefmes, que ce pouuoit eftre fon hofte.Parquoy,dit au Roy:Sire,ce pourroit eftre vn ieune Cheualier,auecq' lequel la Damoyfelle de Dánemarc & moy a-

uons

uons cheminé quelques iours,& le laiſſaſmes pour nous en venir icy.Sçais
tu ſon nó?reſpódit leRoy.Non,ſire,dit l'Eſcuyer:mais il me ſemble qu'il
eſt fort ieune & excellemment beau. Tant y a que ie luy vy faire tant d'ar
mes en peu de temps,qu'a mon iugement,s'il vit, il pourra eſtre l'vn des
meilleurs Cheualiers du monde.Puys luyrecita au long ce qu'il auoit veu
& comme celuy,duquel il parloit, deliura le Roy Perion du danger ou il
eſtoit.Quand le Roy l'eut eſcouté,l'enuie luy augméta de trop plus pour
ſçauoir qui il eſtoit. Sire dit l'Eſcuyer,la Damoyſelle,qui eſt ceans arriuée
auecq' moy, vous en pourroit (peult eſtre)bien dire nouuelles: car ie les
trouuay enſemblé. De laquelle Damoyſelle parles tu?reſpódit le Roy.De
celle,dit l'Eſcuyer, qui eſt nouuellement venue de la grãd' Bretaigne vers
ma Dame Oriane.Lors elle fut mandée & enquiſe qui eſtoit le Cheualier,
duquel ilz eſtoient en doute. Adoncq' elle leur declara ce qu'elle en ſçauoit, meſmes l'ocaſion,pour laquelle elle l'auoit ſuiuy : & la ſorte que la
lance luy fut donnée par Vrgande,comme au meilleur Cheualier du mõde.Mais ſur ma foy,dit elle,Sire,ie ne ſçay ſon nom : car oncques ne me le
voulut dire.Hé Dieu!reſpondit le Roy, qui peult il eſtre ? Or n'en eſtoit
l'Infante Oriane en ſoupçon, pource qu'elle ſçauoit veritablement, que
c'eſtoit ſon Damoyſel de la Mer:ce neãtmoins elle fut ſi ennuyée des nou
uelles qu'elle auoit receuës par ceſteDamoyſelle deDannemare,qu'elle ne
ſçauoit bonnement à qui s'en plaindre : car le Roy ſon pere luy mandoit
par elle,qu'elle donnaſt ordre à ſe tenir preſte pour retourner vers luy,auſ
ſi toſt que les embaſſades qu'il enuoyroit pour ceſt affaire ſeroient depeſchées du Roy d'Eſcoce.Certainement plus luy eſtoit agreable la demeure
en ce païs ia acouſtumé, qu'en celuy ou force luy eſtois s'acheminer: non
ſeulement pour y auoir eſté nourrie : mais pource qu'il luy ſembloit que
s'eſloignant de ceſte contrée,elle s'eſloignoit de celuy , à qui elle auoit entiere affection : & que deſormais il luy ſeroit dificile d'en ſçauoir nouuelles,pour le moins ſi aiſément que ſi elle demeuroit en Eſcoce.En ceſte melancolie eſtoit la Princeſſe amoureuſe: & le Roy d'autre part en cótinuelle penſée , qui pouuoit eſtre celuy,qui luy auoit enuoyé les quatre Cheua
liers auecq' elle,qu'il auoit fait bruſſer.Et tãt quecinq ou ſix iours apres ces
choſes paſſées,ainſi que le Roy deuiſoit auecq' ſon filz Agraies (qui eſtoit
ſur ſon partemét pour aller en Gaulé ſecourir le Roy ſon oncle) va entrer
vne Damoyſelle,laquelle ſe mettãt à genoux deuãt toute l'aſſéblée,adreſſa ſa parole à Agraies,diſant:Mon ſeigneur,s'il vous plaiſt ievous diray vn
mot en la preſence du Roy voſtre pere & de toute la cópagnie. Puys prit
vn armet,qu'vn Eſcuyer portoit derriere elle : & continuant ſon propos,
dit:Voicy vn armet chamaillé & eſondré , comme vous tous pouuez voir,
lequel ie vous preſente au lieu de la teſte de Galpan , de la part d'vn nouueau Cheualier ,auquel, ſelon mon iugement, il apartient mieux de porter les armes qu'à nul autre: & la vous enuoye, pource que Galpan auoit,

E ii   vilainé

vilainé vne Damoyselle,qui venoitvers vous pour quelque affaire . Comment?respondit le Roy,Galpan est il deffait par la main d'vn seul hôme? vrayemét, Damoyselle,vous nous dites merueilles.Sire,dit elle, celuy seul de qui ie vous parle l'a fait mourir,apres qu'il eut occis tous ceux qu'il récontra en entrant dans le fort de Galpan:lequel cuydant véger son iniure luy mesme combatit seul à seul contre le Cheualier.Dont il luy est auenu si mal,qu'il en a perdu la teste,laquelle i'esperois ceans aporter : toutesfois d'icelle craignant la corruption celuy,qui vers monseigneurAgraies m'éuoye,me dit que ce seroit assez de l'armet quevous pouuez voir,si peu entier qu'il est. Asseurez vous,dit le Roy à la compagnie, que c'est le Cheualier,duquel nous ne pouuons sçauoir le nom.Et vous,dit il à la Damoyselle,le sçauez vous point?Sire respondit elle, ie l'ay sceu par la plus grande importunité du monde:car autrement iamais ne me l'eust dit. Et pour Dieu,dit le Roy,sçachons le doncq' maintenant pour nous oster de peine Sire,respondit la Damoyselle,il se nomme leDamoysel de laMer.Quand le Roy l'entendit il deuint fort esbahy, & les autres pareillement . Puys dit assez hault: Ie pren sur ma foy, que quiconques l'ayt fait Cheualier, qu'il n'a eu tort,veu qu'il y a bien long temps qu'il m'en auoit prié, & ie le differay pour quelque ocasion:ce que ie ne deuois faire, puys que cheualerie est en luy si acomplie.Alors Agraies reprint le propos, & demanda à la Damoyselle ou il le pouuoit rencontrer.Mon seigneur,respondit elle il se recommande humblement à vostre bonne grace: & vous mande par moy,que vous le trouuerez en la guerre de Gaule ,si vous y estes.O' Dieu! quelles bones nouuelles vous m'aportez!ditAgraies,maintenant i'ay plus d'enuie de partir qu'au parauant: & si ie le puis trouuer,ie suis seur que de mon gré ne departiray iamais d'auecq' luy.Vous auez raison,respondit la Damoyselle:car il vous ayme fort.Grande fut la ioye pour les bônes nouuelles du Damoysel de la Mer:& si aucun en receut du plaisir, vous pouuez penser qu'Oriane y participoit sur tous:combien que ce fust sicouuertement,que l'on ne s'en aperceuoit aucunement . En ces entrefaites le Roy s'enquist par tous moyens qui pouuoit auoir fait Cheualier le Damoysel, & tant s'en informa,qu'il fut auerty que les Damoyselles de la Royne le pourroient mieux sçauoir que nul autre: partant les pria il le luy dire, ce qu'elles firent.Or pourra le Damoysel,respondit le Roy se venter, qu'il a trouué en vous plus de courtoisie qu'en moy:mais ce qui me faisoit differer estoit à cause qu'il me sembloit encores trop ieune pour porter ce faix. Durant ce propos Agraies entretenoit la Damoyselle,qui luy auoit aporté l'armet, & letres d'vne Dame qu'il aymoit grandement:de laquelle l'histoire fera cy apres mention. Et pour le present le lecteur estimera qu'Agraies sans plus seiourner en Escoce,s'en partit auecq' son armée,pour s'acheminer en Gaule vers le Roy Perion.

Comme

Comme le Roy Lisuart enuoya

querir la Princesse Oriane sa fille, qu'il auoit de long temps laissée
en la court du Roy Languines, lequel la luy r'enuoya, acompagnée de l'Infante Mabile sa fille vnique, & de
bonne compagnie de Cheualiers, Da-
mes, & Damoyselles.

Chapitre IX.

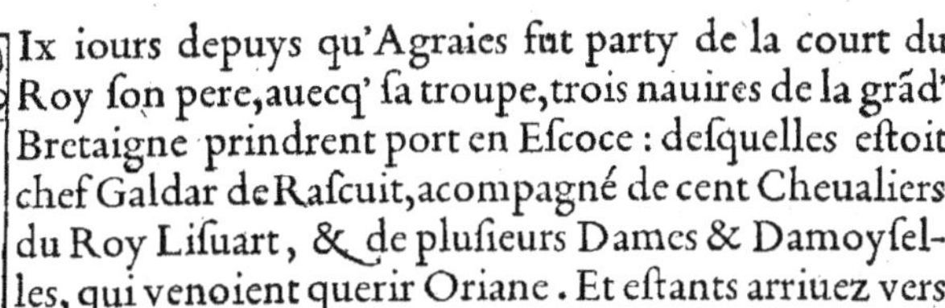

Ix iours depuys qu'Agraies fut party de la court du
Roy son pere, auecq' sa troupe, trois nauires de la grãd'
Bretaigne prindrent port en Escoce : desquelles estoit
chef Galdar de Rascuit, acompagné de cent Cheualiers
du Roy Lisuart, & de plusieurs Dames & Damoyselles, qui venoient querir Oriane. Et estants arriuez vers
le Roy Languines, furent fort bien receuz, principalement Galdar : car il
estoit estimé bon Cheualier & sage. Lequel apres qu'il luy eut dóné à entendre le fait de son embassade (qui estoit le remerciement de l'obligacion que le Roy Lisuart se sentoit auoir à luy, pour le bon & humain traitement qu'il auoit fait à la Princesse sa fille) il luy prioit la luy enuoyer:
ensemble l'Infante Mabile, à laquelle il seroit fait tout l'honneur & entre-
tien qu'il seroit possible. Tresagreables eut le Roy Languines ces ofres, &
fut content que sa fille tint compagnie à Oriane: & qu'elle fust nourrie de
là en auant à la court du Roy Lisuart. Quelques iours seiourna Galdar &
sa troupe en Escoce, durant lesquelz ilz furent treshonorablement festoyez: & ce pendant le Roy fit equiper autres nauires, pour l'entreprise
de ce voyage. Quand Oriane vid que les choses se conduisoient ainsi, elle
cogneut bien qu'il seroit impossible de plus dissimuler, ne retarder : parquoy, ainsi qu'elle mettoit en ordre ses menuz meubles, elle trouua entre
ses ioyaux la cire qu'elle auoit ostée au Damoysel de la Mer. Alors elle
eut tel souuenir de luy, que les larmes luy vindrent aux yeux, & de ve-
hem'ente amour, se prit à serrer ses mains : si que la cire qu'elle tenoit se
rompit, & s'aperceut de la letre qui estoit dedans, laquelle aussi tost elle
desploya, & lisant l'escriture y trouua ces motz : Cestuy est Amadis sans
temps, filz du Roy. De ceste nouuelle elle eut telle ioye, qu'elle en perdit quasi contenance, & non sans cause : car elle fut asseurée que celuy,
que parauant elle estimoit (pour le plus) filz d'vn simple Gentilhomme,
ou, peult estre, de moindre, quoy que ce fust, incogneu, & de nom, & de

E iii   parents,

parents, & que ſi affectueuſement elle aymoit, eſtoit filz de Roy & nommé Amadis . Et pourtant ſans differer apella la Damoyſelle de Dannemarc, à laquelle elle auoit entiere fiance, & luy dit: M'amye, ie veux vous
declarer vne choſe, que ie ne dirois à aûtre qu'à mon cueur & à vous: pour
ce gardez la, comme le ſecret de Princeſſe telle que ie ſuis , & du meilleur
Cheualier du monde . Sur ma foy, ma Dame, reſpondit la Damoyſelle,
puys qu'il vous plaiſt me faire tant d'honneur, i'aymerois trop mieux
mourir que d'y faillir : & vous pouuez tenir ſeure, que tout ce qu'il vous
plaira me declarer, ſera entierement tenu couuert & executé à mon pouuoir. M'amye, dit Oriane, il fault que vous alliez chercher le Damoyſel de
la Mer, lequel vous trouuerez en la guerre de Gaule: & ſi pluſtoſt que luy
vous y arriuez, vous l'y atendrez. Et ſi toſt que le verrez, baillez luy ceſte
letre, & luy dites, que dedans il trouuera ſon nom eſcrit du iour que l'on
le ieta en la mer, & que ie ſçay qu'il eſt filz de Roy : qui luy doit donner
meilleure enuie & hardieſſe d'augmenter en ſoy la prouëſſe, que iuſques
icy il a ſi bien commencée . Vous luy direz auſsi, que mon pere m'a enuoyé querir, & le partement ſur lequel ie ſuis pour aller en la grand' Bretaigne. Ce que i'ay bien voulu luy faire entendre, à fin qu'au retour de la
guerre, ou il va, il ſe retire incontinent en la part ou ie ſeray: mettant toute la peine qu'il pourra à ſon arriuée de viure auecq' mon pere, iuſques à
ce qu'il ayt autre commandement de moy. Telle fut la depeſche de la Damoyſelle, laquelle ſans plus ſeiourner prit le chemin de Gaule, & exe-
cuta ſon entrepriſe: ainſi que quelque fois cy apres pourrez entendre.
Mais pour ne diſcontinuer le propos du voyage d'Oriane, entendez que
ayant le Roy Languines pourueu à tout ce qui eſtoit neceſſaire , pour le
voyage des Dames: s'embarquerent Oriane & Mabile auecq' leur compagnie. Puys ayant pris congé du Roy & de la Royne, fut fait voyle, & eurent vent en poupe: & ſi à propos, qu'en bien peu de iours prindrent port
en la grand' Bretaigne, ou elles furent tresbien receuës . Et pour le preſent n'en fera l'Autheur plus de mention, pour vous declarer que deuint
le Damoyſel de la Mer, depuys qu'il fut entré au chaſteau du Cheualier
vaincu de Galpan, & gouuerné par la Damoyſelle, qui luy penſoit ſes
playes: leſquelles au bout de quinze iours furent preſque du tout gueries.
Toutesfois ennuyé du ſeiour, delibera de ſe mettre en chemin, ſi qu'vn
Dimenche matin, prenant congé de ſon hoſte, & de celle qui l'auoit guery, monta à cheual, acompagné ſeulement de Gandalin, qui onéques
ne l'habandonna : & au ſortir du chaſteau entra en vne grand' foreſt.
C'eſtoit enuiron le moys d'Auril, que les oyſeaux ſe deſgoiſent & chan-
tent plus voluntiers : & que toutes fleurs, arbres, & herbes annoncent la
venue du printemps . Ceſte nouueauté luy fit ſouuenir de celle, qui
ſur toutes les autres floriſſoit en excellente beauté, & pour laquelle ha-
bandonnant ſa liberté, amour l'auoit rendu captif: dont en ce ſouuenir

commença

commença à dire aſſez hault : Ah pauure Damoyſel de la Mer ! ſans parents, ſans terre, ne aueu, comme as-tu oſé mettre ton cueur ſi hault, que
d'aymer celle, qui precede toutes autres, ſoit en beauté, bonté, ou lignage?
O chetif que tu es! ne deuois-tu conſiderer que par la grãdeur de ces trois
choſes, eſquelles elle eſt parfaite, le meilleur Cheualier du monde ne de-
uroit eſtre ſi temeraire, que de la penſer ſeulement aymer ? & toy pauure
incogneu, t'es enuelopé au labyrinthe de folie , aymant & mourant
ſans ſeulement l'oſer dire, n'en faire ſemblant . En ceſte complainte fut le
Damoyſel de la Mer ſi ententif, qu'oubliant toute autre choſe, chemina (la veuë baiſſée au trauers de ceſte foreſt) vne bien longue eſpace : &
tant, que de fortune haulçant les yeux , il aperceut au trauers de l'eſpeſ-
ſeur du bois vn Cheualier bien monté, & en bon equipage, qui longuement l'auoit coſtoyé, pour entendre le diſcours de ceſte complainte . Lequel voyant que le Damoyſel l'auoit deſcouuert, & qu'à ceſte cauſe il ſe
taiſoit, ſe vint aprocher, & luy dit: Par Dieu, Cheualier, il me ſemble que
plus aymez voſtre amye qu'elle ne vous ayme, quand pour la louër tant
vous vous deſpriſez , & à ce que ie puis ſçauoir par vous meſmes, vous
n'eſtes tel que y deuiez pretendre . Pourtant il fault que ie ſçache qui elle
eſt: à fin que ie ſuplie à voſtre default, & que ie la ſerue . Sire Cheualier,
reſpondit le Damoyſel, la raiſon vous oblige à dire ce que vous dites: mais
en quelque ſorte qu'il en puiſſe auenir, vous n'en ſçaurez autre choſe. Bien
vous diray-ie, que de l'aymer n'en pourriez raporter aucun fruit. Ie ne le
croy pas, reſpondit le Cheualier : car l'homme doit prendre à gloire le
trauail, & danger qu'il reçoit pour ſeruir ſi belle Dame, veu qu'à la fin il
ne peult eſtre qu'il n'en ayt la recompenſe qu'il eſpere : & par ainſi celuy
qui ayme en ſi hault lieu que vous aymez, ne ſe doit ennuyer de choſe
qui luy auienne. Quand le Damoyſel l'entendit ſi ſagement parler (penſant qu'il le diſt pour le reconforter) prit cueur : & ſe cuydant plus a-
procher de luy, pour mieux continuer ce propos, le Cheualier luy dit:
Demourez arriere: car il fault par amour, ou par force, que vous me diciez
ce que ie vous demande . Si Dieu m'ayde, reſpondit le Damoyſel , il ne
ſera pas ainſi. Or ſus doncq', dit le Cheualier, voyons qu'il en auiendra,
& vous defendez. A cela ne tiendra, reſpondit le Damoyſel. A ceſte parole lacerent leurs heaumes, & prindrent leurs lances & eſcuz : mais ainſi
qu'ilz s'eſloignoient pour la iouſte, ſuruint vne Damoyſelle, qui leur dit:
Cheualiers, ie vous prie ſoufrez vn peu , & me dites deuant que combatre vne choſe (ſi la ſçauez) pour laquelle ie ſuis ſi haſtée, que ie n'ay le loyſir d'atendre la fin de voſtre bataille . A la parole d'elle tous deux s'arreſterent, & luy demanderent que c'eſtoit . Ie voudrois bien , dit elle, ſçauoir nouuelles d'vn Cheualier nouueau, apellé le Damoyſel de la Mer.
Et que luy voulez-vous ? reſpondit le Damoyſel . Ie luy porte nouuelles,
dit la Damoyſelle, d'Agraies filz du Roy d'Eſcoce. Atendez vn peu,

E iiii

reſpondit

respondit le Damoysel, & ie vous diray ce que ie sçay de luy. Durant leur
propos le Cheualier de la Forest s'estoit desia apresté pour la iouste, &
luy duroit trop le causement du Damoysel, & de celle qui estoit suruenue. A cefte caufe cria au Damoysel, qu'il se gardaft de luy, s'il vouloit.
De fait le vint choquer, & luy donna telle atainte, que fa lance vola en
esclatz: mais le Damoysel qui couroit à l'encontre, le prit fi à propos, qu'il
le desarçonna, & tomba luy & le cheual à terre, parquoy le cheual (plus
habile que fon maiftre) fe voyant en liberté, gaigna les champs. Toutesfois le Damoysel trouua moyen de le prendre, & le rendit au Cheualier
abatu, luy difant : Seigneur, prenez voftre cheual, & n'ayez plus desormais enuie de fçauoir d'aucun quelque chofe qui foit oultre fon gré. Le
Cheualier ne refufa ce plaifir : car il fe trouua fi froiffé de fa cheute, qu'à
grand' peine fe pouuoit il leuer, pour aller apres : & pendant qu'il effayoit
à remonter deffus, le Damoyfel le laiffa, & vint à la Damoyfelle qui l'atendoit, à laquelle il demanda, fi elle cognoiffoit celuy qu'elle demãdoit.
Non, refpondit elle, ie ne le vy oncques : mais Agraies m'a dit, qu'il fe feroit incontinent à cognoiftre, que ie luy dirois que ie ferois fienne. Il vous
a dit vray, refpondit le Damoyfel, & fçachez que c'eft moymefmes. Puys
deflaça fon heaume. Quand la Damoyfelle le vid en la face, elle luy dit :
Certes ie le croy maintenant : car ie vous ay ouy louër de grande beauté.
Or me dites, dit le Damoyfel, ou vous auez laifsé Agraies. Pres d'vne
riuiere qui n'eft pas loing, refpondit elle, ou il eft arrefté auecq' fa troupe, atendant vent propre pour paffer en Gaule : & à bon defir deuant que
marcher oultre, fçauoir s'il vous plaift aller quant & luy. Oy vrayement,
dit le Damoyfel, allez deuant & me conduyfez. Alors paffa la Damoyfelle, & apres auoir cheminé enfemble quelque peu de temps, ilz choifirent le lieu, ou Agraies & fon armée eftoient campez : toutesfois deuant
qu'y arriuer, ilz entendirent derriere eux vne voix, qui crioit : Arreftez, Cheualier : car il fault que vous me diciez ce que ie vous ay demandé. Lors le Damoyfel tournant la tefte, auifa le Cheualier qu'il auoit n'agueres abatu, & vn autre, qui l'acompagnoit : parquoy s'arrefta, &
prit fes armes. A l'heure eftoit il fi pres du camp du Prince Agraies,
que luy & ceux de fa troupe peurent voir ce tournay. Et ayant aperceu de loing venir le Damoyfel, à part eux s'esbahiffoient qui pouuoit eftre celuy, qui tant galantement fe tenoit à cheual : & à dire vray, c'eftoit
en fon temps le plus adroit, & la meilleure grace de Cheualier, qui oncques euft efté veu, & tel que maintesfois fe cuydant celer il eftoit defcouuert, pour eftre fi bien à cheual. Les deux Cheualiers vindrent à courfe
de cheuaux, & rompirent enfemble leurs lances fur l'efcu du Damoyfel, lequel ilz faucerent, non pas le harnois, qui fut royde & fort : & le
Damoyfel rencontra premier celuy qu'il auoit defia mis par terre en la
foreft, & de rechef le renuerfa fi lourdement, qu'en tombant il fe rompit le

pit le bras, & de douleur qu’il fentit demeura en la place comme mort.
Quand le Damoyfel fe vid depefché de ce premier, il mit l’efpée au
poing & s’adreffa au fecond luy donnant fur le hault de l’armet tel coup,
qu’il le luy fit fentir au tes: & entra l’efpée fi auant, qu’ainfi’qu’il la retiroit à force, les lacz de l’armet fe rompirent, & le luy arracha hors de la
tefte auecq’ l’efpée:puys haulfa le bras,faignant le vouloir fraper:mais l’au
tre mit l’efcu au deuant. Ce pendant le Damoyfel prit fon efpée à gauche, & de la main droite faifit l’efcu de fon ennemy, par telle force, qu’il
le luy arracha du col, & luy en rua tel coup fur la tefte, qu’il tomba à terre tout eftourdy:puys le laiffa auecq’ fon compagnon,f’en allant auecq’ la
Damoyfelle aux têtes d’Agraies,lequel auoit veu departir cefte querelle,
f’efmerueilloit qui eftoit celuy,qui auoit vaicu fi toft les deux Cheualiers.
Pource qu’il venoir vers luy, alla au deuant, & affez toft f’entrecogneurent: parquoy vous pouez peufer f’ilz fe firent bonne chere. Adoncq’ defcendit le Damoyfel, & fut conduit par Agraies en fa tente, ou il fe defarma: & tãdis cõmanda à Agraies qu’on luy amenaft les Cheualiers, gifans
en my le champ, auxquelz arriuez deuant luy il dit : Par dieu, mes amys,
vous commençaftes grande folie de vous adreffer à ce Cheualier. Vous
dites vray, refpondit celuy du bras rompu: toutesfois il a efté auiour-
d’huy telle heure,que ie l’eftimois bien peu, & ne penfois trouuer en luy
aucune defenfe. Puys recita entierement ce qu’il leur eftoit auenu en la
foreft, & les propoz qu’ilz eurent enfemble, non pas le dueil que faifoit
le Damoyfel : car de paour de luy deplaire il s’en teut. Durant ce conte
la rifée fut grande pour la pacience de l’vn, & l’audace de l’autre, & tout
le iour feiournerent en ce lieu, iufques au lendemain qu’ilz monterent à
cheual: prenant le chemin à Palingues, tresbonne ville de frontiere, &
dernier port d’Efcoce, ou ilz trouuerent nefz, & barques,pour paffer en
Gaule. Parquoy ayants vent propice f’embarquerent, & tant finglerent
qu’en peu de iours defcendirent au haüre de Galfrin : & de là marchants
en tresbon ordre, firent tant que fans deftourbier arriuerent au chafteau
de Baldain, ou le Roy Perion eftoit afsiegé, ayant defia perdu grand
nombre de fes gens. Lequel eftant auerty de ce fecours, vous pouuez
eftimer f’il en fut aife, & fi le recueil leur fut bon, mefmes par la Royne
Elifene, laquelle fçachant leur venue, enuoya prier fon neueu Agraies
de la venir incontinent vifiter. Ce qu’il fit, acompagné du Roy (qui
les eftoit venu receuoir) du Damoyfel de la Mer, & de deux autres Cheualiers fans plus. Mais entendez, que quand le Roy Perion eut aperceu
le Damoyfel de prime face il ne le recogneut : toutesfoys à la fin il luy
fouuint, que c’eftoit celuy qu’il auoit fait Cheualier, & qui depuys l’a-
uoit fecouru au chafteau du vieillard. Parquoy il le vint incontinent embracer, luy difant : Mon cher amy, fur ma foy ie vous auois mefcogneu.
Vous foyez en ce païs le tresbien venu:car voftre prefence me donne telle,

feureté

feureté,que la crainte de cefte guerre m’eft oftée, vous ayant fi pres de
moy.Sire,refpondit le Damoyfel, Dieu me doint grace de vous pouuoir
faire feruice agreable:car ie vous affeure que i’ay bien deliberé tant qu’elle durera de ne m’y efpergner.Ainfi deuifants entrerent en la chambre de
la Royne.Lors le Roy tenant par la main le Damoyfel le luy prefenta, di-
fant:Ma Dame,voicy le bonCheualier,duquel quelquefois ie vous ay parlé ,qui me tira du plus grand peril ou ie fu oncques: & pource ie vous prie
qu’il ne luy foit rien efpergné ceans , & luy faites bonne chere. Adoncq’
s’auança la Royne pour l’embracer: mais il mit les genoux à terre , &
luy dit:Ma Dame, ie fuis feruiteur de la Royne voftre fœur, & de par elle
vous viens feruir & obeïr comme à elle mefmes . Lors la bonne Dame a-
fectueufement l’en remercia, toutesfoys elle ignoroit que ce fuft fon filz:
car elle penfoit qu’il fuft perdu en la Mer , neantmoins le Damoyfel luy
fut à l’heure tant agreable,que fon œil ne fe pouuoit raffafier de le regarder , & d’vn inftinct naturel fe mit à luy vouloir plus de bien qu’à nul
de la troupe : tellement qu’à l’heure mefmes il luy va fouuenir de la perte qu’elle auoit faite de fes deux enfants, qui euffent efté enuiron de l’aage du Damoyfel,fi Dieu les euft preferuez, & luy en vindrent les larmes
aux yeux . Or pleuroit elle pour celuy qui eftoit en fa prefence: mais le
Damoyfel la voyant ainfi trifte, eftimoit que ce fuft à l’ocafion de cefte
guerre commencée,parquoy il luy dit:MaDame,i’efpere qu’auecq’ l’ayde
deDieu,du Roy, & devoftre nouueau fecours recouurerez en brief voftre
ioye, & de ma part croyez que ie ne m’y efpergneray.Dieu le vueille,ref-
pondit la Royne , & vous en doint grace: & pource que vous eftes
Cheualier de ma fœur, ie ne veux que preniez autre logis que celuy de
ceans, auquel ie vous feray ordonner tout ce dont aurez befoing . Telz
furent leurs propoz iufques à ce qu’Agraies le voulut aller refraifchir:
parquoy prenant congé pour le foir , fe retira au logis,qui luy fut ordonné , & penfoit le Damoyfel le fuyure, quand la Royne le retint par telle
importunité, qu’il fut contraint demeurer pour lors en la garde de fa mere, fans toutesfois la cognoiftre . Si vindrent incontinent les nouuelles
de ce fecours au Roy Abies d’Yrlande, & à Daganil fon coufin, qui en firent peu de cas . En ce temps eftoit ce Roy Abies renommé le meilleur
Cheualier que l’on fceuft : & pour euuie qu’il auoit de combatre, eftima,
que puys que le fecours eftoit venu à fon ennemy , qu’il auroit la bataille
bien toft, & à cefte caufe dit deuât tous fes gens:Si leRoy Perion eft fi gen
til compagnon de nous venir voir , ie voudrois bien que ce fuft pluftoft
au iourd’huy que demain . Affeurez vous, refpondit Daganil, qu’il n’eft
pas fi haftif comme l’on penferoit : car il vous doute par trop , combien
qu’il n’en face pas aucun femblant . Sçauez vous, dit Gallin Duc de Normandie) par quel moyen nous l’y contraindrons? faifons vne embufcade,
de la plus gràd’ partie de cefte armée,laquelle demeurera auecq’ leRoy de

dans

ſte foreſt de Galpan: & vous, Seigneur Daganil, & moy yrós auecq’ le reſte, nous preſenter à l’aube du iour deuant la ville: & ie ſuis ſeur, qu’eſtáts
deſcouuerts de noz ennemys (penſant que ce ſoit entierement noſtre force) ilz prendront cueur, & ne faudront à venir ruer ſur nous . Puys les
voyants aprocher faindrons d’auoir paour, & prendrons la fuyte vers la
foreſt, ou ſera le Roy auecq’ ſa troupe : lors noz ennemys pourſuyuants
leur victoire aſſeurée (ce leur ſemblera) ne ſe tiendront de nous ſuyure, &
ſe viendront eux meſmes prendre au filé . C’eſt tresbien auiſé, reſpondit
le Roy Abies. Or donnez ordre vous meſmes (dit il au Duc) que tout ſoit
preſt, ainſi que l’auez deuiſé. Adoncq’ euſsiez veu genſdarmes à cheual,
ſouldatz ſe mouuoir, tabourins bruire, trompettes retentir: ſi qu’en vn inſtant les choſes furent ſi bien ordonnées, qu’il n’y eut faulte au commandement du Roy, tellement que le lendemain au poinct du iour, Daganil,
& le Duc de Normandie auecq’ leur eſquadron, ſe preſenterent deuant la
place. Point ne ſe doutoit à l’heure le Roy Perion de ceſte entrepriſe: mais
penſoit ſeulement refraiſchir ſon ſecours, & honorer le Damoyſel, duquel il fut ſi bien ſecouru . Et pour luy faire cognoiſtre l’enuie qu’il en a-
uoit, des le plus matin luy & la Royne vindrent en ſa chambre, ou ilz le
trouuerent lauant ſes mains, & luy aperceurent les yeux rouges, enflez,
& encores pleins de larmes, de ſorte qu’ayſément iugerent qu’il auoit
aſſez mal repoſé la nuict, comme il eſtoit verité: car il s’eſtoit trouué en
continuel penſement de celle, pour laquelle il auoit habandonné ſa liberté, conſiderant à par ſoy le peu de moyen, qu’il demeuroit de paruc-
nir à ſi hault bien, dont il entroit en ſi profond ennuy, qu’il n’y eſperoit
autre remede que la mort. La Royne adoncq’ deſirant ſçauoir qui cauſoit
ces larmes, tira à part Gandalin, & luy dit: Amy, voſtre maiſtre porte viſage d’auoir quelque faſcherie, luy à l’on donné ceans quelque meſcon-
tentement ? Non, ma Dame, reſpondit Gandalin, il y a receu (de voſtre
grace) beaucoup d’honneur : mais il a de couſtume de ſe tourmenter en
dormant, comme maintenant pouuez voir . En ces entrefaites le guet
vint auertir le Roy, qu’il auoit deſcouuert l’embuſche, & que leurs ennemys eſtoient aſſez pres de la ville : parquoy promptement fit ſonner
l’armée. Lors fut vn chacun preſt de monter à cheual, meſmes le Roy &
le Damoyſel, leſquelz vindrent à la porte de la ville, ou ilz trouuerent
Agraies qui ſe debatoit fort, pource que l’on ne la vouloit ouurir, & luy
tardoit trop qu’il n’entroit au cóbat : car c’eſtoit vn des plus hardiz Cheualiers, & qui mieux ſouſtenoit vn efort au beſoing, que l’on euſt ſceu
trouuer, tellement que ſi le bon auis luy euſt eſté auſsi à commandement,
cóme il auoit le courage, il n’euſt point eu gueres de ſemblables au monde . Pour la venue du Roy les portes furent ſoudainement ouuertes, &
ſortirent lors les Gaulois en compagnie : leſquelz voyants leurs ennemys
en ſi grand nombre, combien que toute leur armée n’y fuſt, la plus part

d’eux

d’eux fut d’opinion de n’aller plus auant, eftimants eftre temerité d’affaillir puiffance tant inegale : à cefte caufe fourdit entr’eux grande con-
teftation . Ce que cognoiffant Agraies (fans plus diffimuler) donna des
efperons à fon cheual, criant à haulte voix : Maudit foit qui plus tardera,
voylà ceux, contre qui il fault debatre, non pas entre nous. Et ce difant, piqua droit aux ennemys. Semblablement le Damoyfel de la Mer, & le refte de leurs gents, lefquelz fans gueres marchander ruerent dedans, & furent incontinent meflez . Le premier que le Damoyfel rencontra, fut le
Duc de Normandie, lequel il chargea fi viuement, que rompant fur luy,
renuerfa homme & cheual par terre, & de cefte lourde cheute eut la iambe rompue. Ainfi paffa oultre le Damoyfel mettát la main à l’efpée. Puys
comme vn Lyon efchaufé entra en la preffe, & fit tant d’armes, que nul
d’eux ne l’ofoit atendre : car il renuerfoit tout ce qu’il rencontroit, tuant
l’vn, defmembrant, ou efchinant l’autre, tellement que tous luy faifoient
voye . Quand Daganil vid fes gents en tel defordre, par le moyen d’vn
feul Cheualier, il r’alia la plus part de ceux à qui mieux il fe fioit : & tous
enfemble enuironnerent le Damoyfel pour l’abatre. Ce qu’ilz euffent
peu faire, fans l’ayde d’Agraies, qui s’en aperceut, & vint auecq’ fa troupe (au pluftoft qu’il peut) le fecourir. A' leur arriuée eufsiez veu lances
brifer, Cheualiers tomber, heaumes arracher, & efcuz par terre, fi qu’il
y eut grand conflit & defordre fur les Yrlandois : car le Roy Perion y
furuint auecques fa bende. Daganil d’autre part, mit toute la peine qu’il
peut de bien le recueillir : mais le Damoyfel de la Mer eftoit en la meflée,
faifant telz eforts, qu’il ne trouuoit deuant luy aucune refiftance, & tant
qu’vn chacun s’en esbahiffoit : & fur tous Agraies, qui de fa part monftroit bien n’auoir le bras engourdy : car pour plus efmouuoir & donner le cueur aux fiens, crioit à haulte voix : Suyuons, mes amys, fuyuons
le meilleur Cheualier, qui oncques porta armes. A' l’heure Daganil
cognoiffant le pire eftre de fon cofté, & le dommage qu’il receuoit par
le Damoyfel, delibera luy tuer fon cheual, & le faire tomber en la preffe.
Mais il faillit : car le Damoyfel s’aprochant, laiffa tomber fi grand coup
fur fon armet, qu’il le luy fit voler hors de la tefte, & demeura Daganil
defarmé. Ce que voyant le Roy Perion qui furuint, luy donna tel coup
d’efpée, qu’il le fendit iufques au cerueau : parquoy les fiens le voyant
mort (ceux qui eurent les meilleurs cheuaux) le gaignerent de viteffe, &
ne tafchoient qu’à eux fauuer, ou le Roy Abies s’eftoit embufché. Mais le
Roy Perion executant fa victoire, les pourfuyuant, defcouurit l’arriere
garde, qui fortoit de la foreft, & marchoit au grand trot vers luy, mon-
ftrants contenáce de vouloir venger leur pere : au moyen dequoy au ioindre fe mirent tous à crier : A' eux Yrlandois, gardons que nul ne nous efchape, & entrons pefle mefle dans la place. Quand les Gaulois fe trouuerent furpris, oncques gents ne furent plus eftonnez : car ilz n’euffent

iamais

Iamais estimé ceste embusche estre si grosse. Et ce qui leur donnoit plus de crainte, estoit qu'ilz auoient afaire à gents frais: & eux estoient tant las, & leurs cheuaux si hors d'aleine, qu'ilz ne se pouuoient quasi soustenir. D'auantage ilz cogneurent que le Roy Abies y estoit en personne : lequel, comme ia a esté dit, estoit l'vn des meilleurs Cheualiers du monde : & à ceste cause la plus grand' partie des Gaulois commencerent à branler. Mais le Damoysel de la Mer, preuoyant le desordre qui en fust auenu, vint à les persuader de vouloir plustost mourir, que perdre vn seul poinct d'honneur & reputation, leur disant : Mes compagnons & amys, ayons bon cueur, chacun face cognoistre sa vertu, & luy souuienne de l'estime, que les Gaulois ont aquise par armes. Nous auons à faire à gents estonnez & demy vaincuz, ne vueillons maintenant faire eschange à eux, prenants leur crainte, & leur quitant nostre victoire: car s'ilz voyent seulement voz visages asseurez, ie suis seur qu'ilz ne les pourront soufrir. Donnons dedans: car Dieu nous ayde. A ceste parole les plus estonnez prindrent courage, deliberants d'atendre, & de combatre virilement leurs ennemys, lesquelz peu apres vindrent furieusement fraper dessus. A l'heure le Roy Abies fit cognoistre ce qu'il sçauoit faire. A l'heure eurét les gents du Prince Agraies trop à endurer, non seulement eux, mais tout l'esquadron du Roy Perion: car ce Roy Abies abatoit l'vn, renuersoit l'autre, & tant que sa lance fut entiere ne rencótra Cheualier, qu'il ne desarçonnast. Puys mit la main à l'espée, auecq' laquelle il se portoit si vaillamment, que les plus hardiz en furent espouuentez: & n'y eut celuy qui ne luy ouurist passage, tellement que les gents du Roy Perion, ne pouuans plus porter le faix, se mirent à retirer (au mieux qu'ilz peurent) vers la ville. Quand le Damoysel de la Mer vid que la fortune leur estoit contraire, de grand despit r'entra en la presse, & combatit si asprement, qu'il arresta la plus grand' part de ceux d'Yrlande sur cul, tandis que les siens, sans desordre se retiroient vers le chasteau : puys au petit pas (tournant souuent visage) les suyuoit d'assez pres. A soustenir ce choc estoient aussi le Roy Perion, & le Prince Agraies, qui faisoient assez cognoistre à leurs ennemys (par le trenchant de leurs espées) comme ilz sçauoient se gouuerner en telles extremitez: toutesfois les Yrlandois se voyants auoir le meilleur, ne taschoient que d'enfoncer les autres, & entrer pesle mesle en la ville, esperants que ce moyen seroit fin de leur guerre. Telle fut la retraite de ceux de la ville, pressez souuent de leurs ennemys, & n'y a doute, qu'à la foule ilz y fussent entrez, n'eust esté la resistance & empeschement, que leur donnoient le Roy Perion, Agraies, & le Damoysel : lesquelz soustenoient entierement la foule, tandis que leurs gents petit à petit gaignoient le dedans. Mais à l'heure le Roy Abies eut nouuelles que son cousin Daganil, & Gallin Duc de Normandie estoient morts, dont il fut trop desplaisant: toutesfois estimát que ses gents fussent entrez dans la ville, quant & ceux

F

du Roy

du Roy Perion, il se resolut d’en prendre tout à loysir la vengeance, dont il fut deceu: car peu apres il se sentit repousser rudement, parquoy il cuida vif enrager. Et ainsi qu’il se debatoit, vn Cheualier luy môstra le Damoy-sel, disant: Sire, cestuy là que vous voyez monté sur ce cheual blanc, est ce-luy qui a occis le Prince Daganil, & le Duc de Normandie, auecq’ plu-sieurs autres des meilleurs de vostre troupe. Quand le Roy Abies l’enten-dit, il s’auança, & cria au Damoysel: Cheualier, vous auez occis l’homme du monde que plus i’aymois: mais si vous voulez combatre, i’espere m’en venger, si bien que i’auray cause de vous en tenir quite. Vous auez troupe trop fraische pour la nostre, respondit le Damoysel: toutesfois si voulez (comme Cheualier) venger celuy que vous dites, & monstrer la grande hardiesse dont estes renommé, choisissez de voz gents ceux qui plus vous plairont, & moy (s’il plaist au Roy) choisiray des miens, car estants egaux en nombre, pourrez plus aquerir d’honneur qu’auecq’ si grande armée, qu’auez fait entrer en ce païs sans iuste ocasion. Vrayement, dit le Roy A-bies, vous parlez bien. Or eslisez vous mesmes le nombre des personnes, si grand ou petit, que voudrez. Puys que m’en laissez le chois, respondit le Damoysel, ie vous feray autre party, que (peult estre) aurez plus agreable. Vous m’estes ennemy, pour ce que i’ay fait, & moy le vostre, pour le mal que vous faites en ce royaume. Ainsi pour nostre courroux, il n’est raison-nable qu’autre que nous seufre: pourtant soit la bataille entre vous & moy seulz. Et presentement si voulez, par tel si, que vous m’asseurerez de voz gents, & moy vous des miens: de sorte que nul ne se mouuera, & fust l’vn ou l’autre vaincu. Ie le veux tresbien, dit le Roy Abies. Lors il choisit de sa part dix Cheualiers pour garder le camp. Et comme le Damoysel faisoit ses diligences pour en auoir autant du Roy, auecq’ son congé, il trouua le Roy Perion & Agraies vn peu durs à luy consentir ce combat, tant pour la consequéce dont il estoit, que pour ce que le Damoysel estoit las & tra-uaillé, &, qui plus est, fort naüré. Parquoy le prioient vouloir aumoins di-ferer ceste entreprise iusques au lendemain: mais l’ardeur & affection qu’il auoit de vaincre, estoit si grande, & le desir d’acheuer ceste guerre, & bien tost retourner vers celle, souz l’obïssance de laquelle il estoit venu au ser-uice du Roy Perion, qu’il ne peut soufrir estre mis aucun delay à la gloire & au repos, qu’il sentoit aussi certain comme prochain. A ceste cause il vsa tant de remonstrances & requestes au Roy, qu’il fut ordonné pour combatre: & luy furent de son costé baillez dix Cheualiers, pour la garde & seureté du camp.

Comme

Comme le Damoyſel de la Mer

combatit le Roy Abies ſur le different de la guerre,
qu'il menoit en Gaule.

Chapitre   X.

A bataille acordée entre le Roy Abies, & le Damoyſel
de la Mer (comme auez entendu) eſtant deſia la plus
grand' partie du iour paſſée : fut auiſé par les Seigneurs
d'vne part & d'autre (côtre le gré des deux combatans)
que le tout ſeroit remis au lendemain, tant pour eux refraiſchir, r'acouſtrer leurs harnoys rôpuz, qu'auſſi pour
remedier aux playes qu'ilz auoient receuës à la rencontre precedante. Parquoy les deux Roys ſe retirerent, l'vn en ſon camp, l'autre en ſa place. Or
eſtoit deſia bruit commun par la ville des efforts qu'auoit fait le Damoyſel de la Mer, & à ceſte cauſe entrant dedans, vn chacun diſoit de luy : Ah
quel bon Cheualier! Dieu luy doint grace de ſi bien paracheuer, comme
il a commencé. Certes il ſeroit impoſsible de trouuer Gentilhomme ſi a-
comply en beauté, & cheualerie comme il eſt: car il eſt tel, que l'œil peult
iuger, & que noz ennemys ont eſprouué. Mais entendez que des le matin
le Roy auoit donné charge à la Royne, qu'auſsi toſt que le Damoyſel retourneroit de la guerre, elle enuoyaſt l'vne de ſes Damoyſelles vers luy, le
prier qu'il ne ſe deſarmaſt en nul autre lieu qu'en la chambre d'elle : parquoy ainſi qu'il ſ'aprochoit du logis du Roy, vint ceſte Damoyſelle luy
dire : Cheualier, la Royne vous prie ne vous deſarmer ailleurs qu'en ſa
chambre, ou elle vous atend. Vrayement, dit le Roy, vous le deuez faire
& ie vous en prie. Ce que le Damoyſel acorda. Ainſi ſ'en allerent deſcendre ou la Royne auecq' ſes femmes les atendoient, & eux arriuez furent
incontinét deſarmez par les Damoyſelles: mais là Royne ne voulut qu'au
tre qu'elle deſarmaſt le Damoyſel, laquelle s'aperceut, ainſi qu'elle luy o-
ſtoit ſon haubert, qu'il eſtoit fort naüré, & le monſtra au Roy, qui dit au
Damoyſel: Mon Gentilhóme, ie m'esbahis puys que vous eſtes blecé, que
n'auez pris plus long terme pour voſtre bataille. Il n'en eſtoit point de
beſoing, reſpondit il: car ie n'ay playe (Dieu mercy) qui me garde de combatre. Adonc furent mádez Chirurgiens qui y prindrent garde, & virent
que c'eſtoit plus longue que dangereuſe choſe. Ce pendant le ſouper ſ'a-
preſta, durant lequel ilz eurent pluſieurs propoz des affaires qu'ilz auoiét
euz tout le iour: puys eſtant heure d'aller repoſer, chacun ſe retira iuſques
au lendemain matin, qu'ilz furent ouyr la meſſe. Apres laquelle le Roy
preſenta au Damoyſel vnes armes trop plus riches & fortes que celles qu'il

F ii　　　　auoit

auoit portées le iour de deuant, defquelles il s'arma : & ayant pris congé de chacun monta à cheual auecq' le Roy, qui luy portoit son armet, le Prince Agraies son escu (auquel estoient pourtraitz deux Lyons d'azur en champ d'or, rampans l'vn contre l'autre, comme s'ilz se fussent voulu mordre) & vn autre Prince sa lance. Puys en cest equipage sortit aux champs, ou l'atendoit le Roy d'Yrlande, armé & monté sur vn grand cheual noir. A l'heure le peuple d'vne part & d'autre, s'aprocha au lieu plus conuenable pour voir la fin de ce combat. Mais entendez que ce Roy Abies auoit autresfois combatu & vaincu vn Geant corps à corps, auquel il auoit coupé la teste : parquoy il portoit ce combat figuré en son escu, tout de la sorte qu'il luy estoit auenu. Ainsi estans ces deux combatans sur les rengs : chacun d'eux se delibera faire cognoistre à son ennemy ce qu'il sçauoit faire : parquoy sans gueres tarder baisserent les veuës de leurs armetz, & se recommandans à Dieu, donnerent des esperons à leurs cheuaux, se ioignants si impetueusement, de lances, de corps, & de cheuaux que leurs boys se brisant en esclatz, fauça leurs armes, & cheurent tous deux rudement dedans le camp. Mais ardeur de cueur & desir de vaincre, les fit promptement redresser : puis arrachans les tronçons de lances, dont ilz estoient naürez, mirent la main aux espées, & commença entre eux vne meslée si cruelle & estrange, que ceux qui estoient à l'entour s'espouuentoient de les voir tant souffrir. Toutesfois à beaucoup ne sembloit la partie bien faite, non que le Damoysel ne fust royde, bien proportionné, & de raisonnable hauteur : mais pource que le Roy Abies estoit tant grand, qu'il ne trouua oncques Cheualier qu'il n'excedast en grandeur de plus d'vne paulme. Et estoit de si forte taille, que l'on l'eust plustost estimé Geant qu'autre. Ses subietz l'auoient en grand' amour & reuerance, pour les vertuz & prouësses qui estoient en luy, combien qu'il fust trop audacieux & superbe. Or estoient ces deux Cheualiers si animez l'vn sur l'autre, tant pour leur honneur, que pour la consequence dont estoit leur combat, que sans interualle, ne reprendre leur aleine, frapoient & se chamailloient, de sorte qu'à ouyr les coups, l'on eust iugé ce combat estre fait par plus de vingt personnes ensemble. Et bien monstroient le peu de bien qu'ilz se vouloient : car à l'entour d'eux l'on voyoit la terre tainte de leur sang, les pieces de leurs escuz, les lames de leurs harnois espandues & semées, & leurs heaumes si enfondrez, que pour estre leurs armes si endommagées, il ne tiroient gueres de coups à faulte : mais se saignoient trescruellement du trenchant de leurs espées, ce neantmoins ilz auoient le courage si entier, qu'ilz n'en sentoient rien. Et à ceste cause se maintenoient l'vn enuers l'autre si brauement, que l'on ne pouuoit cognoistre qui auoit le meilleur, ou le pire. Toutesfois en uiron l'heure de tierce, le Soleil fut chauld & ardant, au moyen dequoy ilz se trouuerent si eschauffez en leurs harnois, qu'ilz commencerent vn

peu

peu à s'afoyblir:mefmes le Roy Abies,& tant qu'il fut contraint fe retirer
arriere,difant au Damoyfel: Ie te voy prefque failly , & moy fans aleine,
s'il te femble bon,repofons-nous vn peu:car nous pourrons apres plus ayfément acheuer noftre entreprife.Bien te veux auifer(encores que ie n'aye
caufe ny enuie de te fauorifer) que i'ay meilleure eftime de toy , que de
Cheualier contre qui ie combaty oncques : & me deplaift de l'ocafion,
que i'ay de te voir, & encores plus de la longueur, que ie metz à te vaincre,& prendre vengeance de la mort de celuy,que plus au móde i'aymois,
lequel ainfi que tu tuas en bataille aperte, aufsi mettray-ie peine de te defaire en la veuë de noz deux camps.Roy Abies,refpondit le Damoyfel,ie
croy voirement qu'il te deplaift trop plus de ne me pouuoir mal faire,
que d'eftre entré(comme cruel tyran)en ce pais, pour le ruyner. Et comme il auiét,que qui n'a efprouué mal, n'eftime iamais celuy qu'autre fent:
ainfi i'efpere te faire fentir par tes peines celles, qu'à grand tord tu as fait
receuoir à tout ce peuple. T'auifant que tu auras de moy aufsi peu de loyfir de refpirer,comme tu leur en as donné fouz ta cruauté:pourtant apre-
fte toy , & te defen d'vn Cheualier failly . A' l'heure le Roy prenant fon
efpée, & le refte de fon efcu, luy dit : Mal pour toy euz tu oncq' telle audace, qui t'a fait entrer es laqz & filetz, dont n'efchaperas,fans la perte de
ta tefte.Fay ce que tu pourras,refpondit le Damoyfel:car tu n'auras repos
iufques à ce que toy,ou ton honneur foyez mortz . Adoncq' plus furieufement que deuant renouuellerent leur combat, & comme fi tout le iour
ilz ne fe fuffent donnez coup, recommencerent leur meflée . Et combien
que le Roy Abies fuft fi adroit (pour le long exercice qu'il auoit des armes) qu'il fçauoit tresbien defendre & ofendre : neantmoins la legiereté,
hardieffe, & promptitude du Damoyfel, luy firent à la fin oublier toute
cefte induftrie,de forte qu'eftant preffé de pres,perdit entierement le refte de fon efcu . Par ainfi le Damoyfel le peut mieux qu'au parauant en-
dómiager.Ce qu'il fit, & en tant de lieux, que le fang luy fortoit du corps,
comme de plufieurs fontaines : de forte que peu il alloit perdant fes forces , & fe trouua fi las & recreu, que chancelant d'vne part & d'autre , ne
fçauoit bonnement qu'il deuoit faire , pour euiter la pourfuyuante efpée
de fon ennemy . Parquoy fe voyant quafi hors d'efperance, delibera, ou
bien toft mourir, ou promptement auoir la victoire . Et pour ce faire prit
fon efpée à deux mains , de laquelle il rua de toute fa puiffance fur le Damoyfel, & l'ataignit en l'efcu,dedás lequel elle entra fi auant, qu'oncques
puys ne l'en peut arracher.Ce que voyant le Damoyfel, luy donna au defcouuert fur la iambe gauche fi ferme, qu'il la luy coupa : parquoy fentant
fi grieue douleur, tomba en la place . Lors le Damoyfel fe ieta fur luy , &
furieufement luy arracha le heaume, luy difant: Tu es mort,Roy Abies,fi
tu ne te rends pour vaincu . Vrayement fuis-ie mort, refpondit le Roy,
non pas vaincu : mais de l'vn ou de l'autre mon outrecuydance feule eft

F iij

caufe.

cauſe. Toutesfois, puys qu'ainſi eſt, ie te prie faire donner ſeureté à mes ſouldatz : à ce que ſans deplaiſir ilz me puiſſent emporter en mes païs. Et à fin que mourant ie ſatisface comme Chreſtien à Dieu, & aux hommes, ie te prie, que ie ſois confeſsé:& puys ie feray rendre au Roy Perion ce que i'ay vſurpé ſur luy. Et quant à toy, qui m'as vaincu, ie n'ay regret de finir par la vaillance de ſi gentil Cheualier comme tu es : mais de bon cueur te pardonne. Bien te prie continuer ta preud'hommie, & auoir memoire de moy. Quãd le Damoyſel le ſentit ſi debile, il fut treſdeplaiſant de ſa mort, encores qu'il ſceuſt aſſeurément, que s'il euſt eu le meilleur du combat, il luy euſt fait pis. Durant ces propoz vn chacun s'aprocha: parquoy le Roy Abies commãda auſsi toſt à ſes Capitaines, rendre au Roy Perion ce qu'il auoit conquis en Gaule, ce qui fut acomply. Et par ce moyen fut donnée ſeureté aux Yrlandois, pour emporter leur Roy: lequel eſtoit mort toſt apres qu'il eut ordonné de ſes afaires. Ces choſes miſes à fin, vindrent le Roy Perion, Agraies, & tous les Seigneurs de Gaule, vers le Damoyſel, qu'ilz r'amenerent à grãd' ioye hors du camp, droit à la ville, en tel triumphe & gloire, que l'on a de couſtume faire aux vaincueurs, qui par leur prouëſſe viennent, non ſeulement au deſſus de leurs ennemys, mais ſont cauſe de la reſtitution de la patrie preſque deplorée. Or entendez, que peu au parauant le commencement du combat, la Damoyſelle de Dãnemarc, qui venoit vers le Damoyſel de par l'Infante Oriane, eſtoit arriuée en la court du Roy Perion:& auant qu'elle ſe fiſt cognoiſtre, voulut voir quelle ſeroit la fin de ceſte meſlée. Puys ayant veu que celuy, qu'elle cherchoit, eſtoit ſi honorablement ſorty, & mis autruy hors de ce danger, s'auança, & le tirant à part, luy dit : Cheualier, s'il vous plaiſt, ie vous diray vn mot à ſecret, de choſe qui vous touche beaucoup. Tant qu'il vous plaira, dit le Damoyſel. Et ce diſant, la prit par la main, & la tira de la preſſe. Lors elle luy dit : La Princeſſe Oriane, qui tant eſt voſtre, m'enuoye vers vous, & vous mande, que trouuerez voſtre nom eſcrit en ceſte letre. Quand il entendit nommer celle, de la memoire de laquelle il viuoit ſeulement, il fut ſi perplex, que ſans entendre propos, que la Damoyſelle luy tint, il prit la letre : & auſsi toſt la laiſſa tomber à terre, & luymeſmes y cuyda choir & eſuanouyr. Ce que voyant la Damoyſelle, releua la letre, puys retourna vers luy. Lors vn chacun qui le cogneut ſi eſperdu, s'eſmerueilloit quelles nouuelles elle luy auoit aportées, qui luy cauſoient tel ennuy: mais elle le tira ſi rudement, qu'il ſortit hors de ce tranſiſſement, puys luy dit : Comment? Seigneur, receuez-vous ſi mal le meſſage de la plus haulte Dame du monde, & qui plus vous ayme? & pour l'amour de laquelle i'ay pris ſi grand' peine de vous trouuer? Ah! Damoyſelle, reſpondit il, ſur ma foy ie ne ſçay que vous m'auez dit: car ainſi qu'auez commencé à parler, i'ay ſenty renouueller en moy le mal qu'autresfois m'auez peu voir ſoufrir. Il eſt vray, dit la Damoyſelle : mais maintenant il n'eſt plus beſoing de vous

couurir

couurir enuers moy : car ie ſçay plus de voz afaires, & de ceux de ma Dame, que vous ne ſçauez, & ainſi luy a il pleu. Et ſi vous luy portez afection, ce n’eſt à tord: car elle vous ayme ſur toutes choſes : Et qu’ainſi ſoit,
elle voꝰ fait ſçauoir par moy, qu’elle s’en va vers ſon pere, qui l’a enuoyée
querir, & vous prie, qu’au partir de ceſte guerre, vous aliez la trouuer en
la grand’ Bretaigne : & qu’à voſtre arriuée vous trouuiez moyen de demeurer en la court, iuſques à ce qu’elle vous face plus amplement entendre ſon vouloir. D’auantage elle m’a chargé vous dire, qu’elle ſçait certainement que vous eſtes filz de Roy, dont elle n’eſt moins ayſe, qu’elle penſe que vous ſerez, & que puys que vous (ne cognoiſſant voſtre lignage) a-
uez eſté ſi bon Cheualier, maintenant ſçachant voſtre nobleſſe, vous met-
tiez peine d’eſtre encores meilleur, ſi pouuez . Et de rechef luy baillant la
letre: Or tenez, dit elle, voylà la letre, en laquelle eſt eſcrit voſtre nom, &
telle qu’elle eſt, l’auiez pendue au col, quand vous fuſtes trouué en la mer.
Adoncq’ prit le Damoyſel la letre, & quand il la vid, penſant que ſi à propos ſa Dame la luy auoit oſtée, en ſouſpirant diſt aſſez bas: Ah letre heu-
reuſe ! treſdiuinement fuſtes trouuée : mais plus encores auez eſté gardée
par celle, qui mon cueur meſme a en ſa garde , & pour laquelle tant de
fois ay eſſayé mourir, & ne puis . Car penſant en ſa perfection, ie tache
à l’augmenter par eforts & louange : mais ma puiſſance ſe treuue ſi infe-
rieure de ſa valeur, que deſperant d’en r’aporter ſa faueur, la moindre peine que ie ſents, paſſe mile mortz, qui toutesfois ſont ores trop recompen-
ſées par le benefice preſent . O Seigneur Dieu ! quand verray-ie le temps,
que ie le puiſſe faire cognoiſtre , combien grande eſt la deuotion que i’ay
de luy obeïr , par quelque agreable ſeruice ! Et ainſi qu’il acheuoit ce propos , il ouurit la letre , & vid eſcrit dedans ſon nom, qui eſtoit Amadis.
Lors luy dit la Damoyſelle: Ie ſuis chargée (auſsi toſt que i’auray fait mon
meſſage) de retourner diligemment vers celle, qui m’a enuoyée vers vous,
pour luy faire entendre de voz nouuelles : pourtant auiſez de me donner
congé. Vous ne partirez, s’il vous plaiſt, ſi promptement, reſpondit le Damoyſel, mais ſeiournez auecq’ moy deux, ou trois iours: durant leſquelz,
pour ocaſion que ce ſoit, ne m’habandonnez : & puys ie vous conduiray
ou il vous plaira . En vous obeïſſant , dit la Damoyſelle, ie penſeray faire
ſeruice à ma Dame Oriane. Leurs propoz acheuez, le Damoyſel retourna
vers le Roy, & Agraies qui l’atendoit à l’entrée de la ville, ou le populai-
re eſtoit par les rues aſſemblé. Et ainſi qu’il paſſoit chacun cryoit: Benoiſt
ſoit le bon Cheualier, par lequel nous auons recouuré liberté & honneur.
Puys arriuants au palays, deſcendit le Damoyſel, pour s’aller refraiſchir.
Lors vint la Royne auecq’ ſes Dames & Damoyſelles pour le deſarmer, &
les Chirurgiens pour viſiter ſes playes: leſquelles bien regardées, encores
qu’il en euſt maintes, furent trouuées ayſées à guerir, ſans dáger de ſa perſonne. Pour ce ſoir le Roy le pria ſouper auecq’ luy, & Agraies, mais il

F iiii   s’excuſa

s’excuſa ſur ſes playes, & ſe retira en ſa chambre, ne voulant autre compagnie que la Damoyſelle: à laquelle il faiſoit tout l’honneur & bon traitement qu’il pouuoit, eſperant par elle trouuer remede à partie de ſes angoiſſes. Ceſte Damoyſelle ſeiourna auecq’ luy quelque temps, & pour les
bonnes nouuelles qu’elle luy auoit aportées, il n’eut playe ſur luy, qui le
gardaſt de ſe leuer, & ſe promener en ſalle, deuiſant auecques tous : mais
plus auecq’ celle qu’il auoit arreſtée, atendant la diſpoſition qu’il peuſt
porter armes. Mais entre deux, il luy auint vn cas eſtrange, qui luy fut cauſe de plus long ſeiour en Gaule, qu’il n’eſperoit : de ſorte que la Damoyſelle retourna ſans luy vers Oriane, ainſi que maintenant pourrez entendre.

Comme le Damoyſel de la Mer

eſt cogneu par le Roy Perion ſon pere, & par la Royne Eliſene ſa mere.

Chapitre   XI.

AV commencement de ceſte hiſtoire a eſté recité, que
le Roy Perion donna à la Royne Eliſene (eſtant encores en la petite Bretaigne) vn anneau, pareil à vn autre, qu’il portoit ordinairement : & eſtoient les deux
anneaux ſi vniformes, qu’il n’y auoit diference quelconque. Auſſi auez entendu, que quand le Damoyſel de la Mer fut lancé ſur l’eau, ceſt anneau luy fut
mis au col, lequel Gandales garda, iuſques à ce qu’il le luy r’enuoya par
vne Damoyſelle (peu deuant qu’il fuſt Cheualier) auecq’ l’eſpée, & la
cire,

tiré . Or auoit pluſieurs fois le Roy demandé à la Royne qu’elle auoit fait
de ceſt anneau , laquelle auoit quelque foys reſpondu douteuſement:
en fin luy auoit dit qu’il eſtoit perdu . Mais il auint, qu’ainſi que le Damoyſel ſe proumenoit auecq’ la Damoyſelle d’Oriane, comme il auoit de
couſtume : la petite Melicie fille du Roy Perion, paſſa par deuant luy
pleurant amerement. Lors le Damoyſel, l’arreſta, & luy dit : Ma petite
amye, qu’auez vous à pleurer ? Mon Seigneur, reſpondit l’enfant, i’ay
perdu n’a gueres vn anneau, que le Roy m’auoit baillé pour luy garder tandis qu’il ſe repoſe. Ne vous chaille, ma fille, dit le Damoyſel, ie
vous en donneray vn autre pour luy rendre . Et tira de ſon doigt celuy
qu’il auoit, & le luy bailla. Quand elle le vid, penſant que ce fuſt celuy
qu’elle auoit perdu, elle luy dit : Ah monſieur, vous l’auez trouué ! de
quoy ie ſuis bien ayſe : car ie l’ay bien longuement cherché. Comment?
dit le Damoyſel, ſi n’eſt ce pas le voſtre. Si eſt, à mon auis, dit l’enfant,
ou la choſe du monde qui mieux luy reſſemble . Tant mieux , reſpondit
il : car plus facilement ſera il pris pour l’autre qu’auez perdu. Et de ce
pas retourna la petite Melicie en la chambre du Roy, qu’elle trouua eſ-
ueillé lequel luy demanda ſon anneau : lors elle luy bailla celuy qu’on
luy auoit donné, que le Roy mit en ſon doigt, penſant que ce fuſt le
ſien . Mais peu apres en ſe proumenant par des galeries, il auiſa en vn
coing l’autre, que ſa fille auoit perdu, lequel il leua, & les paragonna
enſemble : parquoy il luy ſouuint, que l’vn des deux eſtoit celuy qu’il
auoit autresfois donné à la Royne . Adonc demanda à Melicie, ou elle
l’auoit pris. La pauurette, craignant eſtre tancée, n’oſa mentir, & luy reſpódit: Monſieur, i’ay perdu le voſtre, & ainſi que ie le cherchoys, i’ay ren
contré le Damoyſel de la Mer, lequel (pource que ie pleurois) m’a baillé vn
des ſiens, & l’ay pris pour celuy, que vous m’auiez baillé, & ſi ce n’eſt luy
ie ne ſçay ou il eſt. Quand le Roy l’entendit, à l’inſtant il eut ſoupçon
de la Royne, & du Damoyſel: & penſa que pour la beauté de luy, elle
fuſt tombée en quelque deshonneſte vouloir, & qu’elle luy euſt fait ce
preſent. A' ceſte cauſe il s’en alla en la chambre, ou elle eſtoit retirée: puys
fermant la porte, ſe vint aſſeoir aupres d’elle, & ſans dire vn ſeul mot demeura grande piece tenant les yeux fichez en terre. Puys tirant vn grand
ſouſpir, dit ainſi : Ie ne m’esbahis plus, ma Dame, ſi vous n’auiez iamais
reſponſe aſſeurée, quand ie vous demandois l’anneau que ie vous don-
nay en la petite Bretaigne . Vous l’auiez mis en lieu, ou vous ne me vouliez pour teſmoing : mais mal ſe peult celer vne affection, quand elle procede iuſques aux effaitz: Le Damoyſel de la Mer inconſiderément l’a
baillé à Melicie, ne penſant qu’il ſuſt venu de moy :& par là ay-ie cogneu
ce qu’il ne penſoit, & vous ne vouliez que i’entendiſſe. Quand la Royne,
qui deſia à ſa contenance auoit cogneu qu’il eſtoit troublée, l’oyt elle delibera de ne luy rien diſſimuler, & luy fit ſommairement & à la verité le
diſcours

difcours de fa groffeffe, & de fon enfantement. Et non fans larmes luy conta comme, pour la crainte du Roy fon pere, & de la loy de fon païs, elle auoit efté contrainte d'expofer fon filz au peril de la Mer, & le mettre dans vn berceau, lié fur vne table, auecq' l'efpée & l'anneau : & le tout, comme cy deffus vous a efté declaré. Trop fut efmerueillé le Roy quand il fceut la verité, & penfa aufsi toft que le Damoyfel pourroit eftre fon premier filz, que Dieu luy auoit preferué, & dit à la Royne. Selon ce que vous me recitez, il pourroit eftre, que celuy, qui nous eft incogneu feroit noftre enfant, mefmement veu le nom qu'il porte de la Mer. Ah, Dieu! dit la Royne, feroit il pofsible? Ie vous fuplie, monfieur mandez le prefentement querir, & le prions qu'il nous die qui il eft. Mais allons le trouuer, dit le Roy. Et dès l'heure fe leuerent pour aller en fa chambre, ou ilz le trouuerent qui dormoit : parquoy fans faire bruit, le Roy s'aprochant du lict, auifa fon efpée, laquelle il prit, & apres qu'il l'eut regardée, la recogneut, comme celle qu'il auoit tant prifée, & auecq' laquelle il auoit acheué maintes fortes auantures. Et dit à la Royne : Sur ma foy, voicy l'efpée qui me fut defrobée au logis du Roy voftre pere, la premiere fois que nous fufmes enfemble. Et maintenant ie croy mieux ce que vous m'auez dit que deuant. Ah Dieu! refpondit la Royne, ne le laiffons plus dormir : car mon cueur eft en trop grande peine. Lors luy prit la main, & l'efueilla, difant : Seigneur, ne dormez plus, il eft temps de faire mieux. Facilement f'efueilla le Damoyfel, & aperceut la Royne qui pleuroit, dont il fut esbahy, & luy dit : Ma Dame, de quelle ocafion vous viennent ces larmes? eft ce chofe ou vous faifant feruice, ie puiffe remedier? Mon amy, dit la Royne, vous les pouuez eftancher feulement de voftre parole, nous difant de qui vous eftes filz. Si Dieu m'ayde, refpondit il, ma Dame, ie ne fçay. Ie fu trouué en la Mer par grande auanture. La bonne Dame adonc eftant fi remplie de ioye, que non feulement le parler, mais le viure mefme luy eftoit penible : fe laiffa choir. Ce que voyãt le Damoyfel courut viftement la releuer difant : Qu'auez vous? ma Dame? Et il n'auoit garde d'imaginer la caufe de cefte contenance. Ah! mon enfant, dit elle, ie fçay maintenant mieux que vous, qui vous eftes. Le Roy eftoit luy mefme fi furpris d'aife & d'admiration, qu'il ne pouuoit dire vn mot & euft efté fort à iuger lequel des trois eftoit le plus hors de foy. Mais la mere ietant le bras au col du Damoyfel, dit : Ah! mon filz, bien vous puis ie maintenant baifer en feureté, apres auoir fi longuement efté priuée de voftre veuë & cognoiffance. Bien fuis-ie tenue à la bonté de Dieu, auquel il a pleu reparer la grande faute, que ie fis par crainte, en vous ietant dans la Mer : & certes voylà le pere qui vous engendra. A' cefte parole le Damoyfel fe profterna à leurs piedz, pour les leur baifer, ayant de grand plaifir la larme à l'œil. & tous enfemble louërent Dieu de cefte bonne auanture, fpecialement le Damoyel, de ce qu'il l'auoit preferué de fi

grand

grands dangers, pour à la fin luy donner tant d'honneur, & de bon heur,
que de trouuer ses parents, à luy, & eux iusques à lors incogneuz. Et ainsi
deuisant de leurs fortunes passées, la Royne luy demanda, s'il n'auoit autre nom, que celuy, par lequel on le nommoit. Oy, ma Dame, respondit
il, mais il n'y a pas trois iours que ie ne le sçauois point : car ainsi que ie sor-
tois du combat du Roy Abies, vne Damoyselle m'aporta vne letre, que
i'auois (comme elle dit) pendue au col, enuelopée en cire, quand ie fu
trouué en la mer, en laquelle i'ay trouué que mon nom est Amadis. Et
ce disant leur monstra la letre, que la Royne recogneut aussi tost. Sur
mon ame, respondit elle, voylà vrayement la letre, que Dariolette escriuit quand elle fit la separation de vous & de moy : & croyez, que d'autant qu'à l'heure i'estois en estrange douleur & ennuy, maintenant, graces à Dieu, ie suis en toute ioye & plaisir. Et puys que certainement vostre
nom est Amadis, il n'est plus besoing d'autrement vous nommer. Ainsi, de là en auant ne fut apellé le Damoysel de la Mer : mais Amadis, &
quelque fois Amadis de Gaule. Or ne tarda gueres, que le bruit fut es-
pandu par la ville, que le bon Cheualier estoit filz du Roy Perion, & de
la Royne Elisene : parquoy si quelqu'vn en fut ayse, croyez qu'Agraies
n'en fut marry : car ilz se trouuerent cousins germains. Tost aussi entendit la Damoyselle de Dannemarc ceste cognoissance : parquoy sçachant
l'ayse qu'en receuroit l'Infante Oriane, pourchassoit tant qu'elle pouuoit
son congé, pour retourner vers elle, asseurée qu'elle auroit bon visage
d'elle, luy portant les bonnes nouuelles, de si fauorable fortune auenue à celuy, qu'elle aymoit sur tous. Et à ceste cause, pria Amadis de la
depescher pour s'en retourner : Car ie voy bien, dit elle, que si promptement vous ne pourriez venir. Aussi est il raisonnable, que vous donniez
quelque plaisir aux yeux, qui pour l'amour de vous ont tant ieté de larmes. Pour ceste parole se prit Amadis à pleurer tellement, que l'eau file à file luy couloit sur la face. Et respondit à la Damoyselle : Ma bonne a-
mye, de Dieu soyez-vous conduite. Mais ie vous prie vous souuenir de
moy, & auoir ma vie pour recommandée, veu que si en auez pitié, ie ne
puis longuement durer : car ie me sents desia tant obligé à ma Dame, que
ie n'oserois la requerir d'aucune chose. Toutesfois vous luy direz, que
bien tost ie seray vers elle, pour luy obeïr, & porteray pareilles armes, que
celles que me vistes au combat du Roy d'Yrlande : à ce que plus aysément vous, & elle, me puissiez cognoistre, si ie n'ay moyen de parler à
vous. Ainsi se partit la Damoyselle de Dannemarc. D'autre part Agraies,
voyant que son cousin Amadis estoit pour faire long seiour en Gaule, delibera prendre congé, & le tirant à part, luy dit : Mon cousin, pour ceste
heure ce m'est force de vous laisser, encores que vostre compagnie me
soit plus agreable que nulle autre : mais mon cueur passionné, ne me veult
laisser en paix, tant que ie sois ioignant celle, qui pres & loing luy peult

comman-

commander. C'eſt ma Dame Olinde, fille du Roy Vanain de Noruege:
laquelle m'a mandé par la Damoyſelle, qui m'aporta l'armet de Galpan
(que vous m'enuoyaſtes en vengeance du deshonneur qu'elle auoit receu
deluy) que ie me retiraſſe de brief vers elle: & pource que ie n'y puis ne
doy faillir, contraint ſuis de faire ce depart d'auecq' vous. Or entendez,
qu'au temps que damp Galuanes, frere du Roy d'Eſcoce, fut au royaume
de Noruege auecq' Agraies ſon neueu: ceſt Agraies deuint tãt amoureux
de ceſte Princeſſe Olinde, qu'oncques il n'ayma qu'elle, & à ceſte cauſe,
il voulut partir à ſon mandement. Et pour vous dire quel eſtoit Galuanes,
il fut communément apellé Galuanes ſans terre, pource que de tout ſon
apannage ne luy eſtoit demeuré qu'vn pauure chaſteau: car le ſurplus il a-
uoit deſpendu à ſuyure les armes, & entretenir Gentilzhommes, & pourtant eſtoit il ſurnommé ſans terre. Telz furent les propoz d'Agraies au
partir d'Amadis, auquel il pria luy dire, ou il le trouueroit à ſon retour de
Noruege. Mon couſin, reſpondit il, i'eſpere m'en aller au partir d'icy à la
court du Roy Liſuart, ou l'on m'a dit, que la cheualerie eſt maintenue en
la plus grand' liberté & honneur, qu'en nulle autre maiſon d'Empereur,
ny de Roy. Mais puys qu'il vous plaiſt ores prendre autre chemin, ie vous
ſuplie, que voyant le Roy voſtre pere, & la Royne, vous faciez mes treſ-
humbles recommandations à leurs bonnes graces: les aſſeurant de ma
part, qu'ilz me peuuent commãder pour leur ſeruice, comme à vous meſmes, tant pour l'obligacion de l'afinité qu'auons enſemble, qu'auſsi pour
le bon traitement qu'ilz m'ont fait en la ieuneſſe, ou ilz m'ont eſleué &
nourry. Ce fait, prit Agraies ſon chemin, & fut conduit hors la ville honorablement par le Roy, & les Seigneurs de ſa court: toutesfois auſsi toſt
que le Roy fut aux champs, il auiſa venir contre luy vne Damoyſelle, laquelle audacieuſement le prit par le frain de ſon cheual, luy diſant: Roy
Perion, te ſouuient il de ce que quelque fois vne Damoyſelle te diſt, que
lors que tu recouurerois ta perte, que la ſeigneurie d'Yrlande perdroit ſa
fleur? regarde ſi elle te dit vray. Tu as recouuert ce tiẽ filz, que tenois pour
perdu, & eſt mort ce vaillant Roy Abies, qui fut la fleur d'Yrlande, & tel,
que iamais le païs ne recouurera ſon pareil, iuſques à ce que le bõ frere de
la Dame vienne: lequel y fera amener par forces d'armes le tribut d'autre
païs, & ceſtuy mourra par la main de celuy, qui finira pour la choſe du
monde qu'il aymera le plus. Et ainſi auint par Marlot d'Yrlande, frere
de la Royne d'Yrlande, que Triſtan de Leonnoys occit, ſur la querelle du
tribut, que l'on demãdoit au Roy Marc de Cornouaille ſon oncle: lequel
Triſtan depuys mourut pour l'amour qu'il portoit à la Royne Yſeult, qui
fut la choſe du monde que plus il ayma. Or t'en ſouuienne, dit la Damoyſelle au Roy: car Vrgande ma maiſtreſſe ainſi le te mande. Quand Amadis entendit parler d'Vrgande, il prit la parole, & luy reſpondit: Damoyſelle m'amye, ie vous prie dire à celle, qui cy vous a enuoyé, que le

Cheualier

Cheualier à qui elle donna la lance, se recommande à sa bonne grace, &
que maintenant il cognoift eftre vray ce qu'elle luy dift, qu'auecq'celle lance il deliureroût la maifon dont premier il fortit. Et certes il fut ainfi, car
j'en deliuray mon pere non bogneu, lequel eftoit prefque au mourir. Et
lors, fans autre refponfe, la Damoyfelle tourna bride, reprenant le chemin
dont elle venoit, & le Roy deliuré de la ville, auecq' fon filz Amadis, qu'il a
uoit nouuellement recouuert: & pour cefte caufe, fit affembler tous les
Princes & Seigneurs de fon Royaume, voulant tenir court plus magnifique qu'oncques il n'auoit tenu, à fin que chacun vift Amadis: pour l'honneur & auenement duquel furent faitz tournoys, iouéz plufieurs fortes
de ieux, & maintz esbatz. Durant ces chofes Amadis fut auerty comme le Geant auoit defrobé fon frere Galaor: & parquoy fe delibera (quoy
qu'il en deuft) auenir) de le chercher, & le recouurer, fi poffible eftoit,
par force d'armes, ou autrement. Toutefoys ayant toufiours le cueur d'aller trouuer celle, qui l'atendoit, vn iour pria le Roy fon pere, que puys
qu'il auoit paix auecq' fes ennemys, de luy donner côgé d'aller en la grâd'
Bretaigne chercher les auantures, pour ne demeurer oyfif. Telle requefte ne pleut nullement au Roy, & moins à la Royne: toutesfois, par importunité, il eut permiffion d'y faire vn voyage: car nullement ne le peurent arrefter, pour l'affection qu'il portoit à l'Infante Oriane, qui eftoit
telle qu'il ne pouuoit à autre obeïr. Partant vn matin s'arma de telles armes qu'il auoit promis à la Damoyfelle de Dannemarc: & tant chemina,
qu'il f'embarqua au prochain port de la Mer, où il trouua fuftes à propos.
Parquoy en peu de iours paffa en la grand' Bretaigne, & prit port à Briftoye tref noble ville du païs, ou il fut auerty que le Roy Lifuart feiournoit à Vindilifore, grandement acompagné de Cheualiers & Gentilzhommes: car tous les Roys & Princes fes voyfins, luy fauorifoient & ren-
doient obeïffance, & partant prit Amadis fon chemin droit à la court.
Mais il n'eut gueres longuement cheminé, qu'il rencontra vne Damoyfelle, laquelle luy demanda, fi ce chemin eftoit celuy de Briftoye. Ouy, refpondit Amadis: Ie vous prie doncq', dit elle, me dire, fi i'y pourray trouuer nauire, qui promptement paffe en Gaule. Quel affaire vous y mene?
refpondit Amadis. Par ma foy, dit la Damoyfelle, i'y vois pour y trouuer vn Cheualier, nommé Amadis, que le Roy Perion a depuys n'a gueres
recogneu pour filz. Trop fut Amadis efmerueillé: car il péfoit qué ces nou
uelles fuffent encores peu diuulguées: parquoy luy demanda comme elle le fçauoit. Ie le fçay, refpôdit elle, par celle mefmes, à qui les chofes plus
fecretes font manifeftées (car elle cognoiffoit Amadis auant qu'il fceuft
qui il eftoit, ne que fon pere euft ouy parler d'Amadis) & fi voulez entendre qui elle eft, ie vous auife que c'eft Vrgande la Defcogneuë, qui maintenant a de luy tant affaire, qu'elle ne peult par autre recouurer ce qu'elle craint trop de perdre. Ah Dieu! dit il, puys que celle dont vn chacun a

G

affaire

affaire, veult maintenant auoir Amadis, ie vous asseure, Damoyselle, qu'il ne vous est be soing de passer oultre : car ie suis celuy que vous allez chercher, & pource allons ou il vous plaira . Comment? dit la Damoyselle, estes vous donc Amadis? Ouy certes, respondit il . Or me suyuez, dit elle, & ie vous conduiray ou est ma maistresse, qui vous atend en bonne deuotion . De ce pas prit Amadis le chemin de la Damoyselle, & s'en allerent ainsi de compagnie.

Comme le Geant menant Ga-

laor au Roy Lisuart, pour le faire Cheualier, rencontra son frere Amadis, par la main duquel il le voulut estre, & non d'autre.

Chapitre   XII.

E Geant dont quelquefois cy deuant a esté parlé, faisant instruire le ieune Galaor à bien piquer destriers, escrimer, & faire tous actes qu'il côuenoit à Cheualier, le trouua de si bonne docilité, qu'en moins d'vn an il fut parfait en toutes ces choses, si qu'il ne restoit plus qu'à sçauoir de luy de qui il auroit plus agreable receuoir l'honneur de cheualerie. Toutesfoys deuant que le Geant luy en parlast, vn iour entre les autres, Galaor luy vint dire : Pere, vous m'auez tousiours promis, que ie seray Cheualier, ie vous prie tenez moy promesse : car il y a ia long temps, que le terme est passé, que ie le deuoys estre. Vrayement, mon filz, respondit le Geant, vous aurz raison : mais dites moy de par qui vous le voulez estre. Le Roy Lisuart, dit Galaor, est tenu & reputé gentil Roy, & tresbon Cheualier : parquoy, s'il vous plaisoit, ie serois content que ce fust luy. C'est bien auisé, respondit le Geant.

Et de

Et le iour mefmes ordonna de ce qui leur eſtoit neceſſaire : puys ſe mirent en voye. Et au cinqiefme iour d'apres leur partement, ſe trouuerent
de fortune aſſez pres d'vne tresbelle & forte place, nommée Bradoid, aſ-
ſiſe en croupe de montage, enuironnée par bas de mareſcages, & d'vne
eau ſallée, qui par deuant couroit merueilleuſement roide : tellement
que ſans barque eſtoit impoſsible d'en aprocher par ceſt endroit. Et pource que le marais eſtoit fort large, y auoit, pour le paſſer, vne bien longue
chauſsée, ſi large, que deux charettes y pouuoient aller de front. A' l'entrée de ceſte chauſsée eſtoit vn pont leuis, ſouz lequel couroit l'eau en
grande profondeur, & ſi impetueuſement, qu'impoſsible eſtoit la pouuoir trauerſer. Or entendez, que vis à vis de ce pont y auoit deux haultx
Ormes, deſſouz leſquelz le Geant & Galaor auiſerent deux Damoyſelles & vn Eſcuyer, auecq' vn Cheualier, monté ſur vn cheual blanc, & e-
ſtoit ce Cheualier armé, portant vn Eſcu paint à Lyons rampants:& pource que le pont leuis eſtoit haulcé, & qu'il ne pouuoit paſſer oultre, il apelloit à haulte voix ceux de dedans, à ce qu'ilz luy dónaſſent entrée. Ce que
voyant Galaor, dit au Geant: Monſieur, s'il vous plaiſoit ie verrois voluntiers que feroit ce Cheualier. Et peu apres ilz aperceurent au bout de la
chauſsée, du coſté du chaſteau, deux autres Cheualiers armez, acompagnez de dix hallebardiers: leſquelz demanderent au Cheualier, qu'il vouloit. Ie veux, reſpondit il, entrer leans. Ce ne peult eſtre, dit l'vn des
deux Cheualiers, ſi premier ne nous combatez. A' celà ne tiendra, reſpondit celuy qui vouloit entrer, ſi vous faites abaiſſer le pont, & venez au
combat, ce qu'ilz firent auſsi toſt. Mais l'vn des deux, plus haſtif que ſon
compagnon, s'auança, & au plus roide courir de ſon cheual vint la lance
baiſsée à celuy de dehors, qui le receut: parquoy le Cheualier du chaſteau
rompit ſa lance, & celuy des Lyons l'ataignit ſi rudement, qu'il renuerſa
homme, & cheual par terre. Alors le compagnon du Cheualier tombé,
cuydant venger ſon iniure, baiſſa contre l'autre: & ſans qu'ilz ſe donnaſ-
ſent ataintes de leurs lances, ſe ioignirent de corps par ſi grand' force, que
celuy du chaſteau tomba en l'eau, ou il ſe noya: & le Cheualier des Lyons
paſſa oultre. Ce que voyant les hallebardiers, leuerent incontinent apres
luy le pont. Adoncq' les Damoyſelles qui s'en aperceurent luy crierent
tant qu'elles peurent, qu'il retournaſt. Mais ainſi qu'il le vouloit faire,
il auiſa venir à luy trois autres Cheualiers bien armez, qui de grand' audace luy dirent: En mal'heure paſſaſtes-vous oncques ce pont : car vous
mourrez en ceſte eau, ou eſt noyé celuy qui valoit mieux que vous. Et à
l'inſtant les trois enſemble coururent à luy, & l'ataignirent ſi ferme, que
ſon cheual cuida donner du cul à terre, & volerent leurs lances en eſclatz:
& de ceſte rencontre fut naüré en deux endroitz. Ce nonobſtant celuy
qu'il rencontra fut mis en telle ordre, que la bonté de ſon harnois ne le
peut garantir, que la lance ne le fauçaſt oultre, & luy en demeura le tron-

G ii

çon

çon dans le coprs. Ce fait, le Cheualier des Lyons mit la main à l'efpée, &
s'adreffa aux autres deux , & eux à luy . Ainfi commencerent vne peril-
leufe bataille:mais celuy des Lyons,qui eut paour de mourir, s'eforçoit le
pofsible de venir au deffus de fes ennemys,& donna à l'vn d'eux tel coup
au bras dextre,qu'il le luy fit tomber à terre auecq' l'efpée.Parquoy fe fentant ainfi naüré,s'en fuyt tant qu'il peut au chafteau,criant: Secourez,mes
amys , fecourez voftre Seigneur, que l'on tue . Et quand celuy des Lyons
entendit que celuy à qui il auoit encores afaire,eftoit le Seigneur de leans
il s'efuertua tellement, qu'il l'ataignit au deffus de l'armet, fi viuement,
qu'il luy fit fentir dans le teft le trenchant de fon efpée : & de ce coup
fut fi eftourdy , qu'il perdit les eftriers preft à tomber , s'il n'euft embracé
le col du cheual.Adoncq' celuy des Lyons le prit par le heaume, & le luy
arracha . Lors le Cheualier fe fentant defarmé , cuyda le gaigner à fuyr,
comme auoit fait l'autre : mais celuy qui l'auoit naüré fe mit entre luy
& le chafteau , difant: qu'il eftoit mort, s'il ne fe rendoit prifonnier . Helas!refpondit il,mort fuis-ie vrayement,fi vous voulez. Mais ie vous prie,
Gentilhomme, ayez mercy de moy : car ie me tiens vaincu . A'l'heure celuy des Lyons aperceut autres Cheualiers & gents de pied armez, qui
failloient à grand' hafte du chafteau, pour venir fecourir leur Seigneur:&
pourtant s'aprocha plus pres de fon homme , & luy mettant l'efpée à la
gorge, luy dit: Commandez aux voftres qu'ilz retournent, finon vous
mourrez prefentement . Et luy qui voyoit fa vie en tel danger , leur efcria
& fit figne , que s'ilz l'aymoient ilz s'en retournaffent . A'cefte caufe eux
cognoiffants le danger,ou leur Seigneur eftoit,luy obeïrent aufsi toft. Ce
n'eft pas affez , dit celuy des Lyons , faites encores abatre le pont . Ce qui
fut fait. Adoncq' faillirent hors la chaufsée, ou les Damoyfelles les atendoient . Et quand le Seigneur du chafteau les vid , & qu'il cogneut Vrgande la Defcogneuë . Ah ! dit il, Seigneur, fi vous ne me gardez de cefte
Damoyfelle,ie fuis mort. Si Dieu m'ayde, refpondit il,ce ne feray-ie pas,
mais pluftoft fera fait de vous ce qu'elle commandera . Puys s'adreffa à
Vrgande, & luy dit:Ma Dame,voicy le Seigneur de ce chafteau,que vous
plaift il qu'il en foit fait ? Trenchez luy la tefte, refpondit Vrgande, s'il
ne vous rend mon amy, qu'il tient en fes prifons, & la Damoyfelle qui
l'y fit venir. A'cefte parole celuy des Lyons haulça l'efpée pour l'efpou-
enter, mais le Cheualier s'efcria: Ah!Seigneur, ne me tuez , i'obeïray à ce
qu'elle commande . Or vous en depefchez doncques, dit il. Lors apella
le Seigneur de leans l'vn des hallebardiers, & luy dit : Va à mon frere, &
luy dy , que,s'il me veult iamais voir vif, face venir diligemment le Cheualier prifonnier , & la Damoyfelle qui l'amena. Aufsi toft y courut ce
valet,& vindrent la Damoyfelle & le Cheualier: auquel celuy des Lyons
dit:Remerciez cefte Dame,qui a tant fait pour vous,& certes vous la deuez bien aymer : car elle a pris beaucoup de trauail, pour vous tirer hors

de cefte

de ceste captiuité. Ie l'ay aymée, respondit l'autre, & l'aymeray plus que
iamais. Mais deuant qu'il eust acheué la parole, Vrgande le courut embraçer, & luy elle : puis le Cheualier des Lyons demanda que l'on feroit
de celle que l'on leur auoit amenée. Il fault qu'elle meure, respondit Vrgande, pour luy faire cognoistre sa temerité. A l'instant ceste pauure Damoyselle fut si fort enchantée, qu'elle se veautroit dans les marais fan-
geux, ny plus ny moins que feroit vn porc. Et de fait elle y entra si a-
uant qu'elle s'en alloit ieter en la riuiere sans le Cheualier des Lyons, qui
pria tant Vrgande, qu'elle luy pardonna ceste fois. Pourueu, dit Vrgande, que iamais n'y retourne : autrement elle payera tout ensemble. Quand le Seigneur du chasteau vid la Damoyselle sauuée, par la requeste de celuy des Lyons, il luy dit : Seigneur, i'ay satisfait à ce que
m'auez demandé : pourtant ie vous suplie me donner congé de m'ab-
senter de celle qui ne m'ayme guieres. Vrayement, respondit Vrgande,
pour l'honneur de celuy que vous requerez, i'en suis contente, & vous
en allez. Quand il fut party, le Cheualier des Lyons (qui est oit encores
esbahy, à quelle ocasion ceste Damoyselle se mettoit ainsi sans contrainte dedans les fanges) luy demanda qui la mouuoit de ce faire. Seigneur
respondit elle, il me sembloit que de tous costez l'on me brusloit d'vne
torche ardante : & pour me garantir, ie me voulois ieter dedans l'eau.
A ceste parole se prit le Cheualier des Lyons à rire, luy disant : Damoyselle m'amye, vostre folie fut grâde, de vouloir faire mal à qui s'en sçaitsi bien
venger. Or auoit Galaor esté present à toutes ces choses, & pourtant dit
au Geant : Monsieur ie desirerois grandement, que cestuy me fit Cheualier : car si le Roy Lisuart est renommé, c'est pour les biens : mais ce Cheualier le merite estre pour sa force & hardiesse. I'en suis trescontent, respondit le Geant, allez à luy, & l'en priez : & s'il vous refuse, ce sera sa coul
pe. A l'heure mesmes partit Galaor auecq' quatre Escuyers, & deux Damoyselles, & s'aprochant du Cheualier des Lyons, le trouua encores dessouz les ormes. A son arriuée fut receu amyablement de celuy, vers lequel
il alloit, qui le trouua l'vn des plus beaux Gentilzhommes qu'il eust oncques veu. Puys luy dit Galaor : Sire Cheualier, ie vous viens demander vn
don. Vrayement, respondit le Cheualier, s'il est raisonnable, ie le vous o-
troye. Ie vous prie doncques par courtoysie, dit Galaor, que presentement
me faciez Cheualier : & ce faisant me releuerez pour ce coup d'aller vers
le Roy Lisuart, lequel i'en allois suplier. Mon amy, respondit il, vous feriez à vous mesmes tort de laisser à si bonne ocasion le meilleur Roy du
monde, pour prendre vn pauure Cheualier tel que ie suis. Seigneur, dit Ga
laor, la grandeur du Roy ne pourroit mettre en moy l'efort, que y a mis
le combat que ie vous ay veu n'a gueres faire : pourtant, s'il vous plaist, a-
complissez en moy ce, dont ie vous ay requis. Ie serois, respondit il, trop
plus content de vous donner tel autre don que me sçauriez demander :

G iii   car

car ceſtuy ne m'apartient, ny a vous auſsi eſt honorable. Et ainſi qu'ilz e-
ſtoient ſur ces termes, Vrgande non eſperée arriua vers eux, dont le Cheualier aux Lyós fut ayſe: & n'ayant encores entendu aucune choſe de leur
propos, dit au Cheualier des Lyons : Que vous ſemble de ce Gentilhomme ? Il me ſemble , reſpondit il, l'vn dés plus beaux que ie vy oncques : mais il me demande vn don, qui n'eſt, ny à luy ny à moy conuenable. Quel eſt il? dit Vrgande. Que ie luy donne cheualerie, reſpondit le
Cheualier, encores qu'il ſe ſoit mis en chemin, deliberé d'aller requerir le
Roy Liſuart de ce faire. Certainement, dit Vrgande, à luy retarder y au-
auroit plus de mal que de bien, & luy conſeille qu'il ne deſiſte de ſa reque
ſte : car vous ne la luy deuez refuſer, veu que ie vous puis aſſeurer, qu'elle ſera en luy mieux employée, qu'à nul autre qu'il ſoit en toutes les Iſles
de ceſte Mer, excepté vn. Puis qu'ainſi eſt, reſpondit le Cheualier, au nom
de Dieu ſoit. Allons en quelque egliſe pour faire la vigile. Il n'en eſt beſoing, dit Galaor: car i'ay ce iourd'huy ouy meſſe, & veu le precieux corps
de IESVS CHRIST. Il ſufit, reſpondit le Cheualier. A l'heure luy chauſ-
ſa l'eſperon droit, & l'acollant luy dit : Vous eſtes maintenant Cheualier:
parquoy prenez l'eſpée de celuy qui vous ſera plus agreable. Vous me la
donnerez donc, ſ'il vous plaiſt, reſpondit Galaor : veu que de nul autre ie
ne l'accepteray de mon gré. Lors apella vn Eſcuyer, qu'il auoit fait venir, lequel en tenoit vne: mais Vrgande s'auança, & luy dit : Non, non,
vous en aurez bien vne meilleure. Prenez ceſte là qui pend à ceſt arbre:
laquelle vous trouuerez trop plus belle. Et incontinent tous regarderent à
l'arbre : mais ilz ne virent rien, dequoy elle ſe prit fort à rire, leur diſant: Vrayement, il y a bien dix ans qu'elle y pend, encores que nul paſſant
par deuant l'ayt aperceuē. Or regardez maintenant : car vn chacun la
pourra voir. Et à l'inſtant fut de tous veuē atachée à vne des branches de
l'arbre auſsi claire, que ſi à l'heure elle y euſt eſté miſe: & pendoit tout ioignant ſon fourreau couuert d'or, & de ſoye, autant entier que ſi preſentement il euſt eſté fait. Adoncq' ſ'en aprocha le Cheualier des Lyons, & la
prit: puys la ceignant à Galaor, luy dit: Vne tant belle eſpée eſt couenable
à tát beau Cheualier que vous eſtes, & bien pouuez croire que celle ne vous
hait, qui ſi long temps la vous a gardée. De tresbon cueur le remercia Galaor, & auſsi le Cheualier des Lyons : puys leur dit : Ie vous ſuplie m'excuſer: car ie ſuis contraint de partir preſentement d'auecq' vous, & n'eſtoit
qu'il me fault retirer ou l'on m'atend, il n'y a compagnie que ie deſiraſſe
tant que la voſtre. Et pourtant, Sire (dit il à celuy qui l'auoit fait Cheualier) ie vous prie me dire ou ie vous pourray trouuer à mon retour. En
la maiſon du Roy Liſuart, reſpondit il, en laquelle ie ſeray fort ayſe de
vous voir : & pource qu'il n'y a long temps que ie ſuis Cheualier, i'ay
grád vouloir d'y faire quelque ſeiour, pour aquerir honneur, comme vous
ne ſçauriez faillir de faire. Certes, dit Galaor, ie vous y ſuyuray en brief.

Puys

Puys dit à Vrgande: Ma Dame, vous m'auez tant obligé á vous, que s'il vous plaift me tiendrez pour voftre Cheualier preft à vous obeïr, quand il vous plaira me commander. Et ainfi fe departit d'eux, retournant vers le Geant, qui l'atendoit le long de la riuiere, ou il s'eftoit caché, à ce qu'il ne fuft aperceu. Mais entendez qu'ainfi que Galaor deuifoit auecq' Vrgande, & le Cheualier des Lyons, l'vne des Damoyfelles de Galaor, f'enquit tant à celles d'Vrgande, qu'elle fceut que le Cheualier des Lyons eftoit Amadis filz du Roy Perion de Gaule, lequel Vrgande auoit là fait venir, pour tirer à force d'armes fon amy, que l'on detenoit prifonnier: car pour enchantement ne l'euft fceu faire, pource que la Dame de leans eftoit fort fçauante en tel art, & l'auoit premier enchanté que fa maiftreffe:& pourtant ne craignoit pour le luy faire perdre, que la force des armes. A' l'ocafion dequoy elle auoit fait dreffer cefte couftume, que ce bon Cheualier a mis à fin, & deliuré, comme auez peu voir, celuy, pour lequel fommes icy venuz:& lequel la Damoyfelle niece de la Dame de ce chafteau, qui n'agueres fe vouloit ieter en l'eau, y auoit amené. Puys aufsi toft que Galaor fut party d'Vrgande, elle demada au Cheualier des Lyons, s'il cognoiffoit celuy qu'ilauoit fait Cheualier. Non, dit il, ma Dame. Vrayement, refpondit Vrgande, c'eft bien raifon que fçachez qui il eft : car il a fi bon cueur, que fi vous vous rencontriez ne vous cognoiffant, il en pourroit venir trop d'inconuenient. Pourtant ie vous auife, que vous eftes freres de pere & de mere, & eft celuy que le Geant emporta, n'ayant encores que deux ans & demy: mais maintenant il eft tel, & fi grand, que vous le voyez, & pour l'amour de vous & de luy, i'ay fi long temps gardé cefte efpée, auecq' laquelle ie vous affeure qu'il fera plus de commancement d'armes, qu'oncques Cheualier ne fit en la grand' Bretaigne. De grand' ioye qu'en eut Amadis luy vindrent les larmes aux yeux, & dit à Vrgande: Ah ma Dame, ie vous fuplie medire ou ie le trouueray. Il n'eft befoing pour le prefent que le cherchez, refpondit Vrgande. Comment? dit Amadis il eft donc force que ce qui eft de luy predeftiné f'acompliffe, premier que ie le trouue? Ouy bien, refpondit elle: & fi ne fera pas fi ayfé à cognoiftre que vous penfez. Affez long temps continuerent leurs propoz, & tant que Vrgande f'en voulut aller feule auecq' fon amy, & commanda à Dieu Amadis, qui prit le chemin de Vindilifore, ou en cefte faifon le Roy Lifuart feiournoit. Et pour cefte heure l'hiftoire s'en taira, & continuera ce qu'il auint à Galaor eftant nouueau Cheualier, lequel arriué ou eftoit le Geant, luy dit: Pere, ie fuis(graces à Dieu, & à celuy, vers qui m'auez enuoyé) maintenant Cheualier. Mon filz, refpondit le Geant, i'en fuis trefayfe, puys qu'ainfi eft vous m'octroyerez vn don, f'il vous plaift. Comment? dit Galaor, eftimeriez vous que ie le vous voufiffe refufer, fi n'eftoit que mevoufiffiez deftourner d'aller aquerir honneur? Mon filz, refpondit le Geant, pluftoft en voudrois-ie l'augmentation, & ce que ie veux vous

G iiii   y feruiy feruira. Demandez le donc, dit Galaor : car ie le vous octroye. Mon filz, refpondit le Geant, quelquefois m'auez ouy plaindre d'Albadan le Geant, lequel occift en trahifon mon pere : & encores me detient par force la roche de Galtares, qui iniuftement m'apartient, ie vous prie que vous m'en faciez la vengeance, qu'autre que vous ne peult faire : & vous fouuienne du traitement, & nourriture que ie vous ay faite, auffi de l'amytié que ie vous porte, qui eft telle, que ie mettrois ma perfonne iufques à la mort pour la voftre. Ce don, dit Galaor, ne me deuez demander : mais commander le faire. Et quant à moy, ie vous fuplie foyez content, qu'auecq' Albadan ie vuide ce different, puys que de fi pres il vous touche. & croyez que fi i'en efchape vif, ie feray encores plus preft à faire, & acomplir toutes autres chofes, qui feront à voftre honneur & profit, que ie n'auray efté de cefte cy, & feray en ce deuoir tant que ma vie pourra durer, pour tefmoignage de l'obligation que i'ay à vous : & fans plus feiourner allons prefentemét vers celuy à qui nous auons affaire. Au nom de Dieu foit, refpondit le Geant. Ainfi prindrent le chemin de la Roche de Galtares : mais ilz ne cheminerent longuement qu'Vrgande les ataignit, & lors s'entrecognneurét. Puys dit Vrgande à Galaor : Mon filz, fçauez vous qui vous a fait ce iourd'huy Cheualier ? Ouy certes, ma Dame, refpondit Galaor : ç'a efté le meilleur Cheualier, de qui oncques i'ouy parler. Il eft bien vray, dit elle : car il vault encores mieux que vous ne penfez : mais ie veux que vous fça chez fon nom. Alors apella Gádalac le Geant, & luy dit : Gádalac ne fçais tu que ce Cheualier que tu as nourry eft filz du Roy Perion, & de la Royne Elifene, & que pour les paroles que ie te dis tu le prins, & l'as fait nourrir & efleuer ? C'eft verité, refpondit le Geant. Or Galaor mon amy, dit Vrgáde, celuy qui vous a fait Cheualier eft voftre frere, & voftre aifné de deux ans : pourtant quand vous le verrez, portez luy honneur, & mettez peine de luy reffembler, en hardieffe, & bon vouloir. Eft il poffible, refpódit Galaor, que le Roy Perion foit mon pere, la Royne Elifene ma mere, & que ie foys frere de fi bon Cheualier ? Oy vrayement, dit elle. Or Dieu foit loué, refpondit Galaor, maintenant ie vous puis affeurer, que ie fuis en plus grád foucy qu'au parauant, & que ma vie ne fera efpergnée, puys qu'il me conuient eftre tel que celuy que vous auez nommé. Et fans paffer plus auant Vrgande f'en retourna, le chemin qu'elle eftoit venue, & le Geant, & Galaor fuyuirent celuy qu'ilz auoient commencé : & cheminant, Galaor demanda au Geant, qui eftoit cefte Damoyfelle qui auoit parlé à eux. C'eft, dit le Geant, Vrgande la Defcogneué, qui ainfi fe nomme : pource que fouuent fe transforme & fait incogneué. Et deuifants de ces propoz, arriuerent fur le bord d'vne riuiere, ou ilz fe voulurent refraifchir : & pource qu'à l'heure la chaleur eftoit fort vehemente, ilz firent dreffer vne tente, ou ilz ne furent long temps, qu'ilz virent venir vers eux deux Damoyfelles, par deux diuers chemins, qui toutes deux fe ioignirent enfemble au deuant

de ce

de ce pauillon. Et quand elles aperceurent le Geant, elles voulurent fuyr:
mais Galaor les vint asseurer, & gracieusement les fit retourner, puys leur
demanda, ou elles alloient. L'vne respondit, ie m'en vois par le commandement de ma maistresse, voir vne bataille bien estrange, d'vn seul Cheualier, qui a entrepris combatre le fort Geant de la roche de Galtares, à fin
que ie luy en sçache dire des nouuelles. Quand l'autre l'entendit: Ie m'es-
bahys, dit elle, de ce que vous dites. Y a il au monde Cheualier, qui ose entreprendre telle folie? Certes, dit l'autre, c'est verité. Vrayement, respondit
la derniere, encores que mon chemin s'adonne ailleurs, ie suis contente
de me destourner, & vous suyure, pour voir chose si peu croyable. Et de
ce pas voulurent prendre congé de Galaor: mais il leur dit: Damoyselles,
ne vous hastez tant, & nous atendez, s'il vous plaist: car nous vous y ferons compagnie. Ce qu'elles luy acorderent, tant pour la bonne grace
qu'il auoit en ce nouuel acoustrement de Cheualier, qu'aussi pour l'excellente beauté de luy, qui estoit telle, qu'elles prenoient grand plaisir à le regarder. Lors tira Galaor le Geant à part, & luy dit: Pere, ie desirerois fort
que vous ne vinsiez plus auant auecq' nous, & que me laississiez aller a-
uecq' ces Damoyselles, faire ce que ie vous ay promis. Cecy disoit il, à ce
qu'elles ne sceussent qui il estoit, & que l'on ne le soupçonnast de ceste
entreprise: parquoy le Geant, oultre son gré, le luy acorda. Ainsi s'en alla
Galaor auecq' ces femmes, & trois Escuyers, que le Geant luy laissa pour
porter ses armes: & tant cheminerent, qu'ilz arriuerent à deux lieuës pres
de la roche de Galtares, ou ilz s'inuiterent en la maisonnette d'vn Hermite, auquel des le soir Galaor se confessa. Mais quand il luy declara qu'il
alloit pour ce combat, le bon Hermite fort espouenté luy fit plusieurs remonstrances, disant: Mon filz, qui vous a mis en ceste temerité? veu qu'il
n'y a en toute ceste contrée dix telz Cheualiers que vous estes, qui l'osas-
sent assaillir, tant est ce diable grand & espouentable? & vous qui estes si
ieune, vous mettant en ce danger, voulez perdre le corps & l'ame? pource
que ceux qui sciemment se presentent à leur mort, sont d'euxmesmes ho-
micides. Pere, respondit Galaor, Dieu fera de moy sa volunté: car en nulle maniere ie ne laisseray ceste entreprise. Grande compassion en eut le
preud'homme, & telle, que les larmes luy en vindrent aux yeux: & ne luy
peut autre chose dire, sinon: Ie prie Dieu, mon enfant, qu'il soit en vostre
ayde, puys qu'autrement ne me voulez croyre. Mon pere, respondit Galaor, ie vous suplie ayez souuenance de moy en voz prieres: & ainsi iusques au lendemain passerent la nuict. Puys ayant ouy messe, Galaor s'arma, & s'en alla à la roche, qui n'estoit loing de l'hermitage: car de là l'on
pouuoit voir la forteresse, & les grosses tours, qui luy dónoient bien mer-
que d'vn tresfort chasteau. Quand l'vne des Damoyselles vid qu'ilz apro-
choient si pres, elle demanda à Galaor, s'il cognoissoit le Cheualier, qui
deuoit combatre. Ie pense, respondit il, l'auoir veu autrefois: mais dites
moy

moy vous mefmes,de quel lieu vous eftes partie,pour venir voir ce paffetemps,& qui eft la Dame qui vous y a enuoyée? Autre ne le peult fçauoir,
refpondit elle,que le Cheualier mefmes qui doit combatre. Et tant continuerent leurs propoz , qu'ilz arriuerent ioignant le chafteau d'Albadan,
duquel ilz trouuerent la porte fermée.Lors Galaor s'aprochant de pres,a-
pella le portier.A` ce cry vindrent deux hommes fur le portal,qui luy de-
manderent qu'il cherchoit. Allez,refpondit Galaor,dire à Albadan, que
c'eft vn Cheualier,qui le vient par Gádalac defier:& que s'il ne fort promptement,il monftrera qu'il eft de beaucoup moindre valeur,que de repu-
tation.Vous auez raifon,dirent(en fe moquant)ceux,à qui il parloit:mais
il vous pourra bien toft aporter vn remede contre voftre colere , fi vous
mefmes n'y remediez à la courfe . Alors s'en partit la guete, qui alla dire
au Geant les nouuelles.Et quand les Damoyfelles entédirent, que c'eftoit
Galaor mefmes , qui deuoit executer l'entreprife , elles furent trop esba-
hyes,& luy dirent:Ah,Seigneur,vous faites trop grande folie!Or vueille
Dieu vous fecourir,tellement qu'à voftre honneur vous puifsiez deliurer,
& mettre à fin fi haulte chofe que vous entreprenez. Et quant à ma part,
dit l'vne,ie ne feiourneray plus auecq' vous:car ie mourrois feulement de
voir ce monftre à qui vous auez afaire . Damoyfelles , refpondit il , puys
que vous n'eftes afleurées,retirez-vous en l'hermitage, ou nous auós dormy cefte nuict : & fi ie ne meurs , ie me rendray incontinent vers vous.
Vrayement,dit l'autre Damoyfelle,quoy qu'il en puiffe auenir,ie ne partiray que ie n'en aye veu la fin . Ainfi l'affeurance de l'vne arrefta l'autre:
toutesfois elles fe retirerent vn peu à l'efcart,le long d'vne foreft pour n'e-
ftre veuës, & aufsi efperants fe fauuer,fi mal auenoit au Cheualier.

Comme Galaor vainquit le
Geant de la Roche de Galtares.

Chapitre   XIII.

D E ces nouuelles fut le Geant incontinent auerty : parquoy bien toft apres faillit hors du chafteau,monté fur
vn cheual de grandeur proportionnée à la fienne: car il
fembloit vn Elephant, & luy deffus faifoit mieux fouuenir d'vn coloffe,ou d'vne montaigne fe mouuáte,que
d'vn Cheualier. Or s'eftoit il armé d'vnes lames de fer,
fi longues , qu'elles le couuroient depuys la gorge , iufques fur la felle du
deftrier.En fa tefte portoit vn fort armet, clair,& luyfant, & en fa main
vne

vne pefante maffe d’acier, qui eftoit le bafton, auecq’ lequel plus commu-
némént il combatoit. Grandement furent efpouuentez les Efcuyers &
Damoyfelles de le voir, & Galaor mefmes ne fut fi affeuré, qu’il ne f’en
eftonnaft: toutesfois il fe refolut, de forte que tant plus il s’aprochoit, &
moins eftimoit cefte grande maffe. Quand le Geant le vid fi audacieufement marcher vers luy, il luy dit: Ie m’esbahis, demy homme, comme
tu ofes fi hardiment atendre ta mort. Celuy, qui t’y a enuoyé, deuoit
emprunter ton courage, ou toy fa corpulence: mais il m’a voulu habiller
ce defieuner, auant le repas entier. Galaor, qui ne fut content de tel mef-
pris, luy refpondit: Penfes-tu, grand animal, que ton abayement puiffe
faire ou toy mieux, ou moy moins valoir? l’ay fiance en celuy, qui abaif-
fa l’orgueil du grand Philiftin, qu’il te rendra plus vil que ce fable. Trop
marry fe trouua le Geant de ces paroles: parquoy, fans autre chofe dire,
hauça la maffe pour l’acabler, & fembloit à fon demarcher que ce fuft
vne tour qui fe renuerfaft. Lors Galaor legier & adroit baiffa la lance, &
au plus roide couurir de fon cheual, l’ataignit en l’eftomach fi viuement,
qu’il fit perdre à ce grand Poliphemus vn des eftriers, & la lance vola
en efclatz. Au paffer le cuyda le Geant ataindre de fa maffe: mais il coula
oultre trop foudainement, & cheut le coup en vain: & la maffe qui e-
ftoit lourde, & comparable à vne grande poultre, tirée de la foudroyan-
te force du bras, f’aualla de telle roideur, que le Geant mefmes ne la fceut
retenir, qu’il n’en donnaft par les flancz de fon cheual, fi merueilleux
coup, qu’il l’affomma & tomba mort deffouz luy, dont le Geant demeura long temps fans fe pouuoir releuer. Ce pendanr Galaor retourna à
luy, & tant luy fit paffer le cheual fur le ventre, qu’il ne fe pouuoit bonnement refouldre. car auffi toft qu’il y effayoit, Galaor le preffoit de fi
pres, qu’il luy faifoit donner du nez à terre: mais à la fin, le cheual mefmes de Galaor bruncha pour l’efpeffeur du corps, au moyen dequoy il
tomba bas, comme le Geant. Toutesfoys voyant le danger ou il eftoit par
fa dexterité promptement fe releua, & f’aprochant de fon ennemy, mit
la main à l’efpée, qu’Vrgande luy auoit donnée: auecq’ laquelle, ainfi que
le Geant leuoit fa maffe, il luy donna tel coup deffus le manche, qu’il le
mit en pieces, & ne luy en demeura que bien peu au poing, dont il frapa Galaor de telle roideur, qu’il fut contraint mettre vne main à terre,
pour fe fouftenir. Ce nonobftant il ne le peut eftonner, ains vint au Geant
qui tenoit encores haulcé ce refte de maffe, pour luy en donner de rechef,
dont il fe fceut bien garantir: car en fe deftournant, il luy ieta vn reuers de fi grand’ force, qu’il luy coupa le bras ioignant de l’efpaule, &
de force paffa l’efpée oultre, rencontrant la iambe du Geant, laquelle il
fendit quafi à moytié. Parquoy il fentit fi grand’ douleur, qu’il s’efcria à
haute voix: Ah moy malheureux! ie fuis deffait par vn feul homme.
Et de rage qu’il auoit, fe cuyda auancer pour faifir Galaor: mais pour la

grand’

grand' playe qu'il auoit en la iambe, ne peut marcher plus auant, & fut
contraint se soir à terre. Ce pendant Galaor s'aprocha (ainsi que le
Geant auançoit le bras pour le prendre) & au descouuert luy donna tel
coup qu'il luy emporta la plus part de la main droite. Par ce moyen fut
le Geant desnué de ses forces : car il s'estoit tant trauaillé, qu'il cheut en la
place, sans auoir plus le pouuoir de se releuer. Adoncques Galaor aysément luy trencha la teste, laquelle il fit emporter par ses Escuyers. Ce
que voyant les Damoyselles, retournerent de leur embusche, & vindrent
voir ceste merueille, disants à Galaor: Certes, bon Cheualier, bonne nourriture a fait en vous celuy, qui vous a esleué : car, à ce qu'auons entendu, il
en a le profit, & la vengeance, & vous l'honneur tresgrand. Et ainsi qu'ilz
s'en vouloient retourner, ilz auiserent sortir du chasteau dix Cheualiers
enchaisnez ensemble, qui luy cryoient: Venez, Seigneur, venez receuoir
ceste place, puys que vous auez fait mourir celuy, qui si miserablement
nous y detenoit prisonniers. Que vous en semble? dit Galaor aux Damoyselles. Deuons-nous meshuy seiourner leans ? Certes, dirent elles, nous
sommes d'auis que ouy. Ainsi s'en allerent au chasteau, ou Galaor
fit defferrer les prisonniers: & peu apres fut par ceux de leans aporté
viande pour le faire disner & sa compagnie. Quand ilz eurent repeu, &
visité à leur aise la forteresse, les subietz de la Roche vindrent tous vers
celuy, qui l'auoit nouuellement conquise, & luy en voulurent faire hommages comme à leur Seigneur, lesquelz il ne voulut nullement receuoir : car il leur moustra que ce qu'il en auoit fait, estoit pour Ganda-
lac, à qui de droit la place apartenoit. Et moy ? dit il, comme son bien
obligé, suis venu y faire son logis: pourtant ie vous prie l'y bien receuoir
tous, & luy obeïr comme à vostre droiturier & naturel seigneur, & ie
suis seur qu'il vous traitera auecq' toute amour, & gracieuseté. Ce qui leur
fut agreable, & respondirent d'vne voix : Qu'il seroit le bien venu : car
nous esperons, dirent ilz, que comme celuy, à qui sommes vassaux & subietz, il essayera à n ous soulager, en lieu que l'autre nous traitoit en es-
claues: & vous tenons pour nostre liberateur, qu'il l'auez vaincu. Ces cho
ses dites & acordées, en partit Galaor auecq' sa compagnie, & retournerent en l'Hermitage, ou l'Hermite estoit atendant de leurs nouuelles,
lequel fut fort ayse, quand il vid Galaor retourner si heureusement: car
autrement il iugeoit deuoir auenir. Parquoy luy dit : Mon filz, vous
deuez bien louër nostre Seigneur, & l'aymer puys qu'il vous ayme tant
d'auoir permis que si belle vengeance fust par vous executée. Peu seiourna Galaor auecq' le preud'homme, ains le lendemain apres auoir receu sa
benediction, r'entra en son chemin. Lors l'vne des Damoyselles, luy pria
qu'il fust content qu'elle allast en sa compagnie, ce qu'il luy acorda. Et
moy, dit l'autre, ie prendray autre chemin : car ie ne vins par deça, sinon pour voir la fin de ce combat, duquel i'ay tant veu, que ay loy d'en

conter

conter aux autres: pourtant ie m’en vois à la Court du Roy Lisuart trouuer vn mien frere, qui est allé deuant. Damoyselle m’amye, dit Galaor,
ie vous prie, si vous y trouuez vn ieune Cheualier, qui porte vnes armes
de Lyons, luy dire, que le Gentilhomme, à qui n’a gueres il donna cheualerie, se recommande à luy humblement, & qu’il luy mande qu’il mettra peine d’honorer l’ordre qu’il a receu de luy, & que quand nous serons
ensemble, ie luy feray entendre de nostre estre plus qu’il n’en sçait. Ainsi
la Damoyselle prit congé de Galaor, lequel la commanda à Dieu: puys
dit à l’autre: Damoyselle m’amye, vous sçauez, que i’ay mis à fin la bataille du Geant, & que vous me distes auant que ie la commençasse, que
celuy qui combatroit, sçauroit qui est celle, qui vous fait venir par deçà.
Il est vray, respondit la Damoyselle, & si auez desir de la cognoistre, si
me suyuez, & ie la vous monstreray dedans cinq iours. A cela ne tiendra,
dit Galaor. Ainsi cheminerent ensemble si longuement, qu’ilz arriuerent pres d’vn chemin fourché: & Galaor, qui marchoit deuant, pensoit
qu’elle le suyuist: mais elle s’estoit arrestée derriere, & quand elle le cuyda ataindre, se fouruoya à ce chemin fourché. Cecy auint à l’entrée de
la forest de Bragnade: laquelle depart les contrées de Claire, & de Gre-
sce, ou il n’eut loing cheminé, qu’il entendit vne voix, qui crioit: Ah, bon
Cheualier! secourez moy. Lors Galaor tourna la teste pour voir que c’e-
stoit. Ie croy, dit l’Escuyer, que ce soit la Damoyselle, qui vient de partir
d’auecq’ nous. Comment? respondit Galaor, nous a elle laissez? Oy certes,
dit l’Escuyer, elle a pris chemin à gauche. Certainement, respondit il,
ie l’ay tresmal gardée. Et hastiuement, sans prendre son armet, ayant seulement son escu & sa lance, courut tant qu’il peut, ou il auoit entendu la
voix: & auisa assez pres de là cinq hommes de pied, armez de brigandines, cabassetz, & hallebardes, & vn Nain à cheual, qui frapoit la Damoyselle d’vn baston qu’il tenoit en la main. Quand Galaor les eut aprochez, il s’adressa au Nain, & luy dit: Creature vilaine & abhominable,
Dieu t’enuoye mal’encontre. Et ce disant, tourna le gros bout de sa lance,
duquel il luy donna tel coup, qu’il le fit tomber à terre tout estourdy.
Adoncq’ ces hallebardiers coururent sus à Galaor, & l’assaillirent de toutes partz: mais au premier qu’il rencontra, donna si rudement du boys
de sa lance, qu’il le ieta à terre. Puys rua sur l’vn des autres (qui luy auoit
mis la pointe de sa hallebarde si auant dans l’escu, qu’il ne la pouuoit retirer) & luy donna de la lance au trauers du corps. Quand le tiers vid telle execution, il se prit à fuyr au plus espes de la forest, & ne le peut Galaor
ataindre: au moyen dequoy retourna vers le Nain, qui s’estoit remonté,
& à course de cheual fuyoit comme l’autre, tant qu’il pouuoit, & en fuyant crioit: Lasche Cheualier, à mal’heure frapas-tu oncques mes gents: car
tu en mourras de male mort. Quand Galaor vid, que le Nain trauailloit
tant à se sauuer, il ne le voulut poursuyure plus auant: mais descendit pour

H   voir

voir fi fa lance, qu'il auoit mife dans les tripes de celuy, qui gifoit mort
en la place, eftoit encores entiere, & la trouua aufsi faine que parauant.
Parquoy la bailla à fon Efcuyer, & dit à la Damoyfelle:Marchez deuant,
& ie vous garderay, fi Dieu plaift, mieux que ie n'ay fait. Et reprindrent
le chemin qu'ilz auoient laiffé, par lequel n'eurent longuement cheminé, qu'ilz trouuerent vne riuiere nommée Braz: laquelle l'on pouuoit
paffer à gué. Or marchoit la Damoyfelle affez loing deuant Galaor, &
trouua le paffagier fi à propos, qu'elle paffa la premiere: & ce pendant arriua Galaor, lequel atendant le bateau, aperceut retourner le Nain
vers luy, criant à haulte voix:Vilain trahiftre,vous eftes mort, & fi laiffe-
rez la Damoyfelle, que vous me toluftes. Peu de cas faifoit Galaor de fes
paroles: mais il regarda plus oultre, & vid qu'auecques le Nain venoient
trois Cheualiers bien equipez, & difoit l'vn des trois aux autres: Ce feroit lafchement fait de nous adreffer trois enfemble contre vn feul: &
quant à moy, ie ne veux ayde nulle. Ce difant laiffa courre le plus roy de
qu'il peut fon cheual à Galaor, qui s'eftoit apareillé pour le receuoir: &
ainfi fe rencontrerent de telle forte, que le Cheualier du Nain fauça le
harnois de Galaor, & luy fit fentir à nud le fer de fa lance, non pas grandement. Mais Galaor le luy rendit fi doublement, qu'il le defarçonna, le
faifant tomber à terre efuanouy de ce fault. Dequoy les autres furent fi ef-
bahiz, qu'ilz vindrent eux deux contre Galaor. L'vn faillit fon coup, &
l'autre brifa fa lance fur l'efcu. Et Galaor bien deliberé de fe venger, ataignit ce dernier en la veuë fi rudement,qu'il luy fit voller l'armet de la tefte,& perdre les eftriers, pres de choir. Ce pendant ce fecond, qui n'auoit
encores rompu, retourna à Galaor, & rompit à ce coup: toutesfois encores que l'atainte fuft grande, le harnois n'en fut aucunement endommagé. Quand les vns & les autres eurent rompu leur bois, ilz mirent
la main aux efpées, & fe prindrent à chamailler. Durant cefte meflée, le Nain crioit fans interuale à fes gents: Gardez, qu'il ne vous efchape, tuez le, qu'il ne fuye. Lors Galaor s'aprocha de celuy qui auoit perdu fon armet, & luy euft fendu la tefte, s'il n'euft paré le coup de fon efpée, ce nonobftant il fut ataint du bout de celle de Galaor, qui luy entama la tefte fi auant, qu'il tomba mort en la place. Et quand le tiers vid
fon compagnon mort,il eut telle frayeur, qu'il tourna le dos, & s'en fuyt:
mais Galaor le pourfuyuit de fi pres, qu'il luy donna du taillant de l'efpée fur l'armet, & gliffa le coup fur le haubert, dont il fit voller grand'
quantité de lames. Trop fut la crainte de ce fuyart augmentée, fentant fon ennemy fi pres de foy: parquoy pour mieux fe garantir, ietant fon efcu fur fes efpaules, plus que deuant fe mit à fuyr. Ce que
voyant Galaor, ne le pourfuyuit oultre, ains fe hafta de retourner, penfant prendre le Nain, & l'atacher par les iambes à quelque arbre: toutef-
fois le Nain s'en garda bien, car il fuyoit encores mieux que l'autre.

Pourtant

Pourtant vint Galaor au premier qu’il auoit abatu , lequel retournant de
pafmoifon fe releuoit , & luy dift Galaor : Vrayement il me defplaift de
voftre infortune , & non de celle de voz compagnons : car comme bon
Cheualier vous adreffaftes feul à moy, encores que ie ne fçache à qu’elle o-
cafion, veu qu’onques ne vous meffis , que ie fçache . Il eft vray , refpondit le Cheualier: toutesfois entendez que ce Nain nous dit, que l’auiez ba
tu, tué fes gents, & pris par force vne Damoyfelle , qui vouloit aller auecq’
luy. Vrayement, dit Galaor (luy monftrant la Damoyfelle qui l’atendoit
de l’autre part de la riuiere) il a faulfement menty : & qu ainfi foit , fi ie
l’auois forcée, elle ne m’atendroit de fon gré, comme elle fait : mais elle
s’egara en cefte foreft , & le Nain la rencontra, qui la vouloit oultre
fon gré emmener: & pource qu’elle ne luy voulut obeïr l’outragea grandement d’vn bafton . Ah trahiftre qu’il eft! refpondit le Cheualier , en fa
mal’heure me fit il oncques venir icy , fi ie le rencontre . Et pource que
Galaor le trouua de fi bonne forte , il fit reprendre fon cheual , qui eftoit
efchapé, & le luy rendit: luy priant, que f’il voyoit le Nain , qu’il le punift
de cefte trahifon. Ce fait entra en la barque, & paffa l’eau: puys continuerent la Damoyfelle & luy le chemin qu’ilz auoient commencé : & tant
qu’entre nonne & vefpres, la Damoyfelle luy monftra vn chafteau fort
beau, au hault d’vne montaigne, & luy dit : Ce fera le meilleur pour mef-
huy nous loger leans . Et de fait ilz y defcendirent , ou ilz furent tresbien
receuz: car c’eftoit ou demeuroit la mere de celle qui le guidoit. Puys auffi toft que Galaor fut defarmé , la Damoyfelle luy dit : A’ fin que ie vous
tienne promeffe, s’il vous plaift , atendez ceans , iufques à mon retour,
qui fera brief, & fi vous aporteray certaines nouuelles de celle , que defirez voir . I’en fuis content , refpondit Galaor, pouruea que faciez peu de
feiour : car i’ay affaire grandemét ailleurs. Ne vous chaille, dit la Damoyfelle , vous me verrez bien toft . Et s’en partit, faifant telle diligence , que
Galaor ne f’ennuya de fa demeure . Et elle de retour , le fit monter à cheual, & f’en allerent enfemble cheminant au trauers de la foreft : au faillir
de laquelle la nuiét les print . Lors la Damoyfelle (laiffant le droit chemin) tira à cofté, & tant allerent, que la plus part de la nuiét eftoit ia paffée, quand ilz arriuerent pres d’vne bien belle ville, qui Grandares fe nom
moit. Et eftans ioignant la porte du chafteau, la Damoyfelle luy dit : De-
fcendons maintenant, & venez apres moy : car leans ie vous monftreray
celle que ie vous ay promife , & ne laiffez voz armes, pource que l’on ne
fçait communément ce qui peult auenir . La Damoyfelle marcha deuant, & Galaor la fuyuit tant qu’ilz vindrent pres d’vne muraile. Adoncq’
luy dit la Damoyfelle : Montez icy , & i’yray de l’autre part vous atendre. Ce qu’il fit auecq’ grand’ peine pour la pefanteur de fes armes , mefmes de fon efcu & heaume, dont il eftoit armé . Quand la Damoyfelle le
vid à mont, elle entra dás le palays pour le guider comme elle auoit com-

H ii   mencé

mencé. Ce pendant Galaor defcendit, & f'afsît ioignant vne poterne,qui
entroit dans vn iardin, ou il demeura fi longuement, que la Damoyfelle la vint ouurir, auecq' l'vne de fes compagnes . Mais auant qu'il entraft
dedans, elles luy dirent: Encores,que vous foyez venu iufques icy, fi fault
il, deuant que pafsiez oultre, que nous difsiez de qui vous eftes filz.Laif-
fons celà, refpondit Galaor: car i'ay tel pere,que (iufques à ce que mieux
ie vaille) ie fuis content de point le nommer. Tontesfoys, dit l'vne, il
conuient que nous le fçachions car ce ne fera pour voftre dommage. Ie
fuis, refpondit il, filz du Roy Perion de Gaule, & de la Royne Elifene,
& fi n'y a pas fix iours, que ie ne le vous euffe fceu dire.Or atendez donc
dit la Damoyfelle. Puys le firent defarmer, luy ietant vn manteau fur
fes efpaules, & pafferent oultre, l'vne des Damoyfelles marchoit deuant,
& l'autre derriere.Ainfi r'entrerent dans le palays, trauerfants vne chambre, ou plufieurs Dames, & Damoyfelles,eftoient couchées: & fi quelque
vne demandoit qui paffoit à telle heure, les Damoyfelles, qui le conduyfoient, leur refpondoient .Et par ce moyen,fans qu'il fuft aperceu, vindrent iufques à vne autre chambre, en laquelle Galaor entrant, vid afsife fur vn lict bien paré, vne tresbelle Damoyfelle: laquelle peignoit fes
cheueux blonds . Quand elle auifa Galaor, elle ieta promptement fur
fon chef vn chapeau de fleurs, & vint receuoir celuy, que l'on luy ame-
noit, luy difant: Mon amy, vous foyez le tresbien venu, comme le meilleur Cheualier que ie fçache.Et vous,maDame,refpondit il,foyez la tresbien trouuée,comme la plus belle Damoyfelle que ie vy oncques. Adonc
la Damoyfelle qui leans l'auoit guidé, luy dit:Seigneur, voicy ma maiftreffe . Or fuis-ie maintenant quite de la promeffe que ie vous auois faite: & fi vous dy plus, qu'elle fe nomme Aldene, fille du Roy Serolys.
& pource que la femme du Duc de Briftoye, eft fœur de fa mere, elle la
nourrit ceans comme fa fille.Et vous,maDame,dit elle à cefte ieune Princeffe,ie vous puis affeurer,que vous auez maintenant pres de vous, le filz
du Roy Perion de Gaule,ainfi vous eftes tous deux enfants de Roys,& ex
cellents en beauté:pour autât fi vous vous entr'aymez,nul ne vous en fçau
roit blafiner . Celà dit,yfsit hors de la chambre, & tirant l'huys à foy,les
laiffa enfemble.Par ce moyen furent cefte nuict les deux amâts au plaifir,
que celuy feul qui a receu pareille fortune peult eftimer : qui me gardera
d'en tenir plus long propos . Mais venue l'heure qu'il conuenoit que Galaor fe retiraft, il fut auifé par les Damoyfelles de partir, lefquelles le re-
menerent au lieu mefmes ou le foir il auoit laiffé fes armes:& apres qu'il fe
fut armé, il faillit au iardin par ou il eftoit entré . Et côme iamais nul bien
ne vient fans compagnie de quelque moleftie, il trouua dedans le Nain
embufché(duquel n'a gueres ie vous ay parlé) qui aufsi toft l'aperceut,
& s'efcria:Par dieu,ruftre,mal pour vous entraftes ceans:car vous y mourrez, & la mefchante qui vous y a conduit.Puys dit à haulte voix : Saillez

Cheualiers

Cheualiers, faillez, voicy vn homme, qui fort de la chambre du Duc. Pas
ne fut lors Galaor endormy, mais legierement franchit la muraille, & fe
ieta de l'autre part, ou il trouua fon cheual, fur lequel il monta: toutesfois
le Nain & fes gents, fçachants les eftres de la maifon, le deuancerent. Et
quand Galaor vid les pourfuytes du Nain, il dit à foymefmes : Ie veux
mourir, fi ie ne donne mal à cefte iniurieufe creature, fi i'en puis aprocher.
Adoncq' vindrent ceux du Nain affaillir Galaor: mais il fe defendoit tant
vertueufement, que nul deux n'ofoit s'en tenir trop pres: toutesfois pour
la grand' fureur ou il eftoit, fe lança au mylieu de tous, frapant à droit & à
trauers, parquoy eux refiftants au poſsible, l'endommageoient grandement. Lors Galaor, voyant que le Nain fe retiroit toufiours derriere, delibera de mourir, ou de l'auoir: & pourtât baiffant la tefte, entra en la preffe, & fit tant, que deuant que fa lance rompift, il en tua deux fur le champ.
Puys mit la main à l'efpée, auecq' laquelle il fit tant de merueilles, que le
plus hardy luy faifoit voye : car il n'ataignoit homme, qu'il ne fift trebuf-
cher en la place. Ce que cognoiffant les géts du Nain, luy tuerent fon cheual, deffouz lequel il tomba. Alors c'eftoit à qui pluftoft le fraperoit: & de
fait le prefferent de fi pres, qu'à grand' peine eut il moyen de fe releuer: ce
nonobftant malgré eux, il fut fur bout. Adoncq' d'autant qu'ilz auoient
efté promptz à aprocher de luy, eftant à terre, ilz furent haftez d'eux reculer: & peu au parauât, le Nain penfant que Galaor n'efchaperoit iamais,
auoit donné du fouët à fon cheual, pour le luy faire paffer fur le ventre,
mais le voyant releué, euft voluntiers tourné bride : toutesfois il fut trop
mal à droit. Parquoy Galaor auançant le bras, prit les refnes qu'il tenoit,
& du pommeau de fon efpée, donna tel coup en l'eftomac de ce vaillant
champion, qu'il le ieta par terre fi lourdement, que de la cheute, le fang
luy fortit par tous les conduitz de la tefte: & legierement fe faifit du cheual, lequel (comme s'il euft çogneu le châge qu'il auoit fait du Nain à l'vn
des meilleurs Cheualiers du monde) fe prit à hannir, & à fe monftrer
prompt & legier, & ainfi que Galaor montoit deffus, il fut fi preffé, qu'il
perdit les refnes. Lors le cheual l'emporta courât fi viftement, qu'impoſsible luy fut de l'arrefter, tant qu'il fe trouua fort efloigné de cefte canaille.
Adoncq' tourna bride pour aller à eux: mais il auifa en l'vne des feneftres
du chafteau, celle qu'il auoit choifi pour amye, qui d'vn linge blanc luy
monftroit qu'il fe retiraft haftiuemét: ce qu'il fit, pource qu'à la file fes ennemys fe renforçoient. Et ainfi fe departit d'eux, & tant chemina, qu'il arriua en la foreft, ou pour fe refraifchir bailla à l'Efcuyer fon armet. Or entendez, que quand les gents du Duc le virent ainfi efcâper, les vns eftoient
d'opinion de le fuyure, les autres difoient que ce feroit folie, puys qu'il a-
uoit gaigné le bois: & fur telle côteftation ne pafferent oultre, & demeurerent tous esbahiz, comme vn feul homme s'eftoit peu tant bien demef-
ler d'eux. Ce pendant le Nain s'eftoit releué : toutesfois il fe fentoit tant

H iii   moulu

moulu & froiſsé, qu'à grand' peine ſe pouuoit il ſouſtenir ſur ſes piedz,&
ne faiſoit autre choſe que crier:Meſchants,portez moy viſtement au Duc:
car ie luy veux faire entendre de qui il ſe doit venger . Lors, à force d'importuner,aucuns de la troupe , le porterent ou le Duc eſtoit:auquel il recita comme il auoit trouué la Damoyſelle en la foreſt,& que pource qu'il
la vouloit amener , elle s'eſtoit tant eſcriée, qu'vn Cheualier eſtoit venu à
ſon ayde,qui luy auoit tué ſes hommes, & donné à luy meſmes pluſieurs
coups de baſton.Puys cóme il l'auoit ſuyuy auecq' trois Cheualiers, pour
la luy oſter,leſquelz furent defaitz.Finablemét, que la Damoyſelle auoit
leans amené ce Cheualier, & mis en ſa chambre.Alors le Duc courroucé,
luy demanda, s'il pourroit cognoiſtre celle de qui il parloit. Oy, ſire, reſpondit le Nain,ſi ie la voyois . A'ceſte cauſe furent mádez toutes les femmes qui leans eſtoient: & auſsi toſt que le Nain l'auiſa, il la recogneut,&
dit au Duc:Seigneur,voylà celle,par laquelle voſtre palais eſt deshonoré.
Ah trahiſtre!dit la Damoyſelle, tu ments bien faucement: car au contraire, ſans l'ayde de celuy,qui me ſecourut en la foreſt, tu m'euſſes deshono-
rée,apres m'auoir vilainement batue.Trop fut le Duc irrité contre la Damoyſelle, & luy dit : Par Dieu, fauce femelle, ie feray que vous me direz
verité.Puys commáda qu'elle fuſt miſe en eſtroite priſon:toutesfois pour
peine que l'on luy fiſt, ne voulut en rien deſcouurir le ſecret de ſa maiſtreſſe,combien qu'elle y fuſt par long temps tourmentée,à grand deplaiſir & angoiſſe d'Aldene, qui afeᵭtueuſement l'aymoit, & ne ſçauoit par
qui le faire ſçauoir à ſon amy Galaor . Mais l'autheur ne voulant trop eſ-
loigner le propos d'Amadis,le reprend,pour(quand la matiere le requerra)paracheuer ce qui auint depuys à Galaor.

Comme Amadis au partir d'Vr-

gande la Deſcogneuë,arriua en vn chaſteau,ou il luy auint ce qu'entendrez.

Chapitre XIII.

Grand

Rand plaiſir eut Amadis au partir d'Vrgande, tant pour
auoir entédu, que celuy qu'il auoit fait Cheualier, eſtoit
ſon frere, qu'auſsi qu'il s'aprochoit du lieu, ou ſeiournoit ſon Oriane, qu'il eſperoit voir en brief. Et tant chemina au trauers d'vne foreſt, ou il eſtoit entré, que la
nuiÐ le ſurprit auát que trouuer maiſon ou pouuoir lo-
ger : toutesfois à l'obſcurité de la nuiÐ, il aperceut au dedans du bois vn
grand feu. Parquoy piqua ceſte part, & en cheminant rencontra vne fortereſſe, & entreuid la clarté des chandelles, qui luy ſoient au trauers des vi-
tres de leans : puys s'aprochant plus pres, entendit la voix d'hommes &
femmes qui chantoient, & s'eſbatoient au dedans. Lors vint à la porte, &
commença à fraper côtre, & crier que l'on ouuriſt : mais ceux du chaſteau
faiſoient tel bruit, qu'ilz ne le pouuoient entendre. Ce neantmoins tant
cria, & heurta, qu'aucuns vindrét aux creneaux, qui l'aperceurent, & luy
demanderent, qu'il cherchoit à telle heure. Seigneur, reſpondit Amadis,
ie ſuis vn Cheualier eſtrange, qui quiers hebergement. Eſtrange? dit celuy
du chaſteau, il y pert à ton langage, mais plus à ta façon d'aller tard : car
les noſtres cherchent le iour, & tu le fuys, craignát eſtre aperceu, & trouuer ocaſion de combatre, & à telle heure qu'il eſt, ne ſe trouueroit par chemin ſinon les diables. Certes, reſpondit Amadis, peu courtois deuez-vous
eſtre qui parlez, ou peu ſçauant, qui ſans autre cognoiſſance de moy, me
reboutez & condánez. Et croy, que ſi en vous y auoit ſens, ou preud'hommie, vous auriez quelquefois eſté en la peine ou ie ſuis : & l'ayant eſprou-
uée en vous, ne la blaſmeriez en autruy. Or eſpreuue la encores mieux, ſi
elle te plaiſt, dit celuy du chaſteau, & te va proumener : car ceans meshuy
ne mettras le pied. Si Dieu m'ayde, reſpondit Amadis, ie croy que vous
ne demandez homme qui vaille en voſtre compagnie : toutesfois auant
que partir, ie ſçaurois voluntiers qui vous eſtes. Ie le te diray, dit l'autre,
par tel ſi, que quand tu me trouueras, tu te combatras à moy. A celà ne
tiendra, reſpondit Amadis. Sçaches, dit celuy de leans, que ie ſuis Dardan,
qui te mande, que ceſte nuiÐ ne te pourra eſtre pire, que le iour que ie te

H iiii

trouue-

trouueray.Tu te vantes beaucoup,refpondit Amadis:mais fi tu veux faire aporter torches, pour donner lumiere, & fortir prefentement, fans plus atendre, nous verrons bien toft à qui touchera la plus mauuaife nuict. Comment ? dit Dardan, pour combatre vn Chahuan, ennemy du iour, doy-ie faire alumer torches, & de nuict prendre les armes? Mal ayt, qui meshuy, pour gaigner tel honneur, chauffera efperon,ne veftira cuyrace. Et ce difant, fe retira de la muraille. Ainfi fut Amadis contraint d'aller ailleurs chercher logis.Maintenât peult le lecteur à par foy difcourir quel fruit porte auecq' foy l'outrecuidance : & au contraire, quelle perfection des autres vertuz eft la modeftie.Nul courage bien ordonné, & nul corps bien difposé peult mettre deuëment en exercice les biens de l'vn, ne de l'autre,fi la temperance & moderation ne les conduit.Et bien que la vaillance & hardieffe foit grâd don de Dieu,fi fera elle pernicieufe à qui l'aura, s'il les laiffe tranfporter par pafsion, ou de gloire, ou d'ambition, iufques à temerité,& prefumption. L'eloquéce & faculté de bien dire,eft vn beau & riche prefent de Nature, augmenté & cultiué par long vfage & eftude, pour donner lumiere & aornement aux belles conceptions de l'efprit : mais y a il pefte plus nuyfante en vne republique, qu'vn bien difant Orateur,quand il veult mal vfer de fon art & douceur de langage? N'en a l'on veu perfuader des peuples entiers,iufques à entreprendre chofes, qui depuys leur ont aporté ruyne & fubuerfion ? Ie laiffe la confidence des biens, & l'opinion de fa propre beauté, dont l'vne a efté caufe à plufieurs de perdition de corps, & l'autre à infiniz de deftruction d'honneur : tant eft en toutes chofes dommageable l'outrecuidée vfurpation du trop , & l'immoderée eftime de foymefme . Ie ne veux icy comparer la prudence d'Vlixes, à l'arrogance du furieux Aiax : ne la violance de Turnus, à la temperance d'Eneas,ne faire autres remonftrances par les fucces des grandes chofes auenues aux illuftres perfonnes Grèques & Latines.Et me contenteray de mettre pour exemple le feul accident de l'indifcret Dardan: à fin que les ieunes Gentilzhommes, qui s'esbatront à lire cefte hyftoire, voyants d'vn cofté la patiente magnanimité d'Amadis, & de l'autre la furieufe brutalité de Dardan, & la fin des deux, fe propofent les vertueux à imiter, & les vicieux à detefter & fuyr.Amadis doncques fort ennuyé des outrageufes paroles de Dardan, s'en partit, non point tant foucieux de loger, que de fe venger : & delibera, partie en fe proumenant le pas, partie fe repofant fouz quelque buiffon, paffer l'incommodité de celle nuict en la foreft, & là atendre le nouueau iour. Toutesfois il ne chemina gueres, qu'il entendit deuant foy quelqu'vn parler. Lors piqua celle part, & rencontra deux Damoyfelles à cheual, acompagnées d'vn Efcuyer: lefquelles il falua courtoyfement, & elles luy. Puys luy manderent, d'ou à telle heure il venoit armé. Pas ne faillit Amadis à leur reciter ce qu'il luy eftoit auenu,depuys qu'il fut nuict. Sçauez-vous, dirent

les

les Damoyſelles le nom du Cheualier? Ouy vrayement, reſpondit il : car il m'a dit qu'il ſe nomme Dardan . Il eſt vray , dirent elles , que c'eſt Dardan le Superbe, le plus audacieux Cheualier qui ſoit en ceſte contrée . Ie le croy vrayement , reſpondit Amadis . Cheualier, dirent elles, puys que ne ſçauez pour le preſent ou loger, ſ'il vous plaiſt prendrez la patience de demeurer pour meshuy en noz tentes, que nous auons enuoyé dreſſer icy pres : & il le leur acorda . Ainſi cheminerent enſemble , tant qu'ilz y arriuerent , & là deſcendirent : puys ſe deſarma Amadis . Quand les Damoyſelles le virent ſi beau & honneſte , elles furent treſayſes de ſa compagnie , & ſouperent ce ſoir en grand plaiſir : & apres luy baillerent l'vn des pauillons pour s'aller repoſer . Toutesfois, auant que partir , elles luy demanderent quelle part il tiroit. Vers la maiſon du Roy Liſuart, reſpõdit Amadis. Et nous auſsi, dirent les Damoyſelles, pour voir comme il auiendra à vne Dame , qui eſt l'vne des bonnes , & des plus nobles de ce païs, qui a mis tout ſon vaillant à la preuue d'vne bataille, & doit, ces iours prochains, comparoiſtre deuant le Roy Liſuart, auecq' celuy, qui ſouſtiendra ſon droit . Mais nous ne ſçauons encores qui ce ſera : car celuy contre lequel on la doit defendre , eſt l'vn des meilleurs Cheualiers qui ſoit en la grand' Bretaigne. Qui eſt, reſpondit Amadis , Ce Cheualier tant eſtimé, meſmes entre tant be bons ? C'eſt celuy Dardan , dirent les Damoyſelles. dont à preſent vous eſtes party . Et pour quelle ocaſion, reſpondit Amadis , ſe doit faire ce combat ? Ie vous ſuplie, Damoyſelles , ſi le ſçauez, me le dire . Seigneur, dirent elles, ce Dardan ayme vne Damoyſelle de ce païs, fille d'vn Cheualier, qui fut en ſecondes noces marié auecq' celle, de qui nous parlons. Or a conceu ceſte Damoyſelle, amye de Dardan, telle enuie contre ſa belle mere, qu'elle a dit à ſon amy, que iamais ne l'aymeroit, s'il ne la menoit à la court du Roy Liſuart, & ne maintenõit deuant tous, que tout le bien qui eſt à ceſte pauure Dame , luy apartient : & ſi aucun le contrediſoit, qu'il ſe combatiſt à luy , & ainſi l'a acordé Dardan. Mais l'autre Dame ne fut ſi bien conſeillée qu'elle auoit beſoing : car elle dit deuant le Roy, qu'elle bailleroit Cheualier qui maintiendroit ſon droit, eſperant ayſément en trouuer vn, tant elle tient ſeure ſa querelle . Toutesfois Dardan eſt ſi bon Cheualier, que ſoit à droit, ou à tort, chacun doute d'entreprendre contre luy le combat. Ceſte nouuelle pleut à Amadis : car il penſa bien, que par ce moyen il auroit ocaſion de ſe venger des iniures qu'il luy auoit faites, meſmement deuant ſon Oriane, ou il ſe feroit cognoiſtre tel qu'il eſtoit, & ſe mit ſi fort à penſer , que les Damoyſelles ſ'en aperceurent . Parquoy l'vne d'elles luy dit, Sire Cheualier, nous vous prions par courtoyſie, nous declarer la raiſon devoſtre penſement, ſi bonnement elle ſe peult dire . Mes Damoyſelles, reſpond Amadis, ſi vous me voulez promettre comme loyales gentifemmes de le tenir ſecret , & à nul le declarer, voluntiers ie le vous diray . Ce qu'elles luy iurerent . Ie penſoys,

dit il

dit il à combatre pour cefte Dame, dont m'auez parlé, & ainfi le feray mais ie ne veux que nul autre le fçache que vous deux . Quand elles l'entendirent, elles demeurerent eftonnées, & neantmoins l'eftimerent grandement, veu que pour chofe qu'elles euffent dit à la louange de Dardan, il ne f'eftoit esbahy, ains deliberoit le combatre : & pourtant, refpondit celle qui auoit entamé le propos : Seigneur, voftre penfée procede de bien bon cueur. Or vueille Dieu qu'elle ayt bonne yffue . Et fur ce poinct luy donnerent le bon foir, & f'en alla chacun repofer, iufques au lendemain matin, qu'ilz deflogerent enfemble . Lors luy fuplierent les Damoyfelles, que puys qu'ilz alloient en vn mefme lieu, & qu'en la foreft il y auoit gents de mauuaife forte : il luy pleuft ne les habandonner, ce qu'il leur promit faire . Par ainfi fe mirent fur le chemin en diuers propoz. Entre autres elles luy prierent, que puys que Dieu les auoit ainfi affemblez, il fuft content de leur dire fon nom . Mon nom, dit il, eft Amadis : mais ie vous fuplie, que nul autre de par vous le fçache . Ainfi furent cheminants de compagnie, cherchants le plus qu'ilz pouuoient lieux couuertz & efcartez : & tant qu'vn iour, ne fe doutans de rien, ilz aperceurent au deuant d'eux, fouz vn arbre, deux Cheualiers armez, & preftz à combatre, lefquelz aufsi toft fe vindrent ieter au mylieu de la voye, difant l'vn d'iceux à fon compagnon : Laquelle de ces deux Damoyfelles voulez vous, & ie prendray l'autre pour moy ? Ie veux, refpond l'autre, cefte premiere . Et moy fa compagne, dit le Cheualier : & fans en faire autre cas, les vouloient faifir . Lors Amadis, qui ne trouua bonne cefte priuauté, oultre le gré de celles qu'il conduyfoit, s'adreffa aux deux Cheualiers, & leur demanda quelle façon de faire eftoit la leur enuers les Damoyfelles d'honnefte lieu . Telle, dirent ilz, que demandent femmes, de leur aage . Comment ? refpondit Amadis, les voulez vous forcer ? Qui nous en gardera, f'il nous plaift ? dirent ilz . Ce fera moy, refpondit Amadis . Adonc laça fon heaume, puys prit fon efcu, & fa lance, leur difant : Laiffez ces Damoyfelles, hommes de peu, & entendez à vous . Mais vous à moy, dit l'vn . Et fans plus marchander, donnerent des efperons à leurs cheuaux, courans de fi grand' roydeur l'vn fur l'autre, que le Cheualier, brifa fa lance, & Amadis luy donna telle atainte, qu'il le porta de deffus fon cheual à terre, la tefte deffouz, & les piedz en hault : fi que pour cefte cheute, fe rompit les lacz de fon armet, & s'en trouua defarmé. Quand l'autre vid fon compagnon bas, le voulant venger, coucha contre Amadis, & l'ataignit fi ferme, qu'il luy fauça fon harnois, & le naüra durement, & vola la lance en efclatz : Mais Amadis qui auoit failly d'atainte, le rencontra fi vertement de corps, & de cheual, qu'il le defarçonna, & fe trouua à terre comme l'autre : parquoy retournant aux Damoyfelles, leur dit : Ie vous prie deformais ne demeurez plus derriere mais pour voftre feureté marchez deuant . Et atendit grand' piece fi les

renuerfez

renuerſez ſe reſourdroient: mais les voyants, n'en faire ſemblant, il n'en
fit auſſi de les plus charger, & fuyoit ſa compagnie. Et peu apres arriuerent enſemble en vne plaine deſcouuerte le long d'vne riuiere, ou ilz firent tendre leurs pauillons, tant pour penſer de la bleceure d'Amadis,
que pour ſe refraiſchir. Mais comme ilz vouloiént menger, ſuruindrent
les deux Cheualiers demeurez abatuz, qui dirent à Amadis: Cheualier,
vous aurez conquis les Dames par la lance, maintenant il conuient que
les defendiez auecques l'eſpée: autrement nous les emmenerons, maugré
vous. Non ferez, reſpondit il, tant que ie pourray viure. A oncq' mit
la main à l'eſpée contre celuy, qui premier ſe preſenta, lequel au commencement ſe defendit aſſez bien: toutesfois en peu de temps fut ſi mal
mené, que, ſans le ſecours de ſon compagnon, il n'euſt gueres duré. Ce
que voyant Amadis, diſt: Ah! Cheualier! les Dames vous eſtimeront peu,
de vous renforcer d'ayde contre vn ſeul. Ce nonobſtant ne voulut diſe-
rer, ains, comme celuy qui eſtoit frais & hardy, luy donna d'arriuée beaucoup d'afaires, dont neantmoins il ſortit à ſon honneur: car il frapa le
dernier venu ſi grand coup ſur l'armet, que l'eſpée deualant ſur l'eſpaule, luy coupa les courroyes de ſon harnois, & la chair iuſques aux oz, &
pourtant fut contraint laſcher l'eſpée, & s'en fuyr penſant eſtre mort.
Puys retourna Amadis à l'autre, & d'vn reuers luy coupa la main dedans
l'eſcu, qui deſia eſtoit fort endommagé: dont il ſentit telle douleur, qu'il
s'eſcria: Ah Dieu! ie ſuis mort. Et ce diſant, laiſſa choir l'eſpée à terre, &
l'eſcu de ſon col. C'eſt pour neant, dit Amadis: car ie ne vous laiſſeray,
que premier ne m'ayez iuré de iamais ne prendre Damoyſelle contre
ſa volunté. Helas, dit il, ie le vous prometz. Lors fit deſcendre Gandalin,
qui luy remit l'eſpée au fourreau, & l'eſcu au col, & le laiſſa aller ou il
voulut pour ſe faire guerir: & Amadis retourna aux Damoyſelles, qui e-
ſtoient ioignant des pauillons, leſquelles luy dirent à ſon retour: Certes,
Seigneur, nous euſſions eſté deshonorées ſans voſtre ayde, qui eſt meilleure que n'eſperions, & telle, qu'elle nous aſſeure, que non ſeulement
vous ſerez vengé de l'iniure que vous fait Dardan: mais la Dame auſſi ſi
ſa fortune permet, que pour elle preniez la querelle. Ce fait, ſe deſarma A-
madis, & ayant pris cure de ſa playe, luy fut aporté à menger. Au partir
de là, continuant leur chemin, vindrent loger chez vne bonne Dame, qui
les traita honorablement: puys le lendemain cheminerent tout le iour,
ſans auanture trouuer, qui merite le reciter, & arriuerent aſſez pres de
Vindiliſore, ou eſtoit le Roy Liſuart. Lors dit Amadis aux Damoyſelles:
Mes amyes, ie ne veux de nul eſtre cogneu, pourtant iuſques à ce que le
Cheualier vienne au côbat, ie demeureray en ce lieu deſtourné: puys quâd
il ſera temps, me le ferez ſçauoir par l'vn de voz Eſcuyers. Sire Cheualier,
reſpondirent les Damoyſelles, d'huy en deux iours ſera le iour de l'aſſi-
gnation, pourtât, s'il vous plaiſt, nous ſeiournerons auecq' vous, & l'vn de

no
z

noz Efcuyers yra en la ville, qui nous fera fçauoir quand le Cheualier y
arriua. Ie le veux tresbien , dit il. Et à ce moyen firent dreffer leurs tentes
entre vn bofcage & vne riuiere, ou fe defarma Amadis. Lors les Damoyfelles changerent d'opinion, & auiferent, qu'il feroit meilleur qu'elles
allaffent vn tour en la ville, pour voir qu'il eftoit furuenu, difants : qu'elles retourneroient aufsi toft. Ce qu'Amadis trouua bon : & ce pendant,
fans s'armer, monta à cheual, & Gandalin aufsi, pour eux aller esbatre
au trauers du boys. Mais ainfi qu'ilz fe proumenoient, de fortune Amadis auifa vne cofte de montaigne, dont il luy fembla, qu'aysément il
pourroit voir la ville, parquoy monterent deffus : & quand ilz furent au
plus hault, ilz defcendirent de cheual, & s'afsit Amadis au pied d'vn arbre, ayant l'œil fur la part, ou ilz penfoient que fuft la Princeffe Oriane,
contemplant, puys les murailles, puys les tours, qui ne luy femblerent que
trop haultes. Adoncq' fe mit à foufpirer, difant: Ah tours! dedans vous eft
la fleur de tout le monde. Et toy ville, combien es-tu heureufe de comprendre ce que tous les cueurs, & louanges des hommes ne fçauroient
comprendre? Bien fortuné feroit celuy, qui pour fouftenir cefte querelle
defpendroit la vie : mais plus heureux, qui fans autre combat, que de fon
peu de merite, viendroit à fi haulte refiouyffance. Puys apuyant la tefte
fur fon bras, fe mit fi fort à penfer, qu'il fe teut fans mot dire : & en cefte
melancolie les larmes luy vindrent aux yeux. Ce pendant Gandalin, qui
fçauoit fa complexion, eftoit au guet, à ce qu'il ne fuft de nul aperceu:
mais il auifa venir droit à eux groffe troupe de Seigneurs, & de Dames,
dont haftiuement il le vint auertir. Toutesfois il eftoit fi perplex, qu'il ne
luy fçauoit refpondre : parquoy Gandalin le tira par le bras, luy difant:
Mon Seigneur, ne voyez-vous venir cefte troupe vers nous ? A cefte parole il reuint à foy, & commença à foufpirer, & leua les yeux mouillez
au ciel, difant: Gandalin, fi en ceft amour i'eftois maiftre de ma force, comme aux autres accidens, ny toy n'aurois befoing de m'auertir, ne moy ferois fi defpourueu de confeil que ie fuis. Mais ie me fents fi preffé, que tous
les ennemys du monde ne me fçauroient reduire à l'extremité, ou cefte
feule pafsion me tient : pourtant ie te prie me parler de la felicité, que ce
me fera d'eftre mort, pour plus ne la fentir, & non me chercher moyen
de viure, & de la furmonter. Comment? Seigneur, dit Gandalin, eftimez
vous fi dificile la victoire de vous mefmes, apres auoir fceu tant vaincre
d'eftrangers ? Pourquoy ne penfez-vous que parauanture vous ayme autant celle, pour qui vous eftes en peine, & auecques aufsi bonne raifon,
comme vous l'aymez? Voftre fens, voftre prouëffe, voftre beauté, & nobleffe de lignage, fçauroient elles moins meriter que la bonne grace de
la plus rare & excellente Dame du monde ? Pourtant oftez ces defefpera-
tions. Et plus auant vouloit parler, quand Amadis luy rompant propos
s'efcria, difant: Ah malheureux ! ofes-tu tant blafphemer, que dire qu'il

y ayt

y ayt merite, ne condicion au monde, qui puiſſe egaler choſe ſi parfaite comme eſt ma Dame? N'entre plus en ces termes, ſi tu ne me veux pour ennemy, & perdre ma conuerſation. Bien, bien, dit Gandalin, eſſuyez ſeulement voz yeux, que ceux qui viennent vers nous ne cognoiſſent que vous ayez pleuré. Comment? reſpondit Amadis, vient il quelqu'vn? Ouy vrayement, dit Gandalin, regardez cy pres. Alors luy monſtra les Cheualiers & les Dames, qui ia eſtoient ſi prochains de la coſte, qu'Amadis à peine eut le loyſir de monter à cheüal, qu'ilz furent ioignants luy. Lors, comme ſi à eux ſeulement euſt penſé, il les ſalua, & ſe meſlant parmy eux, auiſa vne Damoyſelle(ce luy ſembla) aſſez belle: laquelle pleuroit amerement. A' ceſte cauſe, il l'aborda pluſtoſt que nul autre, luy diſant: Ma Dame, ie prie Dieu qu'il vous conforte, & doint ioye. En bonne foy, reſpondit la Dame, i'en ay bien beſoing: car elle eſt ſi eſloignée de moy, que ſi Dieu n'y pouruoit de ſa grace, ie n'en eſpere iamais auoir. Il y pouruoyra, ſ'il luy plaiſt, dit Amadis: toutesfoys, ſ'il vous eſtoit agreable, ie ſçauroys voluntiers l'ocaſion de voſtre triſteſſe. Certes, reſpondit elle, mon amy, tout ce que i'ay en ce monde giſt en la preuue d'vne bataille. A' ceſte ſeule parole ſceut Amadis que c'eſtoit la Dame, de laquelle on luy auoit parlé: & pourtant il ſ'enquit plus auant, ſi elle n'auoit encores trouué Cheualier pour elle. Non, dit la Dame: & ce qui plus me donne d'ennuy eſt, que demain doit mon delay terminer. Et qu'y ferez-vous? reſpondit Amadis. Que voulez-vous que i'y face, dit la Damoyſelle, ſinon pleurer & perdre tout, ſi ce n'eſt que d'auanture ie treuue en la court du Roy aucun, qui ayt de moy quelque compaſsion, & defende par courtoyſie le bon droit d'vne pauure vefue? Ie prie noſtre Seigneur, reſpondit Amadis, qu'il vous en doint la grace: car i'en ſeroys fort ioyeux, tant pour l'amour de vous, que pource que ie n'ayme gueres voſtre partie. Dieu vous en ſçache gré, homme de bien, reſpondit la Dame, & nous en doint prompte vengeance. Lors paſſa la Dame oultre, & Amadis tourna bride, retournant aux pauillons, ou les Damoyſelles l'atendoient, qui eſtoient deſia de retour de la ville, & luy conterent que Dardan y eſtoit arriué, bien deliberé de faire ſon deuoir. Sur ma foy, dit Amadis, i'ay trouué la pauure Dame, dont m'auez parlé bien ennuyée. Puys leur recita les propoz qu'ilz auoient euz enſemble, & quand vint l'heure de repoſer chacun ſe retira, comme ilz auoient de couſtume, iuſques au poinct du iour, que les Damoyſelles ſe leuerent, & vindrent dire à Amadis, qu'elles s'en alloient deuant en la ville: & qu'elles luy feroient ſçauoir quelle contenance tiendroit Dardan. Non, dit Amadis, ie vous ſuyuray de pres, & l'vne de vous deux yra deuant voir, quand Dardan ſe preſentera au camp pour m'en auertir: & à l'inſtant il ſ'arma, & monterent tous à cheüal, & quand Amadis fut à la ſortie de la foreſt, il dit aux Damoyſelles: Or allez maintenant: car ie ne partiray de ce lieu, que ie n'aye de voz

I   nouuelles

nouuelles, ce qu'elles firent. Et ce pendant se mit Amadis à pied, & osta son armet pour se refraischir. A' l'heure le Soleil commençoit à rayer, & le Roy estoit desia en la place, ou se deuoit faire le combat, qui estoit hors la ville ioignant les murailles: en laquelle comparut (peu apres) Dardan en tel equipage que pouuez penser, que se doit trouuer vn ambicieux, pour aquerir biens & honneur: & vn amoureux, pour soustenir la querelle de s'amye: laquelle (pour plus de faueur luy faire) il conduisoit par les resnes de son pallefroy, & ainsi se vint presenter à genoux deuant le Roy, luy disant: Sire, suyuant l'ordonnance que vous auez faite, ceste Dame & moy, vous suplions humblement, que ses biens luy soient renduz, comme il est de raison: car, s'il y a Cheualier qui s'y opose, ie suis prest de le combatre. Lors le Roy fit apeller l'autre Dame sa partie: mais la pauurette comparut seule. Comment? Damoyselle, dit le Roy, estes vous si despourueuë de seruiteurs, que vous venez sans compaignie d'homme, qui soustienne vostre droit? En bonne foy (respondit elle en pleurant) Sire, ie suis de tous habandonnée, si ce n'est de vostre misericorde. Grand' compassion en eut le Roy: car il la sçauoit tresbonne, & vertueuse: mais il n'y pouuoit ensemble garder sa raison, & la loy. Ce pendant Dardan, qui pensoit bien ne trouuer qui luy resistast, se parqua au mylieu du camp, atendant l'heure de tierce, qui estoit le temps suyuant la coustume que le Roy deuoit prononcer son arrest, pour le cóparoissant, ou vaincueur: mais quand l'vne des deux Damoyselles, qui n'estoient endormies, vid saison si oportune, courut hastiuement faire entendre à Amadis, la necessité qu'il y auoit au camp de sa presence: & à ceste cause il monta promptement à cheual, armé comme il apartenoit: & commanda à la Damoyselle, & mesmes à son Escuyer, qu'ilz prinsent autre chemin, que celuy qu'il alloit: car il ne vouloit que nul sceust d'ou il venoit, bien les asseura il, que s'il vaincoit, il se rendroit en ce lieu propre. Ainsi partit Amadis seul, cheuauchant vn cheual blanc, cóme il auoit promis à la Damoyselle, de Dannemarc, estant en Gaule: & arriua en la place ou Dardan tenoit le monde esmerueillé de luy. Le Roy & les assistás le virét saillir de la forest, & estoient en doute qu'il pouuoit estre: car il estoit de port & contenance fort cheualereuse, & promettoit bien de loing, que de pres il se trouueroit de grand cueur & hault affaire. Pourtant le Roy sur tous entra en grád desir de le cognoistre: & pensant que celle pour la querelle de qu'il venoit en sceust le nom, la fist apeller & le luy demanda. Sire, respondit la Dame, sur ma foy, ie ne le vy oncques, & ne sçay qui il est. En ces entrefaites s'aprocha Amadis, & ne s'artestant à nul, apres auoir fait la reuerance au Roy, & aux Dames, il vint trouuer Dardan, & luy demanda, s'il estoit celuy, qui vouloit maintenir le droit de celle, pour laquelle il trauailloit ceste pauure femme: car ie suis (dit il) venu pour la defendre, & aufsi pour te tenir promesse. Et que m'as-tu promis? respondit Dardan.

Que

Que ie te verrois de iour, dit Amadis. Et ſçais-tu quád? Ce fut lors que toy
troublé, ou de vin, ou de gloire, ou de la fiáce que tu auois en ton fort chaſteau, parlas ſi outrageuſement à moy, eſtant dehors, laſsé du trauail & de
la faim. C'eſt dequoy ie te priſe moins, reſpondit Dardan: mais fay venir
celle pour qui tu veux faire tes chefz d'œuure, pour ſçauoir ſi elle t'accepte
pour ſon champion, puys fay ce que tu pourras. Quand le Roy les vid ſi
longuement conteſter, il voulut entédre ce qu'ilz traitoient. Mais ce pendant, vint la bóne veſue, à laquelle Dardan dit: Dame, ce Cheualier veult
maintenir voſtre droit, vous ſouzmettez-vous à ce qu'il en fera? En bonne
foy, reſpondit elle, oy, puys qu'il luy plaiſt me faire tant de bien: & Dieu,
par ſa ſainte grace, luy doint auſsi bien faire, cóme il a iuſte cauſe. Et quád
les deux Cheualiers furent ſur le poinét de cóbatre, le Roy s'aperceut, que
l'eſcu d'Amadis eſtoit faucé en diuers lieux, tant de coups d'eſpée, que de
lance: & dit à ceux qui eſtoient pres de luy: Si ce Cheualier demandoit vn
autre eſcu, ie le luy donnerois voluntiers. Mais Amadis auoit ſi grand deſir de venger, & luy & la Dame, qu'il ne penſoit à autre choſe, qu'à combatre. L'acord de la Dame receu, les deux Cheualiers prindrent carriere
l'vn contre l'autre, de ſi grand' roideur, que leurs lances faucerét leurs harnois, & volerent en eſclatz, ſans du coup receuoir autre mal: toutesfois ilz
ſe ioignirent ſi furieuſement, que Dardan en fut mis par terre. Mais ſi bien
luy auint, qu'il emporta quant & ſoy les reſnes de ſon cheual: au moyen
dequoy plus legierement ſe releua, & remóta à cheual, comme celuy, qui
eſtoit fort & diſpoſt, puys hardíment mit la main à l'eſpée. Et quád Amadis le vid ſi promptement ſur bout, & preſt à ſe defendre, il s'aprocha de
luy, & commença entr'eux vne telle bataille, qu'vn chacun s'en eſmerueilloit. Or eſtoient de toutes parts les habitás de la ville, & pluſieurs venuz de loing, tant là autour du cáp, que es tours & aux murailles: meſmes
la Royne & toutes ſes Dames y eſtoient, treſententiues à voir à qui l'honneur de ce cruel combat demeureroit, pource qu'ilz ſe monſtroient tous
deux ſi gentilz compagnons, que dificile eſtoit de prime face en pouuoir
iuger. Car ilz ſe chargerent ſi vigoureuſement & ſi ſouuent, qu'ilz ſembloient auoir les teſtes en feu, pour les eſtincelles qui ſortoient de leurs
heaumes, & du reſte de leurs armes. Aucunesfois l'on voyoit voler par le
camp les grandes lames de leurs haubertz, les pieces de leurs eſcuz, & le
ſang de leurs corps: tellement qu'il n'y auoit celuy des regardants qui n'en
euſt pitié: & ſembloient ſentir le danger ou ilz eſtoient, chacun à l'auantage de celuy à qui il fauoriſoit. Mais les deux bons combatants n'en faiſoient point de cas: ains auoient tous deux enuie de ſe faire cognoiſtre, tát
à leurs Dames, que l'vn à l'autre pour homme de bien. Quand le Roy Liſuart les vid ſi longuement durer, il dit haultement, qu'oncques il n'auoit
veu combat ſingulier ſi furieux, ne mieux pourſuyuy. Et pourtant, qu'il
ne bougeroit de là, qu'il n'en euſt veu l'yſſue, les laiſſants faire iuſques au

I ii

bout,

bout . Puys dit : Et à fin que le vaincueur en raporte plus que l'acouſtumé
honneur, ie le feray pourtraire en Marbre au naturel, ſur le portal de mon
palais, pour conuier à pareille perfection tous autres, qui ont enuie de ſuyure les armes. En tel eſtat que vous auez ouy, ſe maintindrét les deux Cheualiers bien long temps , ſans que l'on euſt ſceu diſcerner lequel des deux
auoit le meilleur: pource que ſans prendre aleine, ne repos, ilz augmente-
rent ce ſembloit, leurs forces de plus en plus. Mais Amadis, qui d'auanture
ſe tourna vers le lieu ou eſtoient les Dames , aperceut clerement Oriane:
dont il ſentit acroiſtre ſi manifeſtement ſa vertu , qu'il ſe trouua plus frais,
que s'il n'euſt de ce iour rien fait , & penſa eſtre deuenu plus qu'homme.
Parquoy il recomméça vne ſi merueilleuſe meſlée, qu'en peu d'heure il o-
ſta le doute lequel ſeroit le ſuperieur: car quelque defenſe que fiſt Dardan,
il fut contraint de ſe tirer arriere, & taſcher de fuyr la fureur des peſants
coupz, qui ſans ceſſe luy pleuuoient ſur tous les endroitz de ſa perſonne,
& meſmes ſon cheual ſe ſentant du choc, ſouuent brunchoit, iuſques à
mettre les genoux à terre. Parquoy Dardan penſant mieux cóbatre à pied
dit à Amadis: Cheualier, noz cheuaux nous faillét, & ſont trop las, qui eſt
cauſe que nous ne pouuons venir à bout l'vn de l'autre: & ſi nous fuſsions
à pied , il me ſemble qu'il y a long temps que ce fuſt fait . Ceſte parole dit
Dardan ſi hault, que le Roy & tous ceux qui eſtoient auecq' luy, la peurét
entendre: dont le Cheualier eſtrange fut honteux, & luy reſpondit: Combien qu'il ne ſoit honorable à Cheualier d'habandonner ſon cheual, tant
qu'il le peult garder : neantmoins , puys que mieux tu penſes combatre à
pied qu'à cheual, deſcendons & te defen: car il t'en eſt beſoing. Lors ſe mirent à pied, & marcherent l'vn contre l'autre, tenát le reſte de leurs eſcuz,
comme s'ilz venoient fraiſchement au combat: le recommençans auecq'
plus grand' ardeur & cruauté, qu'ilz n'auoient encores fait . Toutesfois le
Cheualier eſträge auoit touſiours de beaucoup le meilleur: car il rengeoit
ſon ennemy , quaſi à ſon plaiſir, luy donnant ſouuent deux coupz contre
vn. Et pourtant ne faiſoit Dardan gueres que parer & ſouſtenir les coupz
de l'autre, qui le faiſoit tourner, ou reculer comme il vouloit: ſi qu'vn chacun le tenoit preſque deſia pour vaincu, le blaſmant de ce qu'il s'eſtoit mis
à pied. Mais ainſi qu'il tournoit çà & là, fuyant le taillát de l'eſpée d'Amadis , vindrent de fortune arriuer ſouz l'eſchaufault des Dames , & lors eſ-
pouentées commencerent à crier: Certes Dardan n'en peult plus, il eſt defait, s'il s'opiniaſtre d'auantage au combat. Ce nonobſtant le Cheualier e-
ſtrange ne s'arreſta: ains le preſſa de ſi pres, qu'il fut cótraint ſe retirer, iuſques ioignant l'eſchaufault de la Royne. Et adoncq' toutes les Dames enſemble s'eſcrierent: Sainte Marie! Dardan eſt mort. A' ceſte clameur entendit Amadis la voix de la Damoyſelle de Dannemarc: & haulçant la teſte
l'auiſa ioignant la Princeſſe Oriane . Au moyen dequoy il deuint ſi hors
de ſoy, la voyant de ſi pres, que l'eſpée luy cheut du poing à terre: oubliát

non

non seulement le danger ou il estoit : mait presque soy mesmes . Dequoy
Dardan s'auisant reprint cueur, & vint charger si vertement son ennemy,
que s'il eust gueres continué, il s'en alloit vaincueur. Mais ce voyāt la Damoyselle de Dánemarc, dit assez hault: En mal'heure regarda auiourd'huy
ce Cheualier aucune Dame de ceste compagnie, qui luy a fait perdre ce
qu'il auoit conquis sur Dardan . Si n'estoit il pas temps, que le cueur luy
deust faillir. Ceste parole entendit Amadis, dont il eut telle honte, que la
mort luy eust esté agreable: craignant que sa Dame le soupçonnast de lascheté de cueur, ou couardie . A'ceste cause leuant son espée, se ieta mieux
que deuant sur Dardan: & de prime rencontre, luy donna tel coup sur le
heaume, qu'il luy fit donner des mains à terre. Lors se lança sur luy, & de
despit luy arracha le heaume de la teste : le poussant si fort du pied , qu'il
tomba estourdy en la place . Adonc le prit par les cheueux & luy donnant du pommeau de son espée sur le visage luy crioit, Dardan tu es mort
si tu ne tiens la Dame pour libre . Quand Dardan se vit en tel estat, il luy
respondit: Ah gentil Cheualier! pour Dieu mercy. Ne me tuez point: car ie
la quite. A'l'heure s'aprocha le Roy & les autres Cheualiers pour l'entendre : mais tandis qu'ilz s'amusoient à luy , Amadis encores honteux de
la faulte qu'il auoit faite, se desroba parmy la presse : & quand il se vid arriere, il s'en courut le plus couuertemēt qu'il peut vers la forest, les laissant
tous amusez à ouyr Dardan, qui emplissoit l'air de regretz En ces entrefai
tes , s'amye vint à luy: laquelle au lieu de le reconforter, du mal qu'il auoit
souffert pour elle, se mit à le detester, disant : Dardan , cherche desormais
amye ailleurs qu'en moy: car de ma vie n'aymeray toy, ny autre, que le bon
Cheualier, qui, si valeureusement t'a vaincu. Comment? Damoyselle: respódit il: est ce le guerdon de mon honneur , & de ma vie auanturée pour
vous? Dócques n'estiez vous point amye de Dardan: mais de la fortune? &
si tost qu'elle m'a esté contraire, vous m'auez esté ennemye? Doncques au
ray-ie eschapé la mort, par la mercy d'vn mien ennemy , pour auoir pis
que la mort, par la cruauté d'vne mienne amye? Dieu me gard de viure, &
ensemble de vous voir contente de ma malheureuse vie . Ie feray maintenant entendre aux femmes par vostre exemple, que l'ingratitude n'est
moins dommageable à qui l'exerce, qu'à qui en est offensé. En ce disant se
dressa, & d'vn reuers de son espée (auant qu'on s'auisast de ce qu'il vouloit
faire luy donna tel coup, que sa teste tomba à ses piedz. Puys comme hom
me transporté, se laissa choir à terre: & regardāt, puys çà, puys là, sans dire
mot, faisoit par sa farouche contenance entédre à ceux qui le regardoient,
que haulte , & non vulgaire estoit l'entreprise qu'il braçoit en telle extremité. Parquoy par l'ordonance du Roy , se mirent Archers à le vouloir dresser, & l'emmener hors de là. Mais cóme, sans prendre garde, ilz
commençoient à le sourdre . Dardan estendant le bras, se donna de
son espée tel coup par le mylieu de la poitrine, que le sang en saillit ius-
I iii   ques sur

ques fur ceux qui le tenoient,criant fi hault ,que parmy le bruit & la preffe,il fut entendu , & dit : Or eftes vous amye vengée de ma vengeance, &
vous ennemy remercié & fatisfait de la vie que m'auiez laiffée . Entre ces
motz il baiffa la tefte, & dóna figne de fa mort:dont chacun demeura ef-
pouenté,tát pour la nouueauté du cas , que pour la pitié que fes dernieres
paroles auoient faites à vn chacun. Toutesfoys leur fouuenant de fa paffée
vie, & de fon outrecuydée violence, iugerent que cefte malheureufe fin
luy eftoit auenue , non tant par accident ,que par iugement de Dieu. Et
pource n'en firent autre dueil:mais tous tournerent leurs penfées à la louange du Cheualier vaincueur.

Comme le Roy Lifuart fit eriger

fepulture à Dardan& à f'amye,auecq' epitaphe,pour memoire:
& de l'honneur qu'il fit à Amadis,apres auoir
efté trouué, & cogneu.
Chapitre   X V.

Pres la malheureufe fin des mal confeillez amans , le
Roy,pour memoire de l'eftrange accident, commanda
qu'au champ mefine ou ilz gifoient mortz, on leur eri-
geaft vn fumptueux fepulcre,de grandes pierres deMar
bre noir en façon d'obelifque:& y fit efcrire en langage
Britannique vn epitaphe , declarant le cas comme il a-
uoit paffé. Et depuys ayant cogneu le vaincueur,comme cy apres fera declaré

claré, y fit aiouſter ſon nom : & quatre Lyons aux quatre coings du ſepulcre, pour marque de l’eſcu, que portoit Amadis. Doncques eſtant
la rumeur apaiſée, le Roy retiré en la ville demanda le Cheualier eſtrange, qui auoit vaincu : mais apres longue queſte, nul ne luy ſceut dire nouuelles certaines. Bien luy fut raporté, que quelqu’vn venant deuers le
boys, auoit veu vn Cheualier ſe retirant celle part, ſeul & à grand’ haſte.
Ah! dit lors le Roy, qui de tel perſonnage ſe ſçauroit acompagner, il ſe
pourroit aſſez eſtimer heureux : car puys qu’il eſt ſi bon combatant, il eſt
impoſsible qu’il ne ſoit ſage & vertueux Cheualier. Et tel l’eſtima chacun,
qui entendit les iniures qu’il endura de Dardan, entrant au camp, & qui
a veu la courtoyſie, dont il a vſé enuers luy : combien que ie ne fais nulle
doute, qu’il ne ſceuſt tresbien, que ſi Dardan euſt eu le meilleur, il ne luy
euſt pardonné. Telz furent les propoz du bon Roy Liſuart. Mais Oriane,
qui atendoit de iour en iour l’arriuée de ſon Amadis, ayant veu les efforts
qu’auoit fait celuy, qui contre Dardan ſ’eſtoit combatu : va ſoupçon-
ner, que ce pourroit il eſtre. Car, dit elle, à la Damoyſelle de Dannemarc, ie ſuis ſeure, qu’il ne me voudroit auoir mandé choſe menſon-
giere : & voicy iuſtement le temps qu’il vous aſſeura de venir en ce quartier. En bonne foy, ma Dame, reſpondit la Damoyſelle, vous dites vray :
& ce qui me fait encores mieux eſperer, c’eſt qu’il me promit de ne habandonner vn cheual blanc, ne les armes qu’il auoit lors, qu’il combatit le Roy Abies. Et quand i’y penſe, il me ſemble, que ce Cheualier, qui
a vaincu Dardan, a vn ſemblable cheual. N’auez-vous prins garde à ſes
armes? dit Oriane. Ouy bien, ma Dame, reſpondit la Damoyſelle : mais
pource que ſon eſcu eſt depaint, pour les coups qu’il a receuz, ie ne l’ay
pas ſceu cognoiſtre. Toutesfois il me ſemble qu’il a le champ d’or, & tel
eſtoit celuy dont ie vous ay parlé, qu’il porta en Gaule, quand il y combatit : & y eſtoient paints deux Lyons rampans d’azur. Et pource qu’il
luy fut rompu, il commanda auſsi toſt que l’on luy en fiſt vn ſemblable : lequel il m’aſſeura de porter, venant en ce païs, & pourtant ie ne
fais plus de doute que ce ne ſoit il. M’amye, dit Oriane, ſ’il y eſt, ie ſuis
ſeure qu’il viendra, ou enuoyera de brief en la ville : parquoy il fault que tra
uaillez plus que iamais, pour en ſentir des nouuelles. Ma Dame, reſpondit elle, laiſſez m’en la charge. A’ ceſte parole demeura Oriane fort pen-
ſiue : Puys ſe prit à ſouſpirer, diſant : Hé Seigneur Dieu, quelle grace vous
m’aurez faite, ſi c’eſtoit Amadis : car i’auroys maintenant le moyen mieux
que iamais de parler à luy. Ainſi eſtoit ceſte Princeſſe atendant nouuelles de ſon amy, lequel ſ’eſtoit retiré, comme il auoit promis, ou pauillon des Damoyſelles : ou il vint aſſez tard, & là les trouua, qu’elles auoient
apreſté le ſouper. Puys en ſe deſarmant, luy fut conté l’infortune
auenue à Dardan & ſ’amye, & la cauſe de leur mort, dequoy il fut fort
esbahy. A’ l’heure ſe mirent à repaiſtre, & firent ce ſoir tresbonne chere :

I iiii　　　　combien

còmbien qu'Amadis ne penſaſt pour lors à autre choſe, qu'à trouuer le moyen de faire entendre à Oriane ſon arriuée. Et pourtant auſsi toſt que les napes furent leuées, il retira Gandalin à part, & luy dit : Amy, il fault que tu ailles à la court, & que ſecretement tu trauailles de trouuer la Damoyſelle de Dannemarc : à laquelle tu diras, que ie ſuis icy atendant que ie ſçache d'elle, que i'ay affaire. Diligent fut Gandalin de partir, & ſans tarder (pour mieux executer ſon entrepriſe) ſ'en alla à pied. Puys arriuant en la ville, entra au palais, ou il ne fut gueres longuemét, qu'il aperceut cel le qu'il cherchoit, laquelle n'eſtoit en moindre peine que luy, pour ceſte meſme cauſe. Toutesfois de prime face elle ne le cogneut : mais aſſez toſt apres il luy alla ſouuenir de l'auoir veu en Gaule auecq' Amadis. & lors le fut embracer, luy demandant ou ſon maiſtre eſtoit. Par ma foy, ma Damoyſelle, reſpondit Gandalin, ſi ne l'auez ce iourd'huy veu, il n'a tenu qu'à vous : car c'eſt luy qui a vincu Dardan, & depuys atendát des nouuel-les de ma Dame, il ſ'eſt retiré en la foreſt, & vous prie par moy, que luy faciez entendre que voulez qu'il deuienne. Or ſoit il bien arriué en ce païs, dit la Damoyſelle, comme celuy qui y eſtoit ſur tout autre deſiré : mais il fault que ma Dame te voye, & pource vien apres moy. Et ſi quelqu'vn te demande qui tu es, dy que tu aportes letres de la Royne d'Eſcoce à Oriane, & que tu viens auſsi en ce païs chercher Amadis, lequel y eſt, comme l'on t'aſſeure : par ce moyen cy apres, tu pourras ſans ſoupçon demeurer auecq' luy. Ainſi fut conduit Gandalin chez la Royne, ou eſtoit la Princeſſe Oriane, à laquelle vint la Damoyſelle de Danne-marc dire aſſez hault : Ma Dame, voicy vn Eſcuyer, qui vient vers vous, de par la Royne d'Eſcoce. Oriane penſant qu'elle diſt vray, ſe leua pour le receuoir. Mais quand elle cogneut Gandalin, la couleur luy vint aux iouës : & fut ſi ayſe, qu'elle ne ſçauoit quelle contenance tenir. Toutesfois Gandalin, comme bien auiſé, mit le genoil à terre, & luy dit : Ma Dame, la Royne ma maiſtreſſe, ſe recommande affectueuſement à voſtre bonne grace, comme celle qui vous ayme, & eſtime ſur toutes ſes meilleures pa-rentes : & deſirant ſçauoir de voz nouuelles, vous eſcrit des ſiennes. Lors tira vne letre, qu'il auoit fainte, ou il n'y auoit ſinon creance laquelle ayant leuë, elle prit Gandalin par la main, faignant vouloir entendre ſa charge, & le mena à vne feneſtre de la chambre, & là luy demanda ou il auoit laiſſé ſon maiſtre. Ma Dame, reſpondit Gandalin, il eſt en ceſte fo-reſt, ou il ſ'eſt retiré, apres qu'il a eu la victoire de Dardan. Mon amy, dit Oriane, par la foy que tu luy dois, dy moy quelle chere il y fait. Telle qu'il vous plaiſt, ma Dame, reſpondit il : & comme celuy qui eſt entiere-ment voſtre, vit ſeulement de voſtre ſouuenance : & neantmoins il ſent en ſon ame plus d'anguſties, qu'oncques Cheualier n'endura, pour la ſeu le crainte qu'il a qu'il ne ſoit en la voſtre, comme ſa ſeruitude le merite. Bien a il eſperance en voſtre grande hóneſteté, que le cognoiſſant tel qu'il

eſt,

eſt, & de ſi longue main, vous ne l'aurez oublié. Pourtant ie vous ſuplie, ma Dame, dit il en pleurant, ayez de luy compaſſion, & rendez enſemble, luy aſſeuré, moy heureux meſſager, & vous aquitée de voſtre
deuoir: car iuſques icy il a tant ſoufert, qu'il n'eſt autre viuant qui le ſceuſt
comporter. Ie l'ay veu ſouuent, penſant en vous, s'oublier, & quaſi tomber mort deuant moy, de ſorte que i'eſtime, veu l'abondance de ſes larmes, que ſon pauure cueur ſoit deſia lambiqué & diſtilé par les yeux. Et
s'il ſe mouroit, vous y auriez trop grand dommage: car il eſt voſtre, & facilement n'en pourriez recouurer vn ſi digne de vous. Et ne fault douter,
que s'il a l'heur de lógue vie, il paſſera en armes le meilleur Cheualier qui
oncques porta harnois : en quoy, s'il eſt heureux pour ſa vertu, il a pour
contrepois le malheur de ceſte paſſion, qu'il ſeufre pour vous. A laquelle,
ſi vous ne remediez, mieux luy euſt valu que la fortune l'euſt laiſsé perir
en la mer, ou des le berceau il fut mis, qu'apres l'en auoir tiré par ſi eſtrange moyen, le laiſſer encourir ce naufrage plus perilleux que l'autre.
Ou ſi ce malheur ne ſe pouuoit euiter, il luy euſt aumoins ſemblé moindre, ſi iamais il ne fuſt venu à la cognoiſſance de ſes parents : auxquelz il
donne trop grande peine, le voyant ſe conſumer, & mourir auant ſes
iours, ſans ce qu'ilz en puiſſent entendre, ne deuiner la cauſe. Gandalin
diſant ces paroles, les acompagnoit de pleurs, & y entremeſloit des ſou-
pirs ſi à propos, qu'il euſt eſmeu des pierres à pitié : & cognoiſſant que
Oriane en eſtoit touchée, dit d'auantage : Ah ma Dame, ne vueillez conſentir la mort d'vn tel ſeruiteur de vous, & maiſtre de moy ! car oultre ce
que trop grande en ſeroit la commune perte, à vous ſeule en demeureroit la coulpe : & maculeriez ceſte parfaite beauté de la tache de cruauté, & d'ingratitude. En ceſt endroit acheua ſon propos, atendant quelque reſponſe d'Oriane : mais il ne luy eſtoit poſſible de proferer vn mot,
tant auoit le cueur ſerré & pris. Et tenant la veuë baiſsée, laiſſoit couler de
groſſes larmes le long de ſes vermeilles iouës : qui la contraignóient de ſe
tourner d'autre part, pour n'eſtre aperceuë. Et comme Gandalin vouloit
recommencer, elle luy dit auecques vn grand ſoupir : Hé mon amy, ie
te prie ne m'en dy plus, ſi tu ne me veux voir mourir icy. Celà dit, elle
ſe teut grande piece, ſe ſerrant & eſtraignant les mains de peine qu'elle
portoit. Puys mettant à part toute diſſimulation, dit aſſez bas: L'aſſeurance que tu me donnes de ſon amytié, m'eſt grandement agreable : mais la
paſſion ou tu dis qu'il eſt, me tourmente iuſques au mourir, de ſorte que
ie porte enſemble ſes peines & les miennes. Ah ! Dieu ne permette qu'à
mon ocaſion meure vn ſi homme de bien, & de tel cueur comme il eſt !
Pluſtoſt conſentirois la mort de moy, & de tous les miens, que la ſienne:
apres laquelle auſſi bien ne pourrois-ie demeurer viue vne heure. Tu es
venu pour me conter ſes trauaux, & tu yras pour luy faire entendre les
miens : leſquelz ſi tu cognoiſſois auſſi au vray comme les ſiens, en lieu
de me

de me blaſiner comme cruelle, tu me plaindrois comme malheureuſe: &
s'il y a cruauté, ie l'ay ſeulement exercée contre moy, à qui i'ay oſté le
repos, le plaiſir, & preſque la vie. Et d'autant plus que moins ie pouuois
ſecourir à noz maux (veu qu'il auient ſouuent, que cuidant s'aprocher
des perſonnes qu'on deſire, on s'en recule, & ne treuue l'on au lieu du
contentement cherché, ſinon ce qui tourmente & ennuye) ainſi m'eſt il
pris de ton maiſtre, duquel la fortune m'a touſiours eſloignée: mais Dieu
ſçait ſi ma volunté luy a eſté preſente, & ſi voluntiers i'euſſe prouueu à ſes
peines & aux miennes, ſi i'en euſſe eu le moyen. Faites doncq' ma Dame,
dit Gandalin, ce que deuez, ſi vous l'aymez, comme vous eſtes de luy ſur
toutes aymée: & commencez des ceſte heure à luy faire ſçauoir, comme
voulez qu'il ſe gouuerne en ce païs. Lors Oriane luy monſtra vn iardin,
au deſſouz de la feneſtre ou ilz deuiſoient, & luy dit: Amy, tu retourne-
ras à luy, & luy diras, qu'il ne faille ceſte nuiĉt, à ſe trouuer bien ſecretement en ce lieu, que tu vois. Et te ſouuienne que la chambre de cy deſſouz eſt celle, ou Mabile & moy dormons: en laquelle y a vne feneſtre
treilliſée aſſez pres de terre, par ou nous pourrons ayſément nous voir,
& deuiſer enſemble: car ſa couſine entend aſſez de mes afaires, & n'eſt beſoing de ſe couurir d'elle. Puys tira vn riche anneau de ſon doigt, & dit:
Porte luy ce preſent de par moy, que i'ayme plus qu'autre bague que
i'aye: toutesfois deuant que partir voy Mabile laquelle eſt ſi diſcrete,
qu'elle te ſçaura bien entendre, & tout hault luy diras(à fin que tu ne ſois
d'aucun ſoupçonné)que tu luy aportes nouuelles de ſa mere. Adoncq' O-
riane la fit apeller pour parler à l'Eſcuyer, que la Royne d'Eſcoce auoit
enuoyé vers elle. Mais auſsi toſt qu'elle auiſa Gandalin, elle ſe douta
bien de l'afaire: parquoy ſe retirant Oriane vers la Royne, les laiſſa deuiſer enſemble. Cependant la Royne s'enquit à ſa fille, ſi ce Gentilhomme
s'en retourneroit de brief: Car, diſoit elle, ie veux enuoyer à la Royne
par luy aucuns preſents. Ma Dame, reſpondit Oriane, il eſt venu expres
en ce païs chercher Amadis, le filz du Roy de Gaule ce bon Cheualier,
duquel l'on parle tant. Et ou eſt il? dit la Royne. Ma Dame, reſpondit
Oriane, l'Eſcuyer dit, qu'il y a plus de dix moys, qu'il a eu nouuelles qu'il
eſt par deçà: & s'esbahiſt comme il ne l'a trouué en ceſte Court. Ainſi
Dieu m'ayde, dit la Royne, ie ſerois treſayſe de voir vn tel Cheualier en la
compagnie du Roy: car ce luy ſeroit vn treſgrand ſoulagement à beaucoup de choſes, qui de tant de païs luy ſont ocurrentes: pourtant ie vous
aſſeure, que s'il y vient, il y trouuera ſi bon traitement, qu'il aura ocaſion
de n'en vouloir partir. Ma Dame, reſpondit Oriane, de ſa prouëſſe ie n'en
ſçay, ſinon ce que l'on en bruit: mais ie vous aſſeure bien, que c'eſtoit
l'vn des plus beaux ieunes Gentilhommes que l'on euſt ſceu voir, au
temps qu'en la maiſon du Roy d'Eſcoce il ſeruoit Mabile & moy. Or e-
ſtoit demeurée Mabile auecq' Gandalin, qui luy demāda ſi ſon maiſtre e-

ſtoit

ſtoit point arriué. Ouy, ma Dame, reſpondit Gandalin. C'eſt luy qui a vaincu Dardan,& m'a donné charge bien expreſſe de faire ſes affectueuſes recommandations à voſtre bonne grace. Mon Dieu, dit elle, voſtre ſaint nom ſoit loué! Puys qu'il vous a pleu, apres l'auoir donné à noſtre lignée, & l'auoir preſcrué de tant de dangers, le conduire ſain & à honneur. Ma Dame, reſpondit il, il ſeroit heureux, n'eſtoit la force d'amour qui nous le rend pis que mort: & pour Dieu, ma Dame, aydez luy & le ſecourez: car aſſeurément, ſ'il n'a quelque alegement en ſes affections, vous perdrez le meilleur Cheualier du monde, & le ſouſtien de voſtre maiſon. Il ſe peult, dit Mabile, aſſeurer, qu'il n'a point plus grande enuie de m'employer, que i'ay de luy faire plaiſir. Pourtant retourne à luy, auecq'mes recommandations à ſa bonne grace, & luy dy hardiment, qu'il ne faille à faire ce que ma Dame luy mande. Au regard de toy, comme venu de par ma mere, tu pourras venir & parler à nous, toutes & quantesfois qu'il en ſera beſoing. Sur ce propos print Gandalin cógé, & s'en partit pour retourner vers Amadis, qui atendoit de ſon raport, ou la mort, ou la vie, & l'auoit tant debilité l'ennuy de ſon atente, qu'il n'auoit forces aſſez ſufiſantes pour plus le ſuporter: car la brieue veuë qu'il auoit euë de s'amye au combat, luy auoit augmenté ſi merueilleuſement le deſir de la voir mieux à ſon ayſe, qu'vn iour luy duroit mille ans. Quand doncques il aperceut Gandalin reuenu, de grand ayſe qu'il eut, il alla au deuant de luy & l'embraça eſtroitement, ne luy oſant pourtant rien demander, de peur de ne trouuer point ce qu'il cherchoit: mais Gandalin, auecques le bon viſage, luy declaroit aſſez, que les nouuelles n'eſtoient point mauuaiſes, & luy dit le premier: Mon ſeigneur, Dieu vous face auſsi conſtant, comme il vous donne cauſe d'eſtre content: car ſi vous auez ceſte vertu, vous eſtes le plus acomply, & le plus heureux Cheualier du monde. De grand' ioye le rembraça Amadis, & luy demanda qu'il auoit fait, veu, & ouy. I'ay (dit Gandalin) veu, & ouy, les felicitez de paradis, & ſceu qu'elles vous ſon apareillées, s'il ne tient à vous. Ha Gandalin! dit Amadis, pour Dieu dy moy toſt que c'eſt! Adonc luy recita Gandalin de mot à mot, comme le tout eſtoit auenu de ſa letre fainte, & de leur retraite à la feneſtre, ſa declaration bien au long, l'audience qu'il auoit euë, la contenance d'Oriane, & puys la reſponce, iuſques à la concluſion, qu'il auoit raportée: & puys luy parla de Mabile, & ſa bonne volunté de luy ayder, ſans en oublier vn ſeul poinct. Tant eſtoit remply d'ayſe Amadis, qu'il ſe faiſoit redire vne choſe dix fois: & ne ſçay lequel eſtoit plus affectionné, ou Gandalin de conter, ou Amadis d'eſcouter: car l'vn & l'autre en eſtoit inſatiable. En fin Amadis luy dit. Mon fidele amy, ie penſoys deuoir tout à ton pere, qui me ſauua du peril de la Mer: mais ie confeſſe te deuoir plus, d'autant que par ta diligence & diſcretion, tu me donnes mieux que la vie, qu'il me preſerua. Or dy moy, as-tu bien

marqué

marqué le lieu, ou elle a commandé que ie me treuue. Ie vous en asseure, respondit Gandalin : car elle mesme me l'a monstré. Ha Dieu, dit il, comme pourroys-ie deseruir le grand bien qu'elle me fait! Maintenāt n'ay-ie plus d'ocasion de me plaindre & lamenter. Encores n'est-ce tout, dit Gandalin, tenez, voylà vn present qu'elle vous enuoye, pour tesmoignage du bien qu'elle vousveult : Puys luy bailla l'anneau d'Oriane, lequel quād il eut pris, il le contempla longuement, puys le baisa mille fois, & le mit en son doit, disant : Anneau, qui as esté si heureux d'estre porté, & tenu cher de la plus acōplie creature du mōde, bien que tu soys maintenāt en moins honorable lieu, si n'as-tu point changé de maistre : car moy & toy sommes à elle, & m'estrains le cueur auecques plus grande force, que tu ne luy estraignois le doit. Laissons ces raisons, dit Gandalin, & retournez aux Damoyselles, qui vous atendent en ce boys : mais dissimulez : car ce penser vous transporte, & si pourroit beaucoup faire de dommage à vostre entreprise. Ainsi changerent de propos, & s'en allerent aux pauillons. Ce soir se trouua Amadis plus gay, que de long temps on ne l'auoit veu, qui fut grand plaisir aux Damoyselles : car il leur monstroit tout autre visage, que quand il estoit en ses melencolies. Venue l'heure de dormir, chacun se retira comme ilz auoient de coustume : & peu apres, voyant Amadis temps commode à son entreprise, se leua, & troua Gandalin, qui auoit ia mis son cas en ordre : parquoy il s'arma & monterent à cheual prenans leur chemin vers la ville, & arriuez pres le iardin, qu'Oriane le soir de deuant auoit monstré à Gandalin, descendirent, & atacherent leurs cheuaux ioignant vne touffe d'arbres : puys entrerent dedans le iardin, par vn trou, que les torrens auoient n'a gueres fait à la muraille, & s'aprocherent de la fenestre, qu'Oriane auoit monstrée le iour precedant à Gandalin. Lors frapa Amadis tout bellement contre. Pas ne dormoit à l'heure celle qui atendoient leur venue : ains ayant ouy le bruit esueilla Mabile & luy dit. Ma cousine, ie croy que vostre cousin frape à ceste fenestre. Mon cousin? respondit Mabile, il peult bien estre : mais vous auez plus de part en luy, que tout son lignage ensemble. Lors se le ua Mabile, & prit vn flambeau, qui estoit caché derriere vne tapisseri- & esclaira à Oriane qui se leua, & ensemble vindrent ouurir la fenestre, ou elles trouuerent Amadis, non moins atendu qu'atendant. S'ilz furent bien ayses, il ne s'en fault enquerir : car tous les contentements du monde, ne sont qu'ennuy, en comparaison de celuy qu'ilz receurent de s'entreuoir. Et sans point de doute, ilz en auoient tous deux raison : car oultre la nourriture qu'ilz auoient prise ensemble des leur ieune aage, & leur premiere amytié, continuée par la souuenance & bonne opiniō qu'ilz auoient tousiours euë l'vn de l'autre, leur beauté estoit si grande, que quand ilz ne se fussent iamais entreueuez que lors, si auoient ilz cause de s'entre aymer. Oriane qui l'atendoit s'estoit coiffée à son auantage

si profi propremét, que iamais n’auoit efté mieux pour la nuiĉt: car par deſſouz vn blanc & delié couurechef mis bien arriere, poroiſſoient les plus blonds & les plus creſpes cheueux, que iamais fit Nature. Sur ſes eſpaules auoit ieté vn manteau de toile d’or figurée, & rehaulcé de menues fleurettes, decoupé & enrichy de la meilleure grace du monde. Et bien que de ſoy elle euſt le plus beau, & le plus clair taint qu’il eſtoit poſsible, l’ayſe & l’emotion en quoy elle eſtoit, luy auoient d’auantage aporté vne couleur ſi viue, & ſi belle, qu’il ſembloit que Nature ſe fuſt deleĉtée, à la faire premiere en toute perfeĉtion. Ie vous laiſſe doncq’ penſer quel iugemét en fit Amadis: lequel (quád bien elle euſt eu moins de beauté) l’aymoit tant, qu’il euſt trouué en elle tout ce qui y eſtoit. L’y trouuant doncq’ & l’aymant, ne ſçauoit s’il ſe trouuoit luymeſme. Et deuint ſi eſperdu, que ſon grand ayſe cuïda (pour ocuper trop de place en ſon cueur) en chaſſer l’ame de hors. Dequoy elle s’aperceuát, s’aprocha, & parla la premiere, diſant: Mon Seigneur, ſi ie vous ay donné la priuauté (contre mon deuoir, & ma couſtume) de me laiſſer voir en tel lieu, & à telle heure qu’il eſt: vous en donnerez, s’il vous plaiſt, la coulpe à la ſeureté, que m’a promiſe de vous noſtre premiere nourriture, & à la bonne opinion que depuys en ont augmentée voz grádes vertuz, qui ne vous ont aquis en moy moindre faueur, qu’en tous autres lieux grande renommée. Amadis pour ne demeurer muet, ayma mieux ouurir la bouche, & laiſſer ſortir paroles à l’auanture, que ſe taiſant, ſembler ou peu eſtimer ce grand heur: ou moins aymer qu’elle, qui auoit eu la force de commencer, & dit aínſi: Ma Dame, ie ne me ſents ſi fauoriſé de la fortune, que ie n’eſtime l’honneur d’auoir eſté des premiers en voſtre ſeruice, le plus grand bien qu’elle m’ayt iamais fait: ny ne me ſents tant tenu à ma vertu, que ie ne reſte trop obligé à ceux, qui font bon raport de moy. Mais quand bien l’vn ne l’autre ne ſeroit point, ſi ay-ie vne amytié enuers vous ſi grande, & vne ſeruitude ſi affeĉtionnée, qu’elle ſeule ne pouuoit rien moins meriter que voſtre fiancé & priuauté: laquelle quand bien il vous auroit pleu me donner encores plus grande, elle auroit bien peu acroiſtre mon obligation: mais non point l’afteĉtion, qui eſt telle, que pour bien que me ſçachiez faire, elle ne ſçauroit augmenter, ny pour peine diminuer. Et ne ſçay s’il ſeroit bien ſeant à vn homme de confeſſer les extremitez en quoy ie me ſuis infinies fois veu par ceſte paſsion. Le moindre ennuy que i’en ay receu, a eſté la perte du repos, & d’auoir banny le ſommeil de mes yeux: ſi ce n’a eſté pour encores plus me trauailler, me repreſentant en ſonge, ce que mon eſprit void & deſire inceſſamment. Quantesfois m’eſt il auenu penſant en vous, me rauir tellement, qu’à ceux qui me voyent, ie ſemblois non ſeulement priué du ſens commun: mais de la vie meſmes? Quelle femme, quel enfant bien batu, verſa iamais tant de larmes, que moy Cheualier? au mylieu des plus fortes entrepriſes en ay reſpandues pour vous: non pour ne me ſentir auoir

K   trop

trop heureux ſubiet en amour, mais pour m'en ſentir auoir trop peu de merite, & encores moins d'eſperance. Et bien que ceſte faueur que vous me faites de me daigner ouyr, ſoit plus grande que ie n'euſſe oſé eſperer: ſi eſt elle ſi ſurmontée de ma paſsion, que ie ne puis exprimer la moindre partie de ce que ie ſents, & demeure ma lágue preſque inutile, & non ſça-chante ſon ofice, qui ſi bien & ſi longuement loing de vous auoit acouſtu-mé de me ſeruir. Mais à tout le moins ceſte impuiſſance de parler, m'ay-dera à vous teſmoigner, ce que toutes les paroles du monde ne ſçauroient aſſez au vray vous exprimer. Car tout ainſi que toutes les autres beautez & perfections deuant la voſtre deuiennent rien: ainſi deuát mon affection, toutes les autres puiſſances de mon ame diſparoiſſent, & deuiennent nul-les. Vueillez dócq', ma Dame, par voſtre courtoiſie ſuplier mon inſufiſan-ce, & deliberez de (auecq' pitié) me rédre la vie & moymeſme: & conſer-uer ce qui ne peult eſtre, s'il n'eſt voſtre. Ces paroles proferoit Amadis ſi interrópues de ſanglotz & de frequentes larmes, qu'il declaroit aſſez qu'il n'y auoit point de fainte, & qu'il ſçauoit plus ſoufrir que dire. Dont Oria-ne ayant cópaſsion, luy dit: Ie ne fais doute, mon amy, que vous ne m'ay-miez, tant pour les peines qu'auez priſes pour moy, que pour ce que vous me dites. Et quand ie n'en aurois nul enſeignement de parole, ne d'efait, ſi ſuis-ie contente de le croyre: pource que mon cueur n'a autre deſir, & en celà me ſents grádement ſatisfaite. Mais le tourment enquoy ie vous voy, & l'impatience que vous vous donnez, trouble mon ayſe: car vous ayant aſſeuré par aſſez d'eſpreuues, & meſmes par ceſte cy, que ie vous ayme, il me ſemble que vous n'auez plus d'ocaſion de ſi fort vous afliger, & que deuez temperer voz peines, leſquelles (pour l'vnió de noz eſpritz) ie ſents non moins que vous meſmes. Si dócques vous ne les apaiſez pour l'amour de vous, ie vous prie le faire pour l'amour de moy: meſmement qu'ayant (s'il vous plaiſt) à nous entreuoir ſouuent, & en publicq', celà ne pourroit ſeruir ſinon à deſcouurir ce, que nous voudriós eſtre incogneu, dont trop de mal nous pourroit auenir, & (pour le moins) empeſcher ce que deſi-rons le plus. Ma Dame, dit Amadis, i'ay tant de bien & de felicité de vous voir & ouyr, que ne me trouuant forces pour ſouſtenir le faix de ſi grand contentemét: ie ſuis contraint de tomber deſſouz, experimentant non moindre la peine du non acouſtumé plaiſir, que celle de la cótinuelle tri-ſteſſe, & m'esbáhis comme i'ay peu ne mourir point icy. Si doncq' ie vous ay offenſée de ceſte tranſportation, pardonnez la à vous meſmes, qui m'a-uez aporté ceſt heureux malheur, & donné ceſte nuyſante medicine: & ſoufrez qu'vſant d'elle plus auant, & de l'aſſeurance de voſtre bonne gra-ce, ie m'acouſtume péu à peu à la ſuporter, & à ſçauoir viure content: & excuſez en ce grand heur mon aprentiſſage, qui n'en ſçait encores pru-démment vſer. Amour eſt maladie: & ſoit il fauorable, ou contraire, il ne peult eſtre ſans paſsion, qui rend à chacun l'efait que vous reprenez en

moy.

moy.Bien dites-vous amy,refpõdit Oriane,que vous eftes encores aprentif:& bié le mõftre voftre propos,qui ne voulez amour pouuoir eftre fans pafsion.I'efpere voir le temps, que vous ayant de luy encores plus grande & plus parfaite partie, que vous n'auez, ferez en plus grande tranquilité d'efprit,que,peult eftre,vous n'eftimez qu'on puiffe auoir en ce mõde. Et ce ne vous auiédra par l'amiration de ce que pour cefte heure vous aymez le plus, & qui eft le moins: mais par la fruition de ce, ou gift la felicité, la cognoiffance dequoy vnit & eflieue les efpritz iufques au ciel.Et bien que i'aye encores fi peu d'aage & d'experience,que ie ne me puiffe exépter du mal dõt vous vous plaignez:fi ne fuis-ie defprouueuë du defir de nous en voir enfemble dehors, & viure quelque fois heureux & contents . Ah ma Dame! dit Amadis, l'efperance de celle heureufe iournée, me fera paffer cefte penible vie en patience,fuportant pour l'honneur de vous les peines interieures le plus couuertement que ie pourray:& entreprenant celles de dehors le plus courageufement qu'il me fera pofsible. Mais ie vous fuplie me faire cefte grace,de me dire quãd elle fera.Bien cognent Oriane qu'elle n'auoit pas efté du tout entendue, & en fouzriant luy dit: Elle eft defia commencée:mais voftre œil esblouy ne la void point.Lors comméça Amadis à deuenir penfif,tenant l'œil arrefté fur elle, & elle pour l'en diuertir,mit la main hors du treillis, & empoigna la fienne, & Amadis fe mit à la baifer mile fois , fans fonner l'vn ne l'autre vn feul mot . Ce que voyant Mabile,s'aprocha, & leur dit:Seigneurs,vous vous oubliez. Amadis leua lors le vifage, la falua de bon cueur, & elle luy, & apres quelques propoz communs de fa bien venue, & du long defir qu'elles en auoient eu, Mabile luy demanda, combien il deliberoit demeurer en celle court. Autant qu'il plaira à ma Dame Oriane,refpondit Amadis.Ce fera doncques toufiours,dit Oriane, & de ma partie vous en fuplie,fi le Roy voꝰ en requiert. Ma Dame,dit il,s'il me fait ceft honneur,ie luy obeïray & à vous: mais ce fera apres longue difsimulation. Ce fera bien fait, dit Mabile , & ce pendant ie vous prie nous voir fouuent . Et voulants continuer plus longuement leurs deuiz,Gandalin,qui faifoit le guet,vid que l'aube du iour aparoiffoit, parquoy dit à Amadis : Mon Seigneur, ie fçay que ie vous feray importun : mais il fault que vous en acufiez le iour . Amadis n'en tenoit conte, & prolongeoit fon propos: mais Oriane voyant que Gandalin difoit vray, & craignant qu'ilz ne fuffent aperceuz,dit à Amadis:Mon Seigneur, allez-vous en, s'il vous plaift : car il en eft temps , & ne m'oubliez voftre promeffe.Lors prit de rechef fa main, & la baifa. Puys mõta à cheual , & reuint au bois trouuer les deux fœurs Damoyfelles , lefquelles à grand'requefte luy perfuaderent d'aller deliurer leur coufine,que le Roy tenoit captiue,iufques à ce qu'elle euft reprefenté fon chãpion,ainfi qu'elles auoient entendu.Parquoy apres auoir pris ce iour repos,le lendemain retourna à la ville,en grande faueur & expectation de tout le monde.

K ii   Comme

Comme Amadis se fit cognoistre

au Roy Lisuart, aux Princes, & grands Seigneurs de sa court,
desquelz il fut haultement receu & festoyé.

Chapitre   XVI.

Out le iour auoit seiourné Amadis en la forest, auecq
les Damoyselles, & le lendemain de grand matin s'e-
stoit armé & monté à cheual, prenant son chemin vers
la ville:en laquelle estant arriué, acompagné seulement
de ses deux hostesses,elles le menerent descendre au logis de leur cousine, laquelle aussi tost qu'elle sceut son
arriuée,vint au deuant, & se prosternant à terre, luy dit : Mon Seigneur,
tout le bien que i'ay,vous me l'auez dóné, & le tiens de vous,& non d'autre,pource faites en comme il vous plaira.Mais Amadis luy changea propos, & luy dit: Dame, allons deuant le Roy, à fin qu'il vous tienne quite,
& que ie m'en puisse aller ou i'ay afaire. Toutesfois deuant que partir il se
desarma de son heaume:puys s'en alla auecq' les trois Damoyselles au pa-
lais.Le peuple adoncq' sçachant que s'estoit luy qui auoit vaincu Dardan,
estoit par les rues, & faisoit vn tel bruit,que le Roy l'entendit.Au moyen
dequoy estant auerty de son arriuée, luy fit tant d'honneur, que de venir
à l'encontre pour le receuoir.Puys luy dit: Cheualier,vous soyez ceans le
tresbien venu, comme celuy qui y estoit fort desiré. Lors Amadis voyant
ce bon recueil, mit le genoil à terre, & luy respondit : Sire, Dieu vous
doint bonne vie & longue.Mais aussi tost le Roy le prit par la main,& le
fit leuer, luy disant: Ie vous prometz,mon amy,que ie suis tresayse de vostre cognoissance:car vous estes bon Cheualier. De ces paroles rougit A-
madis, & respondit: Sire, pour rendre quite la Dame que vous auez fait
arrester, ie suis venu vers vous : pourtant, puys qu'elle a acomply vostre
vouloir, elle sera en liberté desormais, s'il vous plaist. Certes, dit le Roy,
c'est bien raison.Ie vous asseure,sire,respondit Amadis,que iusques à present elle n'a sceu qui pour elle auoit Dardan cóbatu.Or tandis que le Roy
& Amadis deuisoient ensemble, s'assembla à l'entour grand' multitude
de peuple,faisant de luy diuers iugeméts:les vns louoient sa grand' beauté,autres son ieune aage, & tous en general son extreme hardiesse, & l'e-
fort qu'il auoit fait(ayant si peu d'aage)à pouuoir vaincre Dardan,qui fut
par toute la grand' Bretaigne craint & redouté . Ce pendant il deuisoit a-
uecq' le Roy de diuers propoz: & entre autres,voulant faindre son partement,pour luy augmenter l'enuie de le retenir,il luy dit: Sire,puys que la
Dame est libre,vous me donnerez,s'il vous plaist,congé:& si ie vous puis
faire

faire seruice,vous me le commanderez: car vous estes le Prince à qui plus
ie desire obeïr.Mon amy,respódit le Roy, ce partement ne sera si prompt
si ne me voulez desplaire . Dieu m'en garde dit Amadis, pluftoft vous
obeïray . Croyez, respondit le Roy, que vous me ferez plaifir, si voulez
pour meshuy demeurer ceans, En bonne foy , sire, dit il, ie feray ce qu'il
vous plaira:car en plus gráde chofe ie vous voudrois complaire . Or vous
en allez doncq' defarmer.Ce difant,luy mefmes le prit par la main , & le
mena en vne chambre ou il le laiffa pour fe refraifchir auecq' le Roy Arban de Norgales , & le Comte de Cloceftre , auxquelz il commanda luy
faire compagnie: car ce Roy Lifuart, eftoit le Prince,qui plus fauorifoit&
honoroit Cheualiers eftranges .Puys l'ayant laiffé en la compagnie de fes
Seigneurs,f'en alla vers la Royne,à laquelle il recita le moyen , par lequel
il auoit arrefté le bon Cheualier qui auoit vaincu Dardan . Monfieur , dit
elle , fçauez-vous fon nom?Non, refpondit le Roy : car pour la promeffe
que ie luy ay faite,ie ne le luy ay ofé demandér. Peult eftre, dit la Royne
eft ce le filz du Roy Perion de Gaule.Ie ne fçay, refpódit il. Sçauez-vous,
dit laRoyne,qui nous en ietera hors de doute?ceft Efcuyer qui parle à Ma
bile l'eft venu chercher, & dit qu'il a eu nouuelles qu'il eft arriué en ce
païs long temps a . Incontinent le Roy fit apeller Gandalin, & fans luy
rien declarer,luy dit:Suyuez moy,& me dites voyant vn Cheualier que ie
vous monftreray,fi le cognoiftrez.Lors Gandalin le 'fuyuit & entrerét ou
Amadis eftoit.Et quand Gandalin l'auifa,faignant ne l'auoir veu de long
temps,mit le genoil à terre,luy difant . Ah mon Seigneur! i'ay eu mainte
peine à vous trouuer depuis mon partemét d'Efcoce.Gandalin mon amy,
refpondit Amadis , tu foys le bien venu . Quelles nouuelles aportes-tu?
Mon Seigneur,dit Gandalin,trsbonne Dieu mercy,tous voz amys fe por
tent bien, & fe recommandent à voftre bonne grace:mais,mon Seigneur,
deformais n'eft il plus befoíg de vous couurir. Puys adreffant fa parole au
Roy,luy dit : Sire, celuy que ne cognoifsiez n'a gueres, eft mon Seigneur
Amadis que voicy filz du Roy Perion de Gaule :& pour tel le cogneut le
Roy fon pere,lors qu'il occift au cóbat ce puiffantRoy Abies d'Yrláde,au
moyen dequoy il recouura entierement fes païs qu'il auoit perduz. Par ce
moyé fut defcouuert Amadis,& mieux venu que deuát:car au parauant il
n'eftoit cogneu que par fes haultz faitz , dót la renommée eftoit par tout
diuulguée: mais lors fut honoré, tant pour fa vertu,que pour fa nobleffe.
Ainfi fe paffa tout le iour en bonne chere que l'on luy fit iufques à ce que
chacun fe retira:parquoy le Roy Lifuart cómanda au Roy de Norgales de
l'émener loger en fon logis:puys quand ilz feroiét à priué,qu'il le fondaft
& fentift de luy par tous moyens qu'il feroit pofsible, s'il fe voudroit con
defcendre de demeurer en fon feruice.Mais aufsi toft qu'il fe fuft retiré, le
Roy vint vers la Royne, & luy dit:Ma Dame ie n'ay peu arrefter Amadis
à eftre des miés, & fi ne fçay comment ie le peuffe faire,combien que i'en

aye plus d'enuie que de Gentilhomme que ie viſſe de long temps : car l'eſtime que l'on a de luy, me feroit d'autant plus craindre & redouter. Monſieur, reſpondit la Royne, octroyez luy tout ce qu'il vous demandera, & de vouſmeſmes preſentez luy tout ce que penſez qu'il luy ſera agreable . Il ne me demande aucune choſe, dit le Roy : car, s'il la demandoit, ie la luy acorderois plus voluntiers qu'il ne voudroit. Monſieur, reſpondit laRoyne il me ſemble, que le deuez faire prier par aucuns des voſtres : & s'il n'y veult entendre , dites luy qu'il nous vienne voir, & voſtre fille & moy, auecq' ſa couſine Mabile, luy en ferons la requeſte : car elles le cognoiſſent du temps qu'il les ſeruoit eſtant Eſcuyer. Lors nous luy ferons entendre comme tous les autres Cheualiers de ceans ſont voſtres, & que n'en auons nul qui ſoit à nous : & le prierons qu'il nous face ce bien de tenir voſtre party , & qu'il demeure pour nous ſeruir quand anrons afaire de ſon ayde. C'eſt bon moyen de le faire demeurer, dit le Roy, & s'il ne le fait & vous, nous pourrons bien dire qu'il a en luy moins de ciuilité que de cheualerie. Et pource qu'il eſtoit ia fort tard le Roy dóna le bon ſoir à laRoyne & ſe retira. Le Roy de Norgales d'autre part, qui eſtoit auecq' ſó nouuel hoſte le perſuadoit & acheminoit tant qu'il pouuoit à le faire condeſcendre d'eſtre & demeurer en la maiſon du Roy : mais Amadis ſçauoit tant bien diſsimuler, qu'il luy deſguiſoit entierement ce qu'il auoit plus d'enuie de faire, & ne le peut arreſter à choſe dont il euſt charge . Et tant que n'y ayant plus deſperance, vindrent luy & Amadis le lendemain acompagner le Roy à la meſſe : à la fin de laquelle Amadis vint prendre congé du Roy . Mais il luy dit : Mon grand amy, vous m'euſsiez fait plaiſir de ne partir ſi toſt : toutesfois la promeſſe que ie vous ay faite me contraint de ne vous plus priër faire autre choſe que ce qu'il vous plaira , ne ſçachát s'il vous viendroit à plaiſir : mais la Royne deſire bien vous voir deuant voſtre partement, ſi le trouuez bon . Sire, reſpondit Amadis ie feray ce qu'il vous plaira. Ie vous en ſçay bon gré, dit le Roy . Et ce diſant le prit par la main, & le mena vers elle, à laquelle il dit : Ma Dame, voicy le filz du Roy Perion de Gaule, qui vous veult faire la reuerance. Vrayement, reſpondit la Royne, il me fait grand plaiſir, & ſoit le tresbien venu : Adoncq' Amadis s'auança, & ſe mettant à genoux luy voulut baiſer les mains : mais elle le ſouzleua, & le fit aſſeoir ioignant d'elle. Et voyant le Roy, qu'ilz eſtoiét entrez en propos, ſans mot dire ſe retira, & ſe vint proumener entre ſes Gentilzhommes, tandis qu'ilz deuiſoient . Ce pendant la Royne entretenoit Amadis : mais les autres Dames, & Damoyſelles, qui auoiét tant ouy parler de ſa bonne grace, & excellente beauté, auoient toutes l'œil ſur luy, s'esbahiſſants comme Nature l'auoit tant pourueu de ce qu'elles deſiroiét le plus auoir. Or cognoiſſoit Amadis à leur contenance le iugemét qu'elles faiſoiét de luy : toutesfois il n'oſoit leuer la veuë, craignant que voyant ſon Oriane (par mutation ſoudaine) il donnaſt teſmoignage de ce que tát

il deſi-

il defiroit cacher. Et ainfi qu'il eftoit en cefte perplexité, la Princeffe Mabile fe vint renger à luy, luy faifant la reuerâce. Lors la Royne pour mieux
venir à fes ataites, apella fa fille (qui faignoit quafi ne le cognoiftre) & luy
dit: M'amye, mefcognoiffez-vous le filz du Roy Perion, qui vous a fi bien
feruie, quand il eftoit voftre Efcuyer, & fera encores, s'il luy plaift, maintenant qu'il eft Cheualier? En bonne foy, il fault bien que vous m'aydiez
toutes à le prier, qu'il m'octroye ce que ie luy demâderay. Et fçauez-vous
que c'eft? dit elle à Amadis, le Roy defire grandement que vous demeu-
riez auecq' luy: toutesfois, à ce que i'entends, vous ne luy auez voulu acorder. Nous verrons bien maintenant, de combien les Dames ont meilleure
part aux Cheualiers, que les hômes: pourtant nous vous prions toutes, que
vous foyez Cheualier de ma fille, de moy, & femblablement de celles que
voyez en fi belle compagnie. Et fi tant voulez faire pour nous, vous nous
releuerez de chercher fuport en vn autre, qui, peult eftre, ne nous feroit fi
agreable: fçachant bien que fi vous eftes noftre, il nous fera aysé de nous
paffer de ceux du Roy. Or eftoient les Damoyfelles auerties de ce qu'elles
auoient à faire en ce cas: parquoy elles s'aprocherent toutes, & conferme-
rent l'intencion de la Royne, mefmes Oriane, qui luy fit figne qu'il l'acor-
daft. Mais il diffimuloit fagement, ce que plus il auoit d'affection de faire:
parquoy la Royne le voyant tardif à refpondre, comme fi elle l'euft voulu preffer, luy dit: Et bien, Seigneur Amadis, demeurerons-nous efcondi-
tes? Ma Dame, refpondit il, qui feroit celuy qui pourroit faire autrement
que voftre volunté, & celle de ces Dames prefentes, veu que vous eftes la
meilleure Royne du monde, & elles qui meritent d'eftre feruies? Pourtant, ma Dame, à voftre commandement & requefte de ma Dame Oriane, & de ces autres Damoyfelles, ie fuis content de demeurer auecq' vous:
par tel conuenant, toutesfois, que ie ne feray qu'à vous feule, & fi ie fais
quelque feruice au Roy, fera comme voftre, & non comme fien. Et pour
tel, dit la Royne, toutes nous vous acceptons. Ce qu'elle fit auffi toft fçauoir au Roy: lequel en fut fi ayfe, qu'il enuoya le Roy de Norgales vers
luy, le prier qu'il luy dift vn mot. Lors prit Amadis congé de la Royne, &
vint vers le Roy, lequel luy dit: Mon grand amy, ie fuis fort ioyeux de ce,
que vous auez acordé à la Royne, & foyez feur quant à ma part, que i'ay
bonne enuie de vous traiter comme le meritez. Lors Amadis le mercia
humblement, combien qu'il fuft demeuré par le commandement d'Oriane, & non pour autre, quelque chofe qu'il euft fait entendre à la Royne.

Or fe taift l'Autheur, pour le pre-

fent, d'Amadis, voulant reprendre le propos de Galaor: lequel party de
la maion fdu Duc de Briftoye, ou le Nain luy auoit tant donné d'ennuy,

chemina tout le iour egaré au trauers de la foreſt d'Arinide, ſans trouuer homme qui le redreſſaſt. Toutesfois enuiron les veſpres, il aperceut
de loing venir vers luy vn Eſcuyer, monté ſur vn tresbon cheual. Or a-
uoit eſté Galaor naüré, ioignant la barque, par l'vn des trois Cheualiers
qui l'aſſaillirent, comme auez entendu; & à l'ocaſion de l'execution qu'il
auoit faite la nuiĉt precedante auecq' s'amye, ſa playe s'eſtoit fort empi-
rée. Parquoy ſe ſentant mal, dit à celuy qu'il rencontra. Amy, ſçais-tu ou
ie pourroys eſtre medeciné d'vne playe que i'ay? Oy bien, dit il: mais telz
couardz que vous n'y veulent pas voluntiers aller, pource que communément ilz n'en ſortent ſans receuoir honte & dommagé. Laiſſons celà, dit
Galaor, & me dy ſeulement ſi i'y trouueroys aucun qui me gueriſt mes
playes. Pluſtoſt, dit l'Eſcuyer, y trouuerez vous qui vous en fera d'autres.
Monſtre moy, dit Galaor, le chemin, & i'eſprouueray ce dont tu me cuy-
des eſpouenter, Non feray vrayement, dit l'Eſcuyer, s'il ne me plaiſt. Si fe-
ras, reſpódit Galaor, par amour, ou par force. Par force? dit l'Eſcuyer, crainte me pourroit elle forcer faire plaiſir à ſi laſche & recreu Cheualier que tu
es? Quand Galaor l'entendit parler ſi audacieuſement, il mit la main à l'eſ
pée, & faignit luy fendre la teſte pour l'eſpouenter, luy diſant: Par dieu ru-
ſtre, tu m'y conduiras, ou ie feray conduyre preſentement ton ame à tous
les diables. L'Eſcuyer eut peur, & luy reſpódit: Puys qu'il eſt force, ie vous
ſçauray bien conduire ou voſtre folie ſera toſt chaſtiée, & mon outrage
vengé. Ce diſant marcha deuant, laiſſant le droit chemin, & Galaor le
ſuyuit aſſez longuement, & quand ilz eurent cheminé enuiron vne lieuē
ilz arriuerent pres d'vne fortereſſe, aſsiſe le long d'vn plaiſant val, bien
peuplée d'arbres. Lors l'Eſcuyer la luy monſtra, diſant: Or me laiſſez main
tenant aller: car voylà le lieu, ou i'eſpere eſtre vengé de l'iniure que vous
me faites. Va à tous les diables, reſpondit Galaor: car de ta compagnie ſuis
ie peu ſatisfait. Encores le ſerez-vous moins, dit l'Eſcuyer, deuant qu'il
ſoit gueres. Ainſi eſchapa, & tourna bride, & Galaor ſuyuit le chemin
du chaſteau, lequel à ſon auis eſtoit nouuellement edifié: & arriué à la
porte aperceut au dedans vn Cheualier armé, monté ſur ſon cheual, a-
compagné de cinq hallebardiers, equipez pour defendre l'entrée de la
place. Qui vindrent au deuant de luy, & luy demanderent, ſi c'eſtoit il
qui auoit n'a gueres forcé leur Eſcuyer. Ie ne ſçay, reſpódit Galaor, qui eſt
voſtre Eſcuyer: bien ay-ie fait venir icy par force vn paillard, le plus rogue
& audacieux que ie cogneu oncques. Ce peult il bié eſtre, dit le Cheualier
du chaſteau. Mais que demandez vous ceans? Seigneur, reſpódit Galaor,
ie ſuis fort naüré, & cherche qui me ſecoure. Entrez doncq' reſpondit le
Cheualier. Adoncq' Galaor paſſa. Mais il n'eut gueres cheminé, que le
Cheualier & les ſouldatz le vindrent aſſaillir de tous coſtez: toutesfois le
premier qui ſe preſenta, luy cuydant donner de la hallebarde ſur la teſte,
fut preſſé de ſi pres, que Galaor la luy arracha des poings, & en donna tel

coup

coup au Cheualier, qu’il tomba mort à ſes piedz . Puys entrant parmy les
autres, les chargea tant rudement, qu’il en tua les trois , & les deux s’en
fuyrent au pluſtoſt qu’ilz peurent vers le chaſteau. Et Galaor les pourſuyuant fuſt entré peſle meſle, ſans ſon Eſcuyer, qui luy eſcria: Seigneur, prenez voz armes: car leans y a eſmeute de gents. Quand Galaor l’entendit, il
s’arreſta coy, & retourna s’armer. Par Dieu, dit l’Eſcuyer, ie prendray ceſte hache pour vous ſecourir, ſi auez beſoing contre ces pendars. Lors prit
la hallebarde , & l’eſcu de l’vn des mortz . Pour le moins , dit il , ie feray
mon eſpreuue contre ceſte canaille: car pour ne perdre cheualerie tant que
ie l’aye receuë, ie ne mettray la main à Cheualier pour l’outrager. Aſſeure
toy , reſpondit Galaor, qu’auſsi toſt que i’auray trouué celuy qui me la
donna, que tu le ſeras . Puys paſſerent oultre , & aperceurent venir à eux
deux Cheualiers, & dix autres ſouldatz , qui firent retourner auecq’ eux
ceux qui fuyoient. Or eſtoit l’Eſcuyer, qui auoit leans conduit Galaor, en
vne feneſtre , lequel à haulte voix crioit : Tuezle , tuez le : mais ſauuez le
cheual, qui me pourra ſeruir. Quand Galaor l’entendit, il le recogneut ayſément, & de deſpit le cueur luy enfla de ſorte, qu’il courut charger ceux
qui venoient à luy: & de ceſte rencontre rompirent leurs lances , meſmes
Galaor, ſur celuy qui premier ſe preſenta, de ſi droit fil, que de là en auant
il fut exempt de plus porter cuyrace . Puys mit la main à l’eſpée , & s’a-
dreſſant à l’autre, luy en donna tel coup, qu’il le ieta du cheual à bas. Lors
pourſuyuant ſa pointe, ſans arreſter, ſe meſla parmy les gents de pied, & à
l’inſtant vid que ſon Eſcuyer en auoit deſia depeſché deux. Parquoy pour
luy augmenter le cueur, luy eſcria : Amy, c’eſt tresbien commencé, acheuons le demeurant, ſans que nul d’eux reſchape : car ilz ne ſont dignes de
tant viure. Quand l’Eſcuyer, qui eſtoit à la feneſtre, vid ce conflit, monta
haſtiuement par vn eſcalier au hault d’vne tour, criant tant qu’il pouuoit:
Seigneur, armez-vous, ſinon vous eſtes mort. Ce que Galaor entédit: parquoy il s’auança pour le deuancer. Mais il n’eut gueres marché, qu’il aperceut vn Cheualier armé de toutes pieces, & vn cheual, que l’on luy tenoit
preſt au pied de la montée , lequel Galaor ſaiſit legierement : car il eſtoit
deſcendu du ſien pour ſuyure l’Eſcuyer. Et mettant la main aux reſnes du
cheual, dit au Cheualier: Damp Cheualier, môtez vne autre fois de meilleure heure : car pour le preſent vous n’aurez , ſi ie puis, plus d’auantage
que i’ay . Bien eſtóné fut le Cheualier quand il l’entendit: car il ne l’auoit
encores aperceu, & luy reſpondit: Eſtes-vous celuy qui auez tué mes deux
neueux, & ceux de ce chaſteau? Ie ne ſçay pour qui vous le dites , dit Galaor : mais ie vous aſſeure que ceans i’ay trouué la pire canaille, & la plus
deſloyale gent, à qui oncques ie m’adreſſay. Par Dieu, reſpondit le Cheualier, ceux qu’auez tuez eſtoient meilleurs que vous, & cherement auſsi
le comparerez-vous. Lors mirent la main aux eſpées, & commença entre
eux (ainſi à pied qu’ilz eſtoient) vn combat fort cruel : car celuy du chaſteau

steau estoit tresgentil Cheualier , & n'y auoit nul qui les vist, qui ne fust esbahy,comme tát de coupz ilz pouuoient soustenir l'vn de l'autre.Toutesfois à la fin, le Seigneur de leans ne peut porter l'efort de Galaor, parquoy pensa auoir recours à la fuyte. Mais il fut suyuy de si pres, qu'ayant gaigné vn portail,ainsi qu'il cuydoit franchir le sault d'vne fenestre,en vne gallerie assez ioignant, demeura en chemin, pour la pesanteur des armes:tombant sur vn tas de pierres plus bas qu'il n'esperoit,tellement qu'il en fut brisé & mis en pieces . Quand Galaor s'en vid depesché, retourna arriere, maudissant & le chasteau & les habitants d'iceluy . Et ainsi qu'il trauersoit entendit vne voix, partant de la chambre, qui crioit dolentement: Pour l'honneur de Dieu, Seigneur,ne me laissez plus soufrir . Lors Galaor s'aprocha plus pres, & apella,disant: Ouurez doncq' la porte. Ah sire!ie ne puis,disoit la voix: car ie suis atachée d'vne grosse chaisne.A ceste parole Galaor cogneut bien que c'estoit quelque prisonnier : parquoy donna du pied contre l'huys si rudement , qu'il le fit sortir des gons . Et y entrát aperceut vne belle Damoyselle, liée par le col d'vne grosse chaisne: laquelle voyant Galaor, luy dit : Helas, mon Seigneur, qu'est deuenu le maistre de ceans, & ceux de sa compagnie?Ilz sont tous morts, respondit il:car venant ceste part chercher aucun, qui me peust guerir d'vne playe que i'ay, ilz me firent entrer en ce lieu, puys me coururent sus : toutesfois auecq' l'ayde de Dieu,ie me suis tellement defendu,qu'ilz ne ferót iamais mal à personne viuante . Dieu en soit loué, respondit la Damoyselle, & pour Dieu ne me laissez en ceste misere : car estant deliurée, ie vous rendray de brief sain & guery. A celà ne tiendra, dit Galaor . Adoncq' rompit la chaisne, & emmena la Damoyselle : laquelle prit au partir de leans deux boistelettes, qu'elle tira d'vn petit coffret, & d'autres choses precieuses,que le Seigneur du chasteau gardoit singulieremét. Et ainsi qu'ilz vouloient sortir,aperceurent que le premier Cheualier,contre qui Galaor auoit iousté, n'estoit encores mort, ains trauailloit à la fin: au moyen dequoy pour ne le faire tant languir, Galaor luy passa tant de fois le cheual sus le ventre,qu'il luy fit rédre l'ame:puys se mirent en chemin, deuisants ensemble de diuers propoz . Or estoit la Damoyselle sage, bien aprise,& de bonne grace : au moyen dequoy elle sceut si pertinemment respondre & entretenir Galaor , qu'il en deuint tresamoureux . Et de fait ne pouant plus suporter ce nouueau feu d'amytié , voulut sentir d'elle si elle le voudroit aymer, luy disant: Damoyselle m'amye, vous sçauez que ie vous ay deliurée de prison:mais en vous donnant liberté,ie me suis captiué & mis en grande langueur,si ne me secourez.Asseurez-vous,respondit elle,mon Seigneur , que la chose seroit bien dificile que ie ne ferois pour vous obeïr, estant tant obligée à vous : car faisant autrement ie meriterois estre mise au reng des plus ingrates Damoyselles du monde, veu la misere, de laquelle m'auez n'a gueres deliurée, & pourtant soyez seur que ie suis autant

tant

tant voſtre, que vous le ſçaurez ſouhaiter. En ces propoz ſe mirent ſi auát, que l’execution de ceſte nouuelle amour s’en enſuyuit, gouſtants enſem- ble du fruit, qui cauſe tant de contentement à ceux, à qui ſi bonne auan- ture auient : parquoy en telle ayſe paſſerent ceſte nuiét aux pauillós d’au- cuns Veneurs, qu’ilz trouuerent de fortune dans la foreſt. Par ainſi eut Galaor, par la Damoyſelle, alegement de la playe nouuelle, qu’Amour luy auoit faite, & peu apres de celle, qu’il auoit receuë par le Cheualier, comme auez entendu cy deuant. Quelque temps ſeiournerent en ce bois, pendant lequel, la Damoyſelle luy recita qu’elle eſtoit fille de Thelois le Flamant, n’a gueres Comte de Clare, par le don que luy en auoit fait le Roy Liſuart, & d’vne Dame, qu’il auoit long temps entretenue pour s’a- mye. Mais vn iour, dit elle, eſtant auecq’ ma mere en vn monaſtere, aſſez ioignant de ce lieu, ce malheureux que dedans ſon chaſteau auez occis, me demanda en mariage. Et pource que mes amys ne le trouuerent bon, pour ſon outrecuidance, il eſpia vn iour que ie m’esbatois auecq’ d’autres Da- moyſelles : entre leſquelles il vint me rauir & emmener par force, au lieu meſmes duquel nous ſommes n’a gueres partiz. Puys de grand’ colere me fit mettre en ceſte priſon, dont vous m’auez tirée, me diſant : Aſſeurez vouſ, Damoyſelle, que puys que m’auez dedaigné à mary, & ſi peu eſtimé ma grande renommée, que iour de voſtre vie n’en partirez, iuſques à ce que voſtre mere, & le reſte de voz parents me prient que ie vous prenne à femme. Lors ie, qui plus que choſe de ce monde luy voulois mal, me con- fiant en la grace de Dieu : conclu, qu’il m’eſtoit meilleur pour quelque temps, endurer ceſte captiuité, que pour iamais en l’ayát eſpousé, demeu- rer en plus grande. Vrayement, reſpondit Galaor, vous auiez raiſon : mais dites moy ie vous prie, au partir d’icy que deuiédrez-vous ? car ie ſuis con- traint faire peu de ſeiour, & aller long chemin, & doute fort qu’il vous ennuyaſt de me ſuyure. Ie vous prie, reſpondit elle, que me conduiſiez au monaſtere, auquel ie fu rauie : car ma mere y eſt, qui ſera treſayſe de me voir en liberté. Il me plaiſt tresbien, dit Galaor. Au moyen dequoy ilz monterent à cheual, & tant cheminerent, qu’enuiron ſoleil couché, ilz ar- riuerent en l’abaye, ou ilz furent receuz en grand’ ioye : & encores mieux quand la Damoyſelle leur recita les grandes prouëſſes que Galaor auoit faites, lequel (combien qu’il ſe deliberaſt partir promptement) à la reque- ſte des Dames, il y ſeiourna plus qu’il n’eſperoit. Maintenant l’autheur laiſſe ce propos, pour vous dire ce qui ſuruint à Agraies, depuys qu’il fut retourné de la guerre de Gaule.

Quelles

Quelles furent les auantures de

Agraies, depuys son retour de Gaule, ou il auoit
laissé Amadis.

Chapitre   XVII.

Graies retourné de l'entreprise de Gaule (apres qu'A-
madis eut vaincu le Roy Abies d'Yrlãde, & que ses pere & mere l'eurent cogneu, comme cy deuant auez entendu) adressa son chemin pour passer en Noruege, ou
il esperoit trouuer sa Dame Olinde : & seiournant vn
iour le long de la marine, delibera de courre vn Cerf. Et
de fait mit son vouloir à execution, tellemét qu'apres qu'il eut tout le iour
pourchassé sa venaison, de fortune se trouua au plus hault d'vne montaigne : de laquelle il pouuoit aysément voir vne grande estandue de mer.
Mais à l'heure va sourdre vne si merueilleuse tempeste & grand orage: que
tant pour le fort vent, qu'à cause de l'impetuosité des tonnerres, la mer fut
esmeuë, de sorte, qu'il sembloit propremét le ciel & l'eau se deuoir assembler. Et à l'instant va auiser vne nef tant agitée de ceste tempeste, qu'il n'en
esperoit aucun salut : & ce qui venoit encores plus mal à propos, estoit
que la nuict la surprenoit. Au moyen dequoy il en eut telle pitié, qu'il
commanda (pour faire signal) allumer feuz de toutes parts : à ce que ceux
de dedans la nef peussent choysir la terre, & qu'ilz ne perissent pour l'ob-
scurité, & delibera d'atendre tant qu'il vist quelle en seroit la fortune.
Qui fut si bonne, que (Dieu aydant, & la grande diligence que firent les
Pylotes & matelotz) ceste nef prit port, & vint à saluation assez pres du
lieu ou Agraies estoit. Lors prindrent terre aucunes Dames, qui estoient
dedans, tant efrayées & estonnées du peril passé, qu'elles ne se pouuoient
bonnement asseurer : Quand Agraies (qui estoit l'vn des courtois Princes
du monde) les vid hors du danger, & à port de salut, mesmes les femmes
descendre à terre : enuoya promptement aucuns de ses Veneurs le prier se
venir refraischir, ou il estoit logé. Ce que les Damoyselles ne refuserent.
Et pource qu'il eut crainte d'empescher leurs priuautez, sçachant qu'ilz
n'auoient pour l'heure, meilleur besoing que de repos : delibera le soir
ne se monstrer à elles, & de fait se retira. Parquoy estants les Damoyselles logées & separées de leurs gents, les mariniers se mirent à faire grands
feux pour eux secher & reposer, atendants le iour : & au moyen du trauail passé se prindrent tous à dormir, & de si fort somme, qu'il eust esté
dificile les esueiller. Ce que cognoissant le Prince Agraies, curieux de
voir femmes estranges (plus toutesfois pour les seruir & honorer, que
pour

pour ſubmettre ſon cueur en autre lieu, qu'à celuy ou il eſtoit dedié)
vint regarder par entre la porte leur contenance: & vid qu'elles eſtoient
toutes au tour du feu, recitants l'vne à l'autre par grand plaiſir leur prete-
rit danger. Et tant fut ententif à les eſcouter, qu'entre toutes cogneut l'Infante Olinde, vers laquelle il s'eſtoit acheminé, ainſi qu'elle luy auoit
mandé: & entédez qu'il luy eſtoit tant ſeruiteur, & elle à luy ſi affectionnée, qu'ilz ſe pouuoient dire heureux en leurs amours. Parquoy à l'inſtant
qu'Agraies l'eut aperceuë, il fut ſi rauy, que ſans le pouuoir diſſimuler,
ayant deuant les yeux le danger du naufrage paſſé, ou il l'auoit quaſi veuë
perir, ſe cuyda laiſſer tomber, & ſe print à faire vn hault ſouſpir, diſant:
Ah Dieu, ſecourez moy! Ce cry entendu par les Damoyſelles, meſmes
d'Olinde, penſant qu'à quelqu'vn des ſiens fuſt ſuruenu aucun mal, commanda à ſes femmes ouurir la porte. Lors la plus prompte y courut, qui
au ſortir trouua Agraies, lequel luy dit, qu'il eſtoit pour le faire entendre ſecretement à ſa maiſtreſſe: qui ne s'en trouua moins ayſe qu'esbahye, & commanda qu'il entraſt. Adoncq' furent embracements & baiſers par miliers. Adoncq' careſſes, & tous bons traitements que deux
amants (en liberté) ſe peuuent faire, furent en ſaiſon, & tant que l'execution de l'amour s'en enſuyuit la nuiَct meſmes. Dont il auint que la
gentile Damoyſelle en perdit le nom de Pucelle, auecq' tel contentement, que celles qui le ſemblable ont eſſayé, & non autres, peuuent eſtimer. Et tant eurent ce plaiſir agreable, qu'ilz ſeiournerent ſix iours enſemble, faiſant grand deuoir de contenter l'vn l'autre par affection reciproque: & toutesfois ſi ſecretement, que de tous ceux de la troupe, fors par deux Damoyſelles, ne furent aperceuz. Ce temps pendant la mer ſe r'aſſeura, & ſe monſtra le temps cler, & les ondes cal-
mes: au moyen dequoy la Princeſſe ſe delibera de r'entrer en ſon nauire, & paſſer en la grand' Bretaigne, ou le Roy ſon pere l'enuoyoit, pour
eſtre nourrie auecq' la Royne Briſene. Ce qu'entendu d'Agraies (apres
auoir recité, comme il eſtoit en chemin pour l'aller trouuer en Nurue-
ge) l'aſſeura, que puys que Dieu luy auoit donné ſi bonne adreſſe, qu'en
brief il ſeroit la part ou elle alloit: tant pour luy obeïr & ſeruir, qu'auſſi pour y trouuer ſon couſin Amadis, en la court du Roy Liſuart, ainſi
qu'il luy auoit promis, dont elle fut treſayſe, luy ſupliant affectueuſement d'ainſi le faire. Lors prindrent congé l'vn de l'autre, & s'embarqua la Princeſſe Olinde faiſant faire voyle: & de là en auant eurent vent
ſi à propos, que ſans deſtourbier aucun, en peu de iours prindrent port
en la ville de Vindiliſore, ou pour lors ſeiournoit le Roy Liſuart, duquel, & ſemblablement de la Royne, d'Oriane, & des autres Dames, &
Damoyſelles fut ceſte Princeſſe tresbien receuë: tant pour l'honneur du
Roy ſon pere, que pour l'excellente beauté d'elle. Or eſtoit demeuré A-
graies ſur le riuage de la mer, conduiſant de l'œil le plus qu'il peut la nef,

L　　　　en la

en laquelle s'esloignoit celle que tant il aymoit: puys l'ayant perdue de veuë, reprint son chemin à Briantes tresbonne ville d'Escoce, ou le Roy son pere estoit lors, & Galuanes sans terre son oncle, auecq' lequel peu apres delibera aller en la court du Roy Lisuart. Car nous y trouuerons, disoit Galuanes, plus de bons Cheualiers, qu'en nulle autre maison de Prince Chrestien: & pourrons y aquerir honneur & renommée mieux qu'en Escoce, ou nous ne trouuons plus contre qui nous essayer, si n'est endroit quelques vns assez peu estimez aux armes. Ce Galuanes dont ie vous parle, estoit de gentil cueur, & bon Cheualier, couuoiteux de gaigner louange entre tous autres: mais il auoit despendu tant du sien à suyure les armes, qu'il ne luy restoit plus qu'vn petit chasteau: parquoy il estoit communémét apellé Galuanes sans terre. Telle fut l'entreprise des deux Cheualiers: lesquelz ayants cógé du Roy, entrerent en mer auecq' leurs armes & cheuaux, & chacun vn Escuyer seulement. Puys eurent vent si à propos, qu'en brief ilz arriuerent en la ville de Bistoy, ou ilz ne firent nul seiour: ains passants oultre, ainsi qu'ilz cheminoiét le long d'vne forest, rencontrerent vne Damoyselle, qui leur demanda, si c'estoit le chemin de la Roche de Galtares. Non, dirent ilz: mais, Damoyselle, dites nous pourquoy vous le demandez? Pour sçauoir, respondit elle, si i'y trouueray le bon Cheualier, qui sçache mettre remede en vn ennuy trop grand, que i'ay à present. Vous abusez, respondit Agraies: car en ceste Roche ou vous allez, n'y trouuerez autre Cheualier que le grand Geant Albadan: lequel si vous y portez de l'ennuy le vous fera doubler. Si vous sçauiez, dit la Damoyselle, ce que ie sçay, vous ne penseriez que ie m'abusasse: car ce Cheualier que ie demáde a vaincu le Geant, & occis en bataille corps à corps. Certes, Damoyselle, respondit Galuanes, vous nous dites merueilles, veu qu'oncques Cheualier seul ne se prit à Geant (aussi n'est il vray semblable ce que vous dites, car cestuy est plus que les autres braue & cruel) si ne fust le Roy Abiès d'Yrlande, qui se combatit auecques vn, luy armé, & le Geant nud, qui y fut tué: & encores ceste temerité de Roy, fut estimée l'vne des grandes qu'il fit oncques. Messieurs, dit la Damoyselle, ce Cheualier, duquel ie vous parle, a bien fait autrement. Puys leur recita comme ce auoit esté, qu'ilz trouuerent trop estrange. Adoncq' Agraies luy demanda si elle sçauoit le nom de ce Cheualier. Oy vrayement, respondit la Damoyselle. Ie vous prie doncq', dit Agraies, nous le dire. Ie vous asseure, respondit elle, qu'il se nomme Galaor, & est filz du Roy de Gaule. Quand Agraies l'entendit, il fremit tout, & respondit: Ah! Damoyselle, vous me dites bien les nouuelles du monde qui plus me donnent d'ayse, me parlant de ce mien cousin, que l'on tenoit plus pour mort que vif. Adoncq' fit entendre à Galuanes ce qu'il auoit ouy dire de Galaor, & cóme il fut rauy par le Geát: & iusques à present, dit il, l'on n'en auoit eu nouuelles. Foy que ie doy à Dieu, respódit Galuanes, la vie de luy & de son frere

n'est pas

n'eſt pas ſans grandes merueilles: ne le commencement de leurs armes,
qui eſt tel, que i'eſtime qu'en tout le monde leurs egaux ne ſe pourroient
trouuer. Puys demãda à la Damoyſelle qu'elle vouloit à ce Cheualier. Seigneur, reſpondit elle, ie voudrois qu'il ſecouruſt vne Damoyſelle, qui eſt
priſonniere à la perſuaſion d'vn Nain, la plus trahiſtre creature qu'oncques naſquit. Lors leur fit entendre tout ce qui eſtoit auenu à Galaor
& au Nain, comme cy deuant a eſté recité: mais elle ſe teut du fait d'Alde-
na l'amye de Galaor. Et pource, ſeigneur, dit elle, que la Damoyſelle ne
veult acorder au Nain ce qu'il dit, le Duc de Briſtoye a iuré qu'il la fera
dans dix iours bruſler viue: qui donne grand ennuy aux autres Dames,
craignants que la Damoyſelle par crainte de la mort acuſe l'vne d'elles,
& qu'elle die à quelle fin elle fit venir Galaor en la maiſon du Duc: & de
dix iours, en ſont les quatre paſſez. Puys qu'ainſi eſt, reſpondit Agraies,
ne vous trauaillez plus: car nous ferons pour Galaor ce qu'il feroit: à tout
le moins ſi ce n'eſt en force, ce ſera en volunté, & pource guidez nous là
ou c'eſt. Lors la Damoyſelle tourna bride, & cheminerent tant qu'ilz arriuerent en la maiſon du Duc, le iour precedãt que l'on deuoit executer la
Damoyſelle. A lheure ſe vouloit mettre le Duc à table pour diſner: parquoy entrans les deux Cheualiers en la ſalle le ſaluerent, & quand il les
aperceut, il les pria de diſner auecq' luy, mais ilz luy reſpondirent: Seigneur, vous entendrez s'il vous plaiſt preſentement la cauſe de noſtre venue vers vous. Lors Galuanes prit la parole, diſant: Duc, vous tenez vne
Damoyſelle priſonniere, pour le raport faux & deſloyal, que vous a fait
vn trahiſtre Nain: laquelle nous vous ſuplions humblement deliurer,
puys qu'elle n'a meſfait: & ſ'il eſt beſoing de prouuer ſon innocence par
bataille, viennent deux autres Cheualiers prendre ſa querelle, & nous
ſommes preſtz de la defendre. Vous dites tresbien, reſpondit le Duc.
A doncq' fit apeller le Nain, auquel il dit: Que reſponds-tu, à ce que ces
Cheualiers maintiennent, que faucement m'as fait empriſonner la Damoyſelle, & qu'ilz le te prouueront en bataille? Il te fault trouuer qui te
defende. Seigneur, dit le Nain, à celà ne tiendra: car i'ay pour moy qui
fera cognoiſtre la verité de tout ce que i'ay dit. A ceſte parole il apella
vn Cheualier ſon neueu bien diſpoſt, & de telle taille, que l'on l'euſt iugé ne luy eſtre aucunement parent, auquel il dit: Mon neueu, ie vous
prie maintenir ma querelle contre ces deux Cheualiers. A peine eut il a-
cheué le propos, que ſon neueu reſpondit à Galuanes, & à ſon compagnon: Et bien, Seigneurs, que voulez vous dire contre ce loyal Nain? qui
fut tant outragé par le Cheualier, qui amena ceans la Damoyſelle? mais
peult eſtre eſt ce l'vn de vous à qui ie parle. Toutesfois, ſoit vous, ou autre,
ie prouueray par combat, qu'il a fait meſcháment: & que pourtant la Damoyſelle doit mourir, pource qu'elle le fit entrer en la chambre de mon-
ſeigneur cy preſent. Agraies (à qui plus il touchoit, ce luy ſembloit) s'a-

L ii   uança

uança de refpondre : Vrayement, dit il, ce n'eft nul de nous, combien que
defirions bien luy reffembler. Tant y a qu'il n'a point de tort, & prefentement, f'il plaift au Duc, nous vuiderons ce different : car ie maintiens pour
luy, que la Damoyfelle doit eftre deliurée, & le Nain en fa place bruflé
comme trahiftre & mefchant. Il n'eft pas vray, dit le Cheualier du Nain,
qui auffi toft demanda fes armes : & de fait f'arma & monta fur vn gentil cheual, puis retourna vers Agraies, qui luy auoit prefenté le combat,
& luy dit : Pleuft à Dieu, Cheualier, que tu fuffes celuy, pour lequel cefte
querelle eft commencée : car cherement le te ferois comparer. Nous verrons tantoft, refpondit Agraies, que tu fçauras faire : mais ie fuis feur que
s'il eftoit cy prefent, qu'il feroit peu de cas de deux telz braues que toy,
voyre tant iniufte fuft la querelle de fa part. Par plus forte raifon dócq', ie
te laiffe penfer comme il te fçauroit gouuerner en cefte cy, ou il a fi bon
droit. Durant ces menaces d'vne part & d'autre, le Duc ne fe bougea de
la table, tant qu'il euft acheué de difner, & voyant les Cheualiers preftz à
executer leurs paroles, il les conduit auecq' groffe troupe de Gentilzhom
mes, au lieu ordonné à vuider telz dabatz. Puis eftans rengez comme en
tel cas eft acouftumé, il dit à Agraies : Faites deformais ce qui eft en
vous, ia pourtant ne fera la Damoyfelle deliurée : car au Nain feul n'a efté
fait l'outrage : mais à tel qui vault mieux que vous. Seigneur, refpondit Agraies, vous la fiftes prendre par la fauce acufation de luy, qui vous
a mefchamment menty, ainfi fi ie demeure vaincueur, vous la deuez
par raifon deliurer. Ie vous ay dit ce qu'il m'en femble, dit le Duc : car
autre chofe n'en fera fait. Ce qu'entendu par Agraies, ne luy voulut tenir
plus long propos, ains luy tourna le dos, & donnant des efperons à fon
cheual, vint contre le Cheualier du Nain, qui le receut brauement, fe dónant fi grands coups de lances, qu'elles vollerent en efclatz. Et parfaifans
la carriere, fe ioignirent de corps & de cheuaux par telle impetuofité, que
tous deux perdirent les eftriers, & tomberent en la place, toutesfois legie
rement fe releuerent, & de grand' furie mirent la main aux efpées. Lors
commencerent, ainfi à pied qu'ilz eftoient, vn fi cruel combat que merueilles. Leurs efpées eftoient trenchantes, & les Cheualiers roides, & de
grand cueur, au moyen dequoy en peu d'heure mirent leurs harnois,
heaumes & efcuz en petite refiftance. Ce neantmoins Galuanes voyoit
bien que fon neueu auoit toufiours le deffus de fon ennemy : parquoy fi
au parauant il l'auoit en eftime de bon Cheualier, il l'eut lors en trop plus
grande : combien qu'il fe haftaft tant qu'il fe mettoit fouuent quafi hors
d'aleine, & à cefte caufe chacun prefumoit qu'à la longue, veu fon afpreté,
il ne pourroit durer. Mais il auint tout au contraire : car croiffant la longueur du combat, le courage, auecq' la force, luy croiffoient auffi, qui fut
caufe qu'à la fin il demeura vaincueur, commme il fera cy apres deduit.
Car le neueu du Nain fe trouua à la longue tant mal mené, qu'il fe tira
vn peu

vn peu arriere, difant à Agraies: Certes, Cheualier, il me femble que nous
fommes affez effayez pour nous cognoiftre, & fçauoir que nous fçauons
faire: parquoy i’eftime que celuy, pour lequel ie combatz, ne l’autre, que
tu fouftiens, ne font en rien coulpables, veu qu’autrement noftre guerre
n’euft tant duré, fans que le fort fuft tombé fur l’vn de nous deux. Tu as
bien raifon, refpondit Agraies, de dire que le Cheualier, pour qui ie combatz eft loyal, mais le Nain eft trahiftre & mefchãt, & pourtant iamais ne
te laifferay en paix tant que ta bouche le confeffe, & te defens, fi tu veux,
mieux que tu n’as fait. Cefte menace haulça le cueur au Cheualier, & cuida s’efuertuer, mais il auoit tant perdu de fang, qu’il ne fe pouuoit quafi
plus fouftenir, & par ainfi Agraies le régeoit du tout à fon plaifir, car l’autre ne faifoit plus que tournoyer, & parer aux coups de fon ennemy, ce
que voyãt le Duc, qui luy portoit faueur en fut fi defplaifant, que pour ne
le voir mourir, fe retira en fon chafteau, iurant que de là en auant il s’en
vengeroit fur tous autres Cheualiers errans, leur faifant toute la honte qui
luy feroit poffible. Or eftoit il entré en telle furie, qu’il dit ce propos fi
hault que Galuanes l’entendit, parquoy il luy refpondit: Duc, vous entreprenez forte guerre, mefmes encontre ceux, qui fçauent à plus grands Seigneurs que vous n’eftes faire amãder les tors des autres. Et ainfi qu’il con-
teftoit contre le Duc, le Cheualier du Nain fe laiffa tõber aux piedz d’A-
graies: lequel incontinent le faifit par l’armet, & le luy arracha de la tefte,
luy donnant du pommeau de l’efpée maintz coups fur le vifage, en luy
criant: Cheualier, confeffez la defloyauté de voftre Nain, ou autrement
vous mourrez prefentement. Ah! bon Cheualier, refpondit l’autre, ne me
tuez! car vrayement ie confeffe, que celuy, pour qui combatez, eft bon &
loyal Cheualier, & fi vous prometz faire tirer hors de prifon la Damoyfelle, mais pour Dieu ie vous fuplie que ie ne die le Nain mon oncle, qui
m’a nourry, eftre trahiftre. Ces paroles furent de tous les affiftants aysément entendues, & à cefte caufe Agraies en print pitié, & luy dit: Pour le
Nain ie ne ferois aucune chofe, mais pour vous, qui eftes bon Cheualier,
ie feray ce bien de vous quiter, pourueu que mettez voftre pouuoir à faire
fortir la Damoyfelle de prifon, cõme vous promettez. Or n’auoit le Duc
entendu aucuns de ces propoz, car il eftoit defia en voye, quand Galuanes
faifit la bride de fon cheual, luy difant: Par Dieu, Duc, vous ne pafferez
plus oultre, que n’ayez veu l’extremité de voftre chãpion: car il eft mort,
ou vaincu maintenant: doncq’, que refpõdez-vous au droit de la Damoyfelle, & l’iniure que luy a fait le Nain? Quoy? refpõdit le Duc, penfez-vous
que ie faulce mon ferment, & que i’en face autre chofe que ce que i’ay deliberé? Ie ne fçay quelle deliberation vous auez, dit Galuanes. C’eft, refpondit le Duc, qu’elle fera demain le matin bruflée, fi elle ne dit qui la
meut de faire venir ceans le Cheualier qu’elle y amena. Cõment? dit Galuanes, vous ne la deliurerez doncq’? Non, refpondit il, & fi vous defends

L iij

de ne

de ne plus ſeiourner en mes païs , autrement vous cognoiſtrez qu'il m'en
deſplaiſt. Eſt il vray? dit Galuanes, vous nous menacez contre toute equi-
té, & ne voulez deliurer la Damoyſelle eſtant iuſtifiée. Par Dieu, ie vous
defie deſmaintenant , tant de ma part, que de celle de tous autres Cheualiers errants . Et bien , reſpondit le Duc , le ſemblable fais-ie à vous , & à
ceux, qui vous reſſemblent. Lors s'en alla le Duc en ſon chaſteau, & Galuanes vers Agraies tant coleré, que rien plus : toutesfois l'ayſe qu'il eut de
trouuer ſon neueu en ſi glorieuſe victoire , luy faiſoit paſſer partie de ſon
ennuy, non pourtant il luy fit diſcours des menaces du Duc, & du defie-
ment qu'ilz auoient fait d'vne part & d'autre . Dequoy Agraies fut treſ-
plaiſant, meſmement pour l'outrage , duquell'on menaçoit la Damoyſelle. Et reſpondit à Galuanes: Par Dieu, monſieur mon oncle, c'eſt contre
raiſon , quand vn tel paillard que le Duc ſeigneurie ſi grand' terre qu'il
poſſede, puys qu'il eſt de ſi mauuais cueur. Et ce diſant demanda ſon cheual, lequel l'on luy amena: & ainſi qu'il montoit deſſus, dit au Cheualier
vaincu: Amy, ſouuienne vous de voſtre promeſſe, & acompliſſez au pluſtoſt que vous pourrez ce que vous m'auez promis , pour la redemption
de la Damoyſelle priſonniere. En bonne foy, reſpondit il, i'y mettray tout
mon poſsible. Ie vous en prie, dit Agraies , lequel prit auecq' Galuanes le
chemin de la foreſt Darinide, mais ainſi qu'ilz y entroient, Galuanes dit à
ſon neueu : Mon neueu, vous ſçauez comme i'ay defié le Duc de l'iniure
qu'il nous a faite, mais ſi vous me voulez croyre, nous embuſcherons quelque temps dans ce boys , ou ie ſuis ſeur qu'ayſément nous le ſurprédrons,
ou aucuns des ſiens . C'eſt tresbien auiſé, reſpondit Agraies , & de ce pas
ſans paſſer oultre choiſirent l'eſpaiſſeur du taillis , ou ilz deſcendirent, &
enuoyerent leurs Eſcuyers à la ville querir viures. Le Duc d'autre part s'e-
ſtoit retiré (comme i'ay dit) en ſon palays, tant irrité contre la Damoyſelle, qu'il la cuyda des l'heure enuoyer au feu. Et à ceſte cauſe il la fit apeller,
& luy dit, qu'elle penſaſt deſormais de ſon ame: car le lendemain elle ſeroit bruſlée, ſi promptement ne luy declaroit la verité du Cheualier: mais
pour menaces n'en ſceut tirer parole d'elle . Et pource que le Cheualier
vaincu auoit promis à Agraies de moyenner ſa deliuráce vers le Duc, auſsi
toſt qu'il fut retourné du camp, ſe vint ieter à deux genoux deuant luy, en
le ſupliant treshumblement, qu'il luy pleuſt otroyer ce qu'il auoit promis
pour la Damoyſelle: mais il s'en excuſa au poſsible, remóſtrant qu'il auoit
fait ſerment ſolennel de la faire mourir, ſi elle ne luy declaroit ce qu'il a-
uoit enuie de ſçauoir. Pourtant, dit il, ie conſentirois pluſtoſt la ruyne de
tous mes eſtatz, que la fracture de mon ſerment. Ainſi fut le Cheualier eſ-
condit : car le iour enſuyuant de grand matin fit r'apeller la Damoyſelle,
à laquelle il dit: Or ça, pautonniere, choiſis preſentement le feu, ou le dire
de ce que ie te demande: car à l'vn de ces deux ne peux-tu faillir. Sire, reſpondit elle , vous ferez ce qu'il vous plaira , mais ſi ie meurs ainſi , ce ſera

contre

contre raiſon. Et bien, dit le Duc. Lors la fit prendre par douze Sergents armez, acompagnez pour ſa garde de dix Cheualiers bien equipez : & pour plus grande ſeureté à ce qu’elle ne fuſt recouſſe, luy meſme en per-ſonne monta ſur vn grand deſtrier, & la fit ieter hors la ville, & mener aux champs au feu qui luy eſtoit apareillé le long de la foreſt, ou arriuez, le Duc commanda que ſans tarder l’on la ietaſt dedans, diſant: Meure maintenant ceſte pertinax en ſon opiniaſtreté. Mais Galuanes & Agraies de fortune s’eſtoient embuſchez en ceſt endroit (ne ſoupçonnant toutef-fois pour lors de ceſte entrepriſe) car ilz s’y eſtoient ſeulement arreſtez pour y prendre le Duc, ou aucuns de ſes gents, qui paſſeroient par ce de-ſtroit. A l’heure eſtoient ilz armez & preſtz à combatre, pource qu’ilz a-uoient veu ſortir la troupe de la ville, & venir vers eux. Et à ceſte cauſe ſans marchâder, apres auoir bien expreſſement commandé à l’vn de leurs Eſcuyers ne s’amuſer à autre choſe, qu’à la ſaluation de la Damoyſelle, ſortirent de leur embuſche, & virent la pauurette preſte à lancer dedans: laquelle voyant le danger ou elle eſtoit, pour delayer ſa mort preſente, s’eſcria au Duc, qu’elle declareroit entierement ce qu’il demandoit. Le Duc croyant qu’elle diſt vray, s’aprocha d’elle, & leuant la teſte auiſa Galuanes & Agraies qui ſe diligentoient de venir vers luy, & deſia en e-ſtoient ſi pres, qu’il les entendit crier: Duc, force te ſera maintenant laiſſer libre la Damoyſelle. A ce cry furent les douze Cheualiers du Duc trop ſurpris : ce nonobſtant ilz ſe mirent en defenſe, & commença entr’eux le combat fort rude & furieux : car encores qu’Agraies & Galuanes fuſ-ſent ſeulz contre tant, ſi ſe monſtrerent ilz ſi gentilz compagnons, qu’ilz en defirent la plus grand’ part à leur arriuée, auant que de leur donner moyen de penſer à ce qu’ilz auoient à faire, dont le Duc fut ſi eſtonné, que crainte de mort ſe preſenta deuant ſes yeux, & ſe retira derriere ſa troupe. Ce que cognoiſſant Galuanes, il luy eſcria: Trahiſtre Duc, tu com-menceras du iourd’huy à ſentir la guerre que tu as entrepriſe contre les Cheualiers erráts: & fendant la preſſe, euyda charger le Duc, mais il ſe re-tira à coſté, preſſant ſes Cheualiers de leur tuer les cheuaux, à ce que les gêts de pied les peuſſent pluſtoſt defaire. Lors les deux Cheualiers entre-rent peſle meſle, & firent leurs ennemys eſcarter de ſorte, qu’en peu de temps ilz furent defaitz, ou mis en fuyte, la plus part ſi naürez, qu’à grád’ peine auoient ilz la force d’eux tenir à cheual en fuyant, meſmes le Duc qui fut mieux monté que nul des ſiens, courut tant, qu’il eut le moyen de dire premier des nouuelles à ceux de ſa ville. Et combien qu’il fuſt pour-ſuyuy quelque temps par Galuanes, neantmoins le voyant monté à l’a-uantage, il laiſſa la chaſſe, & tourna bride vers la foreſt, ou ſon neueu eſtoit deſia entré auecq’ la Damoyſelle, que l’Eſcuyer(dont cy deſſus vous a eſté parlé)auoit charge de ſaluer. Tel fut le recours de ceſte pauurette,& la honte du Duc : lequel arriué en la ville, fit armer haſtiuement ce qu’il

L iiii   peut

peut de ſes gents, & retourner en la foreſt pour venger ceſte nouuelle iniure, penſant y trouuer encores les Cheualiers, mais ilz s'eſtoiét deſlogez:
parquoy ne les trouuant au lieu, ou auoit eſté le conflit, ſe mirent cinq à
cinq pour pluſtoſt les rencontrer, & le Duc meſme en perſonne ſe mit
comme eux en queſte, acompagné de cinq de ſes Cheualiers les meilleurs
qu'il peut choiſir. Et ainſi qu'il deualoit le long d'vne coſte, ilz auiſerent
au bas de la valée ceux qui emmenoient la Damoyſelle, parquoy le Duc
dit à ſes gents: Mes amys, voylà les paillardz à qui nous auons afaire, ie
vous ſuplie chargeons les, ſans leur donner loyſir de fuyr: car s'ilz nous a-
perçoiuent, ie crains qu'ilz courent plus fort que nous. Or à eux, gardons
qu'ilz n'eſchapent. Adoncq' vindrent charger Galuanes & Agraies. Mais
il fault que vous entendez, qu'auant qu'ilz y arriuaſſent, Galuanes les a-
uoit deſcouuerts & monſtrez à Agraies, luy diſant, pour l'aſſeurer (doutant que pour les eforts qu'il auoit ſouferts le iour precedant il fuſt laſſé)
Mon neueu, nous auons deſia eſprouué que ſçait faire ceſte canaille, toutesfois il eſt beſoing maintenant de ſi bien nous defendre, qu'ilz n'ayent
plus d'enuie de nous tant importuner. Ie cognois le Duc qui marche le
premier, ſi nous tenons bon, i'eſpere bien qu'il ſera auſsi des premiers
payez, pourtant ſouuienne vous de vous meſmes, & que vous eſtes eſcha-
pé de plus grands dangers que ceſtuy. Cóment? reſpondit il, eſtimez-vous
que ie me vouſiſſe oublier pour aucun peril, meſmement eſtant auecq'
vous? Non non, donnons dedans, & leur faiſons ſentir ce qu'ont deſia eſprouué leurs compagnons. Et ainſi qu'ilz acheuoient le propos, le Duc
donna des eſperons à ſon cheual, & deuáça les ſiens, criant tant qu'il pouuoit contre Galuanes & Agraies: Paillards, trop me deſplaiſt qu'il vous
conuient mourir ſi honorablement, mais apres voſtre mort ie vous feray
pendre au plus hault de ces arbres. A' eux, dit Galuanes, & ce diſant baiſſa
la veuë, & Agraies auſsi, & entrerent dedans ce petit eſquadron par telle
fureur, qu'ilz donnoient bon teſmoignage qu'ilz n'auoient enuie de receuoir ſepulcre ſi honteux. D'autre part les gents du Duc faiſoient grád deuoir, & luy meſmes ſur tous autres: parquoy Agraies s'adreſſa à luy, & de
grand' colere luy ieta tel coup d'eſpée au deſſouz de la viſiere, qu'il luy
coupa les narines: parquoy le Duc penſant eſtre naüré à mort, tourna dos
& ſe mit en fuyte, & Agraies à le ſuyure, mais il ne le peut oncques ataindre, au moyen dequoy le commandant à tous les diables, retourna au
ſecours de Galuanes, qui eſtoit fort preſſé des autres quatre: toutesfois il
ſe defendoit ſi hardíment, que nul d'eux n'en oſoit aprocher. Parquoy
Agraies donnant des eſperons à ſon cheual fendit la preſſe, combien que
deuant qu'il y arriuaſt, Galuanes euſt donné tel coup à l'vn d'eux, qu'il
luy auoit fait ſaillir l'eſpée du poing, & à force de le ſerrer, l'ayant embracé, eſtoit tombé du cheual à terre. A' l'heure de ceſt efort, retournoit
Agraies de la pourſuyte du Duc, & au premier qu'il rencontra fit perdre la

dre la vie:ainfi n'en reftoit plus que deux,lefquelz fe trouuerent trop foybles pour fouftenir l'honneur des vaincuz. Et pourtant tournant vifage,
au plus toft que peurent courre leurs cheuaux, fuyuirent les premiers
fuyans au trauers de la foreft,fi legierement,qu'ilz deuancerent Galuanes
& Agraies, & efchaperent leur fureur: parquoy ilz les laifferent aller, &
r'entrerent en la foreft, ou la Damoyfelle les atendoit,à laquelle ilz deman
derent,s'il y auoit nul vilage pres de là, ou ilz peuffent pour la nuict heberger. Ouy bien,refpondit elle,ie fçay ioignant d'icy le logis d'vn Cheualier nommé Oliuas,lequel eft ennemy mortel du Duc, à l'ocafion d'vn
fien coufin,qu'il occit: qui me fait croyre, qu'il nous receüra de meilleur
cueur.Or nous y conduifez doncques, dit Galuanes. Ce qu'elle fit, & y
furent tresbien receuz: & auecq' meilleur traitement:quád il fceut ce qu'il
leur eftoit auenu. Puys le lendemain apres s'eftre armez,prindrent cógé
d'Oliuas leur hofte:mais il les tira à part, & leur dit:Seigneurs,le Duc occit mefchamment vn mien coufin germain bon Cheualier, & fuis deliberé l'en acufer & combatre deuant le Roy Lifuart: & pource que ie fçay que
vous eftes Cheualiers erráts, & telz que fçauez,ou pouuez faire reparer les
iniures & tors qui font faitz aux foybles,par ceux, qui fans craindre Dieu
& leur honneur ofent les commettre, ie vous fuplie me donner confeil
& fuport. Vrayement,mon hofte, refpondit Galuanes, vous eftes grandement obligé à quereller cefte mort,fi mefchamment elle a efté commi-
fe, & nous autres à vous ayder fi befoing en auez, ayant fi iufte ocafion:
& aufsi le ferons nous fi le Duc veult mettre aucuns Cheualiers en cefte
preuue: car aufsi peu que vous l'aymons nous, & fommes de luy defiez.
Ie vous mercie humblemét,dit le Cheualier,& pour cefte caufe m'en yray
ie auecq' vous,f'il vous plaift.Au nom de Dieu foit, dirent ilz. Adoncq'
arma Oliuas, & fe mirent enfemble en chemin droit à Vindelifore, ou
ilz efperoient trouuer le Roy Lifuart.

Comme Amadis eftant bienvou-

lu en la maifon du Roy Lifuart, entendit nouuelles
de fon frere Galaor.

Chapitre XVIII.

Par le

Ar le difcours, cy deuant defcrit, auez peu
fçauoir, comme Amadis (au temps qu'il defit
en camp clos ce fuperbe & audacieux Dardan) fut arrefté en la maifon du Roy Lifuart,
à la requefte des Dames, expreffement pour
eftre Cheualier de la Royne: femblablement
le grand recueil & bon vifage que luy faifoit le Roy, & tous les autres, qui le cognel-
rent. Or auint qu'vn iour, ainfi qu'il deuifoit auecq' les Dames, entra vne Damoyfel-
le en la chambre de la Royne, laquelle mettant les genoux à terre deuant
elle, luy dit: Ma Dame, eft ceans vn Cheualier qui porte les armes des
Lyons? La Royne qui entendit bien qu'elle le difoit pour Amadis, luy refpondit: Damoyfelle, que luy voulez-vous? Ma Dame, dit elle, ie luy a-
porte nouuelles d'vn nouueau Cheualier, qui a fait le plus grand commencement d'armes que nul autre fit oncques. Vous dites beaucoup,
refpondit la Royne: car il y en a tant de bons, que peult eftre ne fçauez
encores ce qu'ilz ont fait. Ma Dame, dit la Damoyfelle, vous dites vray: &
toutesfois quand vous fçaurez ce que ceftuy a paracheué, ie croy que vous
acorderez à mon dire. Ie vous prie doncques, refpondit la Royne, que
nous dites que c'eft. Si ie voyois, dit la Damoyfelle, le bon Cheua lier, celuy qui plus que tous autres eft eftimé, ie luy diroys en voftre prefence, & autres nouuelles, qui me font chargées luy faire fçauoir. La Royne
alors ayant enuie plus grande que deuant d'entendre qui ce pouuoit eftre,
luy refpondit: Damoyfelle, voicy celuy que vous demandez. Ma Dame,
dit elle, puys que vous le dites, ie le croy: car tât haulte Princeffe que vous
ne me voudroit deceuoir. Puys s'adreffant à Amadis, luy dit: Monfei-
gneur, le beau Damoyfel que vous fiftes n'a gueres Cheualier deuant le
chafteau de Baldoid, lors que vainquiftes les deux Cheualiers du pont, &
ceux de la chauffée, ou vous prinftes le feigneur de leans prifonnier (tirant par force d'armes l'amy d'Vrgande) fe recommande humblement à
voftre bonne grace, comme celuy qui vous repute fon Seigneur: & vous
fait fçauoir, par moy, qu'il mettra peine d'eftre hôme de bien, ou il mourra
à la pourfuyte, & que s'il eft tel, qu'il merite aucun loz de cheualerie, il
vous dira plus de fon affaire qu'à prefent ne fçauez, & aufsi, s'il eft autre, il
s'en taira. A l'heure Amadis fe fouuint que c'eftoit de fon frere qu'elle par
loit. Parquoy de grand' ioye qu'il en eut luy en vindrent les larmes aux
yeux. Or eftoient les Dames regardans la contenance d'Amadis, & quand
elles le virent larmoyer, elles furent trop esbahies, fpecialement Oriane:
laquelle (comme cy deuant vous a efté deduit) eftoit fi affectionnée enuers luy, qu'elle ne fçauoit fouuent comme le difsimuler. Ce pendant la
Royne defirant fçauoir quelle prouëffe auoit fait ce Cheualier nouueau,
dit à la

dit à la Damoyfelle:Ie vous prie continuez voftre propos, & nous decla-
rez ce grand commencemét de cheualerie que vous dites. Ma Dame, refpondit elle, le premier lieu ou il s'eft effayé, a efté en la Roche de Galtares, ou il a combatu le grand & terrible Geant Albadan: lequel en plain
champ feul à feul, il a defait & occis. Puys leur conta la maniere de leur
bataille, qu'elle affeuroit auoir veuë. Grandement furent tous les efcou-
tants esbahiz de ces nouuelles, mefmement la Royne, qui demanda à la
Damoyfelle, fi elle ne fçauoit quel chemin il auoit pris depuys. Ma Dame
refpondit elle, ie m'en party toft apres, & le laiffay aller auecq' vne Damoyfelle, qui l'eftoit venu querir pour le mener vers fa maiftreffe, qui a-
uoit enuie de le cognoiftre, & oncques puys ne le vy. Que vous en femble
Seigneur Amadis?dit la Royne,ne fçauez-vous qu'il eft?Oy bien, ma Dame,refpondit il, & encores que ie le cognoiffe peu, ie croy qu'il foit mon
propre frere,ainfi que m'affeura Vrgande,n'a pas long temps. Certes,ref-
pondit la Royne,la fortune de vous deux eft amirable, & m'esbahis comme auez peu cognoiftre ceux de voftre lignée,ny eux vous:& croyez que
ie ferois bien ayfe de voir tel Cheualier au feruice du Roy. Durant ce propos,Oriane qui eftoit loing de la Royne, & n'auoit entendu aucune chofe de ces nouuelles,eftoit en fi grand' peine,pour auoir veu pleurer Amadis,que ne fçachât plus diffimuler,dit à Mabile:Ie vous prie, belle Dame,
apellez voftre coufin, & fçachons de luy ce qu'il luy eft prefentement furuenu, qui l'a fait larmoyer. Lors Mabile fit figne à Amadis, qu'il s'apro-
chaft, & quand il fut auecq' elle, Oriane faifant la marrie luy demanda:
Seigneur Amadis, il fault bien dire qu'il vous eft maintenant fouuenu de
quelque Damoyfelle, qui vous a meu à pitié: ie vous prie dites nous qui
elle eft, & la Damoyfelle qui vous en a aporté les nouuelles. Lors Amadis cognoiffant le mal de celle qui l'interrogeoit, luy recita de poinct en
poinct ce que la Damoyfelle auoit dit à la Royne: qui apaifa la ialoufie
de cefte amante,tellement qu'elle reprit fa bonne chere, difant à Amadis:
Helas ! mon amy, ie vous fuplie me pardonner le foufpçon que i'ay eu à
tord côtre vous! Ie vous prometz, ma Dame,refpondit il,il n'y a que pardonner,puys qu'oncques mon cueur mal ne penfa en voftre endroit:mais
vous feroit il point agreable que i'allaffe chercher celuy, duquel la Damoyfelle parle, & que ie fiffe ceans venir pour vous feruir ? eftant affeuré
que fi ie ne l'amene,qu'il fera dificile l'y pouuoir atraire. Vrayement, refpondit Oriane,ie ferois trefayfe que fi bon Cheualier aymaft à demeurer
ordinairement en cefte compagnie:pourtant il me femble,que vous ferez
bien de l'aller querir : toutesfois deuant que partir parlez en à la Royne,à
ce qu'elle eftime que par fon commandement feul,vous faites cefte entre-
prife.Bien humblemét la remercia Amadis, & fuyuát le confeil d'Oriane
fe retira vers la Royne,à laquelle il dit:Ma Dame,il feroit bon que le Roy
euft ce Cheualier en fa côpagnie.Certes,refpondit elle,ie defirerois grandement

dement que celà se peuft faire, s'il eftoit poffible . Ma Dame, dit Amadis, s'il vous plaift me donner congé de l'aller trouuer, ie l'ameneray ceans: autrement ie croy qu'il fera dificile le luy faire venir, premier qu'il ne fe foit fait cognoiftre en maintz lieux . Vous ferez beaucoup pour le Roy, refpondit elle, s'il vient, toutesfois, faites en ce que pourrez. Ie vous donne congé, par tel fi, que l'ayant trouué, vous retournerez aufsi toft. Et bien ma Dame, refpondit Amadis: lequel partit le lendemain de grand matin, menant feulement pour compagnie Gandalin, & là cheminerent tout le iour fans auanture trouuer, iufques au foir, qu'ilz logerent chez vn ancien Cheualier. Puys le iour fuyuant entrerent en vne foreft, par laquelle ayant defia cheminé la plus part du iour, virent venir vne Dame acompagnée de deux Damoyfelles, & de quatre Efcuyers: lefquelles pleurants amerement, conduifoient vn Cheualier dans vne litiere, dont Amadis esbahy, leur demanda qui les mouuoit d'eftre tant triftes, & qu'il y auoit dans la litiere. C'eft, dit la Dame, tout mon foucy, & ma trifteffe entiere, mon Seigneur & mary: lequel eft tellement naüré, que ie n'en efpere plus la vie . Lors Amadis s'auança, pour regarder quel perfonnage c'eftoit: & leuant la couuerture de la litiere, vid couché vn Cheualier affez grand, & de bonne taille ce luy fembla: mais de fa beauté n'en peut iuger, pource qu'il auoit le vifage meurdry enflé, & en plufieurs endroitz entamé à force de coups, lequel il apella, difant: Mon compagnon, qui vous a ainfi outragé ? toutesfois le Cheualier ne luy refpondit mot. Ce que voyant le laiffa, & demáda à la Dame qui luy auoit fait ce mal. Seigneur, refpondit elle, c'eft vn Cheualier qui garde le long de ce chemin vn pont, fur lequel ainfi que pafsions, a dit à mon Seigneur, qu'il conuenoit qu'il iuraft, s'il eftoit de la maifon du Roy Lifuart, ou non. Lors mon mary s'enquift pourquoy il le vouloit fçauoir. Pource, refpondit le Cheualier, qu'il ne paffera par icy nul, qui fien foit, que ie ne tue. Et quelle eft l'ocafion de voftre hayne? luy dit mon mary. Ie veux, refpondit le Cheualier, tant de mal à ce Roy malheureux, que ie le voudrois tenir à mon pouuoir, pour en prendre vengeance à mon plaifir : & par defpit de luy ie feray deformais mourir tous ceux qui s'auoueront de fa maifon : car il tiént vn Cheualier, lequel tua le vaillant Dardan, pour l'amour duquel i'effayeray que ce Roy, & les fiens, receüront de moy, & d'infiniz autres, ennuiz & defhonneurs . Quand mon mary l'entendit (ennuyé de telles menaces) luy refpondit: Sçaches que ie fuis fien, & fon vaffal, qui pour toy, ny pour autre, ne le voudrois nyer. Trop defpleut au Cheualier du pót cefte refponfe: parquoy, fans plus cótefter, chargea mon mary, & commença entr'eux le combat cruel : mais à la fin, mon Seigneur fut ainfi mal mené que vous le voyez, & pis encores l'eftimoit le Cheualier : car il penfoit qu'il fuft mort, & à cefte caufe nous commanda que dedans trois iours le portifsiós en la maifon du Roy Lifuart, pour luy faire defpit. Dame, dit Amadis, ie

vous

vous prie me prefter l'vn de voz Efcuyers,qui me fçache monftrer ceChe-
ualier : car puys que voftre mary a receu le dommage pour l'amour de
moy,il m'eft plus conuenant qu'à nul autre de le venger . Comment? refpondit la Dame,eftes vous celuy,pour l'amour duquel il hait tant leRoy?
Ouy vrayement, dit Amadis , &, fi ie puis,ie feray qu'il ne luy voudra iamais mal,ny à autre aufsi. Ah gentil Cheualier, refpondit la Dame, Dieu
vous doint bó voyage:puys luy bailla vn Efcuyer,qui s'en alla auecq' luy.
La Dame paffa oultre,& Amadis chemina tant qu'il arriua au pont, ou il
auifa le Cheualier iouant aux tables auecq' vn autre . Lequel foudain laiffa le ieu, & vint armé & monté fur vn grand cheual contre Amadis, auquel il s'efcria : Holà holà , ie vous defens marcher plus oultre , que premier ne iuriez . Et quoy? refpondit il . Si vous eftes,dit le Cheualier, de la
maifon du Roy Lifuart: car fi vous eftes fien, ie vous feray perdre la tefte.
Ie ne fçay , refpondit Amadis que vous ferez : mais ie vous affeure , que ie
fuis Cheualier de la Royne fa femme, encores que ce foit depuys n'a gueres . Et depuys quand?dit le Cheualier . Depuys,refpondit Amadis ,qu'il
y vint vne Damoyfelle desheritée.Comment?dit le Cheualier,eftes vous
celuy,qui fe combatit pour elle ? Ie luy fis recouurer fon droit, refpondit
Amadis. Par ma tefte,dit le Cheualier , ie vous feray perdre la voftre,fi ie
puis : car vous occiftes l'vn des meilleurs de mon lignage . Ie ne le tuay
pas, refpondit Amadis: mais ie luy fis feulement quiter l'outrageufe
demande qu'il faifoit: & luy mefmes apres,comme mefchant,fe tua.Tout
cela ne vous peult profiter , dit le Cheualier : car par vous il mourut, &
nó par autre,aufsi à caufe de luy mourrez-vous maintenát.Ei fur ce point
donna des efperons à fon cheual, & vint contre Amadis au pluftoft qu'il
peut, & Amadis au femblable: & fe dónerent des lances aux efcuz, fi rudement,qu'elles vollerent en efclatz , & le Cheualier du pont à terre dót
il fut trop esbahy.Toutesfois pource que l'armet d'Amadis s'eftoit defla-
cé en courant,tandis qu'il le r'acouftroit, le Cheualier eut loyfir de remó-
ter, & de doner à fon ennemy deux ou trois coups d'efpée,premier qu'il
euft moyen mettre la main à la fienne: mais apres il s'en fceut bien venger . Car il l'ataint fur le derriere de l'armet de tel coup, qu'il luy en a-
batit vne piece: & de roydeur deuala l'efpée fur le chinon du col,en forte
qu'il l'entama fi au vif, que la tefte ne fe peut fouftenir,qu'elle ne demeu-
raft pendante fur fes efpaules, au moyen dequoy il rédit à l'inftant l'ame.
Quand ceux du pont l'aperceurent, ilz fe mirent tous à fuyr . Ce que
voyant Amadis ne les voulut pourfuyure:mais tournant bride,dit à l'Efcuyer,qui l'auoit conduit,qu'il s'en retournaft vers fa maiftreffe,pour luy
faire entendre la vengeance qu'il auoit faite pour fon mary . Ce que fit
l'Efcuyer, fans oublier à reciter les deux grands coups d'efpée & de lance,
qu'il auoit veu donner fur le Cheualier du pont . De là en auant Amadis
chemina fi longuemét, qu'il faillit de la foreft,& entra envne plaine belle

M   & grande

& grande eſtendue : laquelle eſtoit couuerte de violettes , & d'herbes di-
uerſifiées des fleurs croiſſantes par le champ ; qui luy augmenta le ſouuenir de ſon Oriane . Et ainſi qu'il eſtoit en ceſte penſée, il aperceut aſſez
pres de luy vn Nain fort contrefait, monté ſur vn pallefroy, lequel il a-
pella, pour ſçauoir dont il venoit . Mon Seigneur, reſpondit le Nain, ie
viens de la maiſon au Comte de Clare. N'y as-tu point veu vn Cheualier
nouueau, nommé Galaor? dit Amadis. Non certes, reſpõdit le Nain: mais
ie ſçay ou dans trois iours ie vous pourray monſtrer le meilleur Cheualier
qui oncques porta harnois par deçà . Quand Amadis l'entendit, penſant
qu'il parlaſt de ſon frere, luy dit: Ah Nain mõ amy, par la foy que tu dois
à Dieu, ie te prie conduy moy là, ou il eſt, à fin que ie le voye . Ie le veux
tresbien, dit il: pourueu que vous m'otroyez vn dõ, & veniez auecq' moy,
ou ie vous meneray. Lors de grand deſir qu'il eut de trouuer ſon frere Galaor le luy otroya . De par Dieu ſoit, reſpondit le Nain . Or cheminons
doncq' preſentemét, & ie vous cõduiray ou vous verrez le bon Cheualier.
Ie t'en prie, dit Amadis, allõs par le plus court chemin que nous pourrõs.
I'en ſuis content, reſpondit le Nain. Et des l'heure prindrent autre adreſſe : par laquelle ilz allerent ſans auanture trouuer , tant que la nuiɕt les
ſurprit aſſez pres d'vne foreſt. Ce que voyant le Nain, dit à Amadis: Mon
Seigneur, ioignant d'icy eſt vn chaſteau, ou nous pourrous heberger pour
meshuy, lequel eſt à vne Damoyſelle qui vous receüra de bõ cueur. Amadis le creut: & de fait y troüua la Damoyſelle, qui luy fit tresbon recueil,
& apres qu'ilz eurent ſoupé , luy fit apareiller vn bien riche liɕt, pour
ſ'aller repoſer. Mais il ne ſceut oncques dormir : car ſon penſer fut ſi continuel à ſa Dame, qu'en toute la nuiɕt oncques ne ſommeilla : puys le lendemain ayant pris congé de ſon hoſteſſe, continuerent leur chemin iuſques ſur le my di, qu'ilz rencontrerent vn Cheualier , lequel ſe combatoit
contre deux . Lors Amadis s'aprochant leur dit: Seigneurs , ſ'il vous
plaiſt vous arreſterez, & me direz l'ocaſion de voſtre querelle. A' la parole de luy, ceſſerent leur combat, & l'vn des deux reſpondit: C'eſt pour ce
que ceſtuy maintient qu'il vault luy ſeul autant que nous deux enſemble,
pour mettre fin à vne haulte entrepriſe . Certes , dit Amadis, voſtre diferent eſt bien meigre : car la bonté de l'vn n'amoindriſt en rien celle de
l'autre . Les Cheualiers cogneurent qu'il diſoit vray : parquoy ilz firent
paix, demandans à Amadis, ſ'il cognoiſſoit le Cheualier, qui en la maiſon
du Roy Liſuart auoit combatu pour la Dame, à l'ocaſion dequoy Dardan
le bon Cheualier ſ'occit. Pourquoy le demandez-vous? reſpõdit Amadis.
Pource, dirent les Cheualiers, que nous le voudrions bien rencontrer . Ie
ne ſçay, reſpondit il, ſi c'eſt pour bien, ou pour mal : toutesfois il n'y a pas
long temps que ie le vy en la court du Roy Liſuart . Et ce diſant ſe partit
d'eux ſuyuãt ſon chemin: mais il ne fut gueres eſloigné, que les trois Cheualiers pourparlerent enſemble, & peu apres ſe mirent à courir cõtre luy.
Et pource

Et pource qu'il les entendit venir tourna la teste, & vid qu'ilz estoient ia
tout au plus pres de luy: parquoy doutant qu'ilz le vousissent outrager,
prit son armet & son escu. Or n'auoit il point de lance, ny eux au semblable. Lors le Nain, voyant qu'Amadis deliberoit de se defendre côtre eux,
luy dit: Ah Seigneur! que voulez-vous faire ? ne voyez-vous qu'ilz sont
trois, & vous seul? Il ne m'en chault, respondit il, s'ilz m'assaillent sans raison, par droit i'essayeray à me defendre, si ie puis. Sur ce propos arriuerent
les trois Cheualiers, qui luy dirent: Cheualier, nous voulons vous demander vn don, lequel vous prions ne nous refuser, ou autrement vous ne partirez aysément d'auecq' nous. Plustost le vous otroyeray, respondit Amadis, s'il est raisonnable. Dites-nous doncques comme loyal Cheualier, ou
vous pensez que nous puissiós trouuer celuy, par lequel mourut Dardan.
Lors luy qui ne pouuoit autremét faire que leur dire la verité, respondit:
Ce suis-ie, combien que si i'eusse pensé, ie ne vous eusse acordé ceste requeste, pour ne me louër moymesmes. Quand les Cheualiers l'entendirent, ilz s'escrierent tous: Ah, trahistre, tu es mort. Et ayants les espées es
poings le chargerent ensemble. Adoncq' Amadis despité, pour estre si
laschement assailly de ceux, qu'il auoit n'a gueres ostez de debat, les rem-
barra si viuement, que du premier coup qu'il rua, separa l'espaule d'auecq'
les costes à celuy qu'il rencontra, & de la grand' douleur qu'il en receut
tomba du cheual à bas. Puys retourna aux autres, qui le poursuyuoient
chaudement: mais il frapa le second de telle force au plus hault de l'armet,
qu'il le luy fit saillir hors de la teste, & glissant l'espée descendit sur le chinon du col, ou il le naüra mortellement, & le fit choir comme le premier.
Quand le tiers vid ces coupz, il se mit à tourner bride, & fuyr tant qu'il
peut. Et pource qu'Amadis n'estoit trop bien môté, ne le suyuit plus oultre, ains retourna vers Gandalin. Lors luy dit le Nain: Certes, mon Seigneur, ie me tien desormais plus asseuré en la promesse que vous m'auez
faite, que ie n'esperois: & pourtant diligentons, s'il vous plaist. Adoncq'
suyuirent leur chemin, tant que la nuict les surprit pres d'vn hermitage, ou
ilz furent contraints heberger iusques au lendemain qu'ilz reprindrent
leur erre: & cheminerent iusques sur les trois heures, que le Nain monstra
à Amadis au fons d'vn plaisant val deux haultx Pins, aupres desquelz e-
stoit vn Cheualier monté sur vn grand destrier, & deux autres, qui n'a
gueres auoient esté par luy abatuz: lesquelz couroient par le champ pour
reprendre leurs cheuaux, qui estoient eschapez. Et regardants plus oultre,
aperceurent vn autre Cheualier couché sur son armet, & ioignant de luy
son escu auecq' vingt lances dressées au tour des Pins, & deux cheuaux
prestz à monter dessus. Lors demanda au Nain, s'il cognoissoit les Cheualiers. Seigneur, respondit il, voyez-vous celuy qui est couché souz le Pin?
Oy, dit Amadis. C'est, dit le Nain, le bon Cheualier que ie vous ay promis monstrer. Sçais-tu son nom? dit Amadis. Il se nomme, respondit le

M ii   Nain,

Nain, Angriote d'Eſtrauaux: & eſt le meilleur Cheualier que ie pourrois
de long temps faire cognoiſtre . Or me dy maintenant, pourquoy il tient
en ce lieu tant de lances? Cela feray-ie bien, reſpondit le Nain. Il ayme vne
Dame de ce païs, qui le hayt plus que rien : toutesfois il luy a tant fait la
guerre, que ſes parents ont eſté contraints la luy bailler . Puys quand il l'a
euë en ſon pouuoir, il s'eſt eſtimé le plus heureux du monde: mais elle luy
a dit, que pour auoir pris vne ieune Damoyſelle par force, il ne s'eſtimaſt
tel . Car combien que ie ſois forcée ne partir d'auecq' vous, a dit la Damoyſelle, iour de ma vie ne vous aymeray, ſi vne choſe ne faites pour
moy. Comment? Dame, reſpondit Angriote, eſt elle en ma puiſſance? Oy
bien, dit elle. Or commandez doncq', reſpondit Angriote : car ie l'acompliray iuſques à la mort . La Dame, qui trop luy veult de mal, penſant le
mettre en lieu ou il receuroit mort, ou y aquerroit tant d'ennemys, que les
parents d'elle ſe ſçauroient bien defendre de luy, & la retirer: le pria que
luy & ſon frere gardaſſent ce val des Pins, contre tous les Cheualiers errants, qui par là paſſeront, & qu'ilz leur fiſſent acorder à force d'armes,
comparoir en la court du Roy Liſuart, & confeſſer qu'elle eſtoit plus belle, que celle qu'ilz aymoient. Et que ſi d'auãture ce Cheualier, frere d'Angriote, que vous voyez à cheual eſtoit vaincu, & qu'il ne ſe peuſt plus combatre: qu'Angriote ſeul l'entreprit l'eſpace d'vn an entier. A' ceſte cauſe, de
iour il n'eſt par eux habandonné, & de nuict ſe retirent à vn chaſteau ioignant ceſte mõtaigne que vous voyez. Et y a ia trois moys qu'ilz ont commencé ceſte entrepriſe, que iuſques à preſent pour ceſte afaire, Angriote
n'a mis la main à l'eſpée contre aucun Cheualier : car ſon frere les a tous
conquis. Vrayement, reſpondit Amadis, ie croy que tu dis vray, & ainſi
l'ay-ie entendu en la maiſon du Roy Liſuart : ou arriua vn Cheualier, qui
acorda, que la Dame dont tu parles eſtoit plus belle que s'amye, & me
ſemble qu'elle a nom Groueneſe . Vous dites vray, dit le Nain : mais puys
que ie vous ay ſatisfait, ayez ſouuenance de me tenir promeſſe; & venez
auecq' moy comme m'auez promis. I'en ſuis treſcontent, reſpondit Amadis. Ou eſt le droit chemin? Par ceſte vallée, dit le Nain : toutesfois, puys
qu'il y a tel empeſchement nous y paſſerons pour ceſte heure . Ne te ſou-
cie, reſpondit Amadis. Et ce diſant donna des eſperons au cheual, & paſſa
deuant : mais il n'eut gueres cheminé, qu'il trouua à l'entrée du val vn Eſcuyer, qui luy dit: Seigneur, ne paſſez plus oultre, ſi vous n'otroyez que
plus belle eſt l'amye du Cheualier couché ſouz le Pin, que la voſtre . Si
Dieu m'ayde, reſpondit Amadis, ſi grand' menſonge ne diray-ie de ma
vie, ſans force, ou extreme contrainte. Quand l'Eſcuyer l'entendit. Or retournez doncques, dit il, autrement il vous conuiendra combatre contre
ces deux que vous voyez là bas. S'ilz m'aſſaillent, reſpondit Amadis, ie me
defendray ſi ie puis. Et ce diſant marcha oultre ſans autre propos luy tenir

Comme

Comme Amadis combatit con-

tre Angriote & fon frere, qui gardoient le paſſage du val,
contre ceux qui ne vouloient acorder que leur amye
eſtoit moins belle que celle d'Aangriote.

Chapitre   XIX.

Vand le frere d'Angriote l'auiſa venir, il print ſes armes &vint contre. Puys eſtant tout ioignát luy dit: Certes, Cheualier, vous auez fait grand' folie à n'acorder ce
que l'on vous a demádé: car il vous conuient combatre
contre moy, Ce combat, reſpondit Amadis, m'eſt trop
plus agreable, que de dire la plus grád' menterie du mó-
de. Ie ſçay bien, dit le Cheualier, qu'en autre lieu l'acorderez à voſtre plus
grand' deſauantage. Ie ne le cuyde pas ainſi, reſpondit Amadis. Or vous
gardez doncques de moy, dit le Cheualier. Et à l'inſtant laiſſerent courre
leurs cheuaux au plus roide qu'ilz peurent l'vn contre l'autre, & furent
les ataintes dans les eſcuz. Le Cheualier faulça celuy d'Amadis: mais le
coup ſ'arreſta contre le harnois, & Amadis le rencontra ſi durement, qu'il
le deſarçonna. Toutesfois oncques ne laſcha les reſnes du cheual, iuſques
à ce qu'elles luy rompirent es mains: au moyen dequoy il donna du col &
des eſpaules contre terre ſi grand coup, qu'il demeura couché ſans auoir
de luy ne d'autre ſouuenance. Pourtant deſcendit Amadis, & luy arra-
chant l'armet de la teſte, vid qu'il eſtoit ſeulement paſmé. Lors le tira par
le bras ſi roidement, qu'il reuint à ſoy, & ouurit les yeux. Vous eſtes mort,
dit Amadis, ſi ne vous rédez priſonnier. Adócq' le Cheualier, qui auiſa leſ-
pée ſur ſa teſte nue, craignant mourir, ſ'y acorda, Parquoy remonta A-
madis, & aperceut qu'Angriote eſtoit ia à cheual, ſ'apareillant de venger l'iniure de ſon frere: & venoit vn Eſcuyer vers luy, luy aporter vne
M iii

lance

lance, laquelle il luy prefenta de la part d'Angriote. Lors f'efmeurent l'vn
contre l'autre, & fut leur rencontre fi rude, qu'ilz firent voller leurs lances en efclatz, fans toutesfois faire aucū mal: & parfaifans la carriere pafferent oultre. Mais Amadis mit promptement l'efpée au poing, & tournant vifage Angriote luy dit: Cheualier, ne vous haftez encores de venir au combat de l'efpée: car affez à temps y ferez vous, pour vous (& ce
difoit il, pource qu'il f'eftimoit le mieux frapant d'efpée, que l'on euft
fceu pour lors trouuer) mais ie vous prie bien fort, que nous iouftions
tant que les lances foyent faillies, ou que l'vn de nous deux foit mis bas.
Cheualier, refpondit Amadis, i'ay ailleurs afaire, & ne puys icy long téps
feiourner. Comment? dit Angriote, penfez vous fortir de moy ainfi legierement? certes ce n'eft pas mon auis: toutesfois ie vous prie iouftons
encores vn coup. Ce qu'Amadis luy otroya, & f'efloignerent l'vn de
l'autre, prenant chacun d'eux la lance, qui plus leur fut agreable: puys à
courfe de cheual fe choquerent de telle force, qu'Angriote fut renuerfé,
& fon cheual fur luy. Mais Amadis parfaifant fa pointe rencontra le cheual abatu, qui fit le fien tresbucher de l'autre cofté: & par fortune vn
tronçon de lance qui'eftoit demeuré en fon efcu luy entra dedans le corps,
non pas beaucoup. Toutesfois il fe releua promptement, comme celuy,
qui ne vouloit que la honte fuft de fon cofté, combatant pour l'honneur
& beauté de fon amye Oriane. Au moyen dequoy tira le tronçon, & mit
hardíment l'efpée au poing marchant droit à Angriote: lequel le voyant
aprocher luy dit: Cheualier, ie vous voy fort ieune, & me femble qu'a-
uant que d'auoir pis me deuez acorder que m'amye eft plus belle que la
voftre. Par Dieu, refpondit Amadis, ie mentirois grandement: & ia à
Dieu ne plaife, que ie die chofe tant efloignée de la verité. A' cefte parole
la colere leur enflamma, & fe prindrent à chamailler l'vn contre l'autre
par telle viuacité, que non feulement ceux qui les regardoient, mais
eux mefmes en eftoient efpouuentez: eftimans, d'eux mefmes, qu'il leur
feroit impoffible longuement entretenir cefte extremité. Et à dire vray,
il euft efté dificile: car Amadis l'entreprenoit, comme i'ay dit, à la con-
feruation de l'honneur de fa Dame, pour laquelle il euft pluftoft choyfi
mourir de mille morts qu'elle n'euft efté maintenue en toute excelléce. Et
pourtant fe mit à renforcer fes coups, fi que tout le fçauoir ne l'adreffe
qu'eut Angriote à fraper, ne luy peurent tant profiter qu'en peu d'heure (pour les grandes ataintes que luy donnoit Amadis) fes forces ne
fuffent eftaintes & amoindries, & naüré en plus de vingt lieux. Parquoy
voyant fa mort prochaine, fe retira à cofté au mieux qu'il peut, & dit à
Amadis: Certes Cheualier, il y a en vous plus de bonté, qu'on ne pourroit
iuger. Rendez vous, difoit Amadis, & vous ferez fagement, veu que vous
eftes fi mal acouftré, que prenant la bataille fin (fi plus combatons) voftre vie la prendra aufsi, que i'auray peu agreable: car ie vous eftime plus

que ne

que ne penfez . Et cecy difoit il, tant pour la bonne cheualerie , qui eftoit
en Angriote , que pour la grande honnefteté de laquelle il auoit vfé enuers la Damoyfelle, qu'il auoit en fa poffefsion . Lors Angriote , qui plus
n'en pouuoit, luy refpondit: C'eft raifon que ie me réde au meilleur Cheualier du monde, & le femblable doiuent faire tous autres qui portent armes : & csoyez, Cheualier, que ie n'ay regret à chofe que ie face, finon
pour le dommage qui m'en auient , perdant auiourd'huy la chofe du
monde que plus i'aymois. Non ferez, fi ie puis, refpondit Amadis: &
d'auantage la Dame feroit bien ingrate, fi elle ne recognoiffoit l'honnefte courtoyfie que luy auez gardée: & ne peult eftre qu'elle ne vous recompenfe le bien que meritez . Et quant à moy , ie vous prometz que i'y
employeray toutes mes forces , pour la y faire condefcendre incontinent
que ie feray du retour d'vne quefte, ou ie voys prefentement. Seigneur, dit
Angriote, & ou vous pourray-ie deformais trouuer? En la maifon du Roy
Lifuart, refpondit Amadis, ou en brief ie feray Dieu aydant. Et ce difant
print congé d'Angriote: lequel l'importuna fort de feiourner en fon chafteau : mais il ne voulut fe defuoyer de fon chemin . Parquoy fuyuit le
Nain, qui le guydoit, par cinq iours entiers fans auanture trouuer: & tant,
que le fixiefme enfuyuant il luy monftra vn plaifant chafteau fort à merueilles , & luy dit : Seigneur, leans me deuez donner le don promis . De
par Dieu foit, refpódit Amadis , ie le te donneray, fi ie puis. I'y ay eu bon
ne efperance, dit le Nain , depuys que ie vous vy faire fi haultx faitz d'armes : mais, Seigneur, fçauez vous comme ce lieu fe nomme? Non refpondit il: car oncques ie ne fu en ce païs . Il a nom Valderin, dit le Nain . Et
ainfi deuifans arriuerent tout au plus pres du chafteau . Lors luy dit le
Nain : Seigneur, prenez voz armes. Comment? refpondit Amadis, eft il
neceffaire ? Ouy, dit le Nain : car ilz ne laiffent fortir ceux qui y entrent
fi legierement. Lors prit Amadis fon armet & marcha deuant, & le Nain
& Gandalin apres : & quand il fut entré dedans il regarda d'vn cofté &
d'autre & ne vid perfonne. Parquoy dit au Nain : Ce lieu me femble habandonné. Par dieu, mon Seigneur, refpondit il, aufsi fait il bien à moy.
Pourquoy doncques, dit Amadis, m'y as-tu amené? Ou eft le don que tu
veux que ie te donne? Certes, Seigneur, refpondit le Nain, i'ay veu autref-
fois ceans le plus braue Cheualier, & plus roide aux armes que ie penfe de
ma vie auoir veu, qui occit ioignant ce portail deux Cheualiers : l'vn defquelz eftoit mon maiftre, lequel il fit mourir trop cruellement, fans iamais en auoir mercy . Et à cefte caufe ie vous voulois demander la tefte de
ce trahiftre, laquelle i'ay plufieurs fois failly à auoir : car tous ceux que
i'y ay amenez y ont perdu la leur, ou ont efté mis en grande captiuité. Tu
fais tour de loyal feruiteur, dit Amadis : neantmoins tu ne dois y a-
mener Cheualiers, deuant que leur dire contre qui ilz ont à eux combatre . Seigneur, refpondit le Nain, le Cheualier eft affez cogneu & repu-

M iiii

té pour

té pour l'vn des meilleurs du monde : pourtant si ie le nommois, ie ne trouuerois aucun si hardy qui osast entreprendre ceste vengeance. Tu sçais doncq' son nom, dit Amadis. Ouy bien, mon Seigneur, respondit le Nain. Il se nomme Arcalaus l'Enchanteur. Lors Amadis passa plus oultre, & ieta sa veuë de tous costez, pour voir s'il aperceuroit aucun, mais ce fut en vain : parquoy s'apuyant sur son cheual, demeura coy, iusques sur les vespres qu'il dit au Nain : Que veux-tu que ie face meshuy ceans? Seigneur, respondit il, la nuict aproche, il me semble, pour le meilleur, que nous deuons desloger d'icy. Par Dieu, dit Amadis, ie n'en partiray iusques à ce que le Cheualier vienne, ou quelque autre, qui m'en die nouuelles. Certes, respondit le Nain, si ie puis ie n'y demeureray pas : car ie crains trop qu'Arcalaus me cogneust, & qu'il sçache que ie trauaille pour le faire mourir. Toutesfois, dit Amadis, tu me tiendras compagnie: aussi ie ne me veux excuser du don que ie t'ay promis. Et ainsi qu'ilz deuisoient Amadis auisa vne court plus arriere, dans laquelle il entra & n'y trouua personne : mais il aperceut vn lieu fort obscur, & vns degrez, qui alloient souz terre. A l'heure Gandalin tenoit le Nain qui s'en vouloit fuyr, & prenoit Amadis si grand plaisir à le voir en telle tremeur, qu'en se gaudissant luy dit: Nain, asseure toy, & deualons ces degrez, pour sçauoir qu'il y a là bas. Mon Seigneur, respondit il, pour Dieu mercy, il n'y a chose pour qui i'entrasse en lieu tant espouuentable. Helas! ie vous suplie laissez moy aller : car ie meurs tant i'ay de paour! Si ne partiras tu de ceans, respondit Amadis, que tu n'ayes le don que ie t'ay promis, ou que tu cognoisses le deuoir que i'en feray. Ah, respondit le Nain, ie vous le quite, & m'en tiens pour bien content. Et moy nõ, dit Amadis, pource qu'apres tu pourrois dire que ie t'aye failly de promesse. Seigneur, respondit il, sur ma foy ie vous en quite, & me tiens plus que satisfait : & s'il vous plaist i'atendray vostre retour sur le chemin par ou nous vinsmes. Or y va doncques en bonne heure, dit Amadis, & ie demoureray en ce lieu pour ceste nuict iusques au matin, atendant si le Cheualier viendra. Par ce moyen eschapa pour ce coup le pauure Nain. Adoncq' Amadis deuala les degrez, & estant au plus bas il se trouua en vn lieu plain, si obscur toutesfois, qu'il ne sçauoit quelle part il estoit. Ce nonobstant il ne s'arresta, ains tastonnant çà & là des mains rencontra vne muraille, contre laquelle, en cheminant, il s'apuya : & marchant plus oultre entrevid vne barre de fer, à laquelle pendoit vne clef qu'il prit, & en ouurit vn gros cadenas, qui fermoit vne porte coulisse. Lors ouyt vne voix trop lamentable, qui disoit: Làs, Seigneur Dieu' iusques à quand serons-nous en ceste misere? Helas Mort! que tardes-tu à secourir ceux qui t'apellent pour leur dernier refuge? Adoncq' Amadis s'arresta coy, & escouta vn long temps : mais pour l'heure la voix se teut, au moyen dequoy il continua son chemin & entra dans vne voulte tenant l'escu & l'espée nue au poing. Et passant plus auant, se trou-
-ua dans

ua dans vn grand palais : à l'entrée duquel eſtoit vne lampe ardante , &
ſix hommes armez dormants , ayants ioignant d'eux leurs eſcuz , & chacun vne hache, deſquelles il choyſit la meilleure . Puys, ſans les eſueiller,
paſſa parmy eux:& peu apres il entendit, ce luy ſembla, vne lamentation
nouuelle de quelque perſonne , qui diſoit : Dieu pitoyable & miſericors!
enuoye nous, s'il te plaiſt, la mort pour nous oſter de ceſt enfer. Adoncq'
en plus grand' peine que deuant fut Amadis : car ainſi qu'il eſcoutoit s'eſ-
ueillerent les gardes,l'vn deſquelz dit à l'autre. Leue toy, pren ces verges,
& fay chanter autre muſique à ceſte chetiue creature, qui nous fait rompre noſtre ſomme . A cela ne tiendra , reſpondit il. Puys à l'inſtant ſe leua , & prit vnes verges : mais ainſi qu'il s'acheminoit, il apereeut deuant
luy marcher Amadis, qui l'eſpouenta fort : parquoy, pour s'aſſeürer, demanda: Qui eſt ce, qui paſſe? C'eſt moy, reſpondit Amadis. Et qui es-tu?
dit l'autre. Ie ſuis, reſpondit il, vn Cheualier eſtrange . Qui t'a doncques
mis ceans ſans licence aucune?dit la garde. Perſonne, reſpondit Amadis,
que moy ſeul . Tant pis pour toy , dit la garde : car maintenant tu ſeras
mis auecq' ces malheureuſes gents, qui crient, comme tu peux entendre.
Lors ſe retira, & ferma la porte contre Amadis . Puys eſueillant ſes compagnons , leur dit: Mes amys , maintenant i'ay trouué vn Cheualier , qui
à ſon malheur eſt entré ceans de ſon bon gré . Or me le laiſſe gouuerner,
reſpondit le Geolier, & ſi ie ne le loge pis que les autres, dy mal de moy.
Adoncq' prit ſa hallebarde & vn pauois, puys vint vers Amadis, auquel
il dit : Chetif, ſi tu ne veux mourir iete bas tes armes , ſinon auecques ma
hache ie feray carbonnades de ton corps . Trop fut Amadis ennuyé de
s'ouyr menacer, & luy reſpondit : Tu as raiſon de me cuyder eſpouenter de tes paroles, mais les diables t'eſpouenteront d'auantage : car ie
leur feray preſent de ton ame , qui a ſi longuement maintenu ton meſchant corps en pouuoir de faire tant de maux . Et à meſme inſtant tous
deux leuerent les haches,& porterent leurs coupz tellement, que le Geolier ataignit Amadis ſur ſon heaume, de ſorte, que la hache y entra fort
auant : & Amadis rencontra ſon eſcu de telle force, qu'il le coupa quaſi
oultre, ſi que le Geolier fut contraint ſe deſſaiſir d'eſcu & de hallebarde, & ieter le tout à terre,pour mettre la main à l'eſpée. De laquelle il luy
donna tel coup, qu'il rompit la hante de la hache d'Amadis, & de ce
pas le voulut ſaiſir au corps pour le renuerſer : car il eſtot fort à merueilles . Mais il auint autrement, pource qu'Amadis eſtoit l'vn des plus roydes Cheualiers du monde . Ce nonobſtant le Geolier le tenoit entre ſes
braz, & le preſſoit merueilleuſement, quand Amadis luy donna ſur le
viſage tel coup de poing, qu'il luy rompit les maſchouëres : & de ce coup
le rendit tout eſtendu en la place. Puys, par le trenchant de ſon eſpée, luy
tint la promeſſe qu'il luy auoit faite, luy ſeparant l'ame d'auecq' le corps.
Alors ceux qui les regardoient combatre,eſtimants que le Geolier ne fuſt
mort.

mort, crierent tous à Amadis, que fur fa vie il ne le tuaft, autrement que luy mefmes en mourroit. Ie ne fçay qu'il en auiendroit, refpondit Amadis : mais de ceftuy feray-ie deformais affeuré. Et ce fait remit l'efpée au fourreau, & prit la hache qui eftoit tombée auecq' la targe, & marcha contre ceux qui venoient à luy : lefquelz d'arriuée le chargerent bien roidement. Toutesfois le premier qu'il rencontra tint compagnie à fon compagnon mort, & le fecond femblablement : puys s'adreffa au quart, auquel il rua fi grand coup, qu'il luy fit ployer les genoux à terre, & ainfi qu'Amadis le vouloit tuer, il luy cria mercy, & l'autre qui reftoit femblablement. Mettez bas les armes, dit Amadis, & me monftrez ces gents qui fi fort fe lamentent. Ce qu'ilz firent, & marcherent deuant, ou eftoient les captifz. A' l'heure Amadis le fuyuoit, & entendit encores vne autre voix gemir affez pres de luy. Qui fe plaint leans? dit il. Seigneur, refpondirent les gardes, c'eft vne Dame qui eft en grand' angoiffe. Ouurez la porte que ie la voye, dit Amadis. Adoncq' l'vn des deux courut ou le Geolier gifoit mort, prendre deux clefz, qui pendoient à fa ceinture, & virt ouurir la foffe, ou la Damoyfelle eftoit : laquelle penfant que ce fuft le Geolier, s'efcria : Helas homme, ayez pour Dieu mercy de moy, & me dónez la mort, non pas les martyres que ie reçoy. Ah ah Roy ! dit elle, en foupirant, en mal'heure fu-ie oncques de vous trop aymée, que tant chere m'eft voftre amour. Cefte plainte donna telle compaffion à Amadis, que les larmes luy en vindrent aux yeux, & luy refpondit : Dame, ie ne fuis le Geolier qui vous enferma, mais celuy qui vous ietera hors, fi ie puis. Ah mere pucelle! dit la Damoyfelle, qui eftes vous qui ceans auez peu entrer? Ie fuis vn Cheualier eftrange, refpondit Amadis. Helas, Seigneur, qu'eft deuenu le Geolier & les autres gardes ? Ilz font auecques tous les diables, leurs femblables, refpondit Amadis. Puys commanda à l'vn d'eux qu'il aportaft la lumiere, ce qu'il fit. Lors Amadis auifa la Damoyfelle atachée d'vne groffe chaifne par le col, qui auoit tous fes veftements rompuz, & fi pourriz, que fa chair nue pareffoit en plufieurs endroitz. Et quand elle aperceut qu'Amadis la regardoit en pitié, elle luy dit : Seigneur, encores que ie foye à prefent defnuée de tous biens, fi fut il vn temps que i'eftois riche comme fille de Roy que ie fuis : & pour vn Roy me trouuez-vous en la mifere prefente. Dame, refpondit Amadis, il fault prendre pacience, ce font tours de fortune, que nul ne peult euader ny fuyr : & fi le perfonnage, pour lequel auez tant enduré, eft homme qui rien vaille, & aye moyen, ie fuis feur que cefte grande pauureté fe conuertira de brief pour vous en plus abondante richeffe : & l'ennuy & malayfe qu'auez foufert, en ioye & repos. Puys luy fit tirer la chaifne du col, & commanda qu'on luy aportaft quelque acouftrement pour la couurir : parquoy celuy qui portoit les chandelles courut querir vn manteau d'efcarlate, qu'Arcalaus auoit puys n'a gueres donné à fon Geolier, qu'il ieta fur la Damoyfelle. Ce

fait

fait Amadis la prit par la main, & la conduir hors de ce lieu tenebreux:
la perſuadant qu’elle n’euſt plus de crainte d’y retourner , ſi premier il
ne perdoit la vie . Et ainſi cheminans vindrent ou le Geolier & ſes compagnons giſoient morts , leſquelz auiſez par la Dame commença à dire:
Ah mains cruelles ! quantes playes & diuers tourmens vous m’auez fait
ſouffrir , & à maintz autres,qui ſont ceans,ſans l’auoir merité!& encores
que voz corps à preſent n’en peuuent receuoit vengeance , voz ames
malheureuſes,qui vous ſouſtenoient,en puiſſent à iamais ſouffrir. Dame,
dit Amadis, tandis que i’yray deliurer les autres , ie vous donneray en
garde à mon Eſcuyer . Et ce diſant, ainſiqu’ilz eſtoient ſouz la porte cou-
liſſe , ſuruint vn des autres gardes, qui diſt à celuy qui portoit les chan-
delles:Arcalaus demande ou eſt le Cheualier qui eſt entré ceans, & s’il eſt
mort, ou pris . A‘ ceſte parole celuy qui alloit deuant eut ſi grand peur,
qu’il ne ſceut aucunement reſpondre, & laiſſa tomber les chandelles:leſ-
quelles Amadis fit releuer,luy diſant:Paillard,crains-tu éſtant en ma garde?marche deuant.Lors monterent les degrez & ſaillirent en la court, ou
ilz aperceurent la plus part de la nuiċt eſtre ia paſſée . La Lune eſtoit lors
claire, & le temps ſerain: parquoy la Damoyſelle ſentant l’air & voyant le
ciel,fut remplie de telle ioye que ſe mettant à genoux deuant Amadis luy
dit: Ah,bon Cheualier ! Dieu te gard, & te rende le bien que par toy ie
reçoy, me ietant hors de ces tenebres. Adoncq’ Amadis regarda ou il
auoit laiſſé Gandalin , & voyant qu’il n’y eſtoit plus , ſoupçonna & eut
grand crainte de l’auoir perdu. Puys diſoit en ſoymeſmes : Si le meilleur
Eſcuyer du monde eſt mort, par dieu i’en prendray telle & ſi cruelle vengeance, ſi ie vy, qu’oncques n’en fut de telle . Mais ainſi qu’il eſtoit en
ceſt ennuy, entendit aucun crier : parquoy courut celle part, ou il trouua
le Nain, qui ſ’eſtoit le ſoir party de luy,pendu par vne iambe à vne groſſe piece de boys : & au deſſouz de luy vn feu plein de bien puantes &
mauuaiſes odeurs, & aſſez pres Gandalin, qui ſemblablemeut eſtoit lyé
à vn arbre, vers lequel il ſe print à courir pour le ſecourir. Mais il luy eſcria, que le Nain en auoit trop plus de haſte, & qu’il luy aydaſt : ce qu’il
fit, coupant les cordes qui le tenoient en l’air, & en le ſouſtenant d’vn
bras le mit à terre . Autant en fit à Gandalin, luy diſant: Certes, amy, qui
conques t’a mis icy ne t’auoit en l’eſtime que tu merites . Et pource qu’il
vouloit retourner deliurer les autres , delibera mettre hors du chaſteau la
Damoyſelle:ce que voulât faire trouua les portes fermées. Au moyen dequoy,atendant que la nuiċt ſe paſſaſt, ſe retira en vn coing de la court, &
ſ’aſſit ſur vn poſteau,ioignant de la Damoyſelle acompagné des deux
gardes, du Nain, & de Gandalin . Et ainſi qu’ilz deuiſoient, Gandalin
luy monſtra vn lieu, ou il auoit veu mener vn cheual : au moyen dequoy Amadis couuoiteux de le voir vint à l’huys , lequel il trouua fermé.
Mais il donna du pied contre ſi rudement, qu’il l’enfonça, & y trouua ce
cheual

cheual sellé, & bridé, sur lequel il monta, atendant le iour & la venue
d'Arcalaus: lequel il sçauoit estre arriué dans le chasteau, par ce que luy en
auoit dit Gandalin & le Nain. Et ce pendant se mit à deuiser auecq' la Damoyselle, luy demandant qui estoit le Roy qu'elle aymoit tant, & pour
lequel elle auoit receu le mal qu'elle disoit. Seigneur, respondit elle, estant
Arcalaus auerty de l'amytié qui me portoit le Prince que i'ayme si loyaument, & duquel Arcalaus est mortel ennemy : pensa que mieux ne
se pourroit venger de luy, que de me priuer de sa presence, estimant que
cest ennuy luy seroit plus grand que nul autre. Au moyen dequoy il me
vint rauir, estant auecq' maintz grands personnages, lesquelz perdirent
moyen de me secourir par l'enchantement que leur fit ce trahistre : car à
l'instant ilz ne sceurent que ie deuins, pource que ie fu enuironnée dans
vne nuéé si obscure, qu'il ne leur fut possible me pouoir suyure en ce lieu
obscur, ou ie fu des l'heure mise, & oncques puys n'en party iusques à ce
que vous m'en auez retirée. Et me disoit ce meschant en m'y conduisant,
qu'il se vengeroit de mon amy & de moy par vn mesme moyen : moy
pauure endurant ceste peine, & luy l'ennuy de me voir absente, sans qu'il
sceust ou. Dame, dit Amadis, ie vous prie me nommer celuy, duquel vous
parlez. C'est le Roy Arban de Norgales, respondit la Damoyselle, que
peult estre vous cognoissez. Helas, mon Dieu, dit Amadis, ie le puis bien
cognoistre: car ie l'ayme sur tous autres: & certes i'ay maintenant moins
de pitié de vous que ie n'auois parauant, considerant que ce que vous auez
enduré a esté pour l'vne des meilleures personnes de ce móde, qui mieux
vous en satisfera, tellement qu'en vous rendant double ioye, vostre honneur & volunté seront contentez. Et continuant ce propos, la nuict se passa & s'aparut le iour. Lors Amadis auisa vn Cheualier estant apuyé
sur vne fenestre qui luy demenda: Est ce vous qui auez occis mon Geolier
& mes gents? Cóment? luy respondit Amadis, estes vous celuy qui si mes-
chamment faites mourir Cheualiers, & forcez Dames, & Damoyselles?
Par dieu vous estes bien l'vn des plus lasches paillardz, dont i'ouysse oncques parler. Encores ne sçauez-vous tout ce qui en est, dit Arcalaus: mais
de brief vous en aurez l'experience, & vous osteray deformais l'enuie
d'amander chose que ie face, soit à droit, ou à tort. Et ce disant, se retira de la fenestre, & de là ne tarda gueres à venir en la court, bien armé
de toutes pieces, & monté sur vn grand cheual bay. Or estoit cest Arcalaus duquel ie vous parle, l'vn des plus grands Cheualiers du monde, sans
estre Geant : parquoy quand Amadis le vid de ceste taille, il estima bien
qu'il deuoit auoir en luy grand' force. Lors Arcalaus, voyant qu'il le regardoit, luy dit: Qui te meut, beau sire, de tant me regarder? Ie pensoys, respó
dit Amadis, que selon ta grandeur tu deurois estre homme cheualereux : mais tes peruerses œuures & gande desloyauté te rendent meschant tout oultre. Vrayement, dit Arcalaus, ie suis bien tenu à fortune,

qui t'a

qui t'a amené ceans pour me faire ce beau fermon? Or ne cauſe point tant,
& te defen. Lors baiſſerent leurs lances, & ſe donnerent dans les eſcuz, ſi
que les eſclatz vollerent en l'air: puys ſe ioignirent de corps & de cheuaux
ſi lourdement, qu'ilz tomberent tous deux en la place. Mais ilz ſe releuerent legierement, & commença entr'eux le combat aux eſpées ſi cruel,
que merueilles : toutesfois l'adreſſe d'eux deux, l'ardant deſir de vaincre,
& la magnanimité de leurs courages les fit durer par longue eſpace, &
tant, qu'Arcalaus ſe tira à coſté, diſant à Amadis: Cheualier, tu es en hazard de mort, & pource que ie ne ſçay qui tu es, dy le moy, à ce que t'ayant
fait mourir, ie ſçache conter ta temerité d'eſtre ainſi entré ceans. Ma mort,
reſpondit Amadis, eſt en la volunté de Dieu, lequel ie crains, & la tienne
eſt en celle du diable, qui ſe faſche de plus t'ayder : & veult que le corps
que tu as ordonné à tant de malheurtez, periſſe à l'inſtant auecq' ton ame.
Mais puys que tu veux ſçauoir mon nom, ie t'auiſe que l'on m'apelle A-
madis de Gaule, Cheualier de la Royne Briſene, pourtant deſormais fi-
niſſons propos, & recommençons le combat : car de ma part ie n'eſpere
plus te laiſſer en paix. A' ceſte parole Arcalaus redreſſa ſon eſcu, & ayant
ſon eſpée au poing vint charger Amadis, qui luy ſçauoit aſſez rendre ſon
retour: & ſi ſouuent, que la place fut à l'inſtant ſemée de pieces de leurs eſcuz, & des mailles de leurs hauberts. Deſia eſtoit l'heure de tierce, & auoit
Arcalaus beaucoup perdu de ſang, quand de toute ſa force rua ſur l'armet
d'Amadis, tel coup, que pour la roideur d'iceluy il s'engourdit le bras, &
luy ſortit l'eſpée du poing, laquelle cuydant releuer, ainſi qu'il ſe baiſſoit,
Amadis le pouſſa ſi rudement, qu'il luy fit donner du nez à terre, & ſe
voulât reſourdre le chargea de la ſienne, de ſorte qu'il l'eſtourdit à demy.
Ce nonobſtant ſe ſentant en danger de mort, ſe mit à fuyr vers le palais,
d'ou il eſtoit n'a gueres ſorty : parquoy Amadis, pour luy augmenter ſa
paour, le ſuyuit de ſi pres, qu'ilz entrerent au dedans peſle meſle. Touteſfois Arcalaus ſe retira à coſté en vne chambre, à la porte de laquelle l'a-
tendoit vne Dame, qui regardoit leur combat: & auſſi toſt qu'il y fut entré prit vne autre eſpée, & retourna vers Amadis à qui il dit: Entre maintenant & acheuons noſtre combat. Ce palais eſt plus ſpacieux & mieux à
propos, reſpondit Amadis. Si ne ſortiray-ie pas de ceans pour ton plaiſir,
dit Arcalaus. Comment? reſpondit Amadis, cuydes-tu par ce moyen eſchaper? & mettant l'eſcu au deuant de ſoy entra en la chambre. Mais ainſi
qu'il cuydoit leuer l'eſpée pour le fraper, perdit entierement ſa force, a-
uecq' le ſentiment de tous ſes membres, & tomba à terre comme mort.
Vrayement, dit Arcalaus, c'eſt le moyen pour te faire mourir comme ie le
deſire. Or dors, tant que ie te reueille. Et vous Dame, dit il, à celle qui les
regardoit, à voſtre auis, me puis-ie maintenant bien venger de luy ? Oy
vrayement, reſpondit elle, il eſt du tout à voſtre commandement. Lors le
fit deſarmer, comme celuy qui ne ſentoit choſe que l'on luy fiſt, & s'arma

N

de ſes

de ſes armes , puys dit à la Dame: Dame , gardez ſur voſtre vie que nul ne
le remue d'icy, tant que l'eſprit luy ſoit party du corps. Puys retourna à la
Court, ou chacun qui le vid armé des armes d'Amadis penſa qu'il l'euſt
occis: meſmes la triſte Damoyſelle, qui nouuellement eſtoit ſortie de priſon, laquelle ſe prit à faire le plus grand dueil du monde. Vous pouuez
penſer quelle eſtoit la contenance de Gandalin. Quand Arcalaus aperceut
la Damoyſelle tant ſe contriſter, il luy dit: Dame, cherchez quelque autre
qui vous deliure de priſon: car de celuy qui vous en tira me ſuis tresbien
depeſché. A'ceſte parole Gandalin ſe cuyda deſeſperer , & ſe ieta à terre
comme hors du ſens. Lors Arcalaus apella la Damoyſelle, & luy dit: Venez auecq' moy , ſi verrez comme meurt ce malheureux , qui contre moy
oſa combatre. Lors luy fut móſtré Amadis. Et bien, Damoyſelle, que vous
en ſemble ? eſt il en ordre ? Lors la pauurette le voyant en ſi piteux eſtat, à
force de larmes ſe mit à renforcer ſon dueil, criant piteuſement : Helas,
bon Cheualier ! combien grande & ennuyeuſe ſera voſtre mort à beaucoup ! Mais ainſi qu'elle ſe lamentoit, Arcalaus dit à ſa femme : M'amye,
incótinent que ce chetif ſera mort, r'enuoyez la Damoyſelle en la priſon,
ou elle eſtoit n'a gueres: car ie m'en vois en la court du Roy Liſuart, declarer comme ie me ſuis combatu contre Amadis, par cóuenant, que le vaincueur tailleroit la teſte au vaincu, & dedans quinze iours apres viendroit
en la grand' Bretaigne publiquement le manifeſter . Par ainſi nul ne me
pourra quereller ſur ſa mort, & ſi obtiendray la plus grand' gloire du
monde, ayant vaincu celuy qui vaincoit tous autres. Puys retournant ou il
auoit laiſſé Gandalin & le Nain, commanda les mettre en priſon : touteſfois Gandalin qui deſiroit mourir, penſant que ſon maiſtre fuſt ia expiré,
ne vouloit aucunement marcher, ains crioit que l'on le tuaſt. Et pour à ce
eſmouuoir Arcalaus, l'apelloit trahiſtre, & meſchant d'auoir fait mourir
le plus loyal Cheualier du monde. Ce nonobſtant , Arcalaus n'en faiſoit
conte: & pource qu'il faignoit à marcher, le fit traiſner par les cheueux, &
mettre en la foſſe. Car ſi ie te faiſois maintenát occire, diſoit il, tu n'aurois
plus de peine : & là dedans receuras du mal pire que la meſme mort . Ce
fait monta Arcalaus ſur le cheual d'Amadis, ayant auecq' luy trois Eſcuyers, puys prit le chemin pour aller en la court du Roy Liſuart.

Comme Amadis fut enchanté

par Arcalaus, lors qu'il voulut deliurer la Dame Grindaloia
de priſon, & autres: puys eſchapa de ſes enchantements, par l'ayde d'Vrgande.

Chapitre   XX.

La Da-

L A Damoyſelle Grindaloya, qu'Amadis auoit miſe hors
de priſon, ſe lamentoit ſi pitoyablement pour luy, que
c'eſtoit pitié: & diſoit à la femme d'Arcalaus, & à celles
de ſa compagnie: Helas, mes Dames, ne voyez vous la
grand' beauté de ce Gentilhomme, lequel en ſi ieune
aage fut l'vn des meilleurs Cheualiers du móde?Mal'en
contre ayent ceux qui par enchantement ſçauent porter tel dommage à
preud'hommes.O' Seigneur Dieu!cóment les pouuez vous ſi longuemét
ſouffrir? Mais la femme d'Arcalaus (qui d'autant que ſon mary eſtoit en-
clin à vice & cruauté, eſtoit vertueuſe & pitoyable, & auoit grand ennuy
en ſon ame des maux qu'il faiſoit, ſi que continuellement en ſes prieres
ſuplyoit à Dieu de l'amender) conſoloit la Damoyſelle le mieux qu'elle
pouuoit. Et ainſi qu'elles eſtoient deuiſans, vót entrer par la porte du palays deux autres Damoyſelles, portans chacune d'elles en leurs mains
grand' quantité de chandelles allumées, qu'elles atacherent aux cantons
de la chambre, ou Amadis giſoit en la preſence de la femme d'Arcalaus &
autres: leſquelles ne ſ'euſſent peu pour l'heure mouuoir en aucune maniere du lieu ou celles qui portoient les chandelles les auoient trouuées.
Lors l'vne des Damoyſelles nouuellement arriuée tira d'vn coffret qu'elle
portoit ſouz le bras vn liure, auquel elle commença à lire: & quelque
foys vne voix luy reſpondit.Et continuant la lecture dedans la chambre,
pluſieurs antres voix luy reſpondoient:& ſembloit certainement qu'elles
fuſſent plus de cent. Puys ſ'aparut vn autre liure voltillant parmy la
chambre comme ſi le vent l'euſt porté: lequel ſe vint rendre aux piedz de
la Damoyſelle liſante, qui le prit, & le mit en quatre parts, puys le fit ar-
dre aux quatre coings de la chambre: ou les chandelles bruſloient.Ce fait
retourna vers Amadis, qu'elle ſouzleua par la main dextre, luy diſant:
Seigneur Amadis,leuez vous, vous auez trop longuement dormy à mal-
aiſe. Auſsi toſt ſ'eſueilla Amadis, & en ſurſault ſe prit à crier: Helas! ou
ſuis-ie?Ie m'eſbahis cóme ie vy! Certes, reſpondit la Damoyſella, tel perſonnage que vous ne doit aiſi mourir:pluſtoſt permette Dieu que par vo-
N ii ſtre main

ſtre main fuſſent mortz ceux qui mieux le meritent . Adoncq' les deux
Damoyſelles eſtrangieres,ſans autre propos , reprindrét le chemin qu'elles eſtoient venues , & demeura Amadis fort eſtonné de ceſte ſurpriſe,
cherchant Arcalaus . Mais il fut auerty par Grindaloya , comme il ſ'en e-
ſtoit allé à la court duRoy Liſuart armé de ſes armes,& móté ſur ſon cheual,faire entendre qu'il l'auoit occis au combat.Puys luy recita, comme il
auoit eſté enchanté.I'ay bien ſentu,reſpódit Amadis ,qu'il me deſarmoit:
mais ſur ma foy ie penſoys ſonger : toutesfois, puys qu'il a pris mon harnois,le ſien me ſeruira pour ceſte heure . Parquoy r'entra en la chábre ou
Arcalaus ſ'eſtoit deſarmé , ou il trouua les armes qu'il auoit laiſsées, deſquelles il ſ'arma: puys ſortit du palays demádant à Grindaloya qu'eſtoiét
deuenuz Gádalin & ſon Nain.Ilz ont eſté mis en priſon, dit elle.Ah! reſpondit Amadis, mal'encontre puiſſe auoir le meſchant qui ſi mal les a
traitez.Puys dit à la femme d'Arcalaus:Dame, ie vous laiſſe ſur voſtre vie
ceſte Damoyſelle en garde,tant que ie ſois de retour,& deuala les degrez.
Et ainſi qu'il entra en la court baſſe,& que les gens d'Arcalaus l'aperceurent c'eſtoit plaiſir que de les voir fuyr: car ilz ſ'eſcarterent de tous coſtez.
Mais Amadis, qui ne les cherchoit, les laiſſa courre , & ſ'en alla aux priſons,qui eſtoient fort obſcures , & pleines de triſtes captifz. Et pour vous
declarer quelles elles eſtoient, entendez que c'eſtoit vne vóulte,ayant bié
cent toyſes de long,vn pied & demy de large ſeulement , ſans air ou clarté aucune: &,qui pis eſt,ſi pleine de priſonniers, qu'ilz n'euſſent peu eſtre
autrement que debout. Quand Amadis fut dedans, il apella Gandalin,
lequel eſtoit pis que mort:toutesfois entendant la voix de ſon maiſtre cómença à fremir.Mais il ne pouuoit comprendre que ce fuſt il,pource qu'il
cuydoit eſtre ſeur de ſa mort:puys quelque fois penſoit en ſoy,ſ'il reſuoit,
ou ſ'il eſtoit enchanté . Amadis ce pendant eſtoit en grande peine d'autant que Gandalin ne luy reſpondoit aucunement,& n'en pouuoit auoir
nouuelles : parquoy de plus fort en plus fort ſe debatoit, & apelloit à
haulte voix: Gandalin,ou es-tu, que tant me trauailles ! reſponds ie te ſu-
plie.Mais c'eſtoit pour neant,car Gandalin n'euſt ſceu parler. Lors Amadis ne ſçachant plus que faire ſ'adreſſa aux autres , leur diſant: Mes amys,
pour Dieu dites moy ſi l'Eſcuyer qui n'a gueres a eſté amené ceans eſt
mort,ou non? Le Nain cognent lors Amadis à la parole : parquoy il luy
eſcria : Helas ! mon Seigneur, nous voicy tous deux encores en vie,com-
bien qu'aſſez nous ayons ſouzhaité la mort. Quand Amadis l'entendit , il commanda allumer les chandelles,qu'il trouua ioignant vne lampe ardante,qui donnoit clarté à l'entrée de la foſſe : puis entra plus auant
& vint trouuer Gandalin , lequel il fit auſsi toſt ſortir hors, & les autres
ſemblablement . Lors les triſtes captifz deſperez peu deuant de toute liberté , ſe voyans tirer de ſi grande miſere, commencerent à dire à haulte
voix:Ah a bó Cheualier! IESVS CHRIST qui des enfers ſes ſeruiteurs deliura.

liura, te vueille sçauoir gré du bien & secours que tu nous as fait. Et quand
ilz sentirent l'air de la court, & virent la clarté du iour, se mirent tous
à genoux leuant les mains au ciel, & rendirent louanges à Dieu, qui a-
uoit tant donné de force à si gentil personnage, pour les tirer de lieu
si desordonné. Ce que voyant Amadis, mesmes leurs visages maigres,
pasles & defaitz, tenants plus du mort que du vif, en eut pitié & ioye
extreme : mesmes que de cent quinze prisonniers qu'ilz estoient, s'en
trouua trente Cheualiers, sur lesquelz Amadis ieta l'œil. Et comme il les
contemploit les vns apres les autres, il en choysit l'vn de tous, lequel
nonobstant sa pauureté & foyblesse, se monstroit de plus belle taille que
nul des autres. Cestuy voyant qu'il estoit regardé de bon œil, s'auança
& dit à Amadis : Seigneur, qui dirons-nous qui nous à fait ceste grace &
heureuse deliurance de l'obscure & espouentable prison ? Ie le vous diray
de bon cueur, respondit il. Ceux qui me cognoissent m'apellent A-
madis de Gaule filz du Roy Perion, Cheualier de la Royne Brisene, & ser-
uiteur domestique du Roy Lisuart son mary : qui cherchant vn Cheualier, ay esté amené ceans par vn Nain, auquel i'auois promis vn don. Helas! Seigneur dit l'autre ie suis aussi Cheualier, & de la maison mesmes
de ce bon Roy, qui bien me cognoist, & la plus part des siens : auecq' lesquelz ie me suis veu en plus d'honneur qu'a present. En bonne heure,
respondit Amadis. Certes, dit le Cheualier, au partir de la Court oncques puis n'y fu-ie, ie vins tomber en la misere, de laquelle vous m'auez
racheté. Quel est vostre nom ? respondit Amadis. Brandoyuas, dit il,
Quand Amadis l'entendit nommer, il luy souuint d'auoir ouy souuent
parler de luy : parquoy il courut l'embracer, luy disant : Dieu soit loué
quand il m'a tant fauorisé de me donner moyen de vous deliurer & ces
autres aussi de tant malheureux lieu. Vous asseurant, encores qu'oncques ie ne vous aye veu iusques à present, si ay-ie souuent entendu du
Roy & d'autres la preud'hommie & valeur, qui est en vous, qui leur causoit vn merueilleux ennuy de vostre longue absence. A' peine eut il acheué ce propos, que le reste des prisonniers luy dirent : Seigneur, l'obligation grande que nous auons en vous, nous commande tant à estre vostres
que nous sommes entierement deliberez d'obeïr à ce qu'il vous plaira
nous ordonner. Mes amys, respondit Amadis, face vn chacun ce qu'il
auisera pour le mieux. Seigneur, dirent ilz, encores que ne nous cognoissez, ne sçauez de quel païs nous sommes, nous vous cognoissons
tous, pour vous seruir quand il vous plaira, & qu'entendrons qu'aurez
besoing, sans que vous nous mandiez. Puys luy baisans les mains, prindrent congé de luy, suyuant tel chemin qu'ilz voulurent eslire, tellement
que de toute la troupe ne demeura auecq' Amadis que Brandoyuas &
leurs Escuyers qui s'en allerent vers la femme d'Arcalaus : à laquelle Amadis dit : Dame pour l'amour de vous, & de ces autres femmes, ie differe

N iii   à mettre

à mettre le feu ceans, combien que la meschanceté de vostre mary me donne ocasion de faire le contraire : mais pour le respect de la courtoysie que les Chevaliers doiuét aux Dames, ie remetz le tout pour le present. La Dame en pleurât, luy respondit : Helas mon seigneur, Dieu soit tesmoing de la douleur & ennuy que mon ame sent, de ce que Arcalaus mon seigneur fait : ce nonobstant ie ne puis autre chose, sinon luy estre obeïssante comme femme à mary, & prier Dieu pour luy, toutesfois en vous est de me faire ce qu'il vous plaira. Ce que ie feray, dit Amadis, est ce que desia ie vous ay dit. Au demeurant, ie vous prie donner à ceste Dame Grindaloya quelque riche acoustrement : car elle est de maison qui le merite : & au Chevalier, vnes armes pour les siennes qui ceans luy furent ostées, & vn cheual aussi. Neantmoins, si vous vous sentez greuée de ma requeste faites en moins : mais quant à moy, i'emporteray le harnoys d'Arcalaus pour le mien, & son cheual pour celuy qu'il m'a desrobé. Bien vous auise, que i'aymerois mieux l'espée qu'il m'a ostée, que tout le reste. Seigneur, dit la Dame, vostre demande est tant raisonnable, qu'outre le pouuoir, que vous auez ceans, vostre honnesteté seule, sans autre moyen, m'oblige de faire ce que vous me commandez. Lors enuoya querir les mesmes armes de Brandoyuas, & luy fit deliurer vn Cheual. Quant à la Damoyselle, elle la mena en sa chambre, ou elle luy donna vn tresbon acoustrement : puys retourna vers Amadis qu'elle pria tresinstamment, que deuant que partir il luy pleust menger quelque peu, ce qu'il luy acorda. Et à ceste cause furent aportées les meilleures viandes qu'elle peult finer : mais de haste qu'auoit Grindaloya à sortir, n'en peult oncques gouster. Dequoy Amadis, & Brandoyuas se mirent à rire, & encores plus du Nain qui d'effroy estoit si pasle, & tant deffait, qu'il luy eust esté impossible sçauoir seulement proferer vne seule parole. Parquoy Amadis : en se moquant, luy dit : Veux-tu, Nain, que nous atendons ceans Arcalaus, & ie te donneray le don que tu m'as demandé ? Mon seigneur, respondit il, tant me couste cher la requeste que ie vous fis, que de ma vie, à vous, ny a autre ne m'auentureray d'en faire de telle. Et pour Dieu sortons d'icy deuât que ce diable y retourne ! car ie ne me peux soustenir sur ceste iambe qu'il m'auoit liée : &, qui pis est, i'ay les narines tant pleines de soulfre, & de puanteur, qu'oncques puys ie ne cessay d'esternuer. Grande fut la risée de la compagnie : & apres qu'ilz eurent repeu. Amadis commandant à Dieu la femme d'Arcalaus, monta à cheual auecq' sa compagnie. Toutesfois la bonne Dame luy dist au desloger : Seigneur, Dieu vueille par sa grace mettre paix entre vous, & mon mary. Certes Dame, respondit il, encores que ie ne la desire auecq' luy, auecq' vous l'auray-ie, pource que le meritez. Et telle fut depuys la fortune que ceste parole vint en effait, & profita grandement à la Dame, ainsi qu'en quelque endroit de ceste histoire vous sera recité : Lors partirent du chasteau d'Arcalaus, & cheminerent tant que

la nuict

la nuict les contraignit loger en la maiſon d’vn Vauaſſeur, qui en eſtoit à
cinq lieuës, lequel leur fit tresbon recueil : puys le lendemain apres auoir
ouy meſſe & renduz les grans merciz à leur hoſte, reprindrent leur chemin. Lors dit Amadis à Brandoyuas : Mon grand amy, ie ſuis entré en la
queſte d’vn Cheualier, ainſi que ie vous ay dit : & croy que auriez peu
de plaiſir de me ſuyure, pourtant il ſeroit bon que nous departiſsiõs. Seigneur, reſpondit il, i’yrois voluntiers à la court du Roy Liſuart : toutesfois, s’il vous plaiſt, ie vous tiendray compagnie. Il n’en eſt ia beſoing, dit
Amadis, pource que ie ſuis contraint d’aller ſeul, incontinént que i’auray mis ceſte Damoyſelle en lieu ſeur, cõme elle deſire. Seigneur, reſpondit elle, ie ſuiuray ce Gentilhõme, s’il vous plaiſt, & à luy auſsi, puys qu’il
va à la court du Roy Liſuart : car i’eſpere y trouuer celuy, pour lequel ie
fu miſe priſonniere, qui ſera (comme ie ſuis ſeure) treſaiſe de m’auoir recouuerte. De par Dieu ſoit, dit Amadis, allez doncq’, & à Dieu vous com-
mands. Ainſi ſe departirét. Or ne reſtoit plus auecq’ Amadis que le Nain,
auquel il demanda : Et toy, que veux-tu deuenir ? Mon ſeigneur, dit il, ie
feray ce qu’il vous plaira. Ce qu’il me plaiſt, reſpondit Amadis, eſt, que tu
faces ce que tu voudras. Mon Seigneur, dit le Nain, puys que vous en remettez en moy, ie veux demeurer voſtre, pour vous ſeruir, s’il vous eſt a-
greable : car pour le preſét ie ne pourroistrouuer auecq’ qui ſçauoir mieux
viure. Si tu le veux, reſpondit Amadis, i’en ſuis content, & te reçoy.
Lors prindrent leur chemin comme la fortune les voulut conduire. Mais
il ne tarda gueres qu’ilz rencontrerent l’vne des Damoyſelles qui l’auoit
deſenchanté, laquelle pleuroit amerement : parquoy Amadis compaſ-
ſionné de ſon pleur, luy en demanda la cauſe. C’eſt, dit elle, vn Cheualier, qui deuant nous chemine, lequel m’a par force oſté vn petit coffret
qui m’eſt de grande conſequence, ſans qu’il luy puiſſe en rien profiter,
combien qu’il y ayt telle choſe dedans, que depuys troys iours vne mienne compagne & moy, en auons garanty de mort le meilleur Cheualier
du monde : & celle de qui ie vous parle eſt menée par force par vn autre Cheualier, qui marche deuant nous, pour la violer. Or entendez que
ceſte Damoyſelle, qui parloit à Amadis, ne le cognoiſſoit pour lors : car il
auoit armet en teſte. Mais quand il entendit que le Cheualier emportoit
par force le coffret d’elle, il piqua ſi roydement, qu’il l’ataignit, & d’arriuée luy dit : Cheualier, vous ne faites courtoyſie, donnant ocaſion à ceſte
Damoyſelle d’ainſi ſe plaindre de vous, & me ſembleroit meilleur que ceſ
ſant ceſte façon de faire, vous luy rendiſsiez le coffret, que luy auez oſté.
Quand le Cheualier l’entendit ainſi parler il ſe prit à rire. Dequoy riez
vous? dit Arcalaus. De vous, reſpõdit le Cheualier, que ie n’eſtime ſage de
donner conſeil à qui ne le vous demãde, & moins eſpere faire ce que vous
pourchaſſez. Il pourroit bien eſtre, dit Amadis, qu’il ne vous en prendra ia bien, & me ſemble que deuez rendre ce qui n’eſt voſtre. Vous me

N iiii   menacez

menacez, refpondit le Cheualier. Non pas vous, dit Amadis:mais voftre grande audace, qui vous fait mettre la force ou elle ne deüroit eftre. Eft il vray? refpondit le Cheualier. Et ce difant courut pendre l'archer en vn arbre,puis retourna à Amadis,& luy dit:Si voftre braueté eft telle que les paroles, venez le donner à cognoiftre & en receuoir fon loyer. A' l'inftant courut contre Amadis, lequel defia fe fentoit outragé de fa menace, & luy donna fur l'efcu tel coup de lance, qu'il le fauça, non pas le harnois, qui eftoit bien aceré. Lors Amadis qui ne luy vouloit faillir, l'ataignit de telle forte,qu'il le defarçonna, & le porta du cheual bas fi lourdement,qu'il ne fe peut pour l'heure releuer? parquoy Amadis alla prendre le coffret, & le rendit à la Damoyfelle, luy difant: Damoyfelle mamye, demourez cy tandis que i'yray fecourir voftre compagne. Puys donnant des efperons au cheual, courut fecourir l'autre,que le Cheualier emmenoit, lequel il ataignit affez toft fouz aucuns arbres, ou il auoit ataché fon cheual, & le pallefroy de la Damoyfelle: laquelle il traynoit par les cheueux en vn fort taillis,pour la forcer & en faire fon plaifir. Mais elle cryoit tant qu'elle pouoit:Trahiftre, de malle mort puiffes-tu mourir qui fans t'auoir fait offenfe me fais tant d'outrage. Et ainfi que le Cheualier fe penoit de la faire entrer dans le boys, il aperceut Amadis qui venoit au grand gallot vers luy:& à cefte caufe laiffa la Damoyfelle, & courut prendre fes armes & monter à cheual.Puys s'aprochant luy efcria:Par dieu,Cheualier, en mal'heure pour vous m'auez vous deftourné de faire ma volunté. Telle volunté, refpondit Amadis, qui fait perdre l'honneur,puiffe dieu confondre. Certes, dit le Cheualier,fi ie n'en fçay prendre vengeance, ie ne porteray iamais harnoys. Le monde y perdra beaucoup, refpondit Amadis, puys que vous en fçauez fi vilainement aouftrer & prendre ainfi à force les Damoyfelles, qui doiuent, en tout honneur & liberté eftre maintenues, mefmes par tous loyaux Cheualiers, A' peine eut Amadis mis fin à ce propos,qu'ilz bailferent les lances, & fe rencontrerent de telle furie,que le Cheualier rompit la fienne: & Amadis luy fit perdre les arçons, & tomber à terre fi lourdement, que pour la pefanteur du corps & des armes il s'efuanouyt, & fans fe mouuoir demeura eftendu en la place. Ce que voyant Amadis pour l'acheuer de tuer luy fit plufieurs foys paffer fon cheual par deffus le ventre en luy difant: De cefte forte perdrez vous l'enuie que vous auez de forcer les Dames: & vous, Damoyfelle,ie croy que deformaisvous n'aurez defplaifir de luy.En bonne foy,Seigneur,vous dites vray,refpondit elle:que pleuft à Dieu,que ma compagne à qui l'on a ofté vn coffret, fuft aufsi bien deliurée que ie fuis. Par dieu, dit Amadis, c'eft la premiere que i'ay rencontrée, & la premiere de vous deux que i'ay fecourue,fi bien,qu'elle a recouuert ce que l'ó luy auoit ofté, & voicy mon Efcuyer qui la conduit.Et pource que la chaleur eftoit grande,Amadis,pour prendre l'air,ofta fon armet.Lors la Damoy-

felle le

felle le recogneut:car c’eftoit elle qui au retour deGaule l’auoit mené àVr-
gāde la Defcogneuë,quand il tira par force d’armes fon amy du chafteau
de Baldoid,& à cefte caufe elle luy ramentut.Parquoy il en fouuint aufsi
toft à Amadis, lequel mettant pied à terre vint l’embracer: & ainfi qu’il la
careffoit,l’autreDamoyfelle arriua,à laquelle il fit le femblable.Helas! dirent elles, fi nous eufsions penfé auoir vn tel protecteur, nous eufsions eu
peu de crainte des mefchants qui nous ont tant fait de mal. Et fur ma foy
le fecours que nous vous auons donné depuys deux iours,nous eft tresbiē
recompenfé.Si y a il bien difference,refpondit il, car i’eftois en trop plus
d’extremité que vous : mais dites moy comme il fut pofsible que vous le
fceuftes?Seigneur(refpondit celle,qui par la main le leua quand il fut def-
enchanté) ma tante Vrgande me commanda,il ya bien huict iours,que ie
miffe peine d’eftre au chafteau d’Arcalaus à l’heure que nous y arriuafmes
pour vous deliurer.Dieu gard de mal tant bonne Dame,refpondit Amadis,qui m’a fi fouuét obligé à luy eftre à iamais obeïffant feruiteur:&vous
Damoyfelles,qui au befoing m’auez fi bien fecouru,regardez fi auez plus
affaire de moy. Seigneur, refpondirent elles,reprenez, f’il vous plaift, le
chemin que vous auez laiffé, & nous en yrós le noftre.Or allez àDieu,dit
il.mais ie vous prie,ayez fouuenance de faire mes humbles recommandations à la bonne grace de voftre maiftreffe, & luy dites, qu’elle fçait bien
que ie fuis fon Cheualier. Ainfi fe feparerent les Damoyfelles d’vn cofté,
& Amadis de l’autre. Parquoy nous continuerons le propos que deuint
Arcalaus, depuys qu’il fut party de Valderin.

Comme Arcalaus porta nouuel-

les à la court du Roy Lifuart, qu’Amadis, eftoit mort, qui
fut ocafion de maintes lamentations & regretz
que firent fes amys , fpecialement la
Princeffe Oriane.

Chapitre XXI.

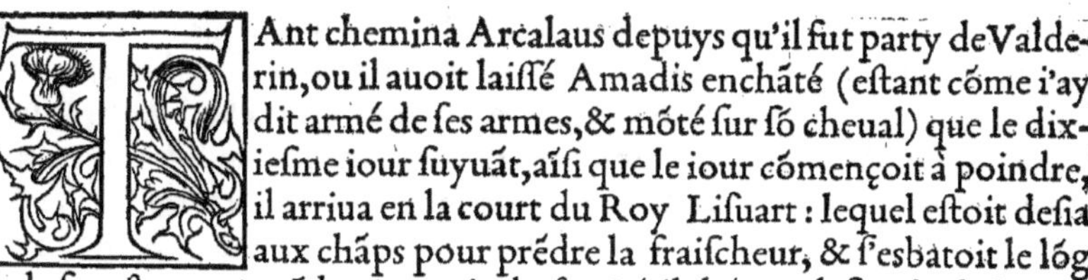

Ant chemina Arcalaus depuys qu’il fut party deValde-
rin,ou il auoit laiffé Amadis enchâté (eftant cóme i’ay
dit armé de fes armes,& móté fur fó cheual) que le dix-
iefme iour fuyuát,aifi que le iour cómençoit à poindre,
il arriua en la court du Roy Lifuart : lequel eftoit defia
aux cháps pour prédre la fraifcheur, & f’esbatoit le lóg
de la foreft auecq’ gráde cópagnie de fes Gétilzhómes,lefquelz de loíg a-
uiferétvenirArcalaus armé des armes d’Amadis:parquoy,péfátsque ce fuft
il,aucuns

il , aucuns ieunes Gentilzhommes coururent au deuant pour le careſſer &
le bien recueillir . Mais peu leur dura ceſte ayſe : car aprochant plus pres,
ilz aperceurent certainement qu'ilz eſtoient deceuz, en ce que Arcalaus
qui auoit les mains & la teſte deſarmez, ſans les ſaluer paſſa oultre, tant
qu'il fut deuãt le Roy. Lors ſ'arreſta, & luy dit: Sire, ie viens vers vous m'a-
quiter d'vne promeſſe ou ie me ſuis obligé . C'eſt de cõparoiſtre au iour-
d'huy deuant voſtre maieſté, pour faire entendre que i'ay occis en bataille vn Cheualier, duquel ie porte les armes . Combien , Sire, que ie ſeroys
content ne declarer de moymeſme la louange qui me ſeroit plus auanta-
geuſe recitée par autre, en mon abſcence: toutesfois ce m'eſt force d'ain -
ſi le faire, veu que le conuenant qui fut entre moy & celuy que i'ay fait
mourir eſt tel: Que le vaincueur tailleroit la teſte au vaincu, & ſe preſen-
teroit deuant vous à ce meſme iour . Or en ſuis-ie deſplaiſant, d'autant
qu'il me diſt qu'il eſtoit Cheualier de la Royne, apellé communément
Amadis de Gaule , & que tel le nommaſſe, ſi ie le vaincois. Quant à
moy, Sire , ie luy dis (comme la verité eſt) que i'eſtois Arcalaus, à qui fortune a eſté ſi fauorable, qu'elle m'a donné le deſſus de noſtre combat: car
i'y ay occis celuy duquel voicy le cheual & les armes . Hé Dieu, reſpondit le Roy, eſt doncq' mort le plus vertueux & acomply Cheualier qui fuſt
au monde ! Helas , Seigneur Dieu! pourquoy vous pleut il mettre ſi bon
commencement en luy , pour le faire finir ſi brieuement ! Et ce diſant ſe
prit à larmoyer & à ſouſpirer haultement : & tous ceux de ſa compagnie auſsi. Ce que voyant Arcalaus, ſans plus dire mot, reprit le chemin
par ou il eſtoit venu , faignant de ſa part en eſtre deſplaiſant. Mais croyez
qu'il ne ſ'en alla ſans compagnie de maintes grandes maledictions qu'vn
chacun luy donnoit, priant Dieu luy enuoyer promptement male mort:
& ceux meſmes la luy euſſent donnée ſans plus differer, n'euſt eſté qu'ilz
en euſſent peu eſtre blaſmez, veu qu'il auoit fait entendre que Amadis
eſtoit mort en combat acordé. Adoncq' le Roy triſte & penſif ſ'en retourna en la ville, & furent ces nouuelles incontinent par tout diuulguées, tellement qu'elles vindrent aux aureilles de la Royne & des Dames: leſquelles ſe prindrent toutes à pleurer & ſe contriſter. Or ſ'eſtoit Oriane peu deuant retirée en ſa chambre, auecq' la Damoyſelle de Dannemarc, laquelle
entendant la clameur que chacun faiſoit, luy cõmanda ſortir pour ſcauoir
que ce pouuoit eſtre . Helas elle ne le ſceut que trop toſt pour ſon profit:
car entendant la mort d'Amadis, elle ſe mit à crier & à tordre ſes mains
par immoderée triſteſſe. Puys retournant tout court à la chambre de la
Princeſſe, d'arriuée crya effrayement: Helas ! ma Dame, quel inconuenient nous eſt il auenu ? Et ſans plus dire mot, ſe remit à ſe deſtordre & à
pleurer, tellement, que ſi pis euſt peu auenir, elle l'euſt fait penſer. Quand
Oriane l'entendit, le cueur luy prit ſi fort à trembler, que ſans luy en dire
autre choſe, elle comprint ce qu'elle craignoit le plus d'entendre. Et n'o-

ſant ſ'en

fant s’en enquerir, d’auantage fe mit à faire pareil dueil que fi elle euft veu
Amadis mort deuant elle, & difoit: Helas il eft mort, il ne peult eftre autrement. Ma Dame, refpondit la Damoyfelle, il eft vray, mais quel remede ? fi ne fault il pas vous laiffer mourir pourtant. A cefte parole s’efuanouyt Oriane, & tomba fur le plancher de fa chambre. Ce que voyant la
Damoyfelle de Dannemarc, elle cogneut bien que trop indifcretement
s’eftoit auancée de luy porter cefte mauuaife nouuelle : & ne pouant
mieux, conclud de prendre courage & apaifer fon pleur, pour pouruoir
à l’extremité de fa maiftreffe. Et voyant qu’elle n’y pouuoit donner ordre
vint à Mabile, qu’elle trouua tant contriftée, que plus ne pouuoit, & luy
dit: Ma Dame, venez fecourir voftre coufine qui fe meurt. Lors y courut,
& la trouua eftendue du long d’elle, fans mouuoir pied ne main, tellemét
qu’elle la penfoit expirée : parquoy voyant que là necefsité la forçoit de
s’efuertuer, oublia fon dueil, & cómanda à la Damoyfelle de Dannemarc
qu’elle fermaft la porte pour n’eftre aperceuës, à fin que nul ne peuft iuger la caufe de ce dueil, & cognoiftre l’amour iufques là bien celée. Lors
elle prit Oriane & la deflaça, & ouurit fon acouftrement. Puys luy ieta de
l’eau froide fur le vifage, & luy frota les pous, & le nez de vinaigre : au
moyen dequoy elle reuint de pafmoifon, & commença à foupirer, difant
d’vne voix foyble: Helas, mes amys, ne me deftournez du chemin de la
mort, fi vous defirez mon repos, & confentez que i’aille bien toft trouuer
en l’autré monde celuy, qui n’euft fceu viure vn iour en ceftuy cy fans
moy. Proferant ce mot, elle fe prit tellement à renforcer fon pleur, que c’e-
ftoit grand’ pitié de la voir. Puys reprenant aleine, elle difoit: Ah ah fleur
& miroir de toute cheualerie! voftre mort eft tant grieue & infuportable,
que non moy feule, mais le refte du monde y doit auoir regret: ayant perdu ce qui plus l’honoroit en bonté, prudence, hardieffe, & toutes les vertuz, que tous les grands fe peuuent defirer. Toutesfois fi en vous y a encores quelque fentement, ie fuis feure que vous n’auez regret à la vie perdue,
finon pour l’amour de moy, que vous voyez fi afligée : car vous auez tant
laifsé d’honneur en ce monde, & tant aquis de reputation en ce peu de
temps que vous y auez efté, que contant voz merites vous eftes mort vieil.
Mais bien y eftes demeuré immortel, & moy y feiournant apres vous,
ne fçaurois aquerir finon bruit de malheureufe & ingrate. Ah cruelle
Mort! n’eftoit ce point affez que forte amour luy euft fait efprouuer fa
pointure, fans ce que la tienne luy fuft fi outrageufe? Mais n’en ferois-ie
point moymefme caufe ? aurois-ie point efmeu en luy le defir de trop entreprendre, qui defia y eftoit trop incité? Ah! s’il eft ainfi, ne vous chaille,
amy, vous vous verrez bien toft faire la raifon de qui vous fit le tord : &
de voftre mort m’aurez caufe & compagne. Bien me fera il mal qu’ainfi
qu’egale amour auoit vny noz voluntez, efperant point iamais affembler noz perfonnes : ainfi nous ne puifsions eftre affemblez à la mort, &

mis en

mis en mefme fepulture. Ce difant fe laiffa de rechef tomber entre les braz
de Mabile, & mua tellement couleur, que les Damoyfelles penferent
qu'elle fuft morte, & en s'efuanouyffant, fon acouftrement de tefte luy
cheut. Au moyen dequoy fes blonds & dorez cheueux furent efpars tout
le long d'elle: & de douleur croifa fes braz, fi qu'il fembloit bien qu'elle
terminaft fa vie. Ce que voyant Mabile n'ayant plus d'efperance qu'elle
peuft viure, recommença tant à fe contrifter, qu'elle fut contrainte laiffer
la Princeffe en la garde feule de la Damoyfelle de Dannemarc: & fe tirant
à part, dit affez hault: Helas mon Seigneur Dieu, ie vous fuplie ne me permettre plus viure, & m'ofter de ces trauaux, puys qu'il vous a pleu m'o-
fter les deux perfonnes que ie preferois à ma propre vie. Mais quand la
Damoyfelle de Dannemarc fe trouua feule entre deux telles extremitez,
elle fut merueilleufement esbahye: toutesfois, comme fage & auifée, parla de cefte forte à Mabile: Comment? ma Dame, vfez-vous ainfi de voftre
acouftumée vertu? Eft il maintenant faifon de vous oublier? Voulez-vous
ainfi confentir à la mort de ma Dame? laquelle vous deüriez ayder, & la
reconforter en lieu de l'habandonner, & luy acroiftre fon mal par le voftre, fi elle reuient. Si vous continuez vous la perdrez & nous auffi. Venez, ie vous fuplie, fecourir celle, qui en a maintenant tant de befoing, &
remettez à vne autre fois ces lamentations. Mabile cogneut que la Damoyfelle difoit vray: parquoy s'aprocha d'Oriane: laquelle voyant n'e-
ftre encores expirée, la leuerent enfemble, & la mirent fur fon lict. Et de
rechef auecq' tout le fecours qu'elles peurent, luy firent reprendre quelque peu de force, tellement qu'elle ieta vn foufpir, & fe mit à eftendre fes
braz, comme fi l'efprit fe deuft partir. Lors Mabile & la Damoyfelle de
Dannemarc la voyant en cefte agonie, ne fceurent pouruoir d'autre remede finon de criz à fon oreille, & luy difoit l'vne: Ma Dame, nous voulez-vous laiffer? parlez au moins à nous. L'autre plus auifée luy dit: Ma
Dame, il n'eft pas mort, voftre Amadis eft encores en vie & fain. A ce nom
d'Amadis, Oriane ouurit l'œil, & tourna çà & là fa veuë comme le cherchant. Ce que voyant Mabile continua & dit: Ma Dame, Amadis vient, &
le verrez bien toft. Lors Oriane ietant vn grand foufpir fe reuint, & dit:
Helas m'amye, ou eft il? Ma Dame, refpondit elle, nous auons fceu qu'il
fe porte bien, & que le Cheualier, qui auoit aporté mauuaifes nouüelles de
luy, eft couftumier de fe vanter fans caufe, & tromper les Cheualiers pour
fe paiftre de faulce louange. Comment? dit Oriane, n'ay-ie pas entendu
qu'il auoit fes armes & fon cheual? Ce n'eft rien, dit Mabile, ne les peult il
pas bien auoir empruntées, ou defrobées, & puys nous eftre venu donner
ce faulx alarme pour efprouuer noftre conftáce? Et s'il l'a trouué fi foyble,
il aura eu ce qu'il demandoit. Ne croyez point qu'Amadis euft peu eftre
vaincu d'vn feul & tel Cheualier: & n'eft raifonnable d'aioufter foy à vn
qui fe louë, & porte tel tefmoignage de luymefme, fans autre aproba-
tion. Ie

tion. Ie fuis feure que Amadis reuiendra en brief, & f'il vous treuue, non
pas morte feulement, mais ainfi ennuyée, il mourra, & aurez fait à bon
efcient ce que ce malheureux faint par malice auoir fait. Ainfi tous deux
fans propos mourrez l'vn pour l'autre: Quand Oriane euft eftimé qu'elle feroit par ce moyen caufe de la mort de fon amy, fi de fortune il viuoit, & que peult eftre Mabile difoit vérité: elle print courage, & f'ef-
uertuant ie ta la veuë vers vne feneftre, ou maintesfois Amadis & elle a-
uoient eu plufieurs amoureux propoz au commencement qu'il arriua en
la court du Roy Lifuart. Puys foufpirant dift en voix malaffeurée: Ah feneftre! tefmoing de mes plaifirs eftaints, combien ennuyeux m'eft le doute ou ie fuis de celuy de qui tu me donnes fouuenance, & de qui les paroles gracieufes faifoient toy & moy heureufes! Certes ie fuis bien feure que
iamais vous ne durerez tant, que deux fi loyaux amants puiffent fi prea
de vous auoir le bien & grand plaifir que luy & moy auons receu, lequel
me deffaillant maintenant, i'ay pour compagnie eftranges & infupor-
tables tourments, & demourera deformais mon dolent efprit en amertume & trifteffe, iufques à fa venue, ou à ma mort. Lors Mabile cognoiffant que le danger eftoit paffé, fe mit à la confermer plus fort qu'elle n'a-
uoit encores fait, luy difant: Comment? ma Dame, eftimez vous que fi ie
tenoys ces nouuelles pour véritables, i'euffe le pouuoir de vous confoler
ainfi? L'amytié que ie porte à mon coufin, n'eft point fi petite, que pluftoft ie n'incitaffe tout le monde à pleurer, que chercher reconfort pour
vous qui dites y auoir le plus perdu: mais ie voy fi peu d'aparence de le
croyre, que ie ne veux auant le temps eftre, ne vous rendre malheureufe:
car nous deconfortant fans feureté, le mal, quand bien il y feroit, bien
pourroit amender, & le bien en feroit fait pire, mefmement que par ce
moyen promptement fe pourroit defcouurir ce que fi long temps a efté
tenu fecret. Helas, refpondit Oriane, f'il eft mort, il ne me chaudroit que
noftre amour fuft cogneuë: car tous autres maux & infortunes au refpect
de ceftuy là ne me feroient moins que rien. Ainfi debatants & deuifants
ces deux dames furent tout le iour fans partir de leur chambre, ne que
perfonne y entraft: pource que la Damoyfelle de Dannemarc, qui alloit
& venoit, auoit charge de dire, fi l'on demandoit Oriane, qu'elle acompagnoit Mabile, & qu'elle ne la vouloit laiffer feule pour la trifteffe qu'elle portoit de fon coufin Amadis. Par ce moyen fut le fecret de l'Infante gardé iufques à la nuict, fans prendre aucunement repos, ains fans
ceffe fe tourmentoit entre doute & efperance, ramenant en fes propoz tout ce qui auoit iamais paffé entre elle & Amadis, depuys leur premiere ieuneffe. Mais le lendemain enuiron l'heure de difner, Brandoyuas entra au palays tenant par la main Grindaloya, qui donna grand'
ioye à ceux qui le cognoiffoient: car il y auoit long temps que l'on ne
fçauoit qu'il eftoit deuenu. Lors fe vindrent mettre à genoux deuant le

O

Roy

Roy qui les recogneut, & l'aymoit & eſtimoit, parquoy il luy dit: Seigneur Brandoyuas, comme auez vous ſi longuement demeuré à nous
venir voir ceans? Sire, reſpondit il, la priſon en a eſté cauſe, de laquelle
(ſans l'effort du bon Cheualier Amadis de Gaule, qui ceſte Damoyſelle
& moy, auecq' pluſieurs autres en a tirez & mis en liberté, faiſant tant d'armes que nul autre pourroit faire) nous n'en fuſsions iamais ſortiz: toutesfois à la fin il y cuyda demeurer luy meſmes, par la plus grande tromperie & meſchanceté du monde, que luy fit le trahiſtre Arcalaus: mais
il fut ſecouru par deux Damoyſelles, qui ne luy vouloient peu de bien.
Cóment? dit le Roy (quand il entendit parler d'Amadis qu'il tenoit pour
mort) Amy, par la foy que vous deuez à Dieu, & à moy, Amadis eſt il
vif? Ouy certes, reſpondit Brandoyuas, il n'y a pas encores dix iours que
ie l'ay laiſſé ſain faiſant bien bonne chere: mais il vous plaira, Sire, me dire pourquoy vous me faites telle demande. Pource, dit le Roy, que hyer
Arcalaus nous vint dire qu'il l'auoit occis: lors luy recita la maniere. Ah
Dieu! reſpondit Brandoyuas, quelle meſchanceté de trahiſtre! Or luy
eſt il auenu pis qu'il ne penſoit. Adoncq' fit le diſcours de ce qu'eſtoit
paſſé auecq' Arcalaus & Amadis, comme deſia auez entendu, au moyen
dequoy chacun recouura la ioye perdue pour tant bonnes nouuelles, &
voulut le Roy, que ſans differer l'on menaſt Grindaloya vers la Royne,
pour luy en dire autant, ce qu'elle fit. Et ainſi qu'elle le recitoit, la Damoyſelle de Dannemarc eſtoit preſente, qui le courut dire à la Princeſſe
Oriane, laquelle fut bien long temps ſans ſçauoir reſpondre vn ſeul mot,
& penſoit eſtre enchantée, ou bien que celle qui luy diſoit ces nouuelles
luy bailloit ceſte trouſſe, ou qu'elle les auoit ſongées: & quand elle peult
parler, elle reſpondit à la Damoyſelle: Helas amye, ay-ie reſué, ou ſi vous
m'auez dit que Grindaloya teſmoigne à la Royne que Amadis n'eſt pas
mort? En bonne foy, ma Dame, reſpondit elle, ie la viens de laiſſer tout
maintenant en ſa chambre, ou elle luy recitoit comme Arcalaus l'auoit
trompé. Or Dieu ſoit loué, dit Oriane: mais ie vous ſuplie allez luy dire
tout maintenant que Mabile luy ſuplie la luy enuoyer pour la reconforter, ce que fit la Damoyſelle, & retourna auſsi toſt auecq' Grindaloya vers
Oriane. Ie vous laiſſe penſer ſi elle fut bien recueillie, & ſi l'on luy fit bonne chere, meſmement ſi ces deux Dames Mabile & Oriane luy donnerent
audience, qnand elle leur contoit quelz faitz d'armes auoit faitz Amadis à Valderin, la miſere ou elle eſtoit auecq' infiniz autres, le danger ou
depuys il tomba par les enchantements d'Arcalaus: puys cóme deux Damoyſelles eſtranges le vindrent ſecourir. Ce diſcours leur pleut tant &
leur eſtoit ſi agreable, que ie croy que Grindaloya ne fut quite pour le
reciter plus de cent fois: car Oriane ne voulut iamais permettre qu'elle
mengeaſt ailleurs qu'auecq' elle: mais quand ce venoit à renouueller les dã-
gers, eſquelz Amadis ſ'eſtoit trouué, & les miſeres, deſquelles il auoit deliuré les

liuré les pauures captifz, elles pleuroient toutes à chaudes larmes de pitié
& de ioye. Ainfi demeura Grindaloya tout le iour auecq' les deux Princef
fes, & n'en fuft fi toft partie, n'euft efté que l'on luy vint dire, que le Roy
Arban de Norgales, qui l'aymoit grandement, la cherchoit en la chambre de la Royne. Et à cefte ocafion prit pour l'heure congé d'Oriane,
pour aller trouuer celuy, pour lequel elle auoit tant fouffert. Et ainfi que
ces deux loyaux amans fe rencontrerent, ilz fe firent vn fi bon recueil,
qu'ilz eftimerent, mefmes Grindaloya, leur trifteffe eftre recompenfée. Et
pource que la Royne fut auertie qu'elle eftoit fille du Roy Ardroyd de So
rolys, & que tout le mal qu'elle auoit receu & enduré, auoit efté pour l'a-
mour du Roy Arban, elle la pria trefinftáment de demeurer en la Court,
ou il luy feroit fait tout l'hóneur & bon traitemét qu'il feroit pofsible. Ce
que Grindaloya accepta, tant pour la priere de la Royne, que pource que
le Roy Arban l'en auoit trefrequife : & pource que par mefme moyen la
Royne fut auertie qu'elle auoit vne fœur tresbelle, qui Aldene fe nommoit, laquelle fe nourriffoit en la maifon du Duc de Briftoye, la voulut a-
uoir, & depefcha incontinent vn Gentilhóme tout expres vers la Ducheffe pour la prier la luy enuoyer. Cefte Aldene eftoit amye de Galaor, celle
pour laquelle il endura tant de mal du Nain, comme cy deuant vous a efté
recité. Or auós-nous longuement continué le propos d'Amadis, maintenant nous retournerons à Galaor, laiffant le Roy Lifuart en efperance de
bien toft reuoir en la court celuy, qu'Arcalaus difoit auoir tué au combat.

Comme Galaor arriua fort ble-

 cé en vn monaftere, ou il feiourna quinze iours, atendant qu'il fuft guery, puys s'en partit comme
il vous fera declaré.

Chapitre   XXII.

Vinze iours entiers feiourna Galaor au monaftere, ou il
auoit conduit la Damoyfelle qu'il deliura hors de prifon, atendant qu'il fuft guery de fes playes: puys fe trouuant difpos & fort pour porter harnois, prit conge & fe
mit en chemin, allant ainfi que fortune le conduifoit:
car il n'auoit vouloir de s'adreffer pluftoft vne part
qu'autre. Et enuiron l'heure de midy arriua en vn vallée, au bas de laquelle eftoit vne fontaine, ou il trouua ioignát vn Cheualier armé, qui n'auoit
cheual ny autre monture, dequoy Galaor s'esbahit, & luy demanda, s'il ef-
O ii   toit

toit là venu à pied. Lors celuy de la fontaine, luy respondit: En bonne foy
non, mais m'en allant par ceste forest, droit à vn mien chasteau, i'ay rencô-
tré aucuns brigans, qui m'ont tué mon cheual: ainsi force m'est retourner
chez moy en l'estat que me trouuez, pource que mes gens ne sçauent mon
infortune. Vrayement, dit Galaor, vous prendrez la monture de mon
Escuyer. Grand mercy, respondit le Cheualier: toutesfois deuant que nous
partons d'icy, ie veux que sçachez la grand' vertu de ceste fontaine: car il
n'y a au monde si forte poison, qui puisse auoir force contre l'eau qui en
sort: tellement que pour la bonté d'icelle, il auient souuent que les bestes
enuenimées y viennent boire, & s'en retournent gueries, & pourtant ceux
de ceste contrée s'y retirent quelque fois pour receuoir santé de leurs in-
firmitez. Vrayement, dit Galaor, vous me contez merueilles, & puys
que i'en suis si pres, ie descendray pour en boire comme les autres. Comment? respondit le Cheualier, voudriez-vous faire autrement, veu que si
estiez loing, vous deüriez destourner grandement pour y y venir? Adonc
descendit Galaor, disant à son Escuyer, qu'il mit comme luy, pied à terre pour en gouster: mais tandis qu'ilz beuuoient, le Cheualier s'arma de
l'armet de Galaor, & saisit son cheual & sa lance, & donnant des esperons laissa Galaor beuuant. & luy dit: Cheualier, ie m'en voys, demeurez
cy tant que vous en trompiez vn autre, comme vous l'auez esté. Galaor, qui beuuoit, haulça la teste, & vid que le Cheualier s'en alloit, dont
il fut tant esbahy qu'il luy cria: Ah paillard, oncques brigand ne fit plus
meschant tour que tu m'as fait: car tu ne m'as seulement trompé: mais fait
grande desloyauté, laquelle ie te feray recognoistre, si ie te puis iamais
ataindre. Si suis-ie d'auis que vous reposez là, respondit le Cheualier,
tant qu'ayez recouuert autre moyen pour me combatre. Et ce disant
donna carriere au cheual s'esloignant incontinent de Galaor, lequel
s'arresta tout pensif: mais voyant qu'il n'y auoit autre remede, monta
sur le cheual de son Escuyer, & suyuit le chemin qu'il auoit veu prendre
au Cheualier iusques à vne sente fourchée, & là ne sceut lequel des deux
voyes il deuoit prendre, qui luy augmentoit son ennuy, quand il auisa vne Damoyselle venir vers luy au grand trot de cheual, à laquelle il demanda si, elle auoit rencontré vn Cheualier monté sur vn cheual bay,
porrant vn escu blanc à vne fleur vermeille. Que luy voulez-vous? respondit la Damoyselle. Ie voudrois bien, dit il, recouurer, si ie pouois, le
cheual & les armes qu'il m'emporte: car elles sont miennes & laschement
me les a emblées. Quand a ce esté? respondit elle. Lors Galaor luy recita comme il luy estoit auenu. Et bien, respondit la Damoyselle, que luy
feriez vous ainsi desarmé que vous estes? car, à mon auis, ne vous les a il
tollues pour rendre. Ie ne voudrois autre chose, dit Galaor, que me ioindre à luy. Vrayement, respondit elle, si vous me voulez donner vn don
ie vous mettray bien tost ensemble. Galaor, qui trop grand desir auoit de

ce faire

ce faire luy acordã ce qu’elle demandoit . Suyuez moy doncques, dit elle, puys tournant bride retourna la voye qu’elle eſtoit venue, & cheminerent quelque temps enſemble: mais la Damoyſelle qui eſtoit mieux montée que luy, le laiſſa derriere, auecq’ ſon Eſcuyer, & piqua deuant, tellemét
qu’ilz la perdirent incontinent de veuё, & allerét bien trois lieuёs ſans en
auoir nouuelles, tant qu’ilz vindrent en vne grande plaine, ou ilz l’a-
perceurent retourner. Or entendez qu’elle les auoit ainſi deuancez, pour
auertir le Cheualier de la fontaine, qui eſtoit ſon amy , de leur venue: lequel l’auoit ennoyée expres pour luy amener Galaor, à ce qu’il le deſarmaſt du reſte de ſes armes : ce qu’il pourroit, ce luy ſembloit, aiſément
faire ſans danger, veu qu’il luy auoit oſté le moyen pour ſe defendre, &
pour le moins eſperoit il le tuer, ou luy faire quelque grand’ honte . Et à
céſte cauſe l’atendoit au dedans d’vn pauillon, qu’il auoit fait dreſſer en
la plaine : & auſsi toſt qu’elle fut pres de Galaor, elle luy dit: Seigneur, ne
vous voulant faillir de promeſſe, ie vous ay n’agueres habandonné, pour
aller voir ſi celuy que vous cherchez eſtoit encores au lieu, ou ie l’auois
veu entrer : & là l’ay trouué, ſe ſoupçonnant bien peu de vous . Puys luy
monſtrant de loing le pauillon: Ceans, dit elle, pourrez-vous parler à luy.
Et ainſi qu’ilz deuiſoient arriuerent tout au plus pres : parquoy Galaor
mit pied à terre pour entrer dedans, mais il trouua le Cheualier à l’entrée,
qui luy dit: Damp Cheualier, qui vous meut de venir ceans, ſans mon con
gé? par Dieu vous eſtes treſmal arriué: car vous y laiſſerez ce reſte d’armes
que vous portez, ou vous mourrez preſentement . Ie ne ſçay qu’il en ſera,
reſpondit Galaor : mais tel paillard que toy ne me ſçauroit eſpouuenter.
Quand celuy de la fontaine ſ’entendit iniurier, haulça l’eſpée pour le fe-
rir : toutesfois Galaor fut legier, & tant adroit, qu’il ſe garda du coup
qui en vain paſſa oultre, & ſe tirant à coſté ataignit celuy du pauillon ſi
rudement au deſſus de l’armet, qu’il luy fit mettre le genoil à terre : puys
le ſaiſit ſoudain, & luy arracha le heaume de la teſte, le pouſſant ſi fort
du pied, qu’il luy fit donner du nez à terre . Quand le Cheualier ſe vid
en tel danger, il apella à haulte voix la Damoyſelle pour le ſecourir : laquelle y acourut, diſant à Galaor, que pour Dieu il ſ’arreſtaſt: car c’eſt le
don, diſoit elle, que vous m’auez promis . Mais il eſtoit en ſi extreme colere, qu’il n’entédoit choſe qu’elle luy diſt, & mit le Cheualier en tel eſtat,
qu’il luy fit rendre l’ame : dont la Damoyſelle cuyda deſeſperer, & ſe
prit à lamenter tendrement, & à le plaindre, diſant: Helas chetiue que ie
ſuis! i’ay par trop tardé! helas, cuydant autruy deceuoir, moymeſmes ay-
ie eſté deceuё! Et toy malheureux, diſoit elle à Galaor, qui l’as meſcham-
ment fait mourir, ie prie Dieu qu’il t’enuoye encores plus malheureuſe
fin, puys que par toy eſt finie la choſe que plus i’aymoys en ce monde:
pour laquelle ie t’aſſeure qu’il t’en couſtera la vie, ou me defaudras de
promeſſe : car ie te la demanderay en tel lieu, que ſans mourir ne la pour-

O iii

ras acomras acomplir, & fuſſes-tu encor' trop plus hardy Cheualier que tu n'es : & ſi tu me la refuſes, i'auray plus iuſte ocaſion de publier en tous endroitz la puſilanimité de ton laſche courage. Damoyſelle m'amye, reſpondit Galaor, ſi i'euſſe penſé que ſa mort vous euſt eſté tant ennuyeuſe, il n'en fuſt ainſi auenu, combien qu'il l'euſt tresbien meritée : mais trop tard vous m'en auertiſtes. Tant pis pour vous, dit la Damoyſelle : car voſtre vie yra pour la ſienne. Quand Galaor vid qu'elle continuoit ſes iniure, ſans plus luy reſpondre, la laiſſa, reprenant ſon cheual & ſes armes, que le Cheualier mort luy auoit par auant oſtées : & ayant cheminé enuiron vne heure, ſ'auiſa de regarder ſi la Damoyſelle le ſuyuoit, & vid qu'elle eſtoit tout au plus pres de luy. Lors il luy demanda ou elle vouloit aller. Auecq' vous, reſpondit elle : & ſi ne vous habandonneray, tant que i'aye trouué oportunité de vous demander le don que m'auez acordé, pour vous faire perdre la teſte & mourir de male mort. Damoyſelle m'amye, reſpondit Galaor, il vaudroit mieux prendre de moy autre ſatisfaction, & telle qu'il vous plairoit. Rien rien, dit elle, voſtre propre ame acompagnera celle de celuy, que vous m'auez fait perdre : ou vous n'acomplirez ce que m'auez promis. Et bien, reſpondir Galaor, nous verrons qu'il en ſera. Ainſi querellans cheminerent trois iours durants enſemble, & entrerent en la foreſt d'Angaduze : en laquelle il leur auint l'auanture dont l'autheur fera cy apres mention. Mais pour ceſte heure parlera d'Amadis, lequel ayant pris congé, comme cy deuant a eſté dit, des Damoyſelles d'Vrgande, chemina tant, qu'enuiron mydi, au ſortir d'vne foreſt, ſe trouua en vne plaine aſſez pres d'vn beau chaſteau : duquel il aperceut ſortir vne charrette, la mieux equipée qu'il euſt oncques veuë, laquelle deux rouſſins trainoient, & eſtoit couuerte d'vn ſamy rouge, ſi proprement, qu'il ne ſe pouuoit voir choſe qui fuſt dedás. Ceſte charrette eſtoit gardée de huict Cheualiers armez : toutesfois Amadis eut tel deſir de ſçauoir qui eſtoit dedans, qu'il ſ'auança pour leuer le ſamy. Mais l'vn des gardes vint au deuant, qui luy dit aſſez rudement : Tirez vous arriere, Cheualier, & ne ſoyez tant temeraire d'aprocher plus pres : Ce que ie fais, reſpondit Amadis, n'eſt pour mal. Quoy qu'il en ſoit, dit l'autre, ne vous en trauaillez plus auant, veu que vous n'eſtes ſi eſprouué que meritez deſcouurir ce qui eſt couuert : & ſi plus oultre entreprenez il vous couſtera la vie : car il vous conuiendra auoir debat à tou te ceſte troupe : en laquelle y a tel, que luy ſeul ayſément viendroit au deſſus de vous, & pour plus grande raiſon tous enſemble vous vengeront legierement à leur volunté. Ie ne ſçay, reſpondit Amadis, quelle eſt la bóté de celuy que vous dites : mais quoy qu'il en doiue auenir, ſi verray-ie qu'il y a dedans ceſte charrette. Puys prit ſes armes. Ce que voyant les deux Cheualiers, qui marchoient deuant, luy coururent ſus : l'vn deſquelz le frapa ſi rudement, qu'il rompit ſa lance, & l'autre faillit

d'atainte.

d'atainte. Mais Amadis ne fit pas ainſi : car il renuerſa celuy qu'il rencontra, & ſans aucune reſiſtance le deſarçonna : puys ſadreſſa à l'autre,
lequel il ataignit de ſi grand' force, qu'il fit homme & cheual tomber en-
ſemblément. Adoncq' Amadis ſaprocha de la charrette. Lors luy vindrent contre deux autres Cheualiers, à l'vn deſquelz il donna de la lance
au trauers des flans : puys mit la main à l'eſpée, & ſadreſſa à l'autre, auquel il rua tel coup ſur l'armet qu'il l'eſtourdit, de ſorte que ſil n'euſt em-
braçé le col de ſon cheual, il fuſt cheu à terre. Quand les quatre qui reſtoient virent leurs compagnons ſi mal menez par vn ſeul Cheualier, ilz
furent trop eſmerueillez : & voulants venger leur iniure, vindrent tous fu
rieuſement charger Amadis, lequel auoit deſia rué le quart en my le cháp.
A' ceſte furie & dernier aſſault ſe trouua fort preſſé : car les vns l'ataignirent en l'eſcu, & les autres dans ſon harnoys, ſi que peu ſen falut
qu'il ne fuſt renuerſé : mais il tint ferme, & donna tel coup d'eſpée en
paſſant au premier qu'il rencontra, que le choquant de corps & de teſte
le ieta eſuanouy en la place. Lors les troys qui reſtoient luy tournerent
viſage : & ainſi qu'ilz ſe rengeoient contre luy, il ſaiſit vne lance, que l'vn
d'eux auoit encores entiere, & la luy arracha, la couchant à l'inſtant
meſme contre le premier qu'il trouua à propos : laquelle il mit ſi auant
dans la gorge, qu'elle paſſoit de part en part, & de douleur rendit l'eſprit
ſans plus ſe mouuoir. Apres la mort de ceſtuy rua ſur l'vn des autres, &
l'ataignit de l'eſpée ſur le heaume de telle force, qu'il le luy fit voler
hors de la teſte : & cogneut que c'eſtoit vn treſancien Cheualier , ayant
le poil & la barbe toute blanche, qui le meut à telle pitié, qu'il luy dit gracieuſement : Pere, pere, il ſeroit deſormais bien ſaiſon que remiſsiez le trauail des armes à vn plus ieune que vous : veu que ſi auez veſcu iuſques à
preſent ſans gaigner pris & louange, l'aage vous en peult tenir excuſé.
En bonne foy, reſpondit ce vieillard, c'eſt tout le contraire : car ſil eſt ſeant aux ieunes pener pour eſtre renommez & aquerir hóneur, il eſt encores plus neceſſaire aux anciens trauailler pour le maintenir tant qu'ilz en
auront le pouuoir. Vrayement, dit Amadis, pere, voſtre raiſon eſt treſ-
bonne. Et ainſi qu'ilz deuiſoient tourna la teſte, & aperceut, que celuy
qu'il auoit n'a gueres abatu ſeſtoit releué, & ſe diligentoit grandement de
gaigner le chaſteau, ſuyuant ceux qui eſtoient les moins blecez, leſquelz
ſ'y retiroient à grand' haſte. Lors ſans contredit Amadis ſaprocha de la
charrette, & leua le ſamy qui la couuroit : parquoy vid dedans vn tum-
beau de Marbre, & vn Roy coronné entaillé deſſus, veſtu de ſa tunique
royale, ayant toutesfois la coronne & la teſte my partie. Et au plus pres e-
ſtoit vne Dame fort vieille aſsiſſe, & ioignant d'elle vne ieune Damoyſel
le de treſexcellente beauté, leſquelles il ſalua gracieuſemét, diſant à la plus
ancienne : Ma Dame, ie vous ſuplie me declarer quelle figure eſt ceſte cy,
que tát ſongneuſement vous acópagnez ? Comment ? Cheualier, reſpódit

O iiii

elle, ne

elle (ne fçachant encores la deffaite de fes gardes) qui vous a donné per-
miſsion, d'vſer de telle priuauté ? Nul autre, dit Amadis, que l'enuie
que i'ay eu de ce faire. En bonne foy, reſpondit la Dame, celà vous part de
grand' preſumption, & m'esbahis comme mes gens vous ont tant enduré
ſans auoir pis. Ilz m'ont ſi outragé, dit il, que ie n'ay cauſe de les eſtimer
mes amys. A' l'heure la Dame mit la teſte hors la charrette, & aperceut
que la plus part des ſiens eſtoient morts & eſcartez, les vns fuyants vers
le chaſteau à ſauueté, les autres apres leurs cheuaux eſchapez. Dont elle
fut tant eſtonnée qu'elle ſ'eſcria : Ah Cheualier ! maudite ſoit l'heure
que pour tant m'outrager oncques vous naſquiſtes. Ma Dame, reſpondit Amadis, voz gens m'ont aſſailly : mais ſ'il vous plaiſt ne differez à
reſpondre à ce que ie vous ay demandé. Si Dieu m'ayde, dit elle, par
moy ne le ſçaurez : car par vous ſuis-ie trop endommagée. Et ce diſant, fit
chaſſer les cheuaux de ſa charrette. Et à ceſte cauſe Amadis la voyant
trop contriſtée ne luy tint trop long propos, & ſ'en alla d'autre coſté : lors
le reſte des plus ſains prindrent les corps morts, & les ieterét dans la char
rette prenants le chemin vers le chaſteau. Or auoit ouy le Nain tous les
propoz qu'Amadis auoit euz auecq' les Dames, mais il n'auoit veu ce qu'el
les gardoient : & à ceſte cauſe ſ'enquit que c'eſtoit. Ie ne t'en ſçaurois que
dire, dit il, car oncques ne me l'ót voulu dire. Vrayemét, reſpódit le Nain,
ce ſont cas eſtranges que les femmes ont apris à ſe taire. Ainſi ſ'en alloient
deuiſants, & cheminerent enuiron vne lieuë qu'ilz aperceurent venir a-
pres eux le Cheualier ancien qui auoit eſté deſarmé, lequel cryoit le plus
hault qu'il pouuoit à Amadis, qu'il l'atendiſt, ce qu'il fit. Lors luy dit le
vieillar d : Seigneur, ie viens vers vous par le commandement de la Dame,
que vous trouuaſtes dans la charrette, laquelle veult amander l'iniure
qu'elle vous a faite : & vous ſuplie de venir pour ceſte nuict repoſer en
ſon chaſteau. Ah mó pere ! reſpondit Amadis, ie l'ay trouuée auecq' tát de
paſsion pour le debat que i'eu auecq' vous autres, que ie penſe que ma preſence luy cauſera plus d'ennuy que de plaiſir. Aſſeurez-vous, dit le Cheualier, que voſtre retour luy ſera treſagreable. Amadis eſtimant qu'à tel aage
ce Cheualier tant decrepit n'euſt voulu dire menſonge (veu meſmement
l'affection de laquelle ſe faignoit le prier) fut content de le ſuyure : & en
cheminant ſ'enqueroit à luy, pourquoy ceſte figure de pierre auoit ainſi
la teſte fendue : mais il ne luy en voulut rien dire, le mettant à quand il
ſeroit auecq' la Dame qu'elle luy feroit entendre. Ainſi cheminerent tant
qu'ilz arriuerét pres le chaſteau. Adócq' dit le vieillard à Amadis : Seigneur
à ce que ma Dame ſçache voſtre venue, ie piqueray, ſ'il vous plaiſt, deuát.
Or allez, reſpondit il, & ie vous ſuiuray au pas : puys eſtant arriué aupres
du chaſteau, il auiſa au deſſus de la porte la Dame, & la Damoyſelle, qui
l'atendoient, leſquelles luy dirent qu'il fuſt le tresbien venu. Mes Dames,
reſpondit il, ie ſerois treſaiſe de vous donner plaiſir, non pas faſcherie. Et
ce diſant

ce difant entra au dedans,ou il entédit aufsi toft grand efmotion de gens.
Et peu apres vid faillir Cheualiers & autres gens de pied armez , qui luy
crierent tous:Rendez vous Cheualier,ou vous eftes mort.Par dieu,refpó-
dit il, de mon gré n'entreray-ie en prifon de gens fi trahiftres . Lors laça
fon heaume:mais il n'eut loifir de prendre l'efcu , tant fut affailly de pres:
ce nonobftant il fit grand deuoir de bien fe defendre , ietant par terre ceux qu'il ataignoit à ferme : toutesfois à la fin, force luy fut pour la
multitude des affaillans fe retirer à l'vn des cantons de la court , & lors
plus que deuant il endommageoit fes ennemys . Mais ainfi qu'il fe combatoit, il auifa mener en prifon le Nain & Gandalin , dont il eut tel defpit,que le cueur luy creut, de forte que poftpofant la crainte de mort fen-
doit la preffe tellement que nul ofoit aprocher de luy , combien qu'ilz
fuffent en fi grand mombre qu'il luy eftoit dificile de fe garder de tous:
car il n'auoit fi toft tourné vifage aux vns , que par derriere les autres ne
l'outrageaffent , fi continuellement , qu'il eftoit fouuent contraint donner du genoil à terre , neantmoins n'efperant trouuer mercy à telle gent,
faifoit tout deuoir de les offendre auant mourir , fi qu'il en occit maintz
des plus aparans de la troupe . Lors l'infinie bonté de Dieu le regarda
en pitié , & le voulut deliurer de ce grand peril, par le moyen de la Damoyfelle belle ,qui luy voyant tant faire d'armes, penfa à le fauuer , & a-
pella l'vne de fes femmes , à laquelle elle dit : Le bon cueur de ce Cheualier me fait auoir compafsion de luy, telle que i'aymerois mieux que
tous ces autres miens mouruffent, que luy feul, pourtant fuyuez moy.
Comment?ma Dame,refpódit la Damoyfelle,que penfez vous faire? Laf
cher mes Lyons , refpondit elle , à fin qu'ilz efcartent ceux qui font tant
d'outrages au meilleur Cheualier du monde : Et à vous,comme à ma vaf-
fale, ie commande les aller prefentement deflier.Ce qu'elle n'ofa differer,
ains courut leur donner liberté, & les faire fortir de la cauerne.Lors la Da
moyfelle belle , pour faire retirer ceux qui contre Amadis combatoient,
leur efcria:Qui voudra fe donne de garde: car les Lyons font par fortune
maintenant efchapez . A l'heure ceux du chafteau effrayez , fe mirent
à fuyr pour euiter la fureur des beftes : mais les Lyons agiles firent fi bonne diligence qu'aucuns furent rencontrez & mis en pieces.Quand Amadis fe trouua habandonné de ceux qui tant l'opreffoient , voyant la porte du chafteau encores ouuerte, fortit dehors & enferma les Lyons de
dans la court,tandis qu'ilz s'amufoient à deuorer ceux qu'ilz tenoiét .Par
le moyen qu'auez entendu Amadis efchapa des mains de fes ennemys.
tát las,toutesfois,qu'il ne fe pouuoit quafi fouftenir:parquoy il s'affift fur
vne pierre tenant encores fon efpée nue au poing, de laquelle il s'eftoit
rompue vne grande partie,& ce pendant ces Lyons affamez couroient au
trauers de la court,cherchant la voye pour fortir aux champs. Et n'y auoit
lors homme viuant au chafteau qui euft la hardieffe de defcendre pour

les faire

les faire retirer, non pas mefmes la Damoyfelle qui les gouuernoit: car ilz
eftoient tant efchauffez, qu"ilz n'auoient adonc nulle obeïffance, fi que les
plus auifez de tous n'y fçauoient plus de remede, fors que la Dame priaft
le Cheualier eftrange de leur faire ouuerture, efperât que fa requefte, pour
ce qu'elle eftoit femme, luy feroit pluftoft octroyée qu'à nul d'entre eux.
Mais elle qui confideroit la trop grand' lafcheté qu'elle luy auoit faite, ne
s'ofoit auanturer de luy requerir ayde, toutesfois voyant que c'eftoit le
dernier refuge, mit la tefte à la feneftre, & parla de telle forte à Amadis: Sire Cheualier, encores qu'enuers vous nous ayons trop lourdement
failly, voftre hónefteté & courtoyfie nous excufera, s'il vous plaift, & pour
nous fauuer ouurirez la porte de ceans à ces Lyons, à ce que fans plus nous
mal faire, & que de la crainte d'iceux nous demourions libres, ilz puiffent aller aux champs: pourtant nous vous fuplions tous nous faire ce
bien, par telle condition qu'amenderons à voftre vouloir l'iniure qui
vous a efté faite. Tant y a que ie vous iure ma foy, qu'oncques noftre inten
tion ne fut autre, que de vous prendre pour vous mettre prifonnier iufques à ce que vous fufsiez acordé à eftre noftre Cheualier. Ma Dame, refpondit Amadis, pour eftre voftre me pouuiez vous bien gaigner par plus
honnefte voye: car fans contrainte ie l'euffe trop voluntiers efté, comme
ie fuis de plufieurs Dames, & Damoyfelles, qui ont affaire de mon feruice.
Cóment? Seigneur, dit elle, n'ouurirez-vous dócques point la porte? Non,
refpondit il. Lors fe retira la Dame lamentant tendrement, & vint la ieune Damoyfelle apeller Amadis, luy difant: Ah Seigneur! tel eft ceans
qui ne peult mais de l'outrage, que l'on vous a fait, ains pluftoft merite que vous luy fçachez gré de ce qu'encores ne fçauez. Si gracieufement
parla cefte Damoyfelle, qu'Amadis luy refpondit: Ma Damoyfelle, vous
plaift il que la porte foit ouuerte? Helas, dit elle, ie vous en fuplie
humblement. Adonc fe leua Amadis pour luy obeïr: mais elle luy efcria
qu'il differaft iufques à ce qu'elle euft prié la Dame, qui l'auoit fait venir
leans, de luy donner feureté de fes gens. Trefauifée & prudente l'eftima
lors Amadis, lequel peu apres fut affeuré de tous ceux du chafteau auecq'
promeffe de luy rendre Gandalin, & le Nain, qui eftoient prifonniers.
En ces entrefaites furuint le Cheualier ancien, duquel cy deuant a efté de-
uifé, lequel apella Amadis, & luy dit: Seigneur, pource qu'il me femble que voftre efcu vous refte de peu de valeur, mefmement que voftre
efpée eft rompue, prenez ceftuy auecq' cefte maffe, de laquelle vous pourrez aifément affommer les Lyons, ainfi qu'ilz fortiront de ceans. Et ce
difant, luy ieta bas la maffe & l'efcu qu'il tenoit, lefquelz Amadis accepta voluntiers, & luy refpódit: Ia à Dieu ne plaife que ie foys fi ingrat à ceux
qui m'ont au befoing fi bien fecouru. Par dieu, dit le Cheualier, puys que
gardez loyauté aux beftes cruelles, vous la maintiendrez bien aux perfonnes raifonnables. Adoncq' vint Amadis ouurir la porte, & fortirent

aufsi toft

aufsi tost les Lyons, parquoy il r'entra au chasteau. Ce que voyant ceux de
leans, mesmes les Dames vindrent le receuoir le supliant leur remettre
l'offense qui luy auoit esté faite, & luy presenterent Gandalin & le Nain.
Sur mon ame, dit Amadis, oncques iour de ma vie ie ne fu si laschement
traité pour l'auoir si peu merité: mais puys qu'ainsi est, faites moy au
moins donner vn cheual, autrement ie seray contraint m'en aller à pied,
car vous autres, messieurs, auez occis le mien. Cheualier, respondit la
Dame ancienne, il est desia tard, & si c'estoit vostre plaisir pour ceste heure vous desarmer & prédre repos céans, demain vous aurez cheual, & tout
ce qu'il vous sera necessaire. Et bien, dit Amadis, ie ne refuseray pas ce
party ayant la necesité que i'en ay. Lors fut conduit en vne chambre, ou
il se desarma, & luy aporta-on vn bien riche manteau pour vestir. Puys
retourna vers les Dames qui l'atendoient, lesquelles le voyant desarmé,
furent esmerueillées de son excellente beauté, & plus encores de l'adresse,
qu'il auoit aux armes en si ieune aage: luy au semblable ietant l'œil sur
celle, à la priere de laquelle il auoit ouuert la porte aux Lyons, luy sembla l'vne des plus belles Damoyselles qu'il eust oncques veuë: toutesfois
il n'eut propoz, pour l'heure, qu'à la vieille, à laquelle il dit: Ma Dame,
ie vous suplie me faire entendre, pourquoy la figure que ie vy en la charrette, à la teste my partie. Cheualier, respondit elle, si vous me voulez
promettre acomplir les conuenans requis auant que le vous declarer, ie
le vous diray, sinon ie vous prie vous en deporter. Dame, dit Amadis, il
n'est raisonnable de promettre ainsi legierement, sans sçauoir quoy: mais
s'il vous plaist me donner à entendre quelz conuenants, estants raisonna-
bles, & que Cheualier puisse executer, ne differez à me respondre: car
i'y employray mon pouuoir. Vous auez raison, respondit la Dame. Lors
fit retirer vn chacun, & retint seulement la Damoyselle belle, puys dit à
Amadis: Seigneur entendez, que ceste figure de pierre, que vous vistes, fut
faite en remembrance du pere de ceste ieune Damoyselle, qui gist au ser-
cueil dedans la charrette, & fut en son temps Roy coronné: lequel vn
iour de grand' feste, ainsi qu'il tenoit court & estat royal, fut assailly par
son frere, oncle de ceste fille, qui luy vint dire que la coronne qu'il auoit
sur la teste ne luy apartenoit non plus qu'à luy, estáts tous deux sailliz d'v-
ne mesme souche, & ce disant tira vne espée qu'il portoit cachée souz son
máteau, de laquelle il luy dóna tel coup sur le chef, qu'il le luy fendit, ainsi
que l'auez peu voir figuré. Or auoit le trahistre precogité de longue main
ceste trahison, & pour ce faire s'estoit allié secretemét d'aucunes gens, desquelz il estoit lors tellement acompagné qu'il se trouua le plus fort. Ainsi
le Roy mort, ce meschant s'inuestit aisément du royaume, car le defunct
n'auoit autre heritier que ceste belle fille, laquelle l'ancien Cheualier, qui
ceans vous fit venir, auoit en garde, qui se monstrant fidele enuers elle
la destourna auant que son oncle la peust faire prendre, & fit telle diligence

geance qu'il l'amena ceans à fauueté, pource qu'elle eſt ma niece: & depuys auons trouué moyen de recouurer le corps du Roy ſon pere, que
chacun iour nous mettons dans la charrette, & le conduyſons par les
champs ainſi que le trouuaſtes, ayants tous fait ſerment de ne le monſtrer,
ſi n'eſt à celuy, qui par force d'armes le pourra voir, & encores qu'il le
voye ne luy dira-on pourquoy il eſt ainſi conduit & mis, ſ'il ne promet
venger ceſte trahiſon tant gráde. Et ſi vous, noble Cheualier, comme obligé à la vertu, & pour ſi iuſte ocaſion, voulez entreprendre & employer
en ceſt endroit les forces, que Dieu a miſes en vous, de ma part ie cótinue-
ray à faire ce que i'ay encommencé, tant que i'aye encores trouué deux
Cheualiers, qui ſoient de ceſte partie, à ce que vous trois iointz enſemble,
puiſsiez deffaire ce trahiſtre & deux filz qu'il a: leſquelz ne ſe veulent
combatre, qu'ilz ne ſoient eux troys enſemble, & ainſi l'ont maintesfois
dit publiquement, à ce que ceux qui voudroient quereller ceſte laſcheté
l'entendent. Vrayement, ma Dame, reſpondit Amadis, vous auez iuſte o-
caſion, de chercher le moyen de faire venger la plus gräd' iniure dont iamais i'aye ouy parler, & certes celuy qui l'a faite ne peult longuement durer, ſans receuoir honte & male fortune, & Dieu ne le permettra aucunement: mais ſi vous pouuez tant faire qu'ilz vouſiſſent venir au combat l'vn
apres l'autre, auecq' l'ayde de Dieu ie deſmellerois voluntiers ce different.
Iamais ne le conſentiroient, dit elle. Que vous plaiſt il dócques que ie face? reſpondit Amadis. Que voſtre plaiſir ſoit d'huy en vn an, ſi vous eſtes
vif, vous trouuer ceans, dit la Dame: car lors i'eſpere auoir recouuert deux
autres Cheualiers, & vous pour le tiers qui maintiendrez ſi iuſte querelle.
Vrayement, reſpondit il, ie le vous prometz, & ne vous trauaillez d'en
chercher d'autres, pource que i'en feray venir auecq' moy deux telz, qu'ilz
ſçauront bien garder & defendre le droit de ceſte Damoyſelle, & venger
la trahiſon qui fut faite au Roy ſon pere. Et ce diſoit il, pource qu'il eſperoit auoir trouué ſon frere Galaor, & l'amener auecq' Agraies ſon couſin, à
l'ayde deſquelz il penſoit bien venir à chef d'vne telle entrepriſe. Treſ-
humblement le remercierent les Dames de ſon bon vouloir, & pour autant dirent elles, que ceux à qui aurez affaire ſont vaillants, roides & experts aux armes, autant comme y en ayt au monde, nous vous ſuplions
faire venir auecq' vous les meilleurs Cheualiers que vous pourrez recouurer. Par dieu, mes Dames, reſpódit Amadis, ſi i'en auois trouué vn que ie
cherche, ie ne me ſoucierois beaucoup du tiers, & fuſſent les autres encores plus diables qu'ilz ne ſont. Seigneur, dit la Dame: dites nous doncques
ſ'il vous plaiſt de quel païs vous eſtes, & ou nous vous pourrons trouuer.
Dame, reſpondit il, ie ſuis de la maiſon du Roy Liſuart, & Cheualier de la
Royne Briſene ſa femme. En bonne heure, dit la Dame: & pource que le
ſouper eſtoit preſt & les tables couuertes, ilz mirent fin pour l'heure à ce
propos, & le conduirent en vne belle ſalle, ou ilz firent tresbonne cherc,
faiſanr

luy faifant tout honneur dont il fe pouuoit auifer, iufques à ce que l'heure
les fit retirer pour aller prendre repos . Lors donnant le bon foir aux Dames & à la compagnie, fut conduit par la Damoyfelle qui auoit lafché les
Lyons en vne chambre , ou elle luy tint longuement compagnie : & ainfi
qu'ilz deuifoient enfemble luy dit : Seigneur, vous auez bien pres de vous
telle perfonne, qui vous a ce iourd'huy grandement fecouru, encores que
n'enfçachez rien. Et qui eft elle? refpondit Amadis. Moymefmes, dit la Da
moyfelle , pource que ie vous ay deliuré du peril ou auez efté, par le com-
mádement de cefte ieuneDamoyfelle, à qui n'a gueres vous auez parlé: car
elle ayant pitié du mal que l'on vous donnoit, me commanda faire fortir
les Lyons. Ie ne vy oncq', refpondit Amadis, plus fage Damoyfelle de fon
aage, ne mieux auifée . Certes, dit l'autre , fi elle vit , elle aura deux extremitez: l'vne en beauté, & la fecóde en prudence. Ie vous prie Damoyfelle
m'amye, refpódit Amadis, la remercier pour moy humblement, & l'affeu
rer de ma part, qu'en recognoiffance du bien qu'elle m'a fait , ie demeureray à iamais fon Cheualier. Seigneur, dit la Damoyfelle, ie fuis trefcótente
de luy faire ce meffage: car ie fçay qu'il luy fera trefagreable. Ce difant luy
donna le bon foir & fortit de la chábre. Or eftoit Gandalin couché auecq'
le Nain en vne chambre tout au plus pres , qui auoient bien entendu tous
les propoz d'Amadis & de laDamoyfelle . Et pource que le Nain ne fçauoit encores rien des amours de fon maiftre auecq' Oriane: il eftima qu'il y
auoit entre luy, & la belle Damoyfelle, nouuelle affection, veu l'offre qu'il
luy enuoyoit faire d'eftre fon Cheualier. Et mieux retint en luy cefte opinion qu'il ne fut depuys befoing au trifte Amadis: car quelque téps apres il
en cuyda par ce moyen receuoir mort doloreufe, ainfi qu'en continuátl'hi
ftoire il vous fera recité. Cefte nuict paffée, eftant ia haulte heure fe leua A
madis, & fut ouyr meffe auecq' les Dames: auxquelles il s'enquift cóme fe
nommoient ceux à qui il fe deuoit combatre. Le pere, dirent elles fe nomme Abifeos le plus grand de fes filz Darifon , & l'autre moindre, Dramis,
tous trois trefuaillás & Gentilz hommes d'armes, plus que nulz de la contrée, ou ilz fe tiennent, communément apellée Sobradife, laquelle confine
à Seloris. Or bien, refpondit Amadis, nous verrons, fi Dieu plaift, quelque
iour ce qu'ilz fçauent faire. Puys demanda fes armes & s'arma. Et ainfi qu'il
vouloit monter fur le cheual que la Dame du chafteau luy auoit fait venir
apres auoir pris congé d'elle , la ieune Damoyfelle luy prefenta vne bien
belle efpée, laquelle auoit autresfois efté au Roy fon pere, & luy dit : Sire
Cheualier, ie vous prie pour l'amour de moy, porter d'orefenauát cefte efpée tant qu'elle durera, auecq' laquelle ie prie Dieu vous fecourir & ayder
en voz affaires. Ie vous affeure, ma Damoyfelle, que ie la gardcray pour l'a
mour de vous, refpódit Amadis, & vous en mercie de bien bon cueur. Tát
y a que vous vous pouuez affeurer, que ie fuis celuy qui vous obeïra, & ay-
dera en toutes chofes qui concerneront voftre eftat & honneur . Bien luy

P   monftra

monftra la Damoyfelle à fon humble remerciement, que cefte offre luy
plaifoit moult:parquoy le Nain, qui prenoit garde à tous ces geftes, luy dit
tout bas:MaDame, vous n'auez ce iourd'huy fait petit aqueft, ayãt tel Che
ualier à voftre commandement.

Comme Amadis fe partit du cha-

fteau de la Dame, & des chofes qui luy furent ocur-
rentes en fon chemin.

Chapitre   XXIII.

A Madis party de ce chafteau chemina fans auantureͤ trou
uer,tãt qu'il entra en la foreft d'Angaduze.Or marchoi
le Nain deuant, lequel de loing vid fur leur chemin vn
Cheualier & vne Damoyfelleuenãs contre eux.Et quãt
le Cheualier fut au droit du Nain, il mit l'efpée au
poing,pour l'outrager: mais il gauchit & luy paffa le
coup ioignant fes efpaules,dont il eut fi grand' frayeur,qu'il fe laiffa tóber
du cheual bas,criant fecours à fon maiftre,lequel ayãt veu tel effort,y cou
rut pour le defendre,difant auCheualier:Quivous meut,beau fire,de vou
loir ainfi tuer mõ Nain fans caufe?Par dieu vous eftes peu courtois de met
tre la main à fi vile chofe,& de fi petite defenfe,mefmement eftãt mien &
en ma garde.Certes,refpõdit le Cheualier,il me defplaift de vous faire en
nuy:mais ce m'eft force de luy ofter la tefte: car ie l'ay donnée à cefte Damoyfelle . Pluftoft,dit Amadis, effayeray-ie à vous faire perdre la voftre
mefmes.Ce difant vindrẽt charger l'vn l'autre de fi grãd' force,qu'ilz fau
cerẽt leurs efcuz,fe rencontrans de corps & de tefte,tellement qu'ilz tóbe
rent tous deux en la place:toutesfois ilz furent foudain fur piedz, & com-

mença

mença entre eux le combat à l'espée si aspre & cruel que merueilles. Dont
ilz se trouuerent au plus grand dãger de leurs personnes qu'ilz furét oncques: car à force d'eux chamailler leurs escuz furent detaillez en pieces,
leurs espées taintes de leur sang, leurs harnois rompuz, leurs heaumes e-
fondrez, & eux mesmes si froissez, que contrainte leur fut d'eux retirer,
& prendre aleine. Et à ceste cause le Cheualier de la Damoyselle cómença
tel propos à Amadis. Mon compagnon, vous pouuez penser le dãger ou
l'vn & l'autre pourrons tomber si plus nous continuons ce combat: pourtant ie vous suplie me laisser faire ma volunté de ce Nain, par tel conue-
nãt que i'amenderay puys apres la faute, si faute y a enuers vous. Cóment?
respondit Amadis, m'estimez-vous de si pauure cueur, que ie seufre faire
mal en ma presence à chose qui soit mienne? Non non, ie le defendray iusques au bout. Si auray-ie sa teste, dit le Cheualier. Par Dieu, respódit Ama
d is, l'vne des deux nostres y demeurera doncq'premier, & tout presentement. Lors entra en telle colere, que mettãt le reste de son escu deuãt soy,
retourna charger le Cheualier, qui ne se trouua en rien estóné: mais le receut si viuemét, qu'ilz móstroient à veuë d'œil, par le deuoir qu'ilz faisoiét
de leurs espées, le grand desir qu'ilz auoiét d'emporter le dessus du cóbat,
& defaire l'vn l'autre, tellement que le plus sain d'eux y pensoit bien mou
rir, pour la grande abondãce de sang qui sortoit d'infinies playes qu'ilz a-
uoient sur le corps: mesmement Galaor, lequel combien qu'il allast tousiours en empirant, si n'en faisoit il semblant: mais se maintenoit par extreme viuacité de cueur, en sorte qu'il dónoit beaucoup d'afaire à son ennemy. A l'heure par fortune passoit là vn autre Cheualier, lequel voyant ces
deux combatants si animez l'vn contre l'autre, delibera de voir qui en
emporteroit la victoire, & s'arresta ioignant la Damoyselle, qui les auoit
assemblez: à laquelle il demanda, si elle les cognoissoit, ou sçauoit la cause
de leur querelle. Vrayement, respondit elle, ie la puis bien sçauoir, veu que
ie les ay fait ioídre, cóme vous voyez, si à propos, que desormais il ne peult
estre que ie ne sois contente : car il est impossible que l'vn d'eux n'y demeure, & si ne me chault lequel ce soit, & si tous deux y mouroient ma
ioye en augmenteroit. Par dieu, dit le Cheualier, vous manifestez bien le
meschãt cueur que vous auez, voulãt moyéner pour vostre plaisir la mort
de deux tant preud'hommes: pour le salut desquelz vous deüriez plustost
prier Dieu, que penser seulement à la desloyauté que vous leur pourchas-
sez. Mais, belle Dame, dites moy pourquoy vous les hayez aisi? Celà feray
ie bien, respondit elle. Celuy qui a l'escu plus entier, est la personne du
monde à qui Arcalaus mon oncle veult plus de mal, & se nóme Amadis:
& l'autre à qui il se combat est Galaor, qui a occis n'agueres celuy, que
i'aymois plus que moymesmes. Or est il, qu'au parauant ce Galaor m'a dóné vn don tel que ie luy voudray demander. Et pource que ie n'ay auiour-
d'huy chose plus affectionnée que sa mort, ie l'ay tant suiuy qu'il me sem-

P ii

ble que

ble que ie l'ay mis en lieu dõt il n'eſchapera iour de ſa vie: car cognoiſſant l'autre, qui eſt l'vn des meilleurs Cheualiers du monde, à qui eſt ce Nain que vous voyez, i'ay prié Galaor m'en donner la teſte, ſçachant bien que pour mourir Amadis ne le permettra. Ainſi l'vn pour me la dõner, & l'autre pour la defendre, ſont tombez en l'extremité de leurs vies cõme vous le pouuez voir. Par ma cõſcience, Damoyſelle, dit le Cheualier, ie n'euſſe iamais penſé, qu'il y euſt eu tant de malice en féme de voſtre ſorte: & croy certainemét, veu le plus d'aage que vous auez, ſi en viuant plus lõguemét vous continuez la meſchanceté & deſloyauté, en laquelle vous eſtes deſia acouſtumée, que vous en infecterez l'ær & les autres elements, au deſauan tage des honneſtes & vertueuſes Dames, qui ſont auiourd'huy viuantes. Mais pour les ſauuer de ce danger, & ces deux bons Cheualiers auſsi, que vous voulez ſi laſchement faire entretuer : ie feray de vous le ſacrifice que vous meritez . Lors hauça le bras, luy donnant tel coup d'eſpée ſur le chi-gnõ du col, qu'il luy mit la teſte aux piedz de ſon cheual, diſant: Tien, re-çoy le loyer de tes merites, pour l'obligatiõ que i'ay à ton oncle Arcalaus, lequel me tenoit en ſes priſons, lors que le bõ Cheualier Amadis m'en de-liura. Puis courut à courſe de cheual vers eux leur criant: Holà, holà, de-meurez, Seigneur Amadis, demeurez: car celuy contre qui vous combatez eſt voſtre frere Galaor. Quand Amadis l'entendit, il ieta ſon eſpée & eſcu ſur le champ, & vint embracer Galaor, auquel il dit: Helas! mon frere mõ amy, ie ſuis bien le plus malheureux Cheualier du monde, vous ayant ou-tragé comme i'ay fait . Galaor esbahy de telle auanture, ne ſçauoit que penſer : mais voyant l'humilité d'Amadis ſe mit à genoux, luy demádant pardon, & commença à faire infiniz regretz, ſ'eſtimant le plus infortuné Cheualier qui fut oncques, de ſ'eſtre ainſi adreſſé à ſon Seigneur & frere. Mais Amadis en pleurant de ioye luy reſpõdit: Mõ frere mon amy, ie tien pour bien employé le peril preſent, puys qu'il eſt teſmoing de ce que l'vn & l'autre ſçauons faire. Lors oſterent leurs heaumes pour eux refraiſchir, remerciant affectueuſemét le Cheualier, qui les auoit ainſi fait cognoiſtre: lequel leur recita ce que la Damoyſelle luy auoit dit, & l'execution qu'il a-uoit faite d'elle. Par dieu, reſpondit Galaor, oncques choſe ne fut mieux employée, &, à ce que ie voy, ie ſuis bié quite du don que ie luy auois pro-mis. Tant mieux pour moy, dit le Nain: car ie ſuſſe mort de deſpit, ſi vous luy euſsiez baillé la teſte qu'elle vous demádoit: & toutesfois ie m'esbahis pourquoy elle me hayoit tant, veu qu'oncques ie ne la vy . A lheure Ga-laor leur conta tout ce qui ſ'eſtoit paſſé entre la Damoyſelle & ſon amy, comme vous auez n'agueres entendu. Mais ainſi qu'ilz ſ'amuſoient à de-uiſer, le Cheualier, qui les auoit ſeparez, aperceut que leurs armes eſtoient toutes taintes de ſang. Et à ceſte cauſe il leur dit: Mes Seigneurs, voz armes donnent aſſez teſmoignage du mal traitement qu'ont receu voz perſon-nes par le trenchant de voz eſpées: pourtát il me ſemble que le lõg ſeiour

en ce

en ce lieu ne vous peult feruir que d’empirer voy playes , & que pour le
mieux vous deuez monter à cheual & vous en venir en vn mien chafteau,
ou vous ferez traitez au mieux qu’il me fera pofsible, & voz coups mede-
cinez par perfonne qui s’y cognoift . Cela n’eft pas de refus, refpondit A-
madis. Or allons donc, dit le Cheualier, & ie me tiendray heureux devous
pouoir faire à tous deux feruice agreable: car vous, mon Seigneur Amadis
me tiraftes n’a gueres de la plus cruelle & eftrange prifon, ou oncques pauure Cheualier fut mis. Et ou fut ce? refpondit Amadis. Ce fut, dit il, au cha:
fteau d’Arcalaus l’Enchanteur: & fuis l’vn de ceux que vous en deliuraftes
par force d’armes. Cóment eft voftre nom? refpondit Amadis . Balays, dit
le Cheualier: & pource que mon chafteau fe nomme Carfante, ie fuis fouuent nommé Balays de Carfante, qui vous prie, mes Seigneurs, humblemét
vous en venir auecq’ moy. Mó frere dit Galaor, fuyuós le puys qu’il eft tát
à voftre commandement. Allons donc, refpondit Amadis. Ainfi fe mirent
en chemin, & peu apres arriuerent au chafteau de Balays, ou ilz trouuerét
Gentilzhommes, Dames, & Damoyfelles, qui les receurét tresbien: car Ba
lays leur auoit mandé qu’il y menoit les meilleur Cheualiers du móde. A-
madis qui l’auoit deliuré de la dure prifon d’Arcalaus, & fon frere Galaor:
Et à cefte caufe leur fut fait le meilleur traitement dont ceux de leans fe
peurent auifer: puys les menerent defarmer en vne chambre, en laquelle
ilz trouuerent litz & tout ce qu’ilz eurent befoing pour leur guerifon, que
deux Damoyfelle nieces de Balays entreprindrent: car elles eftoient tref-
fçauantes en chirurgie: Aufsi y employerét elles tout leur fçauoir, pour recognoiffance du bien qu’Amadis auoit fait à leur oncle, le deliurant de la
dure prifon d’Arcalaus, comme cy deuant vous a efté dit. Tellement qu’en
moins de deux iours ilz cogneurent à veuë d’œil leur amédement, & com
mécerét à eux bien porter: au moyen dequoy, Amadis deuifant auecq’ fon
frere Galaor luy recita, comme pour le chercher il eftoit party de la court
du Roy Lifuart, ou il auoit promis le mener, le priant qu’il s’y confentift:
veu qu’il n’y auoit maifon de Prince plus remplie de bonne cheualerie, ne
ou il fuft mieux venu & honoré. Mon feigneur, refpondit Galaor, ie fuis
deliberé de fuyure & faire tout ce qu’il vous plaira me commander : combien que ie defirerois grandement de n’eftre encores cogneu entre tant de
preud’hommes , premier que mes œuures ne leur tefmoignaffent l’enuie
que i’ay d’imiter en quelque chofe les voftres, ou bien mourir en la peine.
Certes, mon frere, dit Amadis, vous ne deuez pour cela retarder à y venir,
veu que defia voftre renommée eft telle, que la mienne , fi aucune en ay,
s’obfcurcift par l’illuftration de la voftre. Ah mó feigneur! refpódit Galaor
pour Dieu ne me dites chofe tát defguifée, puys que non feulemét auecq’
les œuures : mais auecq’ le penfer ie ne pourrois ataindre ny paruenir à fi
haulte valeur. Laiffons maintehát telz propoz, dit Amadis: car veu le pere
que nous auons il ne doit auoir aucune diference de bonté entre nous

P iii

deux

deux.Mais ſçauez-vous dequoy ie me ſuis preſentement auiſé?Ie voy bien
qu'il nous ſera force faire ceans plus de ſeiour que ie ne deſirois : à ceſte
cauſe ie ſuis d'auis, ſi vous le trouuez bon, d'enuoyer mon Nain deuant à
la Court du Roy Liſuart,pour auertir la Royne de noſtre retardement,&
qu'auſsi toſt que noſtre ſanté le voudra permettre,nous nous mettrons en
voye pour aller vers elle.Faites ainſi qu'il vous plaira,reſpondit Galaor.Et
à ceſte cauſe fut depeſché le Nain , lequel fit ſi bonne diligence,qu'en peu
de iours il arriua à Vindeliſore : ou pour lors eſtoit le Roy Liſuart acompagné de maintz bons Cheualiers.

Comme le Roy Liſuart, eſtant à

la chaſſe,vid venir le long d'vn grand chemin trois Cheualiers armez,& de ce qu'il leur auint.

Chapitre   XXIIII.

N iour le Roy Liſuart auoit fait l'aſſemblée dás la foreſt
de Vindeliſore, laquelle eſtoit bien fournie de toutes
ſortes de beſtes rouſſes , & autres propres au deduit de
la venerie. Et ainſi qu'il pourſuyuoit vn Cerf auiſa le
long d'vn grand chemin trois Cheualiers armez qui tra
uerſoient païs , vers leſquelz il enuoya prómptement vn
Eſcuyer leſprier de venir à luy.Lors tournerent bride & le vindrent trouuer ou il s'eſtoit arreſté les atendant . Et quand il les vid aprocher alla au
deuant, & recogneut de prime face Galuanes,qu'il auoit maintesfois veu,
lequel il embraça luy diſant , qu'il fuſt le tresbien venu,& ceux de ſa com
pagnie auſsi (car c'eſtoit le Prince qui plus gracieuſement & de meilleur
cueur receuoit tous Cheualiers,eſpecialement les eſtrangers)puys leur demanda,qui eſtoient les autres . Sire,dit il,ce plus grand eſt mon neueu A-
graies,filz du Roy d'Eſcoce,l'vn de meilleurs Cheualiers du móde, & tel
le vous puis-ie aſſeurer:l'autre eſt Oliuas,que vous auez autresfois cogneu.
Adoncq' le Roy le regarda au mieux qu'il n'auoit fait, & vid qu'il diſoit
vray:& à ceſte cauſe il les embraça,leur monſtrant ſigne de grand' amour.
Puys dit au Prince Agraies : Mon couſin,ie vous ſçay bon gré de la peine
qu'auez priſe à me venir voir . Vous ſoyez le tresbien venu, & de rechef
l'embraça. Apres s'adreſſant à Oliuas luy dit : Et dea ,Seigneur Oliuas,
ie croy

ie croy que vous nous auez tous oubliez,veu le long temps que ie ne vous
ay veu pard eça.Certes ce m'eft chofe peu agreable quád vn fi bon Cheua
lier que vous eftes,s'abfente de moy fi longuement.Sire, refpódit Oliuas,
les affaires que i'ay euës ont efté caufe que côtre mon vouloir i'ay demeuré fi long temps à vous venir feruir : & encores n'en fuis-ie bien deliuré,
ainfi que(fi c'eft voftre plaifir) ie vous feray entendre.Lors luy recita com
me Galuanes&Agraies l'eftoiét venuz trouuer en fa maifon,par le moyen
de la Damoyfelle, qui les y auoit conduitz, laquelle quafi miraculeufe-
ment eftoit efchapée de mort aufsi comme au parauant le Duc de Briftoye auoit lafchement occis fon coufin, dont il luy demandoit & fupli-
oit luy eftre fait iuftice,& permettre qu'il fe combatift en fa prefence pour
luy faire recognoiftre fa trahifon . Apres que le Roy l'eut par long temps
efcouté, & qu'il fceut la mort de celuy,que le Duc auoit occis il en fut tref
mal côtent:car il l'auoit cogneu pour bon Cheualier,& dit à Oliuas:Vraye
ment, puys que le Duc a commis telle faulte,& que me demandez iuftice,
affeurez vous qu'elle vous fera faite, & le máderayvenir en perfonne pour
fe iuftifier.Et de ce pas le Roy laiffa la chaffe,fe retirát auecq' les trois Che
ualiers droit à la ville , deuifans toufiours de diuers propoz:& tant que le
Roy dit à Galuanes:Ie vous prie,beau fire,me dire plus au lóg pourquoy
le Duc de Briftoye vouloit faire brufler la Damoyfelle que vous recouru-
ftes.Sire,refpondit il,c'eftoit à ce que nous auons entendu,pource qu'elle
auoit mené Galaor en fon palays, & fait entrer de nuiét, qui eftoit caufe,
pour laquelle il l'euft faite brufler,fans nous.Cóment?dit le Roy,Amadis
l'eft allé chercher:mais depuys fon partemét Arcalaus nous a dóné vn ter
rible effroy : car il eft venu faire entendre qu'il l'auoit occis . Ah, Sire, refpondit Agraies, eftes vous feur qu'il eft en vie ? Ouy vrayement , dit il,
Brádoyuas &Grindaloya font venuz depuys,qui nous l'ont ainfi tefmoi-
gné : & n'en doutez, puys que ie vous l'affeure, veu que ie ne donneray à
nul l'auantage de defirer plus fon bien & honneur que ie fais . C'eft de
voftre grace,refpondit Agraies: aufsi,Sire,pour fa grand' bonté & valeur
il merite bien eftre aymé de vous , de l'affection que les bons defirent les
bons.Et tant continuerent leur propos,qu'ilz arriuerent au palais,ou auffi toft en vindrent nouuelles à la Royne, dont plufieurs en furent ref-
iouïz : mais fur tous la belle Olinde, qui aymoit Agraies plus que foymefmes,femblablement la Princeffe Mabile fa fœur , laquelle au fortir de
la châbre de la Royne,rencótra Olinde,qui luy dit:Ma Dame , vous eftes
bien ayfe de la venue de voftre frere. Ie vous affeure, refpondit elle,qu'il
eft vray:car ie l'ayme de tout mon cueur.Priez donc laRoyne,dit Olinde,
qu'elle le face venir icy,à ce que nous vous voyons enfemble:lors l'abódá-
ce de voftre plaifir redondera en ceux qui vous ayment tous deux . C'eft
bien dit,refpó ditMabile,qui de ce pas r'entra en la chambre de la Royne,
& luy dit:Ma Dame,il feroit bon que vous viffiez prefentement(si'l vous

P iiii   plaifoit)

plaifoit) mon frere & mon oncle Galuanes : puys ilz font venuz par deçà expres pour vous feruir. M'amye, refpondit la Royne, ie vous fçay
bon gré de m'en auoir auifée : car ie vous affeure que i'ay grand plaifir
de voir ceans deux telz Cheualiers. Lors commanda à l'vne de fes femmes
aller vers le Roy, le fuplier qu'il luy pleuft les luy enuoyer. Ce qu'il eut a-
greable, & leur dit : Mes amys, la Royne a enuie de vous voir tous trois.
Ie vous prie allez à elle. Vous pouez penfer fi Agraies auoit ce commande
ment agreable : pource qu'il fçauoit certainement y trouuer la Princeffe
Olinde, qu'il aymoit fi loyalement. Adonc vindrent ou eftoient les Dames, defquelles ilz furent fort bien receuz, fpecialement par la Royne, qui
les fit feoir tout ioignant d'elle, pour leur monftrer plus grande priuauté. Puys les mit en diuers propoz, effayant par tous moyens à leur faire
bonne chere : car c'eftoit la Princeffe du monde qui mieux fçauoit gaigner le cueur des Gentilzhommes, & qui y prenoit autant de plaifir. Au
moyen dequoy elle eftoit des petitz & des grands plus aymée & eftimée
que Dame qui fuft viuante : mefmes de ceux, qui ne la cognoiffoient, ne
qui oncques ne l'auoient veuë. Or s'eftoit Olinde rengée tout au plus pres
de Mabile, eftimant bien que ce feroit le lieu, ou pluftoft Agraies fe retire-
roit partât d'auecq' la Royne : lequel ainfi qu'il deuifoit ieta l'œil fur elle.
Lors ne peut il tant diffimuler, qu'il ne muaft de couleur, & luy fut impoffible retirer fon regard du lieu ou fon cueur le conduifoit : tellement que
la Royne s'en aperceut. Toutesfois elle penfoit qu'il s'adreffaft à Mabile,
& qu'il euft vouloir de parler à elle, parquoy elle luy dit : Seigneur Agraies
ne voulez vous pas voir voftre fœur qui vous ayme tant ? Oy bien, ma Dame, s'il vous plaift, refpondit il. Lors fe leua & vint vers Mabile : laquelle
le voyant aprocher fut au deuant. Pas ne demeura Olinde derriere : ains
tint compagnie à Mabile, & enfemble luy firent la reuerance. Mais O-
linde, qui l'aymoit comme auez entêdu (maiftrifant fa volunté par raifon,
comme trefprudente & auifée Princeffe) n'en fit aucun femblant : tant
qu'apres plufieurs petitz propoz de fa bien venue eux trois fe feparerent
de tous les autres. Lors fe trouuant Agraies fi pres d'elle, luy print la main
& luy ferrât les doigtz baiffant à demy la veuë, fe mit a la regarder, eftant
fi trâfporté de grâd plaifir, qu'il n'euft fceu refpôdre vn feul mot à propos
de chofe que luy dift fa fœur. Laquelle ignorant au premier le mal qu'il a-
uoit ne fçauoit que pêfer : car quelque peine qu'elle mit à l'entretenir, n'en
pouoit tirer parole bien affeurée. Toutefois à la fin elle defcouurit l'ocafiô
de cefte mutation foudaine : & fceut certainement que fon frere & Olinde eftoient touchez par grâd' amour l'vn de l'autre. Au moyen dequoy elle f'auifa (pour leur donner plus de liberté, & les fauorifer) faindre d'a-
uoir enuie de parler à fon oncle Galuanes, difant au Prince Agraies : Mon
frere, ie vous fuplie prier la Royne, qu'elle nous enuoye icy mon oncle : car il y a bien long temps que ie ne le vy, & ay bonne enuie de fçauoir

uoir comme il ſe porte.Vrayement,reſpondit Agraies,il ne tiendra à cela.
Lors ſe leua & dit à la Royne: Ma Dame, s'il vous plaiſoit enuoyer icy ce
Cheualier,vous feriez grand plaiſir à ſa niece, qui a grãd deſir de parler à
luy.Ouy vrayemét,reſpõdit elle.Lors ſe leua Galuanes.Ce que voyãt Mabile, vint au deuant luy faire la reuerance, & la receut Galuanes auecq'vn
bon viſage, luy diſant: Ma niece m'amyc, ie ſuis bien ayſe de voir comme vous vous portez bien: mais encores ie vous prie aſſeons-nous, & me
dites ſi vous trouuez mieux en ce païs qu'en Eſcoce.Nous ſerons,reſpon-
dit elle, plus à propos à ces feneſtres , pource que i'ay pluſieurs choſes à
vous dire,que ie ne veux que mon frere entéde,eſtants de telle importance qu'elles ſont. Et ce diſoit elle en riant, & d'vne ſi bonne grace que mer
ueilles: meſmes pour donner moyen à ſon frere d'eſtrc ſeul auecq' ſ'amye.
C'eſt tresbien auiſé,reſpondit Galuanes: car noſtre ſecret eſt ſi grand, que
il merite bien eſtre teu deuãt luy.Adoncq' la prit par la main, & ſe retirerent à part le long des feneſtres: par ainſi Agraies & Olinde demeurerent
ſeulz.Et à ceſte cauſe ſe voyant Agraies en liberté de parler,luy dit en tré-
blant par trop d'afection:Ma Dame,pour acomplir ce que vous me com-
mandaſtes au departir de vous, & auſsi pour ſatisfaire à mon cuecur , qui
n'eſt iamais en repos, ſi n'eſt par le contentement qu'il donne à mes yeux
de voſtre preſence:ie ſuis venu par deçà vous ſeruir & obeïr . Vous aſſeurant,ſur ma foy,qu'eſtant pres de voſtre perſonne, mes eſpritz ſe treuuent
tellement viuifiez, qu'ilz ſeufrent par grand efort les angoiſſes & afe-
ctions continuelles , qui les font mourir durant voſtre abſence : pourtant
ie vous ſuplie penſer quel bien ce me ſera d'eſtre deſormais, ſi c'eſt voſtre
plaiſir , en lieu, ou i'aye moyen de ſouuent vous voir & faire ſeruice . Et
comme il vouloit continuer ſon propos, Olinde l'interrompit, en luy
reſpondant: Helas! mon amy,ie ſuis tant aſſeurée de ceſte grande amour
que vous me portez, meſmes du mal que vous auez, eſtants l'vn de l'autre
abſents:qu'il ne vous eſt beſoing d'autre preuue,que celle que mon cuecur
m'en teſmoigne, pour en receuoir vn deſplaiſir pire que la meſme mort:
à laquelle ſouuent ie conſentirois , n'eſtoit l'eſperance que i'ay de nous
voir quelque iour enſemble heureux & contents. Vous aſſeurant , que de
ma part i'y trauailleray en recognoiſſance de noſtre amour mutuelle. Ce
pendant, mon grand amy, ie vous ſuplie temporiſer,& ne vous ennuyer.
Ma Dame, dit Agraies, vous m'auez deſia tant obligé à vous, que i'ay
bien cauſe de temporiſer ainſi qu'il vous plaira : mais ie vous ſuplie
eſtimer que ie n'ay forces, ſinon celles , deſquelles il vous plaiſt me fortifier. Par ainſi ſi vous continuez aux graces que vous m'auez encommen-
cées, i'auray efort pour vous ſeruir comme le meritez,vous ſeule eſtãt l'eſpoir de tout mon bien, & dont ma vie depend.Mon amy,reſpondit elle,
iour de ma vie ie ne vous faudray : auſsi eſtes-vous tel, que chacuñ vous
ayme & eſtime : qui me doit du tout mouuoir à vous aymer plus que nul

autre

autre, fçachant que plus vous eftes mien qu'à eux ny à vous mefmes. Et
fi quelque fois l'on vient à parler de vous, croyez que ie reçoy vne ioye
incomprehenfible : car ce n'eft fans reciter la haulte cheualerie & grande
prouëffe qui eft en vous. Toutesfois mon cueur, craignant les dangers o.
currens, qui vous peuuent furuenir, pour trop courageufement entrepren
dre, ne me permet ce grand plaifir, fans l'acompagner d'vne trop froide crainte. A l'heure Agraies honteux de fe ouyr tant prifer, baiffa les
yeux : parquoy elle doutant le fafcher changea propos, luy demandant
qu'il auoit deliberé de faire. Quoy ? refpondit il, fur ma foy, ma Dame, ie
n'ay vouloir de faire autre chofe, que ce qu'il vous plaira me commander.
Ie fuis doncq' d'auis, refpondit Olinde, que vous teniez d'orefenauant cópagnie à voftre coufin Amadis : car ie fçay qu'il vous ayme afectueufe-
ment, & f'il vous confeille d'eftre de la maifon du Roy, faites le. Ma Dame, refpondit Agraies, ie vous obeïray toute ma vie, & mefmes à fi bon
confeil : car mettant à part voftre perfonne, il n'y a homme viuant que ie
voufiffe pluftoft croyre, en mes affaires, que mon coufin Amadis. Et ainfi
qu'il acheuoit cefte parole la Royne l'apella, & aufsi Galuanes : lequel
elle cognoiffoit des le temps qu'elle demeuroit au royaume de Dannemarc, ou il auoit fait maints grands faitz d'armes, aufsi bien qu'en Nur-
uege, au moyen dequoy il auoit aquis reputation de tresbon Cheualier.
Lors furent vers elle : & ainfi qu'elle ramenteuoit à Galuanes fon ancienne cognoiffance, l'Infante Oriane furuint. Parquoy Agraies fe leuant
pour luy faire la reueráce, laiffa Galuanes auecq' la Royne, & fe mit en bon
propos auecq' Oriane : qui luy fit vn trefgrand recueil & bonne chere, tát
pour l'amour d'Amadis qui l'aymoit, que pour le bon traitement qu'elle auoit receu eftant en Efcoce, ou le Roy Lifuart l'auoit laiffée retournát
de Dannemarc, ainfi qu'auez cy deuant entendu. Et difoit cefte Princeffe
à Agraies : Mon coufin, nous auons toufiours efté refiouiz de voftre bonne venue par deçà, efpecialement voftre fœur, laquelle a ces iours paffez receu tant d'ennuy des nouuelles qui vindrent ceans de la mort d'A-
madis voftre parent, que vous en feriez efmerueillé. Vrayement, ma Dame, refpondit Agraies, elle auoit bien grand' raifon de fentir vn tel ennuy, & non feulement elle : mais tous ceux de fon lignage le deuoient
ainfi faire, fçachants que mourant noftre coufin, mourra le chef & prin-
cipal de nous tous, voire le meilleur Cheualier, qui oncques porta harnois en dos, & croyez que fa mort euft efté vengée & acompagnée de
plufieurs autres. Ah, dit elle, ce mefchant Arcalaus nous donna vn
merueilleux effroy ! Que de Dieu foit il maudit ! car il troubla pour vn
temps entierement toute cefte noble Court. Or fe vouloit le Roy mettre à table pour difner, & pourtant il enuoya querir les trois Cheualiers,
qu'il auoit enuoyez à la Royne. Lors leur commanda, qu'ilz f'afsiffent,
& auecq eux plufieurs autres grands Seigneurs. Et ainfi que l'on les commençoit

mençoit à feruir deux Cheualiers entrerent en la falle, lefquelz faifans la
reuerance au Roy mirent les genoux à terre : & le premier des deux, dit
affez hault : Sire, Dieu vous doint acroiffement d'honneur & de ioye
Ie vous fuplie treshumblement nous dire, fi Amadis de Gaule eft en voftre court : Non pour le prefent, refpondit le Roy : mais nous voudrions bien tous qu'il y fuft. Certes, dit il, i'euffe efté trefaife de le trouuer comme celuy par le moyen duquel i'efpere recouurer la ioye de laquelle ie fuis fort eflongné. Amy, refpondit le Roy, dites nous, s'il vous
plaift, qui vous eftes. Sire, refpondit il, ie fuis vn trifte Cheualier, nommé Angriote d'Eftrauaux, & ceft autre eft mon frere. Quand le Roy Arban de Norgales, qui là eftoit prefent, entendit que celuy qui parloit e-
ftoit Angriote : il fe leua promptement de table & vint dire au Roy : Si
re, ne cognoiffez vous encores Angriote ? Non, refpondit le Roy. Certes,
dit Arban, ceux qui ont eu affaire à luy, l'eftiment l'vn des meilleurs Cheualiers qui foit en voz païs. Mon amy, dit le Roy à Angriote, ie vous
prie vous leuer, & me pardonner fi ie ne vous ay fait l'honneur que voftre valeur merite : car la faulte eft venue feulement pour ne vous cognoiftre : mais foyez feur, que ie fuis trefayfe de voftre venue ceans. C'eft
de voftre bonté, refpondit Angriote, & Dieu me doint la grace vous faire agreable feruice. Or me contez, dit le Roy, dequoy cognoiffez vous
Amadis ? Sire, refpondit il, ie le cognois n'a pas long temps, & cefte premiere cognoiffance me fut cherement vendue : car ie ne penfay oncques
mieux mourir tant ie fu naüré : toutesfois celuy qui me fit le mal, me
promit depuys le remede & medecine qui n'eft neceffaire pour me guerir. Lors recita comme le tout eftoit auenu, ainfi que vous auez cy deuant entendu. Certainement, dit le Roy, ie fuis trefioyeux que les chofes ont pris fi bonne fin : mais pour cefte heure vous yrez difner, & puys
nous en deuiferons plus au long. Lors commanda au Roy Arban qu'il le
fit affeoir ioignant de luy. Et ainfi qu'ilz vouloient fortir de table, furuint
Dardan le Nain d'Amadis, lequel Angriote recogneut & l'apella : luy
demandant, ou il auoit laiffé fon maiftre, auecq' lequel il l'auoit veu dernierement. Seigneur, refpondit le Nain, en quelque lieu que ie l'aye laiffé, il vous ayme & eftime beaucoup. Et fans s'arrefter paffa oultre & vint
au Roy. Adonc fe mettant à genoux dit tout hault : Sire, Amadis monfei-
gneur vous falue humblement, & tous fes amys qui font ceans. Nain, ref-
fpondit le Roy, ou l'as-tu laiffé ? Sire, dit il, en lieu, ou il fait bonne chere,
graces à Dieu : mais s'il vous en plaift fçauoir d'auantage, permettez que
ce foit en la prefence de la Royne. A' cela ne tiendra, refpódit le Roy. Et à
cefte caufe l'enuoya prier de venir incontinent : ce qu'elle fit, acompagnée de plufieurs Dames & Damoyfelles, la plus part amyes de maintz
Cheualiers, qui eftoient lors au plus pres du Roy : lefquelz eurent moyen
durant les propoz du Nain, de deuifer auecq' elles, plus ayfément que de
long temps

long temps ilz n'auoient fait. Adoncq' le Nain voyant la Royne presente
luy dit: MaDame, mon Seigneur Amadis se recommande treshumblemét
à vostre bonne grace, & m'a commandé vous dire, qu'il a trouué mon Seigneur Galaor, qu'il cherchoit. En bonne foy, respondit la Royne, i'en suis
tresfayse. Certes, dit le Nain, oncques ne fut vne plus perilleuse rencontre
de deux freres: car si Dieu n'y eust pourueu, vous ne les eussiez iamais veuz
ny l'vn ne l'autre, tant estoient acharnez à eux deffaire. Mais, de fortune,
vn autre Cheualier qui y suruint, lequel se nomme Balays, les separa.
Puys recita comme l'auanture estoit passée, & comme Balays auoit occis
la Damoyselle, qui leur auoit dressé ceste querelle, & à quelle ocasion: de
quoy Balays fut de tous fort loué. Et ou les as-tu laissez? dit la Royne. Ma
Dame, respondit le Nain, ilz me depescherent au chasteau de Balays. Et
que te semble de Galaor? dit elle. Ma Dame, respondit le Nain, c'est l'vn
des plus beaux & adroitz Cheualiers du monde: & si vous le voyez aupres
de monseigneur, à grand peine sçaurez-vous mettre diference entre eux
deux. Vrayement, dit elle, il me tarde qu'ilz ne sont icy. Croyez, ma Dame
respondit le Nain, qu'ayans recouuert leur santé, ne tarderont gueres à
estre vers vous: car ilz m'ont cómandé expressement le vous dire. Dequoy
le Roy fut si ayse, qu'il delibera tenir court royale aussi tost qu'ilz seroient
arriuez: parquoy commanda aux Seigneurs & Cheualiers, qui estoient a-
uecq' luy, de ne partir encores de la Court, ce qu'ilz luy acorderent. Et par
mesme moyen pria la Royne qu'elle mandast aussi toutes les plus belles
Dames & Damoyselles qu'elle pourroit recouurer. Car tant plus, dit il,
vous serez bien acompagnée de Dames, tant plus s'y trouueront de Cheualiers pour l'amour d'elles: auxquelles ie feray de maints grans dons &
beaux presents.

Comme Amadis, Galaor, & Ba-

lays, se delibererent d'aller ou estoit le Roy Lisuart, &
des auantures qui leur suruindrent
entre deux.

Chapitre   XXV.

Ant ſeiournerent Amadis & Galaor en la maiſon de Balays de Carſante, qu'ilz furent gueriz de leurs playes, & ſe delibererent d'aller en la court du Roy Liſuart, premier que d'entrepren dre auantures nouuelles. Lors Balays qui deſiroit fort eſtre de leur compagnie, pour la cognoiſſance qu'il auoit à eux : les ſuplia, qu'il les acompagnaſt, ce qu'ilz eurent treſagreable. Et à ceſte cauſe, apres auoir ouy la meſſe, ſ'armerent, & prindrent le chemin de Vindeliſore, ou le Roy eſtoit lors : & tant cheminerent, que dans le cinqieſme iour apres, ilz arriuerent en vn carrefour, au mylieu duquel eſtoit vn grand arbre, & ſouz iceluy vn Cheualier mort couché ſur vn riche lict : ayant au cheuet & aux piedz cierges ardans, faitz de telle ſorte, que pour vent qu'il fiſt, ne ſe pouuoient eſtain dre. Ce Cheualier mort eſtoit tout deſarmé & ſans eſtre couuert d'aucune choſe : parquoy ayſément ſe pouuoient voir vn grand nombre de playes quil auoit en la teſte, & vn tronçon de lace auecq' le fer, qui luy trauerſoit le chinõ du col : & ſi tenoit ce Cheualier ſes deux mains de ſorte, qu'il ſem bloit qu'il vouſiſt arracher ce tronçon. Grandement furent Amadis & les autres esbahiz de le voir ainſi, & voluntiers ſe fuſſent enquis qui il eſtoit, ſ'ilz euſſent trouué à qui : mais ilz ne virent perſonne, ne lieu circonuoiſin, ou ilz le peuſſent demander. Parquoy Amadis commença à di re : Ie vous aſſeure, que ſans grande ocaſion ce Cheualier n'a eſté mis en ce grand chemin ainſi ſeul & equipé comme il eſt : & ſi nous nous arreſtons quelque peu, ne pourra tarder d'y ſuruenir aucune auanture. Ie le croy bien, reſpondit Galaor : & pourtant ie iure par la foy que ie doy à cheualerie, ne partir de ce lieu, que ie n'aye nouuelle certaine qui l'a occis, puys vengeray ſa mort, ſi iuſtice & raiſon le permettent. Quand Amadis l'entendit iurer, oncques hóme n'en fut plus faſché, pour le deſir qu'il auoit de retourner vers ſon Oriane, ſuyuant la promeſſe qu'il luy auoit faite de ne tarder auſsi toſt qu'il auroit trouué Galaor. Et à ceſte cauſe luy dit : Mõ

Q   frere,

frere,il me defplaift beaucoup de ce ferment : car ie doute qu'il fera caufe de noftre bien longue demeure en ce lieu. C'eft fait, refpondit Galaor.
Et ce difant defcédit de fon cheual & f'aſſit aux piedz du Cheualier mort,
Ce que voyant les deux autres , conclurent en l'habandonner : mais faire
comme luy. Or pouuoit il eftre entre nonne & vefpres. Eftants doncques
ainfi defcenduz, plus ayfément que deuant vifiterent les playes de ceft
homme mort : parquoy Amadis voyant qu'il tenoit encores les mains au
tronçon, qui luy trauerfoit le col, fut tout esbahy & dit : Certes il fault
bien eftimer, qu'il mit ainſi les mains en rendant l'efprit, puys qu'elles y
font demeurées. Et comme ilz f'amufoient à le regarder, entr'ouyrent
le bruit de quelqu'vn qui venoit vers eux . Lors hauçants les teftes aperceurent que c'eftoit vn Cheualier & deux Efcuyers : l'vn defquelz portoit vn efcu & armet, & l'autre faifoit marcher deuant luy vne Damoyfelle, laquelle en cheminant pleuroit tendrement : car le Cheualier la
pouſſoit rudement du bout de fa lance, & pafferent ainfi ioignant du
lict, ou gifoit le Cheualier mort. Mais la Damoyfelle auifant les troys
Cheualiers aupres du trepaſſé f'efcria : Helas, bon Cheualier, qui repofes
en ce lict, fi tu fuffes vif, ie fuis feure que tu ne confentirois à mon traitement fi inhumain, que premier ton corps ne fuft en tous les perilz du
monde, pour m'en garantir. Certes, il vaudroit trop mieux, que tous les
mefchants qui me donnent tant de peine fuſſent mortz, que toy feul. Dis
tu? (refpondit le Cheualier, qui la faifoit marcher) fi ne te vengera il mef-
huy de ce coup de bafton. Et ce difant luy donna de la hante de fa lance
fi rudement fur la tefte, qu'il luy fit courir le fang tout le long de fa face :
& fans f'arrefter pafferent outre. Ce que voyant Amadis, dit à fes compagnons : Par dieu , mes amys, ie vous puis affeurer, que de ma vie ne vy
fi lafche Cheualier que ceftuy, qui va ainfi outrageant cefte pauure Damoyfelle, que vous auez peu voir, mais, f'il plaift à Dieu, ie n'endureray
plus telle vilanie luy eftre faite. Pourtant, mon frere, dit il à Galaor, fi
ie demeure trop, ne laiffez à vous en aller à Vindelifore : ou ie me rendray
bien toft apres vous, fi ie puis, & Balays vous fera compagnie. Puys monta à cheual, & commanda à Gandalin de le fuyure , courant haftiuement
apres le Cheualier, qui f'eftoit defia fort eflongné d'eux . Par ainfi Galaor
& Balays demeurerét enfemble iufques à la nuict, qui fut fi obfcure, qu'ilz
ne virent venir vn autre Cheualier armé de toutes pieces par le chemin,
ou Amadis eftoit n'a gueres entré : lequel fe douloit d'vne iambe, & la
portoit fur le col de fon cheual. Et quád il fut aupres de Galaor & Balays,
leur demanda, f'ilz fçauoient, qui eftoit vn Cheualier fuyant le long du
chemin. Pourquoy le demandez-vous ? refpondit Galaor . Pourtant, dit
le Cheualier, que ie voudrois qu'il fe fuft rompu le col : car il f'en va courant fi rudement, qu'il femble que tous les diables le fuyuent . Et quelle
rudeffe vous a il fait ? refpondit Galaor . Oncques ne m'a voulu dire qui

le preſſoit

le preſſoit de tant courir, pour priere que ie luy en aye faite, dit le Cheualier: parquoy le voyant ſi glorieux, ie ſaiſi le frain de ſon cheual, deliberé
de luy faire recognoiſtre ſon audace & de me le dire par amour, ou par
force. Et bien, le vous a il dit, reſpondit Balays. Non, dit le Cheualier: mais
il m'a reſpondu de grand' audace, qu'il arreſteroit plus à me le faire entendre, qu'à me combatre. Adonc nous chargeaſmes l'vn ſur l'autre: mais
par fortune il me donna ſi grand coup de lance, qu'il a renuerſé moy &
mon cheual en vn moment, tellement que i'en ay la iambe froiſſée, ainſi
que vous pouez voir. Quand Galaor & Balays l'entendirent, ſçachants
que c'eſtoit Amadis, duquel il parloit: ſe mirent à rire, & luy reſpondirent: En bonne foy, celà vous monſtre bien, qu'vne autresfois vous ne deuez eſtre ſi importun, pour ſçauoir l'affaire de nul outre ſon gré. Comment? dit le Cheualier, vous vous moquez donc de moy? & par dieu vous
en repentirez. Et ce diſant, s'aprocha du cheual de Galaor, auquel il donna ſi grand coup ſur le muſle, qu'il le fit renuerſer, & rompant ſes reſnes
s'en fuyt à trauers champs: & penſant n'eſtre encores aſſez vengé, en voulut faire autant à celuy de Balays. Mais Galaor & Balays prindrent leurs
lances, & vindrent encontre pour l'en deſtourner. Ce que voyant le Cheualier paſſa à coſté & donnant des eſperons à ſon cheual, leur eſcrya: Si ie
fis tord à l'autre Cheualier, i'en fu payé, auſſi auez vous eſté en vous tru-
fant de moy. Eſt il vray? reſpondit Balays, iamais Dieu ne me ſoit en ayde, ſi vous ne laiſſerez le deſtrier pour celuy que vous auez fait fuyr. Et
ſoudain monta à cheual, priant à Galaor qu'il l'atendiſt iuſques au lendemain, qu'il ſeroit, à ſon auis, de retour vers luy. Par ainſi Galaor demeura ſeul, atendant nouuelle de ce qu'il auoit vôué: car il auoit enuoyé
ſon Eſcuyer pour reprendre le cheual qui s'en fuyoit à trauers les boys. Ce
pendant la plus part de la nuict paſſa, que Galaor ne ſommeilla oncques,
pour le trop d'affection qu'il auoit à venir a bout de ce qu'il auoit entrepris: mais enuiron le poinct du iour ſes eſpritz ſe trouuerent ſi aſſommez,
que m'augré luy il fut contraint oſter l'armet de ſa teſte, & l'eſcu du col,
ſur lequel il s'oublia tant, qu'à ſon reſueil ne trouua plus les cierges qui
bruſloient, ny le Cheualier mort qu'il gardoit. Dont il fut ſi ennuyé, &
dit à ſoymeſmes: Certes, ie cognois maintenant n'eſtre digne de nulle
haulte entrepriſe, puys que ſi laſchement i'ay failly à ceſte cy tant ayſée.
Or voy-ie bien que la fortune (par ma trop grand' pareſſe) ſe faſche de ſi
peu de faueur qu'elle me promettoit au commencement: & à bon droit,
puys que ie me ſuis endormy au temps que le veiller m'eſtoit ſi recomman
dé. Mais, par dieu, puys que i'ay fait la faulte, ie l'amenderay par iuſte penitence: car ie recouureray à pied (aux deſpens de mon corps) celuy, que
i'auois trouué, & que i'ay depuys perdu par trop repoſer. Et des l'inſtant
ſa mit à ſuyure le trac de ceux qui l'auoient enleué, & ainſi qu'il eſtoit
à faire ſes diligences, il entendit hannir vn cheual. Lors tira celle part,

Q ii   toutesfois

toutesfois il n'y trouua perfonne, parquoy paffa plus oultre, pource qu'il
ouyt plus loing le bruit d'autres cheuaux. A' l'heure l'aube du iour commençoit à paroiftre, & n'eut longuement cheminé qu'il auifa deux Cheualiers armez, l'vn defquelz eftoit defcendu de cheual, & lifoit certaines
letres grauées en vne pierre, lefquelles leuës dift à fon compagnon : Ilz
m'ont en vain fait venir en ce lieu : car ie n'y entends rien. Et remontant
s'en allerent fans aperceuoir Galaor, lequel les apella & leur dit : Seigneurs, ne me fçauriez vous dire qui a emporré vn Cheualier mort, n'a
gueres gifant fouz l'arbre du carrefour ? Certes, refpondit l'vn d'eux,
nous n'en fçauons rien, finon qu'enuiron minuict auons veu paffer trois
Damoyfelles, auecq' dix Efcuyers qui conduyfoient vne lictiere. Et quelle
part tirent ilz? dit Galaor. A' main gauche, refpondit il. Lors Galaor les
remerciant fuyuit la fente qui luy fut monftrée : par laquelle (peu apres) il
auifa venir vers luy vne Damoyfelle, à laquelle il dit : Peult eftre, Damoyfelle, me direz vous bien qui a enleué de deffouz l'arbre du carrefour vn
Cheualier mort, qui n'agueres y gifoit? Si vous voulez, refpondit elle, me
promettre venger fa mort (laquelle a caufé à maints grieue douleur) ie
le vous diray. A' celà ne tiendra, dit Galaor : car, felon ce que vous dites,
iuftement ie le puis faire. Il eft vray, refpondit la Damoyfelle. Or me fuyuez maintenant & montez fur ce palefroy, & moy derriere vous. Non,
non, dit Galaor ie ne veux que la croupe. Et de fait monta derriere la
Damoyfelle, laquelle retourna par le chemin qu'elle venoit : & quand ilz
eurent cheminé enuiron deux lieuës, ilz defcouurirent vn tresbeau chafteau. Adonc luy dit la Damoyfelle : Seigneur, nous trouuerons leans ce
que vous demandez, & depuys tant continuerent leur chemin, qu'ilz y
arriuerent. Or entrez, dit elle, & vous fouuienne de ce que vous m'auez
promis : & à fin que ie vous en follicite, vous me direz maintenant, s'il
vous plaift, voftre nom, & ou ie vous pourray trouuer quand il fera temps.
Certes, Damoyfelle m'amye, ie fuis nommé Galaor, & croy que vous me
trouuerez deformais pluftoft en la maifon du Roy Lifuart, qu'en nul autre lieu. Or bien, dit elle, à Dieu vous commande. Puys tourna bride, &
entra Galaor au chafteau, ou il trouua le Cheualier mort gifant au mylieu de la court : autour duquel eftoient maintes perfonnes faifants grand
dueil. Ce nonobftant Galaor s'aprocha, & s'adreffa à vn Cheualier ancien, auquel il demanda qui eftoit ce Cheualier mort. Seigneur, refpondit
le Cheualier, il fut en fon viuant tel, que tout le monde deüroit eftre dolent de fon infortune. Et comme fe nommoit il? dit Galaor: Antebon, ref-
fpondit l'autre, l'vn des plus vertueux Gentilzhommes qui oncques
prindrent naiffance en Gaule. Quand Galaor entendit qu'il eftoit des
fubietz du Roy Perion fon pere, le cueur luy enfla, & en eut plus de pitié
que deuant, & d'autant plus luy creut l'enuie de venger fa mort : & à cefte caufe pria ce Cheualier ancien luy faire entendre comme tout eftoit

auenu

auenu. Seigneur, reſpondit il, entendez que ce Gentilhomme infortuné
que vous voyez cy, fut marié par ſa bonté & vertu à ceſte femme, qui pleu
re maintenant ſur luy, laquelle eſt Dame de ce chaſteau. Et eurent enſemble vne tresbelle fille, aymée d'vn Cheualier aſſez & trop noſtre voyſin:
mais la ieune Damoyſelle l'à touſiours hay, plus que choſe du monde. Ce
que cognoiſſant ce paillard (duquel ie vous parle) delibera de la rauir par
quelque moyen que ce fuſt: & pour ce faire oublia tant Dieu & ſon honneur, qu'il eſpia l'heure que ce bon Cheualier mort yroit (comme il auoit
de couſtume) au carrefour, ou l'auez trouué, ſecourir ceux à qui ſouuét l'ó
faiſoit pluſieurs torts, pour eſtre le chemin plus paſſant & commun de ceſte contrée. Et deſia par maintes années y auoit tant fait d'armes, que la renommée de luy eſtoit par tout diuulguée. Lors le ſçachant hors de ſa mai
ſon entra ceans, ou il trouua la Damoyſelle en la compagnie de ſa mere, &
pluſieurs autres Dames, qui ſ'esbatoient : & maugré elles toutes, la rauit
& l'emmena par force, auant que l'on euſt le loyſir leuer le pont ne de la
ſecourir . Au moyen dequoy (ainſi que depuys nous auons entendu) elle
s'ennuya tant, qu'elle ne faiſoit iour & nuict que pleurer, quelque reconfort ou paſſetemps que luy dónaſt, ou promiſt le Cheualier. Dont il ſe deſ
pleut tant, qu'il luy diſt vn iour : Ma mignonne, vous ſçauez que ie vous
ayme de tout mon cueur, & deſire ſur tout l'amour de vous, pour eſtre voſtre mary & vous ma femme : toutesfois vous n'y voulez entendre, combien que ie ſois de trop meilleure maiſon & plus riche que n'eſt voſtre pere, qui me fait trop esbahy, & qui vous meut de m'eſtre ſi ennemye ? En
bonne foy, reſpondit elle, ie le vous diray. I'ay autresfois promis a ma mere (& telle eſt ma deliberation) de ne prendre iamais mary, ſ'il n'eſt auſsi
bon Cheualier, & adroit aux armes qu'eſt mó pere, lequel elle ſceut choiſir entre tous autres Cheualiers . Par dieu, reſpondit il, vous ma'ymerez
doncq': car auant qu'il ſoit gueres ie vous feray preuue ſufiſante, que ie ſuis
plus Gentilhomme d'armes qu'il n'eſt. Parquoy quelque temps apres ſortit de ſon chaſteau armé & bien monté , & ſe vint renger ſouz l'arbre du
carrefour, ie ne ſçay à quelle intention : mais à l'heure par grand malheur
y trouua ceſt infortuné Gentilhomme deſcendu de cheual, & pour ſe refraiſchir ſ'eſtoit preſque tout deſarmé . Adoncq' ce paillard voyant auoir
grand auantage ſur luy, & ſe ſouuenát du propos qu'auoit dit ſ'amye, luy
ſembla auoir lieu cómode pour entrer en reputation , n'y eſtants nulz teſmoings qui en ſceuſſent parler au contraire : & de fait ſans dire mot vint
par derriere, & luy mit ſa lance dans la gorge, ſi auant que vous pouuez
voir. Au moyen dequoy il demeura mort, ſans auoir loyſir de ſoy defendre, & de ce non content le trahiſtre ſe mit à pied: puys luy dónant maíts
grands coups d'eſpée, le laiſſa là. En bonne foy, dit Galaor, ſa meſchanceté eſt grande, & telle, que chacun l'en doit blaſmer : mais puys que vous
m'auez deſia tant fait de bien , ie vous prie me declarer pourquoy l'on le

Q iii

me

met ainſi deſſouz l'arbre du carrefour?Pource,reſpondit le vieillard,qu'il
paſſe par là pluſieurs Chéualiers errants , & ſi quelqu'vn nous vouloit tãt
obliger à luy,que d'entreprédre véger ceſte mort, nous luy feriõs entédre
ce que ie vous ay preſentemét recité.Et à quelle ocaſiõ, dit Galaor,le laiſſez vous ainſi ſeul que ie le trouuay ? Ce n'eſt pas trop mal enquis,reſpon-
dit le Cheualier. Il y ſouloit auoir continuellement quatre Eſcuyers pour
le garder:mais pour autant que le Cheualier qui fit ce meurtre les menace
de tuer , nous anons eſté contraints le raporter ceans . Ie m'esbahis, dit
Galaor, que ie n'en ouy le bruit . Il fault bien dire que ie dormois bien
fort.Comment?reſpondit le Cheualier, eſtes vous celuy que nous y trou-
uaſmes acoudé ſur ſon heaume?Ouy vrayement,dit Galaor.Et pourquoy
vous arreſtiez-vous là ? reſpondit le Cheualier . Pour venger ſa mort , dit
Galaor, ſi par raiſon ie le doy faire.Et maintenãt, reſpondit le Cheualier,
eſtes vous encores en ce propos?Ouy certes,dit il.Ah mon ſeigueur!reſpõ
dit le vieillard,Dieu vous donne la grace de ce parfaire à voſtre honneur!
Puys le prenant par la main ſ'aprocherent ioignãt le lieu ou giſoit le Che
ualier mort,diſãt à la Dame qui pleuroit: Ma Dame,ce Cheualier dit,que
à ſon pouuoir il végera la mort de voſtre Seigneur. Helas, reſpondit elle,
gentil Cheualier,ie prie noſtre Seigneur qu'il vous maintienne en ce bon
vouloir : car ie n'ay trouué encores en ce païs parent,ny amy,qui ſ'en ſoit
voulu mettre en peine, pource que feu mon Seigneur eſtoit eſtranger : &
neantmoins , quand il viuoit, pluſieurs luy monſtroient grand ſigne d'a-
mytié,qui à preſent en font peu de cas.Dame,reſpondit Galaor, d'autant
qu'il eſtoit du païs dõt ie ſuis,i'ay plus d'enuie de le venger que nul autre.
Ah cher Seigneur, reſpõdit la Dame, peult eſtre eſtes vous le filz du Roy
de Gaule,que feu mon mary diſoit eſtre en la court du Roy Liſuart. Ie n'y
fu oncques,dit Galaor: mais dites moy qui eſt celuy, qui a fait ceſte trahiſon, & le lieu ou ie le pourray trouuer.Mon bon Seigneur, reſpõdit elle,
ſ'il vous plaiſt ie vous y feray cõduyre : toutesfois i'ay grand' crainte(veu
le peril) que vous doutez de l'entreprendre, ainſi que ont faít maints
autres, que cy deuant i'y ay fait conduyre . En bonne foy, ma Dame , dit
Galaor , en celà eſt la diference des bons & des mauuais : toutesfois ſ'il
vous plaiſt me faire le bien,que ceux que vous dites ont refuſé, i'eſſayeray
de faire mieux qu'ilz n'ont fait . Lors la Dame le voyant tant aſſeuré, fit
venir deux de ſes Damoyſelles,auxquelles elle commanda conduyre Galaor vers le Cheualier,qui tenoit ſa fille par force. Vrayement, dit il,ce ne
vous feroit pas honneur de m'y enuoyer à pied . I'ay perdu dans ce boys
(n'agueres) mon cheual par grand' fortune: ie vous prie m'en donner vn
autre, par tel ſi , que ſi ie ne vous venge, ie feray tenu le vous rendre. Et
bien,reſpondit elle,vous en aurez vn:car i'eſpere que par voſtre prouëſſe,
non ſeulement noz biens vous feront obligez : mais les propres perſonnes , à vous faire ſeruice.

Comme

Comme Galaor fut venger la

mort du Cheualier, qu'il auoit trouué mort fouz l'arbre
du carrefour.

Chapitre XXVI.

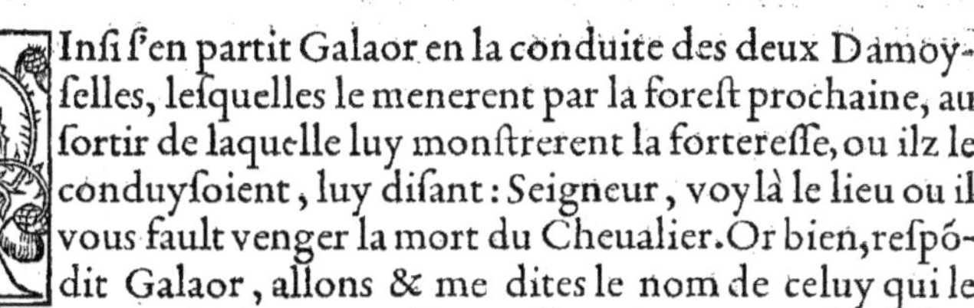

Insi s'en partit Galaor en la conduite des deux Damoyfelles, lefquelles le menerent par la foreft prochaine, au
fortir de laquelle luy monftrerent la forterefle, ou ilz le
conduyfoient, luy difant: Seigneur, voylà le lieu ou il
vous fault venger la mort du Cheualier. Or bien, refpódit Galaor, allons & me dites le nom de celuy qui le
fit mourir. Il fe nomme Palingues, dirent elles. Et comme ilz acheuoient ce propos, arriuerét tout au plus pres du chafteau, & virent que la
porte eftoit fermée: parquoy Galaor apella à haulte voix. Lors vint fur le
portail vn Cheualier armé, luy demáder qu'il vouloit. Ie veux entrer leás,
refpondit Galaor. Cefte porte, dit l'autre, n'eft ordonnée que pour l'if-
fue de ceux qui font ceans. Par ou entreray-ie donc? refpódit Galaor. Ie le
vous móftreray, dit le Cheualier. Mais ie crains de me trauailler en vain,
& que vous n'oferez y venir. Si Dieu m'ayde, refpódit Galaor, ie voudrois
defia eftre dedans. Nous verróns maintenant (dit l'autre) fi voftre hardief
fe eft telle que le defir. Or defcendez du cheual, & vous aprochez au pied
de cefte tour. Ce que fit Galaor, & baillant fa monture aux Damoyfelles,
fe mit ou l'on luy auoit dit. Puys ne tarda gueres qu'il ne furuint vn autre
Cheualier bié armé, auecq' le premier, & fembloit encores eftre plus hault
que fon cópagnon. Lors eux deux commécerent à deftordre vn tour, & à
deualer vn panier ataché à vne forte corde, difants à Galaor: Si vous voulez
entrer ceans, ce panier eft le chemin. Voyre mais, refpódit il, fi ie me metz
dedans, me promettez vous me móter fus à fauueté? Ouy vrayemét, dirét
ilz, combien qu'apres ne vous affeurions. A' leur fiance entreprit Galaor
la montée, leur criant: Tirez: car à voftre parole ie m'auátureray. Adoncq'
commencerét à tourner le tour. Ce que voyant les Damoyfelles, esbahies
de l'entreprife de Galaor, dirent: Ah bó Cheualier, Dieu te garde de trahi
fon : car, fans doute, tu monftres bien que tu as le cueur bon & gentil. Ce
pendant les Cheualiers du chafteau le tiroient à mont, tant qu'il paruint
au hault de la tour. Lors faillit legieremét du panier, & s'aprocha de ceux
qui l'auoient monté, lefquelz luy dirent : Cheualier, il conuient que iuriez d'ayder au Seigneur de ce chafteau, contre ceux qui voudroient quereller la mort d'Antebon, autrement iamais vous ne fortirez de ceans.

Q iiii

Comment?

Comment?eſt ce l'vn de vous deux qui l'auez tué? reſpódit Galaor.Pour-
quoy le demandez vous? dirent les autres. Pour autant, reſpondit il, que
ie ſuis venu pour luy faire cognoiſtre la grand' trahiſon qu'il commit en
ce faiſant.Ouy? dirét ilz,vrayemét vous eſtes aſſez mal arriué pour ce faire . Dea vous nous menacez eſtant en noſtre pouuoir.Par dieu,gentil ru-
ſtre , c'eſt à vous à conter à nous , & à nous à chaſtier voſtre teſte fole. Et
mettant les mains aux eſpées, vindrent fraper ſur luy fort aigrement.
Quand Galaor ſe ſentit outragé , & de fait & de parole , il entra en telle
colere, qu'il leur fit incontinent ſentir la fureur de ſon eſpée,tellement
que les Damoyſelles pouuoient ayſément entendre les coups l'vn de l'autre: car les deux Cheualiers eſtoient roydes & forts, & Galaor adroit &
gentil compagnon tout outre . Et diſoient ces femmes par grand' merueille: Ah Dieu! oyez comme le bon Cheualier ſe cóbat contre ces trahiſtres. Ie vous prie ne nous partons d'icy,que n'ayons veu quelle en ſera la
fin . Ce pendant Galaor faiſoit grand deuoir de venir au deſſus de ſes ennemys,& combatoit par ſi grand' aſpreté,qu'ilz commencerent à eux eſpouuenter : car il dóna à celuy à qui premier ſ'adreſſa au deſſus de l'armet
tel coup,qui luy mit l'eſpée deux doigtz auant dedans la teſte, & en la retirant le pouſſa ſi rudement du pied , qu'il luy fit donner des genoux à
terre.Ce pendant l'autre n'eſpergnoit Galaor: mais le chargeoit ſans interuale pour ſecourir ſon compagnon. Lequel Galaor empoigna, & luy
trencha la teſte : puys ſe radreſſa au ſecond, qui tourna doz, deuallant les
degrez plus legierement qu'il ne les auoit mótez.Et Galaor qui toſt apres
le ſaiſit, luy dóna tant de coups d'eſpée : qu'oncques puys n'aBaiſſa le panier pour monter Cheualier comme il auoit fait n'a gueres.Et pource que
Galaor ne cognoiſſoit Palingues , doutant que ce fuſt l'vn de ces deux,
les ieta des carneaux vers les Damoyſelles, qui l'atendoient, leur criant
qu'elles y regardaſſent.Mais elles luy reſpódirent, qu'ilz eſtoiét trop mal
en poinct pour les cognoiſtre : Toutesfois nous penſons bien, dirent elles,que ce ne ſoit il.A'ceſte cauſe Galaor deualla au chaſteau.Et ainſi qu'il
regardoit çà & là , auiſa vne bien belle Damoyſelle , qui cryoit à haute
voix:Palingues, Palingues, eſt ce la grande cheualerie dót tu deſires eſtre
renommé? Tu fuys maintenát comme Cheualier recreu & laſche, & tu te
diſois plus gentil compagnon que feu mon pere , lequel tu occis (ainſi
que tu te vantes) en combatant ſeul à ſeul.Vrayement ce que i'en ay touſiours douté m'eſt maintenant certain . Or aten ce Cheualier, qui te cherche : & ſ'il y a quelque reſte de cueur en toy , monſtre le à ce beſoing,
duquel ta propre vie depend. A' ce cry Galaor ieta ſa veuë plus auant,
& aperceut Palingues armé de toutes pièces, qui eſſayoit ouurir la porte
d'vne tour pour ſe ſauuer: parquoy il ſ'auança, luy diſant: Par dieu,Che-
ualier, peu te profitera la fuyte, & moins l'eſort que tu pourrois faire,
car tu payeras la vie du bon Antebon , que ſi laſchement tu fis mourir.

Et inſi

Et ainſi qu'il acheuoit ceſte parole, il s'approcha ſi pres de Palingues, que force luy fut de tourner viſage: & donna ſi grand coup d'eſpée à Galaor, qu'elle entra bien vne paume dedans ſon eſcu, ſi qu'il ne l'en peult reti-rer. Et par meſme moyen Galaor l'attaignit à deſcouuert, & luy coupa entierement la chemiſe de maille, & le bras ioignant le coude, dont il eut ſi extreme douleur, qu'en fuyant tomba à l'entrée d'vne chambre, ou il penſoit ſe ſauuer. Lors Galaor l'empoigna par la iambe, & ainſi qu'il le traynoit hors, luy fit ſortir le heaume de la teſte : puys le voyant deſarmé luy rua vn reuers de telle force, qu'il la luy ſepara du corps. C'eſt, dit il, la retribution des meſchancetez que tu as faites à Antebon, lequel tu oc-cis par grand' trahiſon. Puys eſſuya ſon eſpée, & la remit au fourreau. Or eſtoit la Damoyſelle, fille d'Antebon, preſente à ceſte execution, & auoit entendu Galaor parler pluſieursfois de ſon pere: parquoy elle ſe vint ieter à ſes piedz, & luy dit: Helas mon Seigneur! vous m'auez tát obligée à vous qu'il me ſeroit impoſsible le vous pouoir ſatisfaire, ayant ſi peu de puiſſan ce: mais le vouloir que i'ay de le recognoiſtre a imprimé en mon cueur de prier Dieu à iamais pour vous, qui auez ſi iuſtemét vengé la mort de mon feu pere, & la force que ce meſchant m'a faite. Lors Galaor la releua, & en-l'embraçant luy reſpondit : Sur ma foy, ma douce amye, celuy ſçauroit bien peu de bien qui feroit deſplaiſir à choſe ſi belle que vous : veu qu'elle merite trop mieux eſtre aymée & ſeruie, que ennuyée ne contriſtée. Mais dites moy, auez vous plus ceans nul ennemy ? Non, reſpondit la Damoy-ſelle: car ceux qui reſiſtent ſont pour vous faire honneur & obeïſſance. Allons donc, dit il, faire entrer deux Damoyſelles, qui m'ont conduit ceás de la part de voſtre mere. Puys la prit par la main, & furent ouurir les portes, & entrerent les Damoyſelles qui gardoiét le cheual de Galaor: leſ-quelles voyans leur maiſtreſſe luy vindrent faire la reuerance, luy deman-dant, ſi elle eſtoit vengée de la mort de ſon pere, comme elle deſiroit. Ouy vrayement, reſpondit elle, Dieu mercy, & ce bon Cheualier, qui a fait ce que nul autre euſt peu faire. Et pource que la chaleur du iour eſtoit vehe-mente, Galaor oſta ſon armet pour ſe refraiſchir: & le voyant les Damoy-ſelles qui ne l'auoient encores veu deſarmé, furent toutes esbahies de ſa grand' beauté, & plus encores de la proueſſe qui eſtoit en luy, eſtant ſi ieune. Mais de tel œil le regarda la fille d'Antebon, qu'Amour à l'in-ſtant meſme le naüira ſi au vif, qu'elle (poſtpoſant honneur & crainte) le vint baiſer & acoller, luy diſant: Mon Seigneur & amy, i'ay bien cauſe de vous aymer plus que autre perſonne viuante. En bonne foy, reſpondit il, ie vous ayme auſsi, tant pour voſtre beauté & bonne grace, que pour l'a-mour de voſtre feu pere, qui eſtoit du païs auquel ie fu né. Helas, dit la Da-moyſelle, vous plairoit il me dire voſtre nom ? Ceux qui me cognoiſſent m'apellent Galaor, reſpondit il. Certes mon Seigneur, dit la Damoyſelle, i'ay maintesfois ouy parler à feu mó pere de mó Seigneur Amadis voſtre
frere,

frere, & de vous : & difoit que vous eftiez enfans du bon Roy de Gaule
fon Seigneur naturel . Et ainfi qu'ilz deuifoient, entrerent eux deux feulz
en vne chambre baffe : ce pendant les deux autres Damoyfelles s'amufoient à chercher viures par le chafteau. Au moyen dequoy, Galaor voyât
lieu & faifon commode à prier d'amour celle, qui luy monftroit tant bon
vifage (laquelle eftoit ieune, belle, & de bien bonne grace, nommée Branduette, & luy couuoiteux & actif à chofes femblables) luy dit: Ma grand'
amye, fi Palingues vous aymoit comme, i'ay entendu, il en auoit bien raifon, vous ayant cogneuë telle que ie vous voy : car moymefmes, qui ay fi
nouuelle acointance à vous, me fents tant voftre, que ie me reputeroys
heureux, fi vous me vouliez le bien que ie vous defire, m'acceptant pour
voftre amy & feruiteur. Lors la ieune Damoyfelle qui de luy n'eftoit mois
aymante que aymée, luy refpondit: Mon feigneur, ie vous ay ia dit que
ie vous ayme plus que autre perfonne viuante: donques (puys qu'ainfi
eft) vous pouez tenir affeuré que ie fuis celle qui defire vous obeïr & complaire en toues chofes . Or la tenoit Galaor durant ce propos embracée,
& la baifoit & careffoit tellemét, que l'execution de la iouyffance s'en en-
fuyuit: auecq' tel contentement que la Damoyfelle qui auoit refifté fi lóg
temps à Palingues, gardant fa virginité , la perdit entre les braz de fon a-
my Galaor, qui eftoit pour lors affamé de tel plaifir, & par ce moyen fit
tel deuoi,r qu'elle l'en ayma tout le temps de fa vie . Mais de grand malheur, ainfi qu'apres maintz embracemens & propoz amoureux, ilz vouloient faire nouuelle charge, entendirent les Damoyfelles qui les venoiét
auertir, que leur difner eftoit preft: parquoy à leur trefgrand regret furent
contraints de differer, & fortir de la chábre, pour fuyure les Damoyfelles
au lieu ou elles auoient couuert, qui eftoient fouz vne galerie enuironnée
d'arbriffeaux, dans laquelle le vent donnoit fi à propos, que la fraifcheur y
eftoit grande. Adonc s'afsirent à table, & entrerent en propos de maintes
chofes. Entre autres Bráduette luy recita, comme Palingues (pour la crainte de luy & d'Amadis) auoit mis fi grande garde en ce chafteau: eftimant,
que puys qu'Antebon eftoit de Gaule & leur vaffal, qu'eux pluftoft que
nul autre effayeroient de venger fa mort . Et voylà la feule ocafion de la
garde de cefte place (dit la Damoyfelle) en laquelle ie me fuis trouuée fi
ennuyée depuys que i'y fu amenée, que iour de ma vie n'auray defir d'y
plus demeurer. Pourtant, mon feigneur & amy, s'il vous plaifoit (fans plus
y feiourner) i'yrois voluntiers trouuer ma mere, laquelle aura grand plaifir de me voir, & vous aufsi. Ce que Galaor luy acorda . Et (encores qu'il
fuft ia tard) pour la fauorifer, firent acouftrer leurs montures, & partirent toft apres du chafteau : toutesfoys ilz ne fe peurent tant diligenter
qu'il ne fuft plus de deux heures de nuict, auant que d'arriuer au logis,
ou la mere de Branduette les atendoit, laquelle auoit efté peu deuant a-
uertie par l'vne des Damoyfelles (qui auoit conduit Galaor) de tout ce qui

luy eftoit

luy estoit auenu. Et à ceste cause la bonne Dame, auecq' toute sa famille, e-
stoient sorties au deuãt de luy pour le receuoir, & de fait à son retour luy
firent tout l'honneur dont l'on se peult auiser : car ceste bonne vefue se
vint ieter à ses piedz, & luy dit : Mon cher Seigneur, vous nous auez tous
tant obligez à vous, que les biens & les personnes de ceans sont entierement vostres : & pourtãt faites de nous tous comme il vous plaira. Ma Dame, respondit Galaor, ie vous mercie bien affectueusement de voz offres,
desquelles à vousmesmes ie fais present. Et pource que la plus part de la
nuict estoit ia passée, mirent fin à leurs propoz pour l'heure, se donnants
l'vn à l'autre le bon soir. Lors fut cõduit Galaor en vne chambre, que l'on
luy auoit parée, en laquelle il se retira pensant reposer : mais se voyant seul,
il seva souuenir du biẽ qu'il auoit eu l'apresdinée, auecq' sa nouuelle amye,
laquelle n'estoit adoncq' en moindre peine que luy (comme elle en dóna
depuys certitude) car apres que chacun se fut retiré, vint secretement ou
Galaor estoit couche : lequel se reputant heureux de si bonne auanture, la
receut tant humainement & courtoysement, que leur dormir fut cõuerty
en trop plus de plaisir, iusques au poinct du iour, qu'elle prit congé, se retirant en sa chambre, sans auoir esté de nul aperceuë.

Comme Amadis courant apres le

Cheualier, qui emmenoit la Damoyselle par force, rencontra vn autre Cheualier, contre lequel il combatit : & de ce qu'il en auint.

Chapitre   XXVII.

OR s'en alloit Amadis apres la Damoyselle que le Cheualier emmenoit par force, en la batant & outrageant comme auez entendu : & faisoit grande diligence de l'ataindre. Mais il rencótra vn autre Cheualier bien móté, qui
luy demanda qui le mouuoit d'ainsi fuyr. Qu'auez vous
affaire, respõdit Amadis, si ie vois tost, ou lentemét ? En
bonne foy, dit le Cheualier, ie le dy pour vous secourir, si quelqu'vn vous
veult outrager, & pour vous asseurer, si vous auez paour. Vrayement, respondit Amadis, ie suis d'auis que vous vous espergnez pour vous mesmes : car ie n'ay pour le present affaire de vostre secours. Quand l'autre
l'entédit, il estima qu'Amadis se moquast de luy : & à ceste cause vint saisir le frain de son cheual, luy disãt : Et par dieu, beau sire, vous me le direz,
autrement ie vous rompray la teste. Ie ne sçay que vous ferez, respondit
Amadis.

Amadis:mais i'espere m'estre plustost depesché de vous, en vous cõbatãt,
que si ie m'amusois à vous declarer ce que demandez, pource que selon
vostre outrecuydance,ie ne vous en sçaurois tant dire,que n'eussiez encores plus d'enuie d'en sçauoir.Lors le laissa le Cheualier & s'eslongna pour
mieux faire sa carriere . Puys vint au plus rudement que son cheual peut
courir contre Amadis, & Amadis au semblable: tellement que le Cheualier rencontra si roydement l'escu de son ennemy, que sa lance vola en es-
clatz.Toutesfois Amadis le sceut mieux choisir: car il le desarçonna, faisant tomber en mesme instant homme & cheual à terre: dõt le Cheualier
eut quasi la iambe rompue, & passant Amadis outre, s'en alla son chemin
sans plus s'arrester. Or entendez que celuy , duquel ie vous parle maintenant, estoit le Cheualier, qui fit fuyr le cheual de Galaor : mais pour ne
discontinuer mon propos, Amadis l'ayant laissé à terre,chemina si legierement, qu'il ataignit celuy qui emmenoit la Damoyselle. Auquel il dit
d'arriuée:Par dieu,Cheualier,vous auez assez longuement esté mal courtois . Ie vous prie , beau sire , desormais vous deporter, & ne l'estre plus.
Quel' outrage vous ay-ie fait ? respondit le Chcualier. Le plus grand que
vous sçauriez faire, dit Amadis. Comment? respondit il, vous me voulez
doncq' chastier?Non pas,dit Amadis:mais ie vous auertis de la raison, &
de vostre profit. I'entends bien, respondit le Cheualier, le vostre sera à
vous en retourner dont vous venez. Est il vray? dit Amadis.Lors s'adressa
à l'Escuyer,qui tenoit le pallefroy de la Damoyselle, & luy dit rudement:
Paillard,laisse ceste femme,ou tu es mort.L'Escuyer eut paour &s'en fuyt.
Quoy voyant le Cheualier trop irrité, respondit Amadis:Par dieu, beau
sire, c'est bien audacieusement commandé:mais si ie ne sçay chastier ceste
outrecuydance, iamais ne porteray cuyrasse en dos. Et ce disant, mit la
lance en l'arrest contre Amadis, lequel le receut si asseurément, que leur
boys se brisa en pieces:mais il auint si mal au Cheualier,qu'il fut porté par
terre: parquoy Amadis tourna promptement visage, & auant qu'il eust
loysir de se releuer, le foula tant aux piedz, qu'il le cuyda faire mourir.Et
voyant que force luy estoit de demander pardon, s'escria : Seigneur, ie
vous prie ayez pitié de moy: & si i'ay esté mal courtoys,ne le soyez pourtant. Iurez doncq',respondit Amadis,que iamais à Dame ou Damoyselle
vous ne ferez force outre son gré . Voluntiers, dit le Cheualier. Et ainsi
qu'Amadis s'aprochoit pour receuoir de luy ce serment,le Cheualier luy
mit l'espée dans les flans de son cheual si auant, qu'il tomba mort en la
place & Amadis dessouz : qui ne peut estre si habile, que deuant qu'il
eust moyen de se releuer, le Cheualier ne l'outrageast fort,luy disant: Par
dieu, Damp Cheualier,ce sera à vous à recognoistre maintenant,qu'à mal-
l'heure entrepristes oncques de me corriger . Lors Amadis se desuelo-
pant de luy, se releua promptement: & le voyant à descouuert l'ataignit
dessouz la visiere, de sorte qu'il luy coupa la moytié du visage . Dont
il se trouua

il se trouua si estonné,qu'il cheut à terre: parquoy Amadis legierement se
ieta sur luy, & le desarmant du heaume,luy trencha la teste : puys remit
son espée au fourreau . Or estoit il nuict fermée, toutesfois la Lune luy-
soit: parquoy la Damoyselle voyant qu'Amadis venoit vers elle , vint au
deuant se ieter à ses piedz,& luy dit:Helas , gentil Cheualier , ie suplie le
Createur , qu'il vous remunere le bien que vous m'auez fait . Certes, sans
vous ,i'estois pire que morte . Mais ie vous suplie encores bien humblement , qu'il vous plaise me conduire iusques à vn chasteau , ou ie seray en
toute seureté: car pour chose du monde ne me mettroys maintenant seule en chemin . Vrayement, Damoyselle m'amye , respondit Amadis,ie le
feray pour l'amour de vous . Et ainsi qu'ilz deuisoient , Gandalin arriua,
auquel il dit : Amene moy le cheual de ce Cheualier , & monte ceste Damoyselle sur le sien.Ce que fit Gandalin:puys suyuirent le chemin, que la
Damoyselle les guida,durát lequel ilz eurent plusieurs propoz : & entre-
autres Amadis luy demáda,si elle sçauoit le nom du Cheualier , qui gisoit
mort dessouz l'arbre du carrefour.Ouy bien , respondit elle . Lors luy recita au long tout ce qu'elle en sçauoit , mesmes la cause de sa mort . Desia
grande part de la nuict estoit passée, qu'ilz arriuerent sur le bord d'vne riuiere , le long d'vne belle prairie , ou il prit telle enuie de dormir à la Damoyselle,qu'elle dit à Amadis:Mon Seigneur,il me semble,pour le meilleur,que nous deuós descendre en ce lieu,& reposer quelque peu.Ce qu'il
luy acorda : & pourtant Gandalin estendit vn manteau,sur lequel la Damoyselle se coucha , & Amadis ioignant d'elle apuyé sur son armet.
Mais,ainsi qu'ilz dormoient tous, de fortune suruint vnCheualier,qui les
auisa , & sans faire bruit mit le gros bout de sa lance entre les braz de
la Damoyselle & l'esueilla : & quand elle l'aperceut , pensant que ce fust
celuy qui la gardoit, se leua encores presque endormye , & luy demanda,s'il luy plaisoit de partir.Ouy,respódit le Cheualier.De par Dieu soit,
dit la Damoyselle .Adonc le Cheualier se baissant,la prit par le bras,& la
ieta en croupe derriere luy . Pourquoy faites-vous celà ? dit elle , vostre
Escuyer me donnera,s'il luy plaist,mon cheual,sans vous donner ceste pei-
ne.Non fera,respódit l'autre : car puys que vous vous estes offerte à moy,
ie vous meneray moy mesmes . A ceste parole s'aperceut la Damoyselle,
qu'elle estoit deceuë , & tournant la teste vid Amadis qui dormoit de
fort somme:parquoy elle s'escria tant qu'elle peut:Làs, Seigneur,secourez
moy! car l'on m'emmene, & ne sçay qui. Quand celuy qui l'auoit chargée l'entendit crier, il donna des esperons au cheual, & s'en courut au
plustost qu'il peut :toutesfoys Amadis s'esueilla, & ne trouuant plus celle qu'il conduisoit fut trop deplaisant, & hastiuement apella Gandalin qui luy amena son cheual. Puys laça son heaume, prit son escu, &
sa lance, & suyuit à grand' diligence la voye que le Cheualier tenoit.
Mais il n'eut longuemét cheminé,qu'il se trouua entre vne espesseur d'ar-

R

bres,ou

bres, ou il perdit son adresse, de sorte, qu'il ne sçauoit plus quel costé tenir. Et combien qu'il fust l'vn des plus patiens du monde, si se trouua il
tant ennuyé, qu'il eust voulu estre mort: & disoit contre soy mesmes: Par
dieu la Damoyselle peult bien dire, que ie luy ay fait autant de tord que de
secours: car si ie la defendy d'vn forceur, ie l'ay laissée (par ma paresse)
mettre en la puissance d'vn pire. Et ainsi chemina long temps à trauers
champs, faisant maints tourmens à son cheual. Puys entr'ouyt sonner vn
cor: au moyen dequoy il piqua ceste part, estimant que le Cheualier y
pourroit estre. Lors descouurit vne forteresse en croupe de montaigne,
qui luy sembla tresforte: & aprochant plus pres, la vid close d'vn hault
mur, enuironnée de grosses tours & la porte bien barrée. Et ainsi qu'il
tournoit à l'entour, la guete l'aperceut, & s'escria: Quel homme est ce là
qui à telle heure va armé si pres de ceans? Ie suis, respondit Amadis, vn
Cheualier estrange. Que demandez vous? dit la guete. Ie cherche, respon
dit il, vn, qui a enleué n'a gueres vne mienne Damoyselle. Nous ne l'a-
uons point veuë, dit l'autre. A' ceste cause Amadis vouloit passer oultre
quand il auisa vn poutilz ouuert, & le Cheualier auecq' la Damoyselle
entrer dedans à pied: pource qu'il estoit si bas, qu'ilz n'y eussent peu passer à cheual. Lors Amadis s'auança, & apella le Cheualier, luy disant:
Seigneur, ie vous prie souffrez vn peu, & deuant que vous retirer, dites
moy, si estes celuy, qui m'a tollu vne mienne Damoyselle. Si ie la vous ay
ostée, respondit il, vous en fistes mauuaise garde. Et vous plus grande
lascheté dit Amadis: car vous me l'auez desrobée en dormant, estant seur
qu'autrement ne l'eusiez conquise si legierement. Amy, respondit le
Cheualier, ie l'ay vrayement, & de son bon gré a voulu venir auecq' moy,
sans l'en auoir aucunement solicitée, ne forcée. En bonne foy, dit Amadis, si vous me la monstrez, & qu'elle die comme vous, ie la quite. Demain matin, respondit l'autre, ie la vous feray voir ceans, si vous y voulez entrer souz la coustume du chasteau. Et quelle est elle? dit Amadis.
L'on vous la dira, respódit l'autre, & croy que ne la trouuerez aysée, si vous
osez l'entreprendre. Et si presentement ie le voulois faire me laisseroit-on
entrer? dit Amadis. Non, respódit le Cheualier pour meshuy: mais si atendez iusques à demain, nous verrons que vous ferez. Lors luy ferma l'huys
& se retira: parquoy Amadis fut contraint (en atendant le iour) descendre souz vne touffe d'arbres, qui estoient pres du chasteau, ou il demeura
si long temps, que le Soleil commença à aparoistre, & entendit ouurir la
forteresse. Au moyen dequoy promptemét móta à cheual: & s'aprochant
vid vn Cheualier armé de toutes pieces, móté sur vn grand cheual. Adonc
le portier apella Amadis, & luy demanda, s'il vouloit entrer. Ouy bien,
respondit il: car pour celà ay-ie atendu tonte nuict. Or bien, dit le portier. Mais ie veux premier vous faire entendre la coustume, à fin que cy
apres n'ayez ocasion de dire, que l'on vous ayt deceu: pourrant ie vous

auise

auiſé, qu’auſsi toſt que vous ſerez entré, il vous faudra combatre contre ce Cheualier. Et s’il demeure vaincueur, vous iurerez de faire le commandement de la Dame de ceans, autrement vors ſerez mis en vne triſte
priſon: & s’il eſt vaincu, ce ſera autant que rien: car il vous conuiendra
paſſer outre iuſques à vne autre porte, & y combatre deux autres, leſquelz eſtants par vous defaitz (ſi tant la fortune vous dit) encores aurez
vous à faire à trois autres, qui ſont gens eſprouuez & duitz aux armes: a-
uecq’ tous leſquelz vous aurez à combatre ſouz la condition du premier.
Mais auſsi, ſi vous eſtes tát bon, qu’à voſtre honneur vous en veniez au deſ
ſus: il vous ſera fait droit de ce que demandez. Certes, reſpondit Amadis, s’il eſt vray ce que vous dites, i’acheteray cherement ce que i’emporteray de ceans: toutesfois, quoy qu’il en doiue auenir, ie veux voir
(ſi ie puis) la Damoyſelle, que l’ó y a amenée ceſte nuiẛt. Et ce diſant entra
au dedans: parquoy le Cheualier luy eſcria, qu’il ſe gardaſt de luy, & courut contre. Et Amadis, qui eſtoit bien deliberé d’acheuer ſon entrepriſe,
le receut, de ſorte que le Cheualier rompit ſon boys ſur l’eſcu d’Amadis,
lequel le pouſſa ſi rudement, ſans rompre ſa lance, qu’il le deſarconna &
luy briſa le bras dextre: parquoy Amadis tourna promptement viſage, &
luy cria qu’il eſtoit mort, s’il ne ſe tenoit pour vaícu. Helas, mó Seigneur,
reſpódit le Cheualier, pour Dieu ayez de moy mercy: car i’ay le bras malheureuſement briſé. A’ ceſte cauſe Amadis paſſa outre, & auiſa à l’autre
porte deux autres Cheualiers preſtz à combatre, qui luy dirent: Or entrez maintenant & vous defendez d’eſtre mis en priſon. Certes, reſpondit il, pluſtoſt que demeurer priſonnier, eſſayeray de vous rompre les
teſtes. Et ſe couurant de ſon eſcu baiſſa ſa lance, & vint contre les deux, &
eux à luy: mais l’vn faillit d’atainte, & l’autre luy donna de droit fil
en l’eſcu, de ſorte qu’il le luy faulça, & le naüra au bras gauche, volant
ſon boys en eſclatz. Toutesfois Amadis l’ataignit ſi lourdement, qu’il le
fit trebucher, & le cheual ſouz luy: dont il ſe trouua tant froiſſé, qu’il
demeura eſuanouy. Parquoy retourna charger le premier, & luy donna
ſi grand coup de lance (combien qu’elle n’euſt point de fer: car il eſtoit
demeuré dans l’eſcu de l’autre) qu’il luy fit ſortir l’armet de la teſte. Et
le Cheualier, qui n’eſtoit des plus adroitz du monde, faillit de rechef, &
ne le peut ataindre que ſur l’eſcu en gliſſant, & (qui pis eſt) ſa lance luy
faillit des poings: parquoy mirent la main aux eſpées. Mais Amadis, qui
le voyoit ſans armet, luy dit: Certes, Cheualier, vous faites (ce me ſemble)
grande folie de vous combatre, ayant ainſi la teſte nue. Ie m’aſſeure bien,
reſpondit il, que ie la garderay mieux que ne ferez la voſtre. L’on le
pourra preſentement voir, reſpondit Amadis. Et à l’inſtant luy rua ſi
grand coup d’eſpée, que, cóbien qu’il ſe couuriſt de ſon eſcu, ſi fut le coup
ſi lourd & peſant, que gauchiſſant pour ſauuer ſa teſte, perdit les eſtriers,
& tomba ſur le champ: parquoy Amadis en paſſant luy rua ſeulement

vn coup de plat, dont il l'estourdit. Et à ceste cause mit pied à terre, & le vint saisir au collet, luy disant: Par dieu, damp Cheualier, à ce que ie voy, vous gardez tresmal vostre teste: car, si ie vous eusse donné du trenchant, vous l'auiez bien perduc. A' ceste parole le Cheualier reprint ses espritz, & voyant le danger ou il estoit, respódit à Amadis: Ah Seigneur, pour Dieu mercy. Certes puys que vous m'auez si bien cóseillé, ie ne veux desormais me perdre par ma folie: car ie me rends. Lors le laissa Amadis, & ayant leué la lance que l'autre auoit laissé tomber, remonta à cheual, & marcha droit à la derniere porte: & auisa Dames & Damoyselles sur les murailles du donion, qui disoient l'vne à l'autre: En bonne foy, s'il passe le pont maugré noz trois gardes, il aura fait l'vn des plus grands faitz d'armes du monde. Et ainsi quelles estoient sur ce propos, les trois Cheualiers, dót elles parloient, sortirent pres d'assaillir Amadis, dont le premier s'adressa à luy, & luy dit: Rendez vous, Cheualier, ou iurez que vous ferez le commandement de la Dame de ceans. Ce sont paroles, respondit Amadis: car tant que ie me pourray defendre, ne suis deliberé de me rendre. Et de faire la volunté de la Dame que vous dites, ne sçay encores quelle elle est. Or vous gardez doncques de nous, dirent ilz. Et ce disant vindrent tous ensemble le charger tellement, que peu s'en falut qu'ilz ne renuersassent luy & son cheual ensemble. Mais il tint bon, & ataignit l'vn de si grand' force, qu'il luy mit la lance au trauers des costes, la faisant voler en esclatz, ainsi que les autres auoient fait contre luy. Puys mirent la main aux espées, & commença vn merueilleux combat entre eux quatre: car ceux à qui Amadis auoit afaire, estoient preux & bons Cheualiers, & de sa part il estoit content que la honte ne tombast de son costé, & à ceste cause se mit à faire tel deuoir, que bien souuent il leur faisoit sentir l'aigreur de son espée. De sorte, que par la quantité des playes qu'ilz receurent, & l'abondance de sang qu'ilz perdirent en peu d'heure les rengea en tel estat, qu'ilz ne le peurent plus souffrir: ains s'en fuyrent vers le chasteau, & luy apres. Et ainsi qu'il les poursuyuoit, l'vn d'eux eut si grand' paour, qu'il se laissa tomber du cheual bas. Par dieu, dit Amadis, c'est pour neant: car vous mourrez, si ne vous rendez presentement. Ah Seigneur, respondit il, ie le feray de bien bon cueur, & autant en deüroient faire tous ceux contre qui vous combatez, ayant fait les efforts ceans que vous auez faitz. Puys luy bailla son espée: mais Amadis la luy rendit, & poursuyuit l'autre tant qu'il le contraignit entrer dedans vn grand palais, ou estoient maintes Dames & Damoyselles. Lors l'vne d'elles excellente en toute beauté vint au deuant, & dit à Amadis: Seigneur, arrestez-vous, s'il vous plaist: car vous auez tant fait, que vous aurez ce que demandez. A' ceste parole demeura Amadis, & luy respondit: Dame, faites doncq' que ce fuyard se tienne pour vaincu. Et que vous en sera il de mieux? dit la Dame. Pour autant, respondit Amadis, qu'à l'entrée de ceans l'on m'a

declaré

declaré qu'il me faloit tuer, ou vaincre ceux, contre qui ie combatrois,
autrement que l'on ne me feroit droit de ce qu'il demande. Vous auez
mal entendu, dit elle: car il vous ont dit, que si vous entriez iusques icy par
force, que vous auriez raison de ce que demandiez: pourtant dites main
tenant ce qu'il vous plaira. Ie demande, respondit il, vne Damoyselle, que
vn Cheualier me desroba la nuict passée(estans dormans sur le bord d'vne
riuiere)laquelle il a amenée ceans oultre son gré. Or descendez, dit la Dame, pour prendre la fraischeur, & ce pendāt ie feray venir le Cheualier qui
vous respondra. Lors Amadis mit pied à terre, & elle le prit par la main,
& s'asirent ioignant l'vn de l'autre: puys luy dit: Ie vous prie, beau sire, di
tes moy si vous cognoissez vn Cheualier, nommé Amadis. Pourquoy le
demandez vous? respondit il. Pour autant, dit la Dame, que toute la garde que vous auez trouuée en ce chasteau est faite pour luy, & vous asseure que s'il y entroit, il n'en sortiroit par nul moyen, si premier il ne promet
toit se deporter d'vne promesse qu'il a faite. Quelle est elle? respondit A-
madis. Ie la vous diray, dit la Dame, par tel si, que de tout vostre pouuoir
vous la luy ferez quiter, soit par armes, ou autrement: car il ne l'a faite iustement. Vrayement ma Dame, respōdit Amadis, ie vous asseure que quelque chose qu'Amadis ayt promis, quāt à ce qu'il luy touche, ie le luy feray
(si ie puis)quiter. Elle qui n'entendoit à quelle fin il auoit ainsi parlé, luy
dit: Ie vous mercie grandement, & pource entendez ie vous prie, qu'Amadis, duquel ie vous parle, a promis à Angriote d'Estrauaux, qu'il luy fera
auoir & iouyr de l'amye, laquelle ne l'ayme nullement. Par ainsi c'est con
tre tout droit: veu que l'amour forcée n'est pas amour, mais misere & douleur. A ceste cause, suyuant ce que vous auez promis, il vous faudra faire
tant qu'Amadis se deporte de promesse si peu raisonnable. Par dieu, ma
Dame, respondit il, vous parlez bien, & puys qu'il est ainsi que vous dites
asseurez vous que ie feray tant que ie la luy feray quiter. Dōt humblemēt
le remercia, ne comprenant pour lors comme il l'entendoit: car il esperoit bien acomplir sa promesse tant enuers Angriote, qu'enuers elle, sans
desroguer à l'vne ny à l'autre, ainsi que cy apres pourrez entendre. Mais,
ma Dame, dit Amadis, estes vous point celle, qu'Angriote ayme tant? En
bonne foy ouy, respondit elle. Vrayement, dit Amadis, ie le cognois &
sçay qu'il est l'vn des meilleurs Cheualiers du monde, & me semble qu'il
n'y a Dame, ou Damoyselle tant soit elle belle, riche, ou puissante, qui ne
se deust estimer tresheureuse & bien fortunée d'auoir vn tel Cheualier
sien: toutesfoys ce que ie vous en dy n'est pour m'exempter de la promesse
que ie vous ay faite: car ie l'acompliray, si ie puis: mais pour autant qu'il
est trop meilleur Cheualier qu'Amadis, qui la luy a promise.

R iii

Comme

Comme Amadis se cõbatit

contre le Cheualier, qui luy auoit desrobé la Damoyselle
ainsi qu'il dormoit, & le vainquit,

Chapitre   XXVIII.

ANDIS qu'ilz deuisoient ensemble suruint là vn
autre Cheualier de bien bonne taille, & aparant
de grand'force, armé de toutes pieces, fors que
d'armet & de gâteletz, lequel dit à Amadis: Seigneur Cheualier, l'on m'a dit que vous demãdez
vne Damoyselle, que i'ay amenée la nuict passée
ceans, & que ce fut maugré elle. Mais soyez asseuré, qu'elle me voulut plustost suyure que demeurer auecq' vous:& pourtãt il me semble, que
vous auez tord de la quereller, & que ie n'aurois raison de la vous rendre
Vrayement, respondit Amadis, ie la verrois voluntiers. Ce sera donc mau
gré moy, dit le Cheualier: mais si vous voulez maintenir que ie vous aye
fait tord, & qu'elle ne doiue estre mienne, ie vous prouueray le contraire
tout presentemét par combat. Par dieu, respondit Amadis, à celà ne tiendra, & ne le soustiendray seulement contre vous:mais fermement contre
toute personne, que de droit elle ne vous apartient, si elle n'y donne con-
sentement. Or sus donc, dit le Cheualier, voyons qui l'aura de nous deux.
Celuy, dont ie vous parle, estoit oncle germain de l'amye d'Angriote, &
se nommoit Gasinan: laquelle l'aymoit & honoroit entre tous ses parens:
car il estoit meilleur Cheualier que nul autre de sa race, sage & auisé tellement, qu'elle se gouuernoit entierement par son conseil. Adonc luy fut
amené vn grand cheual:puys prit son armet, & s'equipa pour combatre,
& Amadis d'autre costé. Ce voyãt la Dame nómée Grouenese, vint à son
oncle, & luy dit:Certes, mon Seigneur, ce seroit le meilleur de vous deporter pour ce coup, pource que ie serois trop marrie, s'il auenoit mal àl'vn de
vous deux, d'autant que vous estes l'hóme du monde que i'ayme le plus, &
luy, celuy à qui i'ay le plus d'esperance:car il m'a promis & iuré qu'il fera
tãt vers Amadis, qu'il se deportera de la promesse qu'il a faite vers Angrio
te. Comment?ma niece, respondit Gasinan, estimez vous que luy, ne autre de sa taille, peust persuader le plus gétil Cheualier de la terre de n'acó-
plir sa promesse?Ie ne sçay, dit elle, comme vous l'entendez : mais ie l'estime l'vn des meilleurs du monde, & s'il fust autre, il n'eust entré ceás par
force d'armes cóme il a fait. Dites vous?respondit Gasinan, vous le prisez

beaucoup

beaucoup pour auoir paſſé les portes gardées par ſes gens de peu de fait,
qui en auoient la charge. Ie ne dy pas pourtant qu’il ne ſoit gentil Cheua
lier:mais i’eſperè bien en venir à bout, & d’vn meilleur que luy:& qu’ainſi
ſoit, vous en pourrez eſtre tout maintenant iuge, luy vaincu, & moy paiſi
ble poſſeſſeur de la Damoyſelle qu’il querelle. Et bié, dit Groueneſe. Lors
elle ſe retira à part, & vindrent les deux Cheualiers les lances baiſſées l’vn
contre l’autre, au plus roide que peurent courre leurs cheuaux , & ſe donnerent dans leurs eſcuz ſi rudement, qu’elles volerent en eſclatz:ſe ioignás
de corps & de teſte par merueilleuſe impetuoſité, ſi que Gaſiná, qui ſe trou
ua plus foyble en fut deſarçonné, & tombant receut vn trop grand ſault.
Toutesfois il ſe releua promptemét côme celuy qui eſtoit de gentil cueur:
puys mit la main à l’eſpee, & ſe régea le long d’vn pilier de Marbre, qui e-
ſtoit au mylieu de la court, eſtimant qu’Amadis ne le pourroit offendre e-
ſtant à cheual , & luy à pied , & que s’il s’auançoit il le pourroit ayſément
abatre. Ce nonobſtant Amadis s’aprocha pour toſt le renuerſer : mais Gaſinan dóna de ſon eſpée ſur le muſle de ſon cheual, qui le garda de vouloir
oncques puys ioindre, dont Amadis cuyda perdre patience . Et ainſi qu’il
le talonnoit pour le contraindre, voyant Gaſinan à deſcouuert, luy cria de
toute ſa force vn grand reuers, duquel il ſe deſtourna, & vint le coup donner au pilier, qu’il entama grandement, rompant, toutesfois, ſon eſpée en
trois pieces . Lors plus que deuant entra en colere : & pource qu’il ſe vid
en danger de mort, n’ayant dequoy ſe defendre , deſcendit de ſon cheual
le plus legierement qu’il peut . Adonc Gaſinan luy dir:Cheualier, tu vois
ta mort preſente, ſi tu ne m’otroyes la Damoyſelle eſtre miéne. Ie ne feray
pas celà, reſpondit Amadis , ſi premier elle n’y conſent . Tu verras donc
comme mal t’en prendra, dit Gaſinan , lequel ſe rua ſur luy , & commença à faire grand effort pour le ruyner : mais Amadis paroit aux coups, n’a-
yant dequoy luy bien faire, & ſi dextremét ſe ſçauoit couurir, que la plus
part paſſoient en vain , tellement que ſon ennemy ſe prit à laſſer . Toutesfois ſi longuement dura ce combat, que les aſſiſtans s’esbahiſſoiét comme il pouoit tant ſouffrir , & Gaſinan tant tarder à le vaincre, ayant telle
auantage ſur luy, qu’il n’auoit ne eſcu, ny haubert, qui ne fuſt froiſſé en
plus de vingt endroitz . Et à ceſte cauſe Amadis conclud en ſoy meſmes
d’vſer de toute extremité à ſe hazarder de receuoir pluſtoſt prompte victoire, que tardiue honte:& partant baiſſa la teſte, & furieuſement ſe lança ſur Gaſinan, qu’il ſaiſit au corps par telle legiereté, qu’il ne luy donna
loyſir de leuer le bras pour le fraper . Par ainſi fut contraint ieter ſon eſpée pour reſiſter à Amadis qui le preſſoit à merueilles:& ſe harperét, eſſay
ans par tous moyens à abatre l’vn l’autre. Mais Amadis, qui eſtoit plus
roide que Gaſinan, luy donna le ſault ioignant la groſſe pierre de Marbre, par telle roideur, qu’il ne mouoit ne pied nemain. Au moyen dequoy
Amadis releua promptement l’eſpée de Gaſinan, & luy rompant à for-
R iiij

ce les

ce les laqz de ſon armet le luy arracha de la teſte:lors reuint de paſmoiſon
ſans,toutesfois,qu'il euſt le pouoir de ſe releuer.Adóc luy dit Amadis:Par
dieu,dáp Cheualier, à tord vous m'auez fait beaucoup ſoufrir:mais ie m'en
ſçauray preſentement aſſez venger.Et ce diſant haulça l'eſpee,faignát luy
vouloir trencher la teſte:ce que voyát Groueneſe luy cria:Helas, bon Che
ualier,pour Dieu mercy!Ie vous ſuplie ayez pitié de luy & de moy enſem-
ble.Puys s'aprocha, & ſe vint ieter à ſes piedz pleurant amerement : parquoy Amadis cognoiſſant l'affection de laquelle il eſtoit prié,&le deſplai
ſir qu'elle euſt eu,s'il euſt fait mourir ſon oncle,faignit encores plus quede
uant de le vouloir tuer:toutesfoys il luy reſpondit:Vray emét, ſi voſtre requeſte eſtoit raiſonnable,i'y conſentirois : mais il m'a tant outragé & ſans
ocaſion,que ſa teſte m'en végera.Helas,mon Seigneur,dit elle,pour Dieu
demandez autre amendement!s'il vous plaiſt:car nous ferons tout ce qu'il
vous plaira pour luy ſauuer la vie . Dame, reſpondit Amadis, il n'y a que
deux choſes,qui le puiſſent exempter de mort.Rédez moy la Damoyſelle
& me iurez,comme loyale Dame, que vous vous trouuerez à la premiere
Court,que le Roy Liſuart tiendra , & là vous me donnerez tel don que ie
vous demanderay.Gaſinan,qui eſtoit du tout reuenu à ſoy,cognoiſſant le
dáger de ſa perſonne,dit à ſa niece.M'amye pour Dieu mercy!ne me laiſſez par voſtre faulte ainſi mourir , mais prenez de moy compaſsion, & a-
cordez à ce Cheualier ce qu'il vous demande,A' celà ne tiendra,reſpondit
Groueneſe.Parquoy Amadis ſe leua de deſſus,& dit à la Dame:Ie voꝰ puis
aſſeurer,que le don que ie vous demanderay ne contreuiendra en rien à ce
luy que ie vous ay promis d'Amadis : car ie l'acompliray à mon pouoir:
mais auſsi ne faillez de voſtre part.Certes,mon Seigneur,reſpódit elle,i'y
feray tout deuoir,cognoiſſant que la vertu ne peult eſtre eſloignée de perſonnage ayant tant de prouëſſe: & pourtant que vous ne me demanderez
choſe ou mon hóneur puiſſe amoindrir.Aſſeurez vous en,dit Amadis,&
faites venir la Damoyſelle que ie demáde: laquelle toſt apres on luy pre-
ſenta.Adonc luy dit:Damoyſelle m'amye,eſtesvous encores deliberée de
me ſuyuir?Mon Seigneur,reſpondit elle, ie feray ce qu'il vous plaira : car
vous auez tant eu de mal pour moy,que iour de ma vie ne ſeray autre que
voſtre húble obeïſſante.Mais ſi c'eſtoit voſtre plaiſir(ayant cogneu l'amy
tié que me porte Gaſinan : qui a pluſtoſt voulu cóbatre que de me rendre
cóbien qu'il m'enleua par tróperie)ie demeurerois voluntiers auecq' luy.
Par dieu m'amye, reſpondit Gaſinan, s'il vous ſemble que i'aye en vous
grande affection,voſtre auis eſt veritable : & vous ſuplie bien fort continuer en ceſte bonne opinion, & ne m'habandonner point.Ie le feray,reſ-
pondit elle,ſi c'eſt le plaiſir de ce Cheualier.Vrayement,dit Amadis,vous
auez choiſi l'vn des meilleurs Cheualiers du móde:& puys que ie voy que
vous eſtes agreable l'vn à l'autre,ie ſuis content que vous viuiez enſemble.
Lors tous deux le remercierét humblement, & le ſuplierét auecq' Groueneſe

ne ſe de ſe venir refraiſchir, & ſe reſiouir quelques iours auecq' eux. Mais
il vouloit retourner vers ſon frere Galaor, qu'il auoit laiſſé ſouz l'arbre du
carrefour, comme cy deuant a eſté dit:& partant ſ'en excuſa, & montant à
cheual prit congé de la compagnie, commandant à Gandalin, qu'il em-
portaſt les pieces de ſon eſpée rôpue. Ce qu'entédu par Gaſinan, luy preſenta la ſienne, qu'il accepta, auecq' vne lance, que Groueneſe meſmes luy
aporta : puys ſortit du chaſteau, prenát le chemin de l'arbre du carrefour,
ou il eſperoit encores trouuer Galaor & Balays.

Comme Balays ſe porta à l'entre-
priſe de ſuyure le Cheualier, qui auoit fait perdre
le cheual à Galaor.

Chapitre　　　XXIX.

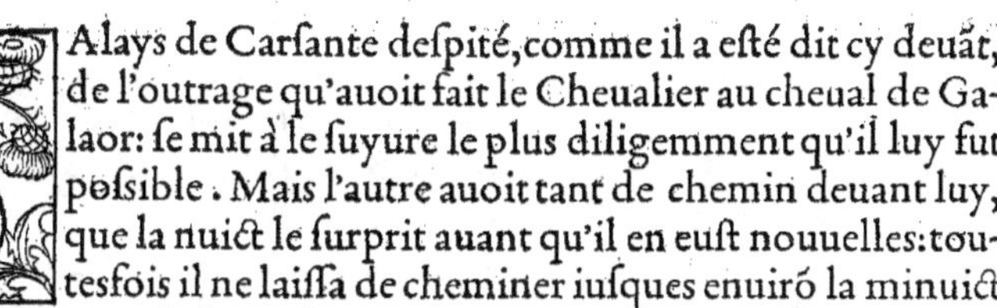

BAlays de Carſante deſpité, comme il a eſté dit cy deuát,
de l'outrage qu'auoit fait le Cheualier au cheual de Galaor: ſe mit à le ſuyure le plus diligemment qu'il luy fut
poſsible. Mais l'autre auoit tant de chemin deuant luy,
que la nuiĉt le ſurprit auant qu'il en euſt nouuelles:tou-
tesfois il ne laiſſa de cheminer iuſques enuiró la minuiĉt
qu'il entendit vne voix le long d'vne riuiere. Parquoy tira celle part, ou il
trouua cinq larrons armez de brigandines & de bonnes haches , qui vouloient forcer vne Damoyſelle, l'vn deſquelz la trainoit par les cheueux dedans le deſtroit d'vne montaigne, & les autres la ſuyuoient, luy donnant
maints grands coups de baſton. Ce que voyant Balays. ſe vint renger peſle
meſle, leur criant: Trahiſtres meurdriers, auez vous oſé ſi laſchemét mettre
la main à ceſte Damoyſelle? Laiſſez la, ou vous mourrez côme bien le meritez. Lors ſe rua ſur eux, mettát la lance dans les flans du premier qu'il ren
contra ſi auant, que le fer luy ſaillit plus d'vne brace de l'autre part, tôbant
à l'inſtant roide mort ſans plus ſe mouuoir. Adoncq' les quatre autres, vou
lants venger l'outrage fait à leur compagnon, ſe ruerent ſur Balays par tel
le impetuoſité, que de premiere rencontre luy aſſommerét ſon cheual, tel
lement qu'il cheut ſouz luy. Dont Balays ne ſ'esfroya nullement, ains (côme Cheualereux qu'il eſtoit) ſe leua prôptement ſur piedz: & mettát l'eſpée au poing, commença à pourſuyure & par trop endommager ces larrons, qui de prime face l'auoiét fort rudement mené, & ataignit l'vn par ſi
grand'

grand' force,qu'il luy mit la teſte à ſes piedz. Adoncq' ſaiſit legieremét ſa
hache , frapant à tord & trauers ſur les autres : leſquelz en peu de temps
il eſpouuenta de ſorte, qu'ilz ſe mirent à fuyr vers vn marais, l'entrée
duquel eſtoit fort eſtroite. Mais ilz ne ſe peurent tant diligenter, qu'il
n'en fiſt mourir l'vn d'eux en y entrant, luy donnant de la hache ſur
les reins ſi grand coup,qu'il les luy ouurit iuſques au foye:puys ſans ſ'arreſter paſſa outre, pourſuyuant les deux autres, qui auoient deſia gaigné
l'entrée du fort. Touteſfois ilz ne le garderent longuement: car force leur
fut l'habandonner . Et pour euiter la fureur de Balays , ſe mirent à tournoyer à l'entour d'vn grand feu, qu'ilz auoient parauant allumé : mais
Balays ſe couurant de ſon eſcu, les ſerra de ſi pres,que force leur fut d'eux
mettre en defenſe . Parquoy, voyants leur extremité , reprindrent cueur,
  & vigoureuſement reſiſterent quelque temps à Balays, lequel à la fin rua
vn coup de hallebarde à l'vn d'eux ſi viuement, qu'il luy mit la teſte
en deux , & tomba dans le feu . Quand l'autre vid tous ſes compagnons
defaitz,& qu'il reſtoit ſeul, craignant de mourir: ſe vint ieter à deux genoux deuant Balays,luy diſant: Helas,mon Seigneur, pour Dieu mercy!
car ſi vous n'auez pitié de moy, ſelon le long temps que i'ay ſuiuy ceſte
malheureuſe vie,auecq' le corps ie perdray indubitablement l'ame.Va,reſ
pondit Balays,ie te quite,puys que tu as cognoiſſance combien le mal que
tu faiſois t'eſt dommageable: & auſsi à fin que deformais en amendant ta
vie, ſatiſfaces aux maux que tu as faitz. Ce qu'il fit depuys : car peu apres
il ſe rendit Hermite,comme l'on dit, & fit grande penitence.Eſtant dócq'
ce larron deliuré , ſaillit du marais & ſen alla ou il luy pleut: & Balays
retourna ou la Damoyſelle eſtoit demeurée, laquelle fut treſayſe de le
voir retourné ſain, & plus encores d'eſtre hors des mains de ces brigands.
Et pourtát luy dit:Helas,mon Seigneur,ie ſuis bien tenu à Dieu & à vous
du ſecours que vous m'auez fait à tel beſoing.Ie vous prie reſpódit il,Da-
moyſelle m'amye,me dire comme vous eſtiez tóbée en leur pouuoir. Cer
tes mon Seigneur , dit elle , cheminant par ce païs ilz m'arreſterent en vn
deſtroit,qui eſt au deſſus de ceſte mótaigne, ou (à ce que i'ay ſceu depuys)
auoient couſtume faire leurs deſtrouſſes:& apres qu'ilz eurent mis à mort
mes gens,m'amenerent en ce lieu,eſperants tous (à ce qu'ilz diſoient)faire
leur plaiſir de moy, & me forcer l'vn apres l'autre . Et ainſi qu'elle continuoit ce propos, Balays fut frapé de l'amour d'elle , & le luy interrompit,diſant: En bonne foy,maDamoyſelle,ſ'ilz vous euſſent auſsi bien priſe, que voſtre bonne grace me tient, iamais de leur gré ne fuſsiez partie
d'auecq' eux . Et puys que la fortune a tant fait pour nous deux de nous
aſſembler en lieu ſi conuenable,pour commencer enſemble vne nouuelle
amytié : ie vous ſuplie ma grand' amye (dit il en la baiſant) en eſtre contente,ſatiſfaiſant l'vn à l'autre par la iouyſſance d'amour . Ie ne ſçay , reſpondit elle, comme vous l'entendez : mais ſi par force i'euſſe eſté con-

trainte

trainte obtemperer à leurs lafciues deliberations, i’en euffe efté excufable
enuers Dieu & le monde, mais vous octroyât de bon gré la voftre, qui me
pourroit excufer ? Vous auez iufques icy fait tour de bon Cheualier: parquoy ie vous fuplie acompagner la force des armes auecq’ la continence
& vertu en quoy vous eftes obligé. Quand Balays l’entendit parler fi
fagement, il fe repentit de luy auoir tenu tel propos, & luy dit: Vrayemét
vous auez raifon, & vous fuplie ne prendre en mauuaife part ce que ie
vous en ay dit: veu que vous fçauez qu’il n’eft moins bien feant à tous
Cheualiers de requerir & defirer l’amour des Dames, qu’à elles de fe garder
prudemment, comme vous faites. Et combien qu’au commencemét nous
eftimions auoir beaucoup conquis, ayans d’elles ce que nous defirons le
plus : neantmoins quand difcretement & fagement elles refiftent à noz
apetitz defordonnez (gardans la chofe fans laquelle ne leur refide rien
digne de louáge)elles font de noufmefmes plus reuerées & du tout louées.
C’eft pourquoy i’eftime, refpondit elle, plus le fecours que vous auez
fait à mon honneur qu’à ma vie : d’autant que la difference eft incom-
parable de l’vn à l’autre. Or bien, dit Balays, que voulez vous donc que ie
face maintenant pour vous ? Ie vous fuplie, refpondit elle, oftons nous
d’entre ces perfonnes mortes atendant le iour. Par dieu, dit Balays, fi i’a-
uois cheual ie ferois bien de ceft auis : mais eftant defmonté comme ie
fuis, ie ne fçay que ie doy faire. Montons, refpondit elle, tous deux fur le
mien tant qu’ayons trouué autre remede. Et bien, dit Balays. Lequel fans
plus differer fe ieta deffus: puys tendit le bras à la Damoyfelle, qui monta en croupe, & s’en partirent cheminant fi longuement, qu’ilz entrerent
en vne belle prairie, feparée du grand chemin d’enuiron vn grand trait
d’arc, laquelle eftoit pour lors verdoyante & frequentée (par le moyen
des arbriffeaux qui l’vmbrageoient) d’infinité d’oyfillons : defgoyfelans
leur ramage pour la veuë de l’Aurore, qui annonçoit l’acheminement
du iour. Lors leur print à tous deux enuie de repofer, & de fait defcendirent atendants Soleil leuant : toutesfois ilz n’eurent gueres feiourné en
ce lieu, qu’ilz remonterent à cheual, reprenants le chemin duquel ilz s’e-
ftoiét defuoyez. Et pource que la deliberation de Balays eftoit de trouuer
(comme auez entendu) celuy qui auoit fait fuyr le cheual de Galaor:
demanda à la Damoyfelle qu’elle vouloit deuenir. Seigneur, refpondit
elle, ie vous prie fuyuons ce chemin, tant que nous ayons trouué quelque maifon, ou vous me puifsiez laiffer, puys allez ou ilvous plaira. Or cheminons donc, dit Balays. Et ainfi qu’ilz trauerfoiét chemin auiferent venir vn Cheualier, portant fa iábe fur le col de fon cheual: mais s’aprochât
d’eux mit le pied en l’eftrier, & donnant des efperons à fon cheual, coucha
fa lance contre Balays, le pouffant fi rudement, qu’il le renuerfa, & la Da
moyfelle qui eftoit en croupe. Puys paffant oultre, luy dit : Par dieu, Damoyfelle, ie fuis deplaifant de voftre cheute. Toutesfois pour amender le
tord

tord que ie vous ay fait,ie vous meneray prefentemét en lieu,ou il vous fe
ra reparé:car celuy qui vous conduit ne merite auoir la garde de vous. Du
rant ce propos Balays fe leua promptement,& cogneut que c'eftoit leChe
ualier qu'il auoit tant cherché:parquoy mettant l'efcu deuant foy , & l'efpée au poing, luy dit: Damp Cheualier, il vous deuoit fufire ,que par
vous i'ay perdu mon cheual, & mon compagnon le fien,fans me prendre
encores au defpourueu, comme vous auez fait : Mais Dieu ne me foit iamais en ayde , fi ie ne m'en venge à mon plaifir. Comment? refpondit
l'autre eftes vous l'vn des deux , qui fe trufoient cefte nuiĉt paffée de
moy ?Par Dieu ie feray maintenant tomber la moquerie fur vous.Et couchant fon boys contre Balays , luy donna fi grand coup fur fon efcu,qu'il
le faulça . neantmoins Balays à l'inftant luy en coupa la hante , parquoy leCheualier mit la main à l'efpée,& en ataignit Balays au plus hault
de l'armet,parfi grãd' force,qu'elle y entra plus de deux doigtz.Toutesfois
Balays fe lança fur luy , le faififfant par l'efcu qu'il auoit au col,lequel il tira fi vigourefement, qu'il emmena le Cheualier à terre.Puys l'empoigna
au collet & le defarma de heaume, luy donnant apres tant de coups fur la
tefte, qu'oncques puys ne fe releua : car il mourut à l'inftant. Au moyen
dequoy, apres que Balays eut rompu à force l'efpée de fon ennemy, laiffa les pieces ioignant le corps,& prit fon cheual, montant la Damoyfelle feule fur celuy qui les auoit aportez tous deux . Lors reprindrent
leur adreffe vers l'arbre du carrefour . Et poure qu'il eftoit ia haute heure, & qu'il y auoit long temps qu'ilz n'auoient repeu : entrerent en vn logis,auquel fe tenoient deux femmes deuotes & de fainte vie,qui leur donnerent de telz biens qu'elles peurét recouurer: & tandis qu'ilz difnoiét la
Damoyfelle leur conta toute fa fortune , & comme Balays l'auoit deliurée , mettant à mort les larrons qui la vouloient forcer. Dont les bonnes
Dames louërét grandemét noftre Seigneur:pource qu'ilz faifoient maintes voleries & & deftrouffemens en leur contrée. Et peu apres Balays & la
Damoyfelle prindrent cógé d'elles: & fans feiourner vindrét a l'arbre du
carrefour ,ou ilz trouuerent Amadis, qui à l'heure mefmes retournoit de
fon entreprife,& Galaor femblablement.Au moyen dequoy voyás qu'ilz
auoient à leur honneur fi bien executé leurs deliberations : conclurent
d'vn commun acord de n'habandonner l'vn l'autre, iufques à ce qu'ilz
euffent trouué la court du Roy Lifuart. Or eftoit il ia fort tard : parquoy
la Damoyfelle, que Balays auoit amenée les pria d'aller loger au logis de
fon pere,qui n'eftoit loing de là:ce qu'ilz luy acorderent , & y furent tref-
honorablement receuz & traitez. Puys le lendemain de grand matin , a-
pres auoir ouy la meffe,s'armerent,& prindrét congé de leur hofte & de
fa fille,& fuyuirent le chemin de Vindelifore. Mais entendez qu'au para
uant Balays auoit (fuyuant la promeffe qu'il auoit faite au partir de l'arbre du carrefour) prefenté à Galaor le cheual, qu'il auoit conquis fur le

Cheualier

Cheualier qu'il refuſa, pour en auoir recouuert vn autre, & que Balays en
euſt eu faulte.

Côme le Roy Liſuart tint court

magnifique, & de ce qu'il auint durant icelle.

Chapitre   XXX.

IE vous ay cy deuant narré l'ayſe & plaiſir qu'eut le bon
Roy Liſuart, pour les nouuelles que l'on auoit aportées à la court, de la conualeſcence d'Amadis & de Galaor : & pour plus la faire paroiſtre, conclud de tenir à
leur arriuée eſtat magnifique & royal, plus que nul de
ſes anteceſſeurs euſt oncques fait en la grand' Bretaigne,
tellement qu'en p u de iours laCourt augméta à merueilles. Ce que voyát
Oliuas, le quel, comme i'ay n'agueres recité, eſtoit venu expres ſe plaindre
du laſche tour qu'auoit fait le Duc de Briſtoye, ayant fait mourir en trahi
ſon ſon couſin germain , ſe vin ieter à deux genoux deuant le Roy , demandant iuſtice . Lequel apres auoir eu l'auis de ceux de ſon ſang , & autres Cheualiers, & anciens Gentilzhómes, decreta que dedans vn moys
pour tous delaiz le Duc viendroit en perſonne reſpondre à ce que Oliuas
luy mettoit à ſus : & que ſ'il vouloit prouuer le contraire par deux cheualiers auec luy, qu' Oliuas ſeroit tenu d'en fournir de deux autres. Ce qui
fut incótinent fait ſçauoir au Duc: & ce iour meſmes fut publié:Que tous
Gentilzhommes ſuyuans les armes euſſent à eux trouuer en la bône ville
de Lódres au iour noſtre Dame de Septembre. Autant en fit faire la Royne pour auertir les Dames & Damoyſelles de ſes païs. Au moyen dequoy
la court creut grandemét en peu de iours, & n'y tenoit-on propos que de
ieux & nouueaux esbatements, à quoy chacun ſ'employoit faiſant la plus
grand' chere dont ilz ſe pouuoient auiſer, ſans preuoir ny penſer à la mali
ce de Fortune : qui eſſaye communémét à troubler telles aſſemblées , lors
que moins on ſe guete d'elle, pour faire cognoiſtre que la perſonne (quelquefois) propoſe autrement qu'il n'eſt diſpoſé. Eſtát doncq' ceſte nobleſſe
en plaiſir & ioye, entra au palays vne Damoyſelle eſtrange aſſez bien a-
couſtrée, & vn Gentilhomme qui l'acompagnoit, laquelle demanda ou
le Roy eſtoit. Lors le Roy meſmes à qui elle ſ'eſtoit adreſſée luy reſpódit:
Damoyſelle, ce ſuis-ie. Vrayement, dit elle, Sire, vous ſemblez bien Roy à
voſtre port & contenance : toutesfoys ie ne ſçay ſi le cueur eſt de meſmes.
Damoyſelle m'amye, reſpondit il, vous iugez de ce que vous voyez: mais
vous pourrez cy apres cognoiſtre le reſte quand le voudrez eſprouuer.

S

Sire, dit

Sire, dit elle, ie croy que vous parlez felon la magnanimité de voftre noble cueur, & ainfi que ie le defire. Pourtant fouuienne-vous de fi haulte parole qu'auez proferée deuant tant de grands perfonnages : car puys
qu'il vous a pleu me faire telle offre, i'efpere quelque iour effayer ce dont
i'ay au commencement douté. Neantmoins ie diffcreray iufques à cefte
fefte de Septembre, pource que i'ay entendu que vous voulez tenir court
à Londres, en laquelle feront affemblez maints preud'hommes, qui co-
gnoiftront (par ce que vous m'auez promis) fi vous eftes digne de fi noble royaume, & de tant de cheualerie qui vous honore. Damoyfelle,
refpondit il, d'autant que l'effait (fi ie puis) fera meilleur que le dire : d'au
tant plus auray-ie plaifir que tant de bós Cheualiers y foient prefents. Sire, dit la Damoyfelle, fi l'effait eft tel que la parole, i'ay certes raifon d'e-
ftre bien contente. Et ce difant prit congé de luy, & retourna le chemin
qu'elle eftoit venue, dont toute la Court f'esbahit, & fut defplaifante de
la legiere promeffe qu'auoit faite le Roy, fans fçauoir quoy: iugeás en leur
efprit, que l'entreprife de cefte femme n'eftoit fans vouloir mettre la per
fonne du Prince en quelque grand danger. Mais il auoit le cueur fi magnanime, que pour chofe qu'il luy deuft auenir, n'euft voulu eftre taxé
de couardie : neantmoins il eftoit tant aymé des fiens, qu'eux mefmes
euffent pluftoft voulu mourir, que de luy voir foufrir mal, ou iniure.
Qui les perfuadoit (craignant les dangiers qui pourroient furuenir) à le
diffuader de fe deporter de la promeffe par trop legierement acordée:
luy remonftrant, que ce ne conuenoit à fa maiefté, apellée à chofe plus
haulte, que ne font les autres Cheualiers & Gentilzhommes. Et comme
ilz eftoient fur ces termes, vont entrer trois Cheualiers, les deux armez de
toutes pieces, & le tiers fans harnois quelconque, lequel fe monftroit trefancien par fon poil blanc : toutesfois il auoit encores le vifage frais & co-
loré, plus que fon vieil aage ne requeroit, & fi eftoit grand & d'vne bien
fort belle taille. Ce Cheualier portoit entre fes braz vn coffret excellent,
parquoy plufieurs Gentilzhommes le voyant venir vers le Roy luy firent
voye. Lors f'enquit lequel eftoit le Roy, & l'on le luy monftra. Adoncq'
mit les genoux à terre, & adreffant fa parole à luy, luy dit: Dieu gard de
mal vn tant bon Prince comme eft le Roy Lifuart, qui à fait (à ce que l'on
m'a dit) puis peu de iours, la plus excellente promeffe qu'autre Roy pourroit faire, f'il l'entretient. En bonne foy, Cheualier, refpondit le Roy, ie
ne promis oncques chofe que ie n'aye gardée à mon pouuoir, & feray fi
ie puis : mais ie voudrois bien fçauoir dequoy vous voulez parler. Sire,
dit il, i'ay fceu que vous deliberez maintenir cheualerie au plus grand
honneur qu'elle pourroit eftre, qui eft chofe dont peu de Princes fe met-
tent auiourd'huy en peine: parquoy d'autant plus eftes vous à louér que
nul autre. Vrayement Cheualier, refpondit le Roy, l'on vous a dit vray:
& vous puis encores affeurer, que i'y feray mon poffible, pour l'honorer
& augmen-

& augmenter tant que la vie me durera. Dieu vous en doint grace, dit le
Cheualier. Et pource, Sire, que i'ay sceu aussi que vous auez mandé les
Princes, & Seigneurs, de voz païs, pour eux trouuer en vostre court à ceste
prochaine feste de Septembre: ie vous ay aporté auecq' moy chose, qu'vn
tel Roy que vous estes doit manifiquement receuoir. Puys ouurant son
coffret en tira vne coronne d'or, tant bien ouurée & enrichie de pierres
precieuses, & de Perles orientales, qu'oncques n'en fut veuë de si riche:
& sembloit bien à chacun, que chose si belle ne meritoit estre mise ailleurs
que sur le chef d'vn bien grand Seigneur. Quand le Roy l'eut maniée &
longuement ragardée, il eut grand desir de la recouurer, pour quelque
pris que ce fust, ce que cognoissant le Cheualier, luy dit: Sire ceste coronne est de telle manufacture, qu'il n'y a Orfeüre qui sceust faire la pareille.
En bonne foy, respondit le Roy, ie le croy. Il y a d'auantage, dit le Cheualier: car si elle est excellente & estaangement ouurée & enrichie, elle à
encores vne autre vertu plus à estimer: C'est que le Roy qui l'aura en son
pouuoir augmentera en tous biens & hôneurs, & ainsi auint à celuy, pour
lequel elle fut faite, tant qu'il a vescu: & depuys ie l'ay si sogneusement
gardée, que nul Prince que vous ne la veuë: mais, si elle vous est agreable,
ie vous en feray present, pourueu que vous m'aydiez à sauuer ma teste,
laquelle ie suis en hazard de perdre. Or estoit la Royne presente, qui desiroit encores plus que le Roy qu'il la recouurast. Parquoy prit le propos
disant au Roy: Mon Seigneur, il me semble qu'elle vous est fort bien sean-
te, ie suis d'auis que l'acceptiez pour le pris qu'il en demande. Vrayement,
ma Dame, respondit le Cheualier, i'ay encores mieux pour vous, s'il vous
plaist l'acheter. C'est ce manteau, le plus riche, & mieux ouuré, qui fut
oncques veu en l'Occident: car oultre les pierreries, dont il est enrichy,
qui sont d'inestimable valeur, il est figuré de toutes sortes de bestes & oy
seaux, que Nature sçauroit produire. Sur ma foy, dit la Royne, il est mer-
ueilleusement beau, & semble (tant est diuinement fait) que ce soit ouurage excedant le pouuoir des hommes. Vous dites vray, ma Dame, respondit il, aussi se pourroit mal aysément trouuer son semblable: mais
ce n'est rien de sa richesse, au respect de sa proprieté & grand' vertu, qui est
telle, qu'il est plus pertinent aux Dames mariées, qu'à nulles filles, d'autant que celle qui l'aura sur elle ne pourra estre aucunement faschée de
son mary. C'est grand cas, dit la Royne, s'il est vray. Ma Dame, respondit
le Cheualier, si vous l'achetez vous le pourrez esprouuer. Lors l'enuie
creut à la bonne Dame de l'auoir, pour quelque pris que ce fust, especialement pour nourir eternelle paix & grande amytié entre le Roy & elle,
& dit au Cheualier. Et bien, combien me le vendrez vous? & ceste coronne au Roy? Sire, respondit il, & vous ma Dame, ie vous suplie entendre
mon infortune. Ie suis sorty n'a gueres des mains d'vn qui m'a longuemét
detenu prisonnier souz vne estrange condition, qui me cause trop grand

S ii

ennuy

ennuy : car ie n'ay quaſi nulle eſperance de trouuer remede à ma vie . Et
pource que ie ne ſçay bonnement que vallent ces ioyaux , ie les vous laiſſeray iuſques au iour que vous eſtes deliberé de tenir voſtre court royale,
que ie me trouueray à Londres:lors vous me les rendrez, ou m'en donnerez tout ce que ie vous demãderay.Ce pendant eſprouuez les,ſi bon vous
ſemble : car les ayans experimentez telz que ie vous ay dit, vous aurez
plus d'ocaſion,& de vouloir,de les payer bien . Par dieu, dit le Roy,puys
que vous en fiez en moy aſſeurez vous que vous en aurez tout ce que vous
voudrez,ou il vous ſeront renduz.C'eſt aſſez,reſpondit leCheualier.Lors
s'adreſſant à l'aſſiſtance leur dit:MesSeigneurs,auez vous tous entendu ce
que le Roy me promet,qu'il me rendra mon manteau, & la coronne, que
ie luy laiſſe en voſtre preſence,ou m'en donnera ce que ie luy demãderay?
Nous l'auons ainſi entendu , reſpondirent ilz . Or à Dieu donc , dit l'ancien Cheualier : car ce m'eſt force de retourner en la plus cruelle & dure
priſon ou oncques entra pauureCheualier.Mais entendez,que durãt tous
ces propoz,les deux Cheualiers,qui cõduiſoient le vieillard,auoient touſ
iours eſté preſens, l'vn deſquelz auoit la viſiere de ſon armet haulcée , &
paroiſſoit fort ieune homme : & l'autre au contraire baiſſoit la teſte pour
n'eſtre nullement cogneu, & ſe monſtroit tant grand & ſi extreme, qu'il
n'y auoit Cheualier en la maiſon du Roy,qui ſe peuſt egaler à luy de gran
deur à vn pied pres. Ainſi s'en partitent eux trois,laiſſans en la poſſeſſion
du Roy le manteau & la coronne, comme auez entendu.

Comme Amadis, Galaor, & Ba-

lays arriuerent en la court du Roy Liſuart,& de ce qu'il
leur auint depuys

Chapitre   XXXI.

Stans Amadis, Galaor & Balays partiz du chaſteau de
la Damoyſelle , cheminerent tant,que ſans aucun deſtourbier,ilz arriuerent en la court du Roy Liſuart,ou
ilz furent receuz à grand' ioye : & mieux que de long
temps autres Cheualiers n'auoient eſté, meſmement
psource que Galaor n'y auoit õcques entré,& n'y eſtoit
que par ſa haulte & cheualereuſe renommée . D'auãtage Amadis ſe trouuoit ſain,lequel l'on auoit au parauãt reputé mort pour les nouuelles fain-
tes qu'en aporta Arcalaus.Et à ceſte cauſe la foule du peuple pour les voir
eſtoit tant grande que merueilles . Lors le Roy les embraça , puys les prit
par les mains,& luy meſme les conduit en vne chambre pour eux deſarmer

mer & refraiſchir : mais toſt apres ilz retournerent vers luy. Adoncq’
n’y eut celuy qui ne les viſt de bon cueur, & ſ’en fuſt peu trouué qui ne
blaſmaſſent la meſchante inuention d’Arcalaus, & de la Damoyſelle qui
auoit eſſayé à les faire tous deux mourir, ayants ſi grand commencement
aux armes, eſtants encores à la fleur de leur aage. Or entendez qu’auſsi
toſt que le Roy fut auerty de leur arriuée, il le fit ſçauoir à la Royne, ſçachant qu’elle en ſeroit treſaiſe : & d’auantage luy manda qu’elle fiſt tout
le bon recueil à Galaor, dont elle ſe pourroit auiſer, & qu’il les luy me-
neroit incontinent auecq’ Amadis. Ce qu’il fit, acompagné du Prince
Agraies, de don Galuanes, & du Roy Arban : mais ainſi qu’ilz entroient
en la ſalle, ou les Dames les atendoient, Amadis ieta l’œil ſur ma Dame
Oriane, & elle auſsi. Lors n’y eut celuy des deux qui ne ſe miſt à trembler, eſpecialement l’Infante, laquelle en vn inſtant palliſſoit & rougiſ-
ſoit tellement, qu’oncques elle n’eut viſage plus mal aſſeuré : car voyant
ſi pres d’elle celuy, que peu deuant elle penſoit en eſtre à iamais eſlongné
(pour le raport qu’en auoit fait Arcalaus, comme i’ay recité) elle ne ſe
pouuoit quaſi perſuader, que ce fuſt il, de ſorte que ſon ennuy encores re-
cent ſe preſenta deuant ſes yeux tellement, qu’il luy fut impoſsible tant ſe
contenir, qu’elle ne pleuraſt. Toutesfois ceſte triſteſſe ne fut de longue
durée, ny aucunement aperceuë : car chacun ſ’amuſoit à regarder & eſcouter les deux freres, Au moyen dequoy la Princeſſe Oriane ſe retira
a coſté, pour eſſuyer ſes yeux tandis qu’Amadis eſtant à genoux auecq’
Galaor, diſoit à la Royne : Ma Dame, ſuyuant ce qu’il vous pleut me com
mander au partir de la court, ie vous ay amené ce Cheualier, lequel ie vous
preſente comme bien voſtre. Vrayement, reſpondit elle, vous m’auez
fait grand plaiſir, & ſoit le tresbien venu, & vous auſsi : puys les embraça.
En bonne foy, ma Dame, dit le Roy, vous me ferez tord, ſi vous me les
oſtez tous deux. Vous auez deſia Amadis, il me ſemble que vous deuez
eſtre contente, & me laiſſer le Seigneur Galoor. Certes, Sire, reſpondit elle, vous ne me demandez petite choſe : mais ſ’il luy eſt agreable, vous ne
ſerez refuſé, encores que iamais tel preſent ne fut donné en la grand’ Bretaigne : toutesfois puys que vous eſtes le meilleur Roy qui oncques y regna, il vous ſera bien employé. Puys dit à Galaor : Seigneur Galaor, qu’en
dites vous ? le Roy a deſir de vous auoir, ſerez vous ſien ? Ma Dame, reſpõdit il, il me ſemble que tout ce qu’vn ſi grand Seigneur demande, luy
doit eſtre otroyé, ſ’il eſt poſsible. Vous m’auez icy pour vous obeïr en
toutes choſes, pourueu que ce ſoit le plaiſir de mon Seigneur mon frere,
qui a toute puiſſance ſur moy. Il me plaiſt tresbien, dit la Royne, que
vous faciez le commandement de voſtre frere, pource que i’auray promptement (par luy) bonne part en vous, comme de celuy qui eſt mien. Ouy
vrayement, ma Dame, reſpondit Amadis. Puys ſ’adreſſant à Galaor, luy
dit : Mon frere, obeïſſez à la Royne, ie vous en prie. En bóne foy mon ſei-

S iii

gneur,

gneur, refpondit Galaor, ie le feray : & puys qu'il vous a pleu me donner
tant de puiffance fur moy , ie me metz du tout à fa bône grace, pour m'ordonner & commander ainfi qu'il luy plaira. Ie vous mercie de bon cueur,
dit la Royne : vous ferez donc tout prefentement au Roy . Et ce difant
le prit par la main & le fit leuer : puys dit au Roy : Mon Seigneur, vous
auez voulu auoir ce Cheualier , & ie le vous donne , par tel fi, que ie
vous fuplie de l'aymer & bien traiter autant qu'il le merite, qui ne fera
peu . Si Dieu m'ayde , refpondit le Roy , ie le reçoy , & vous mercie tous
deux grandement, vous affeurant (ma Dame) qu'il f'aperceüra en brief
combien ie l'ayme & eftime : toutesfois ie croy qu'à grand' peine pourroit
il eftre autant bien voulu de moy , ne d'autres, qu'il y a en luy de valeur.
Lors fi Amadis euft ofé parler, il euft voluntiers debatu au contraire : car
il luy eftoit bien auis, qu'il aymoit fon Oriane plus que fon frere, ou autre n'euft peu valoir. Aifi demeura Galaor au feruice du Roy, duquel oncques puys ne fe fepara, pour querelle qu'euft Amadis, côme nous deduy-
rons cy apres . Durant ces propoz, Oriane, Mabile, & Olinde f'eftoient
retirées affez loing des autres Dames : & d'autre cofté Amadis & Agraies
deuifoient enfemble, tandis que le Roy & la Royne entretenoient Galaor, parquoy Mabile apella fon frere , & luy dit : Ie vous prie faites
aprocher ce Cheualier à qui vous parlez, & que nous auons tant defiré.
Lors Agraies retourna ou il auoit laiffé Amadis, qui faignoit ne fe foucier
d'aprocher d'elles, & luy dit : Mon Seigneur, ces Dames ont enuie de parler à vous, & vous prient de vous aprocher d'elles, ce qu'il fit . Or e-
ftoit Mabile prudente & auifée, & non ignorante auecq' quelles medeci-
nes elle deuoit traiter leurs cueurs pafsionnez : parquoy apres qu'elles
trois luy eurent fait la reuerance, & luy à elles, Mabile prit Amadis,
& le pria f'affeoir entre elle & Oriane, & Agraies tout au plus pres, ioignant de la belle Olinde, puys dit en riant : Encores que ie fois maintenât
entre les quatre perfonnes du môde que i'ayme le plus, fi ay-ie tant afaire
ailleurs, qu'il me fault vous laiffer . Ainfi demeurerent feulz atentifz chacun de gouuerner ce qu'il aymoit . Lors commença Amadis à deuifer à fa
Dame, & penfant luy declarer la grande affection, que fouz bonne efperance il nourriffoit, l'amour forte & extreme luy ofta entierement la facilité de parler : toutesfois les yeux, vfans de leur office, fuplierent le default de la langue, rendant bon tefmoignage à celle qu'ilz regardoient,
combien le cueur trifte & langoureux eftoit tranfsi par trop d'ayfe & de
plaifir . Ce que cognoiffant Oriane, luy prit fecrettement la main fouz
fon manteau : puys luy ferrant eftroitement les doigtz, luy dit en foufpirant : Mon amy , quelle douleur, quelle angoiffe me donna l'autre iour
ce trahiftre, qui aporta ceans nouuelles de voftre mort ? croyez qu'oncques pauurette ne fut en tel peril que moy , & non fans caufe : car iamais femme ne fit telle perte que i'euffe fait en vous perdant . Et tout
ainfi que

ainſi que ie ſuis mieux aymée que nulle autre viuante, ma fortune m'a tant
fauoriſée, qu'elle a voulu que ce ſoit de celuy, qui vault mieux que nul
qui viue. Lors Amadis baiſſa la veuë de honte qu'il eut de ſe ouyr ſi fort
loüer par celle, à qui il eſtimoit toutes louanges eſtre deuës : & ſentit ſon
eſprit tant alteré, que ſ'efforçant de reſpondre, la parole luy mouroit
en la bouche. Dont Oriane ſ'aperceuant continua ſon propos, luy diſant : Mon amy, comme ſeroit il poſsible que ie ne vous aymaſſe plus que
choſe du monde, quand ceux meſmes qui ne vous virent oncques vous
ayment & eſtiment ? & moy eſtant celle que vous aymez & eſtimez ſi
fort, n'ay-ie bien ocaſion de vous aymer plus que moymeſmes ? Sur ma
foy ma Dame, reſpondit Amadis, voſtre doux & gracieux parler eſt ſufiſant pour me faire mourir de mile mortz, & reuiure autant de foys. Mais
quoy ? ie vous ſuplie pour ceſte heure auoir ſeulement pytié de mon extremité, qui me rend encores pire que mort, pour vous aymer trop ardem
ment : car ſi ie fuſſe finy, comme Arcalaus raporta, telle fin m'euſt eſté
commencement de repos & grand ſoulagement, ſi elle m'euſt apellé premier que vous cognoiſtre. Et combien que l'heure de voſtre cognoiſſance
ſoit ma felicité entiere : toutesfois ie me ſents en telle paſsion, qu'il ſeroit
impoſsible que mon cueur ne fuſt conſumé par ennuy, ſans le plaiſir qu'il
reçoit en vous faiſant ſeruice, & le bien auſsi que vous luy faites par le ſeul
ſouuenir que vous auez de moy. Mais la neceſsité le contraint vous ſuplier auoir de luy plus de mercy qu'il ne merite, & le traiter par recompenſe non meritée: ains ſelon le beſoing qu'il en a pour touſiours luy augmenter la force de vous obeïr, atendu que ſ'il n'eſt de brief ſecouru, ſa
cruelle fin ne peult tarder. Diſant ces paroles les groſſes larmes tomboient
de ſes yeux, qui luy couloient le long de la face, ſans qu'il les peuſt contenir. & de fait il ſe trouua ſi tranſy, que ſi Amour ne l'euſt conſolé par l'eſperance dont il paiſt & entretient ceux qu'il tourmente, l'ame à l'heure
meſme ſe fuſt departie pour donner plus de lieu au plaiſir qu'il auoit par
la faueur que luy faiſoit ſa dame, luy ſerrant ainſi les doigtz à chacun mot
qu'il luy proferoit : qui portoit certain teſmoignage du deſir qu'elle auoit
de luy faire meilleur traitement, ſi le lieu & le temps quelque fois le permettoit. Et pour luy en donner encores plus parfaite aſſeurãce elle reſpon
dit : Làs, mon amy, pour Dieu ne me tenez iamais propos de voſtre mort!
car le penſer ſeulement m'eſt inſuportable, comme celle qui ſçait certainement, que vous mourant elle ne pourroit viure vne ſeule heure apres:
meſmes que ſi ie treuue plaiſir en ce monde, c'eſt par vous qui y viuez.
Vous aſſeurant, mon amy, que ie ſuis toute certaine de ce que vous m'auez
maintenant dit, pource que par moymeſmes i'en ay fait la preuue, endurant tout tel tourment que vous faites. Et ſi le voſtre ſemble plus extreme,
ce n'eſt pour autre raiſon, que eſtant mon vouloir tout tel que le voſtre,
& me defaillãt ſemblable pouuoir que vous auez, pour mettre en effait ce

S iiii

que noz

que noz deux cueurs defirent tant, l'amour & la douleur fe manifeftent en vous plus extremes qu'en moy . Mais ie vous prometz ma foy, mon amy , que fi fortune , ou noftre moyen, ne nous monftre de brief chemin pour fatisfaire à noftre repos , que moymefme le trouueray, quoy qu'il en puiffe auenir : fuft haine de pere, de mere, & de tous mes parents, & amys : car il me feroit impofsible de plus retarder noftre grand plaifir, & ainfi endurer & defirer, ayants dequoy nous exempter & eftaindre ce grand feu qui f'allume, & croift d'heure à autre en noz cueurs. Làs combien ce propos pleut à Amadis. Certes cefte efperance gràde le faifoit encores plus fouftrir, & tellement, qu'il ne pouuoit autre chofe faire, que regarder la Princeffe d'vn œil fi piteux , qu'elle mefmes enduroit oultre fa pafsion partie de celle d'Amadis : & le voyant tranfporté, mit le pied fur le fien, luy difant : Mon amy, ie ne fçay pourquoy vous vous defconfortez ainfi, ie vous prie ne vous ennuyer : car ie vous tiendray ce que ie vous ay prefentement promis : & en atendant vous ne partirez (f'il vous plaift) de la Court, car le Roy veult tenir ces iours prochains eftat royal : & fuis feure que luy & la Royne vous prieront d'y afsifter, fçachants bien que voftre prefence honorera fi grande compagnie. Et ainfi qu'elle donnoit fin à fon propos, la Royne apella Amadis, qu'elle fit affeoir ioignant Galaor : car le Roy f'eftoit retiré. Adoncq' les Dames fe mirent à iuger de la difference des deux freres : mais ilz fe reffembloient tant bien, qu'elles n'y fceurent que contrarier, ains furent toutes d'opinion, que Dieu les auoit renduz parfaitz entre tous autres Cheualiers , fuft en beauté, nobleffe, bonté , & bonne grace : & de vifage, & corfage fi conformes, qu'il euft efté difficile y mettre difference, excepté que Galaor eftoit vn petit plus blanc , & Amadis de plus gros offements, les cheueux crefpes & blonds , & le vifage plus rouge que Galaor. Auquel les autres Dames n'auoient encores parlé, combien qu'elles en euffent grand defir , & bien f'en aperceut la Royne : car elle luy dit : Seigneur Galaor , ne voulez vous pas voir ma fille, & ces autres Damoyfelles, qui vous regardent de fi bon cueur ? Ouy bien, ma Dame, refpondit il, fi c'eft voftre plaifir. Lors fe leua & leur vint faire la reuerance, & elles le receurent gracieufement. Puys fe mit à genoux les entretenant de maints gracieux propoz, durant lefquelz il fe mit à contempler l'excellence de ma Dame Oriane : & la voyant tant belle, eftima qu'il feroit impofsible qu'elle peuft eftre feconde à creature viuante, iugeant en fon efprit que cefte feule ocafion auoit ainfi arrefté Amadis fon frere en la court du Roy Lifuart . Ce pendant les Dames luy difoient : Seigneur Galaor, vous foyez le tresbien venu par deça. Les autres : Mon coufin, quand il vous plaira vous cognoiftrez que ie fuis de voz meilleures parentes & amyes. Et il leur refpondit : Mes Dames, ie vous mercie toutes affectueufement du bon traitement que vous me faites, duquel ie fuis en partie redeuable à mon feigneur Amadis : car

fans luy

fans luy(qui par amour, ou par force renge tous autres Cheualiers à luy
obeïr)ie n'euſſe de cinq ans receu en ceſte court tant grande faueur & bon
recueil que l'on m'y fait, n'eſtant deliberé de pluſtoſt y entrer. Bien s'a-
perceut Galaor,que parlant d'Amadis, Oriane auoit changé couleur, &
qu'elle ne ſe peut contenir de fouſpirer : parquoy tint la fuſpition prece-
dáte qu'il en auoit euë,pour choſe veritable, ce qu'il diſſimula fagement.
Et ſur ces entrefaites le Roy retourna à la Royne qui ſe mit à rire & de-
uiſer auecq' eux monſtrant meilleurviſage qu'il n'auoit fait de long temps
à ce que chacun euſt part du plaiſir qu'il auoit pour le retour d'Amadis &
de ſon frere:leſquelz peu apres il emmena quant & luy en la ſalle, ou l'on
auoit couuert pour le ſouper,&leur commanda d'eux aſſeoir en vne table
(dreſsée tout ex pres)auecq Agraies & Galuanes ſeulement. Et tout ainſi
qu'eux quatre furent pour lors ſeparez de tous les autres, auſſi ſe trouuerent ilz depuys enſemble en maintz trauaux & dangers infiniz,qu'ilz en-
durerent voluntiers,pour la grand' amour qu'ilz auoient l'vn à l'autre, &
telle, qu'encores que don Galuanes n'euſt aucune affinité de parentage
qu'auecq' Agraies,ce nonobſtant Amadis & Galaor,ne l'apelloient autrement que leur oncle,& luy ſes neueux,qui fut cauſe d'acroiſtre beaucoup
l'honneur & reputation de luy , ainſi que ſuyuant l'hyſtoire il ſera fait
mention.

Comme le Roy Liſuart ſen par-

tit de Vindeliſore pour aller en ſa bonne cité de Londres
tentr court royale.

Chapitre   XXXII.

AV commencement de ce liure aeſté fait ample mention
comme noſtre Seigneur,par ſa bonté, apella Liſuart au
royaume de la grand' Bretaigne,le rendât peu apres de
Prince desherité , Roy paiſible d'vne telle monarchie,
par la mort & trepas de Falangris ſon frere aiſné,qui en
mourut Roy , ſans auoir aucuns hoirs procréez de ſon
corps. Semblablement comme il fut par tout le monde reputé ſi grád Seigneur,que maintzCheualiers vindrent de diuerſes contrées eſtráges pour
le ſeruir,ne s'eſtimans heureux , s'ilz n'auoient le moyen d'eux nommer
Cheualiers de ſa maiſon:mais quelque temps apres(ou psource que ce Roy
fortuné en oublia celuy qui luy auoit tant fait de bien , ou peult eſtre que
telle fut la permiſſion diuine)leS eigneur Dieu permiſt, que ce royaume
tant heureux tombaſt en perſecution, & que l'iluſtration du bon Roy Li-

ſuart

ſuart ſe troublaſt & obſcurſiſt , pour donner cognoiſſance que luy ſeul eſt
Seigneur & Roy de toutes creatures viuantes , lequel les eſleue,ou abiſme
comme il luy plaiſt , ainſi que vous entendrez maintenant : Car ce Roy
Liſuart ayant cóclud de tenir la plus haulte & excelléte court,qu'euſt oncques tenu Roy en la grand' Bretaigne, cómanda qu'au cinqieſme iour enſuyuant tous les Seigneurs de ſon royaume ſe trouuaſſent à Londres,pour
auiſer ſur l'eſtat de la cheualerie,qu'il auoit deliberé maintenir & acroiſtre
au plus grand honneur qu'il luy ſeroit poſsible : mais au lieu meſmes ou
il eſtimoit que la plus part du monde luy deuſt rendre obeïſsance, ſuruindrent les premieres eſchauguetes de fortune , qui mirent ſa perſonne , & eſtatz en treſgrand danger d'eſtre ruynez & perduz , ainſi
qu'il vous ſera recité.Partant doncques le Roy Liſuart de Vindeliſore, &
toute la Court , pour venir à Londres , c'eſtoit choſe amirable de voir la
multitude des Seigneurs,Dames,& Damoyſelles,qui les ſuyuoient, meſmement de tant ieunes Gentilzhommes, qui y eſtoient venuz . Les
vns , pour voir la magnificence : les autres pour faire ſeruice à leurs a-
myes,& ne tenoit on propos que d'eſbatz & paſſetemps nouueaux . Or
auoit le Roy ordonné(pour plus magnifier ſa court)que nul ne logeaſt
dans la ville, ains que chacun fiſt tendre ſon pauillon ſur la grand' prairie , le long des riuieres & ruyſſeaux , pour euiter l'extreme chaleur
qu'il faiſoit lors : ce qui fut fait , au moyen dequoy il ſembloit proprement d'vn camp, ou la plus part du monde s'eſtoit aſſemblé . Toutesfois pource que le Roy y arriua deux ou trois iours durant la feſte, il s'en
allá deſcendre au palays , acompagné ſeulement de la Royne, d'Amadis, Galaor, Agraies, don Galuanes, & quelques autres des plus fauori-
ſez : le demeurant ſe retira en la prairie,ainſi que les Fourriers auoient departy les quartiers . A' ſon arriuée furent faitz pluſieurs ſortes d'eſbate-
mens,qui continuerét tant que fortune(ennuyée de l'ayſe de ce bonRoy)
les changea en pleurs & diuerſitez d'ennuyz,par le moyen d'vnSeigneur,
non pas vaſſal du Roy,mais plus ſon voyſin que grand amy,nommé Barſinan,homme opulent en richeſſes,& peu garny de vertuz,lequel s'y voulut trouuer, pour la raiſon qui vous ſera preſentement deduite . Ce paillard (duquel ie vous parle) eſtoit Seigneur d'vn païs nommé Sanſuegue,& fort familier d'Arcalaus l'Enchanteur , lequel peu deuant s'eſtoit
retiré vers luy, & luy auoit tenu tel propos: Mon Seigneur l'enuie grande que i'ay de vous faire ſeruice m'a fait trouuer le moyen (s'il ne tient à
vous) de vous rendre en brief le royaume de la grand' Bretaigne paiſible
entre voz mains , ſans beaucoup vous hazarder , ne entrer en deſpence.
Quand Barſinan(qui eſtoit homme ambicieux)entendit parler Arcalaus,
qui promettoit le faire Roy,s'il vouloit,luy reſpondit:En bonne foy,mon
amy Arcalaus,ſi tu pouuois faire ce dont tu te vantes , ie ne craindrois à y
hazarder ma perſonne,& moins la deſpenſe,ſi i'y voyois l'acheminement

facile

facile. Il eſt ayſé, dit Arcalaus, & preſentement ie vous en declareray le moyen : pourueu que vous me iuriez, qu'apres que vous y ſerez paruenu, me ferez ſuperintendant & grand maiſtre de voſtre maiſon. Ouy, par dieu, reſpondit Barſinan, & mieux encores. Or voicy le poinct, dit Arcalaus, le Roy Liſuart a fait publier, qu'à ceſte feſte de Septembre il tiendra Court royale, en laquelle vous yrez acompagné de bon nombre de Cheualiers : lors ie feray tant que ie l'emmeneray priſonnier, ſi à propos, qu'il ne pourra eſtre ſecouru de nul homme viuant, & par meſme moyen ie feray enleuer ſa fille, laquelle vous prédrez à femme, ce fait ie vous enuoyray la teſte du Roy. Ainſi, puys que la Princeſſe eſt droite heritiere, & vous eſtant ſon mary, bien acompagné, comme ie vous ay dit, ayſément vous ſaiſirez le royaume, & ne trouuerez aucun qui vous contredie. Certes, reſpondit Barſinan, ſi telle entrepriſe pouuoit auoir bóne yſſue, ie te ferois le plus riche & puiſſant qui fut oncques en ton lignage, voyre le premier de ma maiſon. Il ſufit, dit Arcalaus, vous vous aperceürez de brief que i'entreprends peu ſouuent que ie n'execute : mais ne faillez (comme ie vous ay dit) de vous trouuer à ceſte aſſemblée de Londres. Et pour ceſte ocaſion ce paillard Barſinan vint vers le Roy Liſuart, faignant que ce fuſt pour luy faire honneur : parquoy le Roy enuoya au deuant de luy maints Cheualiers, pour le receuoir comme ſon amy, & d'auantage luy fit pouruoir de logis, & de toute autre choſe, qu'il penſa luy eſtre neceſſaire. A ſon arriuée vint deſcendre au palays, & voir le Roy, auquel il dit : Sire, eſtant auerty de la magnificence que vous deliberez tenir en voſtre court, auſſi de tant de bós Cheualiers & haultx hommes, qui s'y doiuét trouuer : i'ay penſé à ce iour vous venir viſiter & faire honneur de ma perſonne, non comme voſtre vaſſal, ou ſubiet, ne tenant mes païs que de Dieu & de l'eſpée : mais comme voſtre bon voyſin & amy, ſi vous plaiſt. Vrayement, reſpondit le Roy, vous me faites honneur & grand plaiſir, & ſuis treſayſe de la peine que vous auez voulu prendre, de vous trouuer en ſi bonne compagnie, vous aſſeurant, Seigneur Barſinan mon amy, que ie le recognoiſtray enuers vous, en ce que ie pourray, & qu'il s'offrira : car ie vous eſtime l'vn de mes meilleurs amys. Sire, dit Barſinan, vous auez raiſon, vous aſſeurant, ſur ma foy, que tant que ie viuray, ie ſeray preſt à vous cóſeiller en voz afaires, ainſi que de long téps i'ay le deſir. Ah le trahiſtre il n'en mentoit de mot! mais le bon Roy ne l'entédoit pas, qui l'en remercia de bien bon cueur, & pour luy faire encores plus d'hóneur, ſe deſlogea de ſon palays pour le mieux loger, ſe retirant auecq' la Royne hors la ville en ſes tentes & pauillons, qu'il auoit fait dreſſer en la prairie. Toutesfois au parauant il luy fit entendre entierement l'entrepriſe qu'il auoit deliberé, & l'ocaſion de la grande aſſemblée qu'il auoit faite, luy declarant par nom & ſurnom ſes Cheualiers plus recommandez, leurs proüeſſes & haultes entrepriſes, entre leſquelz il n'oublia Amadis & Galaor. Car

laor.Car(difoit le Roy en les luy monftrant)mon grand amy,ie vous puis
affeurer, qu'il feroit quafi impofsible qu'il y euft plus de hardieffe, acompagnée de ce qui eft requis à bonne cheualerie, qu'il y a en ces deux. Et
tant furent fur ces propoz,que chacun fe retira : le Roy aux tentes,& Barfinan au palays. Mais depuys qu'il eut ouy parler leRoy,& cogneu fa puif
fance, mefmes l'amour & obeiffance que luy portoient tant de grands
Princes, & autres fes vaffaux : il luy fut impofsible auoir repos en fon e-
fprit, & quelque fois fe repentoit de la fole entreprife qu'il auoit faite,co-
gnoiffant eftre chofe trop mal ayfée à executer. Puys tout à coup chan-
geoit propos fans (toutesfois)pouuoir rié refouldre:car il n'auoit pluftoft
vne opinion, que foudain il ne f'en reprefentaft vne autre deuant les
yeux : & ainfi variant arrefta, que puys qu'il eftoit venu fi auant, effayeroit la fortune, laquelle fouuent apelle les moyens quand l'on les repute
plus abfentez . Et en cefte deliberation f'endormit iufques au lendemain
matin,qu'il vint trouuer le Roy defia preft & paré de fon veftemét royal,
comme il f'acouftroit en telles affemblées, & la plus part de tous ces Cheualiers,qui l'acompagnoient:car le iour precedant il leur auoit commandé ainfi le faire, pource qu'il vouloit commencer fa court des le poinct du
iour, pour la rendre plus parfaite. Lors manda à la Royne,qu'elle luy en-
uoyaft la coronne que le Cheualier luy auoit laiffée, & qu'elle veftift le
manteau qui luy fut aporté quant & quant : parquoy la bonne Dame enuoya querir le coffret ou elle penfoit les trouuer. Mais elle fut deceuë : car
l'ayant ouuert, ne trouua aucune chofe dedans, dont elle fut trop esba-
hie, d'autant qu'elle ne f'eftoit fiée de la clef à creature viuante qu'à elle
mefme , l'ayant toufiours gardée.Toutesfois voyant qu'il n'y auoit remede, le fit fçauoir au Roy, lequel pour defplaifir qu'il en eut n'en fit fem-
blât:ains f'en vint trouuer la Royne,à laquelle il dit.Ma Dame,ie m'esbahis comme vous auez fi mal gardé ce qui vous eftoit tant conuenable à tel
iour,& baillé fouz bien eftrâge condition.Sur ma foy, mon Seigneur, refpondit elle,ie ne fçay que vous en dire,finon que i'ay trouué le coffret fer
mé,duquel i'ay moymefmes gardé la clef,fans qu'autre la maniaft iamais.
Tant y a, que cefte nuict en dormant il m'a femblé, qu'il eft venu à moy
vne Damoyfelle,qui m'a dit, que ie le luy monftraffe,ce que i'ay fait:puys
m'en a demandé la clef, laquelle ie luy ay baillée, & l'a ouuert, pris le
manteau & la coronne . Ce fait, il m'a efté auis qu'elle l'a refermé, & remis la clef ou ie l'auois prife . Lors f'eft veftue du manteau, mettant la
coronne fur fon chef,qui luy feoit tant bien,que ie prenois grand plaifir à
la regarder,& me difoit: Que celuy,ou celle, à qui elle fera,regnera deuât
cinq iours en la terre d'vn puiffant Roy, qui à prefent trauaille fort de la
garder, & d'en conquerir d'autres.Adoncq' ie luy ay demâdé qui il eftoit,
& elle me refpondit : Vous le fçaurez au temps que ie vous dy . Et ce difant f'eft efuanouye de moy auecq' la coronne & le manteau : mais fur ma
foy ie ne

foy ie ne fçay fi cefte vifion m'eft venue en dormant, ou fi elle eft vraye.
Lors fut le Roy plus esbahy que deuant, & luy refpondit : Ma Dame, ie
vous prie difsimulez le tout, & n'en parlez à perfonne. Puys la prit par la
main, & fortirent dehors de la chambre: parquoy vindrent Cheualiers,
Dames, & Damoyfelles les acompagner au lieu ordonné, pour les ceremo
nies du iour, ou ilz trouuerent deux chaires de parements, dans lefquelles ilz f'afsirent, enuironnez le Roy des Gentilzhommes, & la Royne de
maintes belles femmes. Or auoit le Roy ordonné, que tout au plus pres de
fa perfonne fe tinfent Amadis, Galaor, Agraies, & Galuanes fans terre:
& au derriere le Roy Arban de Norgales, armé de toutes pieces, tenant
l'efpée nue au poing, acompagné de deux cents Cheualiers pour fa garde, puys fut cryé par les Herauldx de faire filence. Mais ainfi que le Roy
vouloit parler, fe prefenta vne tresbelle Damoyfelle richement veftue &
parée, & auecq' elle douze autres Damoyfelles, toutes acouftrées de mefme forte: car en ce téps eftoit la couftume des grands Seigneurs & Dames,
de mener leurs gents en telles affemblées, veftuz comme leur propre perfonne, fans qu'il y euft aucune diference. Lors cefte belle Damoyfelle a-
dreffant fa parole au Roy, luy dit : Sire, ie vous fuplie treshumblement
me donner audience: puys me faire raifon d'vn diferent que i'ay à l'encon
tre de ce Cheualier, que ie voy ioignant voftre maiefté. Et ce difant monftra Amadis. I'ay, dit elle, bien long temps efté requife par Angriote
d'Eftrauaux, qui eft en cefte affemblée, d'eftre fa femme. Adoncq' recita
par le menu comme le tout eftoit auenu, pour quelle raifon elle luy auoit
fait garder le val des Pins, ou quelque temps apres furuint vn Cheualier,
nommé Amadis, lequel le luy fit par force d'armes habandonner. Toutesfois i'ay entendu qu'ilz fe partirent d'enfemble amys, & que ceft Amadis luy promift, qu'à fon pouuoir il fera qu'Angriote m'aura pour fa femme : dequoy eftant auertie me retiray en vn mien chafteau, auquel ie mis
telle garde, & fi forte couftume, qu'il me fembloit impofsible que nulChe
ualier eftrange y peuft entrer par force. Puys recita la maniere ainfi que cy
deuant a efté declaré. Mais, Sire, ce Cheualier y furuint, & fit tant de deuoir, qu'il força les gardes & la couftume de la forterefle (Or parloit elle
d'Amadis qu'elle ne cognoiffoit, & ne péfoit que ce fuft il) toutesfois peu
apres qu'il y fut entré, il me promit, fans contrainte, qu'à fon pouuoir il
effayeroit qu'Amadis fe deporteroit de la promefle qu'il auoit faite à Angriote. Mais à l'heure mefme il eut gros combat contre vn mien oncle, que
voicy prefent. Et declara pour quelle caufe ce fut, aufsi ce qu'il en auint.
Et quand elle monftra Gafinan, duquel elle parloit, & que l'on entendit
qu'il auoit fi hardíment ofé combatre Amadis: chacun l'eftima grandement. Or fire, dit elle, la fin de leur meflée fut telle, que mon oncle demeura vaincu, preft à perdre la vie, fi ie n'euffe requis ce Cheualier de la
luy fauuer : ce qu'il m'acorda, fouz condition, que ie me trouuerois à la

T

premieer

premiere court que voſtre maieſté tiendroit, ou ie luy donnerois ce qu'il me demanderoit. A`ceſte cauſe me voicy preſente, pour y ſatisfaire, & le ſemondre de la ſienne. Lors ſe leua Amadis, & dit : Sire, la Damoyſelle vous a fait entendre la verité, tant des promeſſes, que des combatz : pourtant ie ſuis tout preſt de faire qu'Amadis ſe departira de ce qu'il promit à Angriote, pourueu qu'elle ſatisface à ce qu'elle eſt tenue. En ma conſcience, reſpondit elle, ſi vous faites ce que vous dites, vous ferez beaucoup pour moy. Et pour vous faire cognoiſtre que ie ſuis preſte d'acomplir ce que ie vous ay promis, demandez ce que vous voudrez: car, ſ'il m'eſt poſſible, ie le vous donneray. Ie ne vous demande autre choſe, reſpondit Amadis, ſinon que vous receuiez Angriote pour voſtre mary, l'aymant ainſi qu'il vous ayme. Ah Dieu! ſ'eſcria la Dame, qu'eſt ce que vous dites? Ma Damoyſelle, dit Amadis, ie vous prie que vous vous mariez auecq' tel homme, qui ſe doit marier auecq' vne ſi belle Damoyſelle que vous eſtes. Certes, Cheualier, reſpondit elle, c'eſt treſmal entretenu la promeſſe que vous me fiſtes. Ie ne vous ay promis, dit Amadis, choſe que ie ne vous tienne : car ſe ie me ſuis obligé à vous de faire tenir quite Amadis, de la promeſſe qu'il a faite à Angriote, ie le fais en cecy. Ie ſuis Amadis, qui reuoque le don que ie luy ay promis: ainſi ie demeure ſatisfait enuers vous, & ſi veux que vous le receuiez à mary, & pourtant ie m'aquite à vous deux par meſme moyen. Commét? reſpondit elle, eſt il poſsible que vous ſoyez ceſt Amadis, duquel la renommée eſt ſi grande? Ouy certes, dit le Roy. Ah chetiue que ie ſuis! reſpondit elle, maintenant ie cognois bien, que par art ne ſcience la perſonne ne peult euiter ce qui eſt ordonné de Dieu : car i'ay fait tout le poſsible pour me departir d'Angriote, non pour mal que ie luy vueille, ou pour ne cognoiſtre que ſa grand' valeur merite, & d'auantage, mais pour eſtre mon propos tel, que viuant en toute chaſteté ne me voulois rendre de libre Damoyſelle femme ſubiete: & à l'heure que i'eſtimois eſtre de luy plus eſlongnée, ie m'en ſuis trouuée ſi pres, comme chacun peult voir. Amye, reſpondit le Roy, ſi Dieu m'ayde, vous en deüriez eſtre ioyeuſe: car vous eſtes belle, & riche, & luy beau Cheualier & ieune. Et ſi vous eſtes riche en biens, il l'eſt en bonté, & vertu, tant aux armes, qu'en toutes autres bonnes conditions requiſes à Cheualier : pourtant ie treuue bien conforme voſtre mariage enſemble, & croy qu'il n'y a celuy en ceſte Court, qui ne ſoit de mon opinion. Lors la Damoyſelle ſ'adreſſant à la Royne, luy dit: Ma Dame, vous eſtes eſtimée l'vne des meilleures & plus ſages Princeſſes du monde, ie vous ſuplie treshumblement me conſciller que ie doy faire. Damoyſelle, m'amye, reſpond la Royne, ſelon la reputation qu'Angriote a aquiſe entre les bons, il merite bien, non ſeulement eſtre opulent en richeſſe: mais eſtre aymé de quelque Dame, qu'il voudroit choyſir. Comment? dit Amadis, n'eſtimez que par accident, ou par afection, i'aye fait ceſte pro-

meſſe a

meſſe à Angriote. Par dieu ſi l'vn des deux me l'auoit fait faire, vous me
deüriez plus blaſmer de folie, que reputer vertueux: mais ayát experimen
té ſa grand' valeur & hardieſſe (qui n'a eſté ſans me couſter treſcher) & ſçachant certainement l'amour & affection qu'il vous porte, il m'a ſemblé iuſte, que non ſeulement moy : mais tous ceux qui bien le cognoiſſent deuoient procurer de vous trouuer à tous deux remede, à luy de l'extreme
paſſion qu'il enduroit pour vous, & à vous en vous en dónant la cognoiſſance. Sur mon dieu, reſpondit elle, i'ay tant ouy parler de la loyauté dont
vous vſez à chacun, que ie ſuis ſeure que vous ne voudriez dire (deuant
tant de gens de bien) autrement que la verité: parquoy ſuyuát voſtre conſeil, & le vouloir du Roy & de la Royne, ie feray tout autrement que ie
n'auois deliberé, & ſuis preſte d'acomplir tout ce que vous auiſerez. Lors
la prit Amadis par la main & apella Angriote, lequel ſe preſenta auecq'
bonne troupe de Cheualiers ſes parens. Puys luy dit Amadis : Amy Angriote, ie vous promis que de tout mon pouuoir, i'eſſayerois de vous faire
auoir voſtre amye. Dites moy maintenát ſi c'eſt ceſte Damoyſelle. Vrayement, reſpondit Angriote, elle eſt ma Dame, & celle ſeule à qui ie ſuis. Or
ie la vous donne, dit Amadis, par tel conuenant, que vous ſerez mariez enſemble, & l'aymerez & honorerez comme elle le merite. Mon Seigneur,
reſpondit il, ie vous mercie de bon cueur, & feray tout ainſi que vous le di
tes. A l'heure le Roy fit apeller l'Eueſque de Salerne, qui les conduit
en l'Egliſe, ou il les eſpouſa en la preſence de pluſieurs grás Seigneurs. Ce
fait entrerent en la ville, ou les noces furent celebrées au plus grand triumphe dequoy l'on ſe peult auiſer. Parquoy nous pouuons bien dire, que
non les hommes : mais Dieu ſeul conduit ce mariage, ayant cognu la
continence & honneſteté, de laquelle Angriote auoit touſiours vſé enuers
ceſte Dame. Car encores qu'elle euſt eſté en ſon pouuoir, toutesfois iamais
ne luy voulut faire force, pour auoir d'elle ce qu'il deſiroit plus: ains reſiſta
à ſa volunté deſordónée: & d'auantage pour luy faire cognoiſtre de combien il aymoit, voulut à ſa priere tant faire, qu'en luy obeïſſant il en cuyda
(ſans l'auoir merité) perdre la vie, lors qu'il ſe combatit contre Amadis.

Comme le Roy Liſuart voulut

auoir l'auis des Princes & Seigneurs ſur ce qu'il auoit
afaire, pour au plus hault exalter &
entretenir cheualerie.

Chapitre   XXXIII.

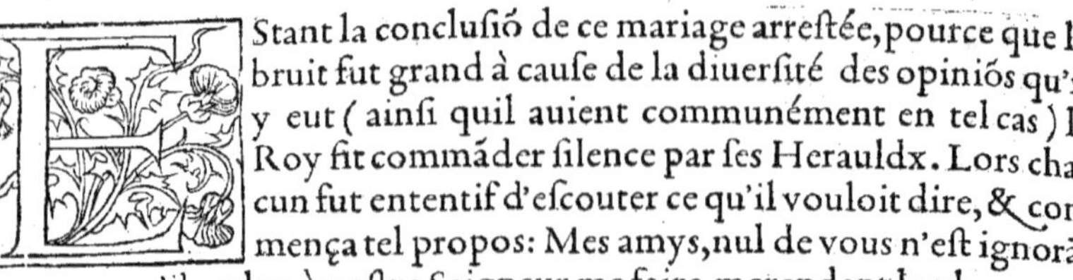

Stant la conclusió de ce mariage arreſtée, pource que le bruit fut grand à cauſe de la diuerſité des opiniós qu'il y eut (ainſi quil auient communément en tel cas) le Roy fit commáder ſilence par ſes Herauldx. Lors chacun fut ententif d'eſcouter ce qu'il vouloit dire, & commença tel propos: Mes amys, nul de vous n'eſt ignorát les graces, qu'il a pleu à noſtre Seigneur me faire, me rendant le plus grand Seigneur terrien qui ſoit au iourd'huy en toutes les Iſles de l'Occean: parquoy il me ſemble raiſonnable, que tout ainſi que nous ſommes en ces païs les premiers, que auſi nous ne ſoyons ſeconds à nul autre Prince, pour luy en rendre graces immortelles par bónes & vertueuſes œuures, auxquelles nous deuons nous arreſter. A' ceſte cauſe ie vous prie & commande (d'autant que les Roys ſont chefz des Monarchies, & vous les mébres) que vous auiſiez tous enſemble à me conſeiller en voz conſciences, ſur ce qu'il vous ſemblera pour le meilleur que ie doy faire, tát pour le ſoulagemét de mes ſubietz, que pour l'entretenement & augmentation de noſtre eſtat. Vous aſſeurant (mes amys) que ie ſuis deliberé de vous croyre, cóme mes loyaux & fideles ſubietz: pourtant ie vous prie de rechef, que ſans aucune crainte chacun auiſe particulierement & en general, à ce qu'il vous ſemblera nous deuoir eſtre plus recommandé. Puys ſe teut. Lors Barſinan Seigneur de Sanſuegue, fut prié par tous les aſſiſtans d'opiner (& ce firent ilz non pour autre raiſon, que pource que le Roy vouloit que l'on luy fiſt le plus d'honneur que l'on pourroit) parquoy apres pluſieurs excuſes par luy miſes en auant, ſe leua de ſon ſiege : & faiſant vne grande reuerance, dit ainſi Puys qu'il vous plaiſt que ie die le premier ce qu'il me ſemble, ie ſuplieray treshumblement le Roy & la compagnie de pardonner à mon ignorance apres l'auoir deuément remercié de l'honneur qu'il luy a pleu me faire. Mais il me ſemble ſouz ſon tresbon plaiſir & meilleur auis de tous vous autres mes Seigneurs: que nous nous deuons retirer à part hors la preſence de ſa maieſté, à ce que chacun de nous puiſſe plus librement & ſans pallier dire ce que meilleur luy ſemblera. Ceſte opinion fut de toute la troupe trouuée ſainte & iuſte : & à ceſte cauſe le Roy les laiſſa enſemble, & ſe retira en l'vn de ſes autres pauillons. Lors Seroloys le Flaman Comte de Clare, commença à dire: Mes Seigneurs, vous auez tous entendu le bon zele, que le Roy a au góuuernement non ſeülement de la republique de ſon royaume: mais particulierement à l'augmentation & honneur de cheualerie : laquelle il deſire entretenir en plus grande préeminence qu'elle ne fut oncques. Et pourtant, mes Seigneurs (ſauf meilleure opinion) il me ſemble, pour fournir à l'intention de noſtre Prince, que nous deuons tous luy conſeiller, qu'il ſe face fort d'argent , & de gents : car ilz ſont les nerfz & eſpritz de guerre, & de paix: par le moyen deſquelz tous Roys de la terre ſont maintenuz en leurs puiſſances & authoritez, atendu qu'il eſt certain

tain

tain que le grand trefor eſt pour fouldoyer les gens d’armes, qui font les
Roys regner, lequel ne doit eſtre pour nulle ocafion ailleurs defpendu,
autrement ce feroit vn vray facrilege, puys qu’il fe nomme facré : & ce
faifant il pourra maintenir fes eſtatz en tranquilité, & faire glorieufes
conqueſtes contre ceux, qu’il voudra entreprendre. Et pour encores
mieux y paruenir il doit chercher par moyens & recouurer tous les bons
Cheualiers dont il fera auerty, tant eſtrangers, que autres : leur faifant
maintes liberalitez, par lefquelles fa renommée vollera par tout le mõde,qui acheminera en fon feruice les loingtains de la terre,pour l’efperance qu’ilz auront de raporter condigne fruit de leur labeur. A'l’ay de defquelz il fe pourra ayfément faire Monarque fur tous les Princes de l’Occident & Septentrion:car il n’a iamais eſté leu ,ou entendu,qu’aucuns Prin
ces fe foyent faitz grands, finon ceux qui achetent & atirent à eux les
bons Cheualiers.Ie dy achete en les fauorifant, honorant, & diſtribuant
leurs richeſſes & trefors : qui ne leur ont gueres fait de faulte, ains en ont
conquis de plus grand en pourfuyuant leurs victoires.Mais ainfi qu’il vou
loit vfer d’autre perfuafion, la plus part de ceux du confeil fe declarerent
fauorifants à fon opinion, & dirent tous à haulte voix,qu’il feroit impoffible de mieux confeiller. Ce qu’entendu par Barfinan, fuplià l’afsiftancé
luy permettre de parler, ce qui luy fut acordé : & à cefte caufe fe delibera
de renuerfer ceſt auis, par lequel trop dificilement il pourroit mettre
fin à l’entreprife qu’il auoit encommencée. Lors chacun fit filence, & dit
Barfinan telles paroles : Il femble(Seigneurs)à voir voz contenances, que
l’opinion du Côte de Clrae foit du tout aprouuée:car ie voy defia le plus
de vous acorder à fon dire, fans auoir ouy debatre au contraire. Toutesfois i’efpere faire prefentemét cognoiſtre à tous vous autres,mes Seigneurs
(& au Roy cy apres)de combien ie defire eſtre amy à luy,à vous ,& à tout
fon royaume. Le Côte de Clare a n’a gueres mis en auant que le Roy voftre maiſtre fe doit fortifier, par la force & multitude des Cheualiers e-
ftranges qu’il confeille eſtre apellez, voyre de toutes les parts du monde:
certes fi fon opinion eſt creuë,& que vous vous obligiez tant de la fuyure,
ie fuis feur que deuant qu’il foit peu de temps la quantité d’iceux fera tant
extreme,que voftre Roy,qui eſt bon Prince & liberal,les voulant cõgratu
ler,ne leur donnera feulement ce qu’il eſt couftumier de vous dõner :mais
vous oftera de voftre propre, pour plus les auantager , atendu que na-
turellement toutes chofes nouuelles & non aquifes nous plaifent. Par-
ainfi quelques feruices que vous faciez, ne tant bons puifsiez vous eſtre:
vous tomberez en fon defdain & oubly, & eux eſtrangers vous leue-
ront du fiege, qui maintenant vous promet feur repos.Pourtant,mes Seigneurs,premier que conclure, ce fait me femble de telle & fi grande importance, que vous deuez tous y auifer par bonne & meure deliberation de voz fages iugements. I’eftime bien qu’il n’y a nul de l’afsiftance

T iii

qui pre-

qui prefume de moy que i'en parle autrement que raifon & la bonne a-
mour que ie vous porte m'amonnefte : car , graces à Dieu , ie fuis tel , que
ayfément ie me puis autant bien paffer du plus grand Prince mon voyfin,
qu'il fera de moy : mais me trouuant en fi noble compagnie , en laquelle
i'ay receu tant d'honneur & faueur, i'aymerois mieux (& Dieu me foit
tefmoing) iamais n'auoir efté né, que de flechir. Ainfi, mes Seigneurs, vous
y deuez promptement & diligemment penfer , pour ne vous en repentir
apres auecq' trop de loyfir. Puys fe teut : car le murmure fut fi grãd parmy
eux, qu'à grand' peine luy dõna-on loyfir de conclure : pource que la plus
part de ceux qui s'eftoient acordez à la premiere opinion , eftoient de
l'auis de Barfinan . A' l'ocafion dequoy , ilz ne peurent rien arrefter : mais
fut ordonné, que l'on raporteroit au Roy cefte controuerfie, pour fe deli-
berer , ce qui fut fait . Et apres auoir de rechef efté debatue en fa prefence,
dit deuant tous : Mes grands amys, ie fuis tout feur, que l'amour que vous
me portez , & le defir de me faire feruice, vous ont mis en ces dificultez :
& croy qu'il n'y a celuy de vous tous , qui n'en ayt parlé au plus pres de la
verité qui luy a efté poffible , tellement que voz auis font tant bons, qu'ilz
ne pourroient eftre meilleurs . Toutesfois c'eft chofe feure & certaine, que
les Roys de la terre ne font eftimez grands par le nombre des lieuës qu'ilz
poffedent : mais par la quantité & multitude du peuple, auquel ilz cõman-
dent : car que fçauroit faire vn Roy feul? Peult eftre moins que le plus fimple de fes fubietz , & d'auantage il luy feroit trop dificile , voyre impoffible fans gents gouuerner & maintenir fon eftat, quelques grands
trefors qu'il pourroit auoir : lefquelz ne fçauroient eftre mieux employ-
ez, que de les departir entre ceux qui les meritent . Par ainfi il me femble,
que toute perfonne de bon iugement dira, que bon confeil & la force des
hommes eft le vray trefor. Et fi le voulez encores mieux fçauoir, voyez
ce que par mefme moyen a fait ce grand Alexandre , ce fort Iulles Cæfar,
le gentil Hannibal, & maintz autres, qui ont aquis par leur nom immor-
talité, lefquelz pour treforifer d'hommes , & non d'argent fe font faitz
Roys, Empereurs, & Monarques : car ilz fçauoient liberalement diftribuer
leurs deniers à ceux, de qui ilz cognoiffoient les merites, & les entretenir
par fi gracieux propoz, qu'ilz fe pouuoient dire Seigneurs, & des cueurs&
des corps, au moyen dequoy ilz eftoient feruiz en grande fidelité . Pourtant, mes bons amys, ie vous prie tous , le plus affectueufement qu'il m'eft
poffible , que vous m'aydiez tant que vous pourrez à me faire recouurer les bons Cheualiers, foyent de ce païs, ou eftranges : lefquelz ie vous
prometz, en foy & parole de Roy, traiter & honorer en forte, qu'ilz
auront caufe d'eux en louër & contenter . Car vous n'ignorez, que tant
plus nous ferons bien acompagnez, & plus nous ferons craints & re-
doutez de noz ennemys, & vous mieux gardez, entretenuz, & eftimez. Et s'il y a en moy quelque vertu, vous pouez ayfément iuger que

pour

pour les nouueaux, les anciens ne feront oubliez de noftre vie : parquoy
nul de vous ne doit differer à la requefte que ie vous fais : mais y obtemperer. Ce que de rechef ie vous prie & commande trefexpreffement, mefmes que tout prefentement chacun de vous particulierement me nomme
ceux que vous cognoiffez, & à moy encores incogneuz : à ce que fi aucuns font en cefte court, qu'ilz recouurent tant de biens de nous, que les
abfens foient affectionnez à me venir feruir, aufsi pour les prier ne partir
de noftre compagnie fans nous en auertir. Ce qui fut fait, & furent deflors
apellez & leurs noms efcritz. Et pource que l'on auoit couuert pour le
difner, le Roy fe leua de fon fiege, retirant en la falle, ou il auoit fait dreffer maintes tables, efquelles il commanda affeoir plufieurs Cheualiers.
Vous pouez penfer que durant le feruice ilz eurent diuers propoz enfemble, les vns fur la deliberation du Roy, les autres de fa magnificence, tant
que l'on leua la defferte. Lors le Roy les fit tous apeller, & leur dit : Mes
amys, chacun de vous cognoift affez combien ie defire & ayme voftre cópagnie : parquoy ie vous prie m'octroyer ne partir de cefte court fans mon
congé : car ie veux particulierement recognoiftre le plaifir & feruice que
vous m'auez faitz, en vous departiffant de mes trefors fi largement, que
vous m'en louerez. Adonc furent tous apellcz, & comparurent, puys a-
corderent au Roy ce qu'il leur auoit demandé, excepté Amadis, lequel s'en
excufa, pource qu'il eftoit Cheualier de la Royne. Or eftoit elle prefente à
toutes ces chofes, au moyen dequoy apres que le bruit fut vn peu apaifé,
elle dit affez hault, adreffant fa parole au Roy : Monfieur, puys qu'il vous
a pleu tant fauorifer & honorer voz Cheualiers, il me femble eftre raifonnable que ie face la pareille aux Dames & Damoyfelles, de quelque part
qu'elles foient. Et pource faire, ie vous fuplie bien humblement m'o-
ctroyer vn don, m'affeurant quafi, fi vous me l'acordez, que ces Gentilzhommes prefens ne me le refuferont apres vous, veu qu'en femblable com
pagnie, les chofes bonnes meritent eftre demandées & octroyées. Lors le
Roy ieta la veuë fur les afsiftans, & leur dit : Mes amys, que deuons nous
refpondre à la Royne? Luy acorderons-nous ce qu'elle demáde? Ouy, Sire
fi c'eft voftre plaifir, refpondirent ilz. Comment? dit Galaor, feroit il poffible d'efcondire vne fi vertueufe Princeffe? Puys qu'il vous plaift donc,
refpondit le Roy, elle aura ce quelle demande. Adonc fe leua la Royne, &
les remercia, leur difant : Puys qu'il vous plaift donner lieu & fauorifer ma
requefte, ie vous prie que vous faciez deformais tant de bien & d'honneur
à toutes Dames, ou Damoyfelles, de les auoir en voz protections & de les
defendre, prenans leurs querelles contre tous ceux qui les voudroient
molefter en quelque forte que ce fuft. De forte que fi par fortune vous a-
uez promis quelque don a vn hóme, & vn autre à vne Dame, ou Damoyfelle, que vous acomplifsiez premier celuy de la femme, comme eftant
perfonne plus foyble, & qui a plus de befoing d'eftre recommandée. Ce

T iiii   faifant

faifant, elles feront deformais plus fauorifées, & mieux gardées qu'elles n'ont efté : car les mefchants, qui font couftumiers de leur faire iniure, les trouuans par les champs, fçachants qu'elles ont pour leurs protecteurs & defenfeurs telz Cheualiers que vous eftes, ne les oferont fafcher. Vrayemét, ma Dame, dit le Roy, voftre requefte eft raifonnable, & croy que nul y contredira. Et de fait, ceft edit fut enregiftré & gardé depuys, comme loy inuiolable.

Comme durant cefte grande &

ioyeufe affemblée, vint en court vne Damoyfelle veftue de dueil, requerir au Roy Lifuart ayde, contre quelque tord, qui luy auoit efté fait.

Chapitre   XXXIIII.

EN ces entrefaites, eftant fi grand' compagnie exempte (ce fembloit) de toute infortune, ou ennuy, ne penfant qu'à ieux & esbatz, y furuint vne Damoyfelle veftue en dueil, laquelle fe vint ieter à genoux deuant le Roy, luy difant: Sire, vn chacun a ioye, finon moy trifte, qui ay tant de douleur & d'ennuy, que la mort me feroit trefagreable. Toutesfois, Sire, s'il vous plaifoit prédre compaſsion de moy ie pourrois ayfément recouurer ma ioye perdue. Et ce difant pleuroit fi amerement, que le Roy en eut grand' pitié, & luy refpódit: Ma Damoyfelle m'amy, ie ferois trefaife de vous releuer de cefte trifteffe: mais dites moy, qui la vous caufe? Sire, dit elle, mon pere & vn mien oncle font detenuz prifonniers es prifons d'vne Dame, quia fait grand ferment de ne les deliurer, iufques à ce qu'ilz luy ayent baillé deux auſsi bons Cheualiers comme eftoit vn qu'ilz ont occis. Et à quelle caufe l'occirent ilz ? refpondit le Roy. Pource, dit elle, qu'il fe vantoit que luy feul les combatroit, & tant eftoit fuperbe, qu'il leur ofa dire, qu'il les deferoit. Et de fait fe trouuants vn iour enfemble, ce Cheualier mort les vint tellement reprendre de couardie, que mon pere & mon oncle ne pouuants endurer les iniures, eurent combat enfemble fi afpre, que le Cheualier y fut occis en la prefence d'vne Dame nommée Galdende: laquelle, à ce qu'elle dit, l'auoit fait venir pour fouftenir quelque diferent qu'elle a à l'encontre d'vn fien voyfin. Et à cefte caufe le voyant mort, a fait prendre les vaincueurs, & mettré en la plus miferable prifon du monde: combien que mon pere & mon oncle luy ayent plufieurs fois dit, qu'ilz eftoient preftz de faire ce que le

Cheualier

Cheualier euſt fait. Mais elle leur reſpondit, qn'elle ſçait certainement qu'ilz ne ſont ſufiſants pour en venir au deſſus, & que partant iamais ne ſortiront, premier qu'ilz ne luy ayent baillé deux autres Cheualiers equipolens, & pour le moins, chacun d'eux à la force & adreſſe de celuy qu'ilz ont fait mourir, pour ſuplier à ſon deffault. M'amye, reſpondit le Roy, ne ſçauez vous contre qui ſe doit faire ce combat, ne le lieu ou il eſt aſſigné? Certes non, dit la Damoyſelle: mais ie ſçay bien que i'ay veu inhumainement metre mon pere & mon oncle en priſon, ou leurs amys n'ont nul moyen de les voir. Et ce diſant ſe prit à pleurer plus fort que deuant, de ſorte qu'elle faiſoit pitié à tous ceux qui la regardoient: parquoy le Roy luy demanda ſil y auoit loing. L'on y pourroit, reſpondit elle, aller & venir en cinq iours. Par Dieu, dit le Roy, vous ne demeurerez, pour deux Cheualiers, pourtant auiſez de tous ceux cy, leſquez vous ſeront plus agreables. Sire, dit la Damoyſelle, ie ſuis eſtrangere, & ne cognois nul en ceſte court: mais, ſil vous plaiſt, ie ſupliray la Royne me faire tant de grace de les eſlire pour moy. Et bien, reſpódit le Roy. Lors la Damoyſelle ſe vint ieter aux piedz de la Royne, & luy dit: Ma Dame, vous auez bruit d'eſtre la plus ſage & vertueuſe Dame du monde. Vous entendez aſſez l'ocaſion de mon iuſte ducil, & le bien qu'il plaiſt au Roy me faire: pourtant, ma Dame, ie vous ſuplie treshumblement pour l'honneur de Dieu auoir pitié de ceſte pauure gentilefemme, & me conſeiller quelz deux Cheualiers vous eſtimez m'eſtre plus ſortables pour pouruoir à mon affaire. En bonne foy, Damoyſelle m'amye, reſpondit la Royne, vous me requerez de grande choſe: toutesfois i'ay telle compaſſion de voſtre mal, que ie vous en diray mon auis, encores qu'il me faſche trop de ſeparer de ceans ceux que ie vous nommeray. Lors luy monſtra Amadis, diſant: Ce Cheualier eſt mien. Puys apellát Galaor, dit auſſi: Et ceſt autre eſt au Roy tous deux freres, & les meilleurs Cheualiers (ſelon que i'ay entendu) qui ſoient au iour d'huy viuans. Adonc la Damoyſelle luy demanda cóme ilz ſe nommoient. Ceſtuy, reſpondit la Royne, ſe nomme Amadis, & l'autre Galaor. Cóment? dit la Damoyſelle, eſt ce Amadis le bó Cheualier? Vraye mét, ma Dame, ie ſuis bien certaine qu'auſſi toſt que luy & ſon frere ſerót arriuez ou ie les meneray, que mon affaire ſe portera bien: pourtát ie vous ſuplie les prier qu'ilz me ſuyuent. Lors la Royne les apella, & leur dit: Ie vous prie tous deux aller ſecourir ceſte femme, qui tant a beſoing de voſtre bonne ayde. Toutesfois Amadis fut tardif de reſpondre, & cependant ieta l'œil ſur la Princeſſe Oriane, pour voir ſi elle auroit agreable ſon partement: & elle qui eut pitié de ceſte femme, laiſſa tomber ſes gans, qui eſtoit le ſigne d'eux deux, par lequel il cogneut ſon conſentement. Et partant, reſpondit à la Royne: Ma Dame, ie feray ce qu'il vous plaira me commander. Or bien, dit elle, allez & retournez ie vous prie le pluſtoſt qu'il vous ſera poſſible, ſans retarder pour quelque choſe qui vous puiſſe ſur‑

uenir.

uenir . Ce qu'ilz luy acorderent , & prenant congé d'elle, Amadis faignit de vouloir parler à Mabile: parquoy il s'en aprocha d'elle, & d'O-
riane,à laquelle il dit: Ma Dame, ie puis bien dire que la plus belle Dame
du monde,m'a permis d'aller fecourir la plus trifte Damoyfelle que ie vy
oncques . Vrayement mon amy, refpondit elle , ie me repents grandement de vous auoir donné tant de liberté:car le cueur me dit, qu'elle vous
fera dommageable, ce que Dieu ne vueille permettre.Ma Dame,refpon-
dit il,i'ay efperáce,que tout ainfi qu'il luy a pleu vous douër de la plus excellente beauté qu'eut oncques femme,que femblablemét il ne permettra,
s'il luy plaift,que vous tombez en quelque deplaifir,pour fortune qui me
puiffe furprendre:car eftant voftre cóme ie fuis,ie me tiens fi heureux,que
ie croy que mal ne me pourroit auenir , pourueu que ie demeure toufiours en voftre bonne grace . Mon amy, dit elle,ie vous prometz ma foy,
que s'il m'eftoit pofsible,ie reuoqueroisvoftre congé:mais puys qu'autrement ne peult eftre , ie prie noftre Seigneur qu'il vous vueille preferuer &
conduyre.Lors Amadis prit congé d'elle, & f'en alla armer auec Galaor:
puys vindrent vers le Roy , duquel eftans depefchez fuyuirent la Damoy
felle . Laquelle les fit cheminer fans feiourner , iufques enuiron le midy,
qu'ilz entrerent en la foreft, apellée communément la Mal'encontreufe,
pource qu'onques Cheualier errant n'y entra , qu'il n'y receuft quelque
mefchef, ainfi que ces deux l'experimenterent : car ilz eurent tant de
mal & d'ennuy, qu'ilz y cuiderent perdre la vie . Lors defcendirent & fe
repeurent de telz biens que leurs Efcuyers auoient aportez : puys remonterent à cheual continuans leur chemin , ainfi que la Damoyfelle les guidoit, tant que le iour faillit . Adonc la Lune commença à donner clarté:
mais pour tard qu'il fift, la Damoyfelle ne voulut arrefter. Parquoy A-
madis , luy dit : Damoyfelle ne voulez-vous pas que nous repofions quel
que peu cefte nuict? Oy bien,refpondit elle, nous trounerons cy deuant
vnes tentes dreffées & gens dedans, qui auront grand plaifir de voftre
arriuée:& pourtant ie vous prie fuyure ce chemin au pas : car ie m'en vois
deuant les auertir . Or allez à Dieu, refpondit Galaor . Ainfi les laiffa
la Damoyfelle : toutesfois peu apres ilz aperceurent les tentes , & elle
aufsi auecq' d'autres Damoyfelles & Cheualiers qui les atendoiét,qui leur
dirent à leur arriuée , qu'ilz fuffent les tresbien venuz . Lors mirent pied
à terre , & furent conduitz en vn pauillon , ou ilz fe defarmerent, & vindrent valetz prendre leurs armes , & les transporterent hors du pauillon.
Ce que voyant Amadis, leur demanda pourquoy ilz faifoient celà . Pour
autant, refpondit la Damoyfelle, que vous dormirez en ceft autre, ou ilz
le portent . Et penfant qu'elle dift vray, n'en firent autre inquifition:
ains s'afsirent fur vne felle, atendants le fouper . Mais ilz n'y feiournerent gueres , que quinze Cheualiers bien armez vindrent de furie entrer
dedans , & ruer fur eux , difants : Rendez vous , finon vous eftes mortz.

Quand

Quand Amadis les entendit, il cogneut aufsi toft qu'ilz eftoient trahiz,
& fe leua promptement, difant à Galaor: Par dieu, mon frere, nous auons
efté lafchement deceuz. Et n'y trouuant remede que de mourir, fe vindrent eux deux lancer pefle mefle, & faifirent chacun celuy qui fe trouua
plus à propos: toutesfois ilz fe trouuerent incontinent enuironnez de tou
tes parts. Lors furent fi preffez, que les Cheualiers du pauillon les euffent
ayfément occis, n'eftoit qu'il leur eftoit defendu, neantmoins qu'ilz en
fiffent femblant: car les vns feignoient de leur mettre la lance au trauers du corps, les autres leur donner des efpées aux ventres, dont Amadis fut tant marry, que de grand' colere le fang luy fortoit par tous les
conduitz du vifage. Et leur cryoit fans interuale: Par dieu, trahiftres,
vous nous auez trop furpris à voftre auantage: car fi nous auions noz armes, la querelle fe departiroit bien autrement. Celà ne vous peult profiter, refpondirent ilz. Rendez vous prifonniers, ou nous vous tuerons. Ie
ne fçay que vous ferez, dit Galaor: mais vous ne fçauriez faillir a eftre trahiftres, ce que ie prouueray aux deux meilleurs de tous vous autres, voyre contre les troys, fi vous me rendez mes armes. Il n'eft ia befoing de
preuue (refpódirent les Cheualiers) car fi plus vous en parlez, vous en receürez, peult eftre, plus d'ennuy que ne penfez. Par dieu, dit Amadis,
nous aymons mieux mourir, que d'eftre prifonniers es mains de telz paillards que vous eftes. Lors l'vn des Cheualiers fortit hors de la tente, & vint
deuers vne Dame, à laquelle il dit: Ma Dame, ilz ne fe veulent rendre, les
tuerons nous? Arreftez encores vn peu, refpondit elle, & f'ilz ne veulent
faire ma volunté, faites en la voftre. Ce difant la Dame (qui eftoit tresbelle) entra en la tente, & monftroit contenance de femme fort irritée.
Puys dit à Amadis & Galaor: Cheualiers, rendez vous mes prifonniers,
autrement vous mourrez. Mon frere, dit Galaor, peult eftre aura elle
pitié de nous, rendons nous à elle. Puys refpondit à la Dame: Ma Dame,
nous vous fuplierons nous faire rendre noz cheuaux & noz armes, &
fi tous voz gens nous peuuent vaincre apres, nous ferons trefcontents de
nous rendre: autrement nous ferons peu pour vous, & pour eux, eftants
fi mal equipez que nous fommes. Ie ne vous croyray pas pour ce coup,
dit elle: mais ie vous confeille que vous vous rendiez à moy. Ce qu'ilz luy
acorderent, voyants qu'ilz ne pouuoient autrement eux fauuer. Or ne
fçauoit elle leurs noms: car la Damoyfelle (qui les auoit amenez) ne les luy
auoit voulu dire, fçachant certainement qu'à l'heure mefme que fa maiftreffe les cognoiftroit, qu'elle les feroit mourir. Parquoy f'en eftoit teuë,
cognoiffant le dommage qu'elle feroit, caufant la mort de deux tant bons
Cheualiers: & fe repentoit grandement d'auoir fait fi malheureufe iournée, toutesfoys elle n'y fçauoit donner autre remede, que de tenir leurs
noms fecretz. Or eftants ainfi prifonniers de la Dame, elle leur dit: Cheualiers, vous pouuez voir l'eftat auquel ie vous tiens, & fi ne fçache qu'vn

moyen

moyen pour vous en deliurer, lequel ie vous enseigneray : mais si vous ne le faites, au lieu de vous mettre en liberté, ie vous feray mettre en vne si douloureuse prison, qu'elle vous sera pire que la mort. Dame, respódit Amadis, le cas peult estre tel, que nous le vous acorderós sans grand' peine : & tel ausi, que plustost voudrions mourir que d'y cósentir. Ie ne sçay, dit la Dame, cóme vous le prendrez : mais ie sçay bien que si vous ne me promettez d'habandonner le seruice du Roy Lisuart, & au partir d'icy luy aller faire entendre, que vous l'auez fait par le commandement de Madasime, Dame de Gantasi, qui luy a pourchassé ce plaisir, pour autant qu'il tient en sa maison celuy qui tua Dardan le bon Cheualier, vous ne partirez iamais de captiuité. Ma Dame, respondit Galaor, si vous faites celà, pésant donner ennuy au Roy Lisuart, vous vous abusez : car nous sommes deux pauures Cheualiers, qui pour le present n'auons autre bien que noz armes & cheuaux, & il en a tant de meilleurs à son seruice, qu'il se souciera peu si nous sommes detenuz par vous, ou non : mais ce nous seroit vne si grand' honte, que iamais nous ne le ferions. Cóment? dit elle, aymez vous doncq' mieux estre mis en vne triste prison tout le téps de vostre vie, que d'habandonner le seruice du plus desloyal Roy qui viue? Ma Dame, respondit Galaor, il vous siet mal de dire ce que vous dites : car c'est l'vn des meilleurs Princes du monde, & n'y a Cheualier cótre qui ie ne prouuasse qu'en luy n'y a nulle desloyauté. Certes, dit Madasime, en mal'heure l'aymastes-vous oncques tant. Puys commanda que l'on leur liast les mains. Celà feray-ie voluntiers, dit vn Cheualier, & si leur couperay les testes, s'il vous plaist. Et ce disant empoigna Amadis par le bras, lequel en fut tellement irrité, qu'en se retirant auança le poing pour luy donner rudement sur l'aureille : mais le Cheualier se destourna. Ce nonobstát Amadis se ieta sur luy, & le saisit par le mylieu du corps : puys le serrant luy donna si grand sault contre terre, qu'il luy cuyda creuer le cueur, & demeura tout esuanouy. Ce que voyant la Dame & ses gens, furent si animez contre Amadis, que peu s'en falut qu'à l'heure mesme ilz ne l'occirent : & ne s'en fust iamais exempté, sans vn Cheualier ancien, qui se mit au deuant l'espée au poing, de sorte que par menaces, ou autrement, il fit chacun retirer & sortir hors le pauillon : toutesfois ce ne peut estre si tost, qu'Amadis ne fust quelque peu naüré d'vn coup de lance au dedans de l'espaule droite. Adócq' ce Cheualier ancien, dit à Madasime : Par dieu, ma Dame vous faites bien l'acte le plus desraisonnable que fit oncques femme, voulant en vostre presence faire meurtrir par voz gens deux Cheualiers, apres qu'ilz se sont renduz voz prisonniers. Comment? respondit elle, n'auez vous veu leur audace & temerité, mesmes de ce paillard, qui a quasi tué deuant moy ce pauure homme, qui ne se peult encores releuer? Ma Dame, dit Galaor, nous aymons trop mieux mourir, que consentir que autre nous lye que vous, qui estes Dame belle & gentile : à laquelle nous
sommes

sommes prisonniers,& deuons obeïssance.Puys qu'ainsi est,respondit Ma
dasime, ie vous lieray dócq' moy mesmes. Et les prenants par les mains les
leur serra estroitement d'vne forte courroye: puys fit destendre les tentes,
& à l'heure mesmes trousser son bagage,& desloger,faisant monter Ama
dis & Galaor , chacun sur vn cheual sans selle, desquelz deux Sergents tenoient les resnes, & Gandalin & l'Escuyer de Galaor les suyuoiët à pied,
ay ants les mains liées derriere le dos, comme si l'on les eust menez pédre,
& en tel equipage furét cótraints de marcher toute nuiĉt au trauers de la
forest. Tát y a que ie vous puis asseurer, qu'Amadis eust voulu estre mort,
non pour le mauuais traitement que l'on luy faisoit (car c'estoit l'vn des
Cheualiers,qui mieux sçauoit endurer au besoing choses semblables)mais
pour le conuenant que la Dame de Gantasi leur vouloit forcer de promet
tre: lequel refusant,n'esperoit auoir meilleur traitement d'elle,que d'estre
toute sa vie mis en lieu,qui le priueroit de iamais voir son Oriane.Et d'au
tre part,s'il l'acordoit , il se bannissoit ausi bien de sa presence, estant cótraint ne demeurer plus auecq' le Roy Lisuart. Et debatát en son esprit ces
deux extremitez , s'en alloit tant resuant, qu'à chacun pas qu'il faisoit se
laissoit quasi tomber : à quoy l'ancien Cheualier,qui les auoit deliurez de
mort,prenoit garde.Toutesfois il pésoit que ce fust pource qu'il estoit naüré,& luy en desplaisoit fort:car la Damoyselle qui les auoit amenez luy
auoit dit,que c'estoit l'vn des meilleursCheualiers du móde.Or estoit elle
sa fille, & se repentoit fort de la trahison qu'elle leur auoit faite, pour le
mal qu'elle leur voyoit endurer : parquoy elle importuna grádement son
pere de moyenner leur saluation.Car disoit elle,ie suis seure,que s'ilz meu
rent i'en seray toute ma vie blasmée.Pourtát,mon Seigneur,ie vous suplie
bien humblement ayez d'eux & de moy mercy.Et pour vous faire entendre qu'ilz sont, l'vn est Amadis de Gaule, & l'autre Galaor son frere, qui
occit le Geát à la roche de Galtares. Or sçauoit le Cheualier à quelle fin sa
fille les auoit amenez : parquoy il eut telle pitié de les voir ainsi traiter,
qu'il se delibera de chercher tous les moyés qu'il sçauroit pour les garátir
de la mort,qu'il leur voyoit si prochaine. A cefte cause s'aprocha d'Amadis,luy disant:Cheualier,ie vous prie ne vous fascher: car i'espere, auecq'
l'ayde de Dieu, que de brief vous sortirez des mains de ma Dame:& si vó-
stre playe vous fait mal, ie croy qu'elle ne sera pourtant dificile à guerir.
Quád Amadis l'entendit parler si gracieusemnnt,il hauça les yeux,& cogneut que c'estoit celuy,qui l'auoit n'a gueres deliuré des autres qui le vou
loiët tuer:& pourtát luy respódit: Mon pere,ie n'ay playe qui me dueille:
mais i'ay cause de me plaindre d'vne Damoyselle,qui nous a fait venir icy
par la plus grand' tróperie du monde.Cheualier,dit le vieillard,est il vray
que vous auez esté deceuz:& (peult estre) entédray-ie mieux vostre afaire
que vous ne pensez : ausi Dieu sçait cóme voluntiers ie vous ayderois, si
i'auois le pouuoir.Pourtant ie vous dóneray conseil,qui vous sera profita-

V

ble si

ble si vous le suyuez : car si l'on sçait qui vous estes,vous mourrez sans nul
remede,& n'y a chose au monde pour qui vous en eschapissiez.Ainsi dócques croyez moy, & faites ce que ie vous diray.Vous estes beau, ieune, &
de bóne grace : & a l'on dit à ma Dame,que vous estes l'vn des meilleurs
Cheualiers du móde : au moyen dequoy elle a desia quelque bóne opinió
de vous.A ceste cause il fault que vous luy requeriez, qu'elle vous daigne
prendre,ou pour son mary,ou perpetuel amy : car elle est femme pour ne
vous refuser,si vous la sçauez,tât soit peu,gaigner.Mais faites diligéce:car
elle a deliberé de depescher,incótinent qu'elle sera arriuée ou nous allons
au giste,l'vn de ses gés,pour s'aller équerir à la court du Roy Lisuart quelz
sont voz noms: pource que celle qui vous a conduitz icy (sçachant certainemét que si elle vous cognoissoit qu'elle vous feroit mourir)luy a fait entendre qu'elle auoit oublié à le demander , & que seulement on luy auoit
dit,que vous estes deux des meilleurs Cheualiers que l'on sceust. Et pourtant ie vous iure Dieu,que ie n'ay meilleur moyen pour vous deliurer,que
celuy duquel ie vous auise: & si vous dy plus,que si vous ne le faites , qu'il
vous en auiendra pis que ne pensez . Toutesfois Amadis aymoit tant la
Princesse Oriane,qu'il eust plustost voulu mourir,que d'entrer en telle có
position.Et à ceste cause respódit au Cheualier: Ie vous mercie du bié que
vous me voulez : mais ie n'ay tant de puissance sur moy, que ie me peusse
commander de faire ce que vous dites,voyre &m'en priast vostre maistres
se mesmes,quelque grand bié,ou liberté, qu'elle me vousist dóner.Vraye-
ment,dit le Cheualier,ie m'esbahis que vous ne cognoissez vostre mort si
prochaine.Ce m'est tout vn,respódit Amadis: neantmoins s'il vous plaist
vous adresser à mon compagnon , qui est trop meilleur Cheualier & plus
beau que ie ne suis,peult estre s'acordera il à tout ce que vous voudrez. Et
bié, dit le Cheualier.Lequel laissa Amdis, & vint à Galaor,auquel il en dit
tout autant qu'il auoit fait à Amadis.A quoy il presta tresuoluntiers l'aureille, & luy respondit: Ah mó pere! si vous pouuez tant faire, que ie sois
amy de la Dame,mon compagnon & moy serons pour iamais à vostre có
mandement.Laissez moy faire,dit il,ie m'en vois presentemét vers elle,&
espere qu'elle fera vne partie de ce que ie luy conseilleray.Lors s'auança le
Cheualier , & vint ataindre Madasime qui marchoit deuant,à laquelle il
dit:Ma Dame,vous amenez auecq' vous deux prisonniers, & si ne sçauez
qui ilz sont.Pourquoy me le dites vous?respódit Madasime.Pour autant,
le Cheualier, que l'vn d'eux est estimé le meilleur Cheualier qui oncques
porta harnois, & le plus acomply en toutes bonnes choses. N'est ce point
Amadis?respódit elle,duquel ie desire tant la mort? Non ma Dame,respó
dit le Cheualier,ie le dy pour cestuy qui marche deuát:auquel,veu la beau
té & ieunesse qui est en luy,vous vous estes monstrée tant outrageuse, que
ce vous est iniure.Car encores qu'il soit vostre prisónier,ce n'est pour chose qu'il ayt mefait enuers vous: mais seulemét pour la haine que vous portez à

tez à autruy. A' ceste cause, s'il vous plaist, vous luy ferez mieux que n'auez
commencé: estant asseuré que s'il a bon visage de vous, que par ce moyen
l'atirerez par amour, plustost que par autre voye, à faire de luy tout ce
qu'il vous plaira. Vrayement, respondit elle, i'y veux essayer, & cognoistre
s'il est tel que vous dites . Vous verrez bien, dit il, l'vn des plus beaux Che
ualiers que vous vistes oncques . Mais entendez qu'incontinent apres que
le Cheualier eut laissé Amadis & Galaor pour allervers Madasime, Galaor
s'aprocha de son frere, & luy dit : Mon Seigneur, vous voyez l'estat auquel nous sommes, qui requiert bien que nous dissimulions grandement:
pourtant ie vous suplie moderer desormais vostre grand' collere, qui desia
vous a cuydé faire tuer, & croyre pour ce coup mon côseil. Par dieu, respôdit Amadis, quád ilz m'eussent mis à mort, ilz eussent fait beaucoup pour
moy:& toutesfois puys que vous trouuez bô que ie vous croye, ie le feray,
priant à Dieu qu'il vueille preferer tousiours nostre honneur, à la crainte
que vous auez que l'ô nous face mourir. Or s'estoit Madasime arrestée suy
uant le propos que le Cheualier luy auoit tenu de Galaor, lequel aprochât
d'elle luy monstra le meilleur visage qu'il peut. Desia estoit le iour grand,
au moyen dequoy Madasime qui ne l'auoit veu que de nuict ieta l'œil sur
luy, & le trouua tel, qu'elle l'estima l'vn des plus beaux Gétilzhómes qu'el
le eust oncques veu. Parquoy à l'instant fut surprise de son amour, & luy
demanda comme il se trouuoit. Ma Dame, respondit Galaor, il me va pis
qu'il ne vous yroit si vous estiez en mon pouuoir, ainsi que ie suis auvostre
car i'essayerois de vous faire tout le plaisir &seruice qu'il me seroit possible
Et vous me faites (sans sçauoir pourquoy) tout le contraire ne l'ayant meri
té enuers vous, car ie serois plus propre à estre vostre Cheualier, pour vous
seruir & aymer, que vostre prisonnier lié &garroté comme ie suis. Qui me
fait esbahir, veu le peu d'aquest que ce vous sera, pourquoy vsez enuers
nous d'autant de rigueur comme vous estes belle. Lors Madasime l'oyant
parler de si bonne grace, s'enflamma le cueur de plus en plus en son amour
au moyen dequoy elle luy dit en riát: Or venez çà, beau sire, si ie vous vou
lois choisir pour mon amy, & vous deliurer de prison, laisseriez vous pour
l'amour de moy la compagnie du Roy Lisuart, en luy notifiant apres, que
par mon moyen vous auriez ce fait? Ouy bien, respôdit Galaor, & de ce ie
vous feray tout tel serment qu'il vous plaira, & ainsi le fera mon compa-
gnon:car il ne voudroit faire autrement que ie le prieray . Vrayement, dit
Madasime, si presentement vous me permettez deuant ceste compagnie
de m'obeïr, vous serez mis en liberté. I'en suis tout prest, respondit Galaor.
Encores n'est ce pas assez, dit Madasime, car ie veux que vous me le iuriez
en la presence d'vne Dame, ou nous yrons coucher ce soir, & ce pendât as
seurez moy que plustost vous ne partirez de ma compagnie. Non, sur ma
foy, ma Dame, respondit Galaor. Lequel apella Amadis , & luy pria qu'il
côsentist à l'acord qu'il auoit fait:ce qu'il ne differa. Au moyen dequoy ilz

V ij   furent

furent defliez & remis en liberté. Mais Galaor auifant leurs Efcuyers, pria
Madafime de les faire femblablement deflier,ce qui luy fut acordé, & eurent chacun les cheuaux qu'ilz auoient amenez : & partant, de là en auant
fuyuirent leur chemin plus à leur ayfe, qu'ilz n'auoient fait toute la nuiet.
Durant lequel Madafime & Galaor eurent maintz propoz amoureux enfemble, tant qu'ilz arriuerent en vn chafteau nommé Abies : auquel fe tenoit vne Dame,qui les receut de tresbon cueur,d'autant que Madafime &
elle auoient grand' amytié enfemble.Lors mirent tous pied à terre,& peu
apres fe mirent à table pour fouper : puys eftant les napes leuées , Madafime demáda à Galaor, s'il eftoit deliberé de tenir la promeffe qu'il luy a-
uoit faite en chemin.Ouy bié,maDame,refpódit il,pourueu que vous me
teniez la voftre.Vrayemét,dit elle, il n'y aura faulte.Lors adreffant fa paro
le à la Dame du chafteau,& à deux Cheualiers fes enfans,leur dit : Mes a-
mys,ie vous prie entédez vn conuenát,que nous auons enfemble ces deux
Cheualiers & moy,à ce que cy apres vous en foyez tefmoings.Ilz font mes
prifonniers, lefquelz ie remetz en liberté : fouz condition toutesfois, que
ceftuy fera mon amy,& qu'eux deux enfemble fe departirót du feruice du
Roy Lifuart, & luy diront,que pour l'amour de moy,& par defpit de luy
ilz ont ce fait.Pourtant ie vous prie faire tant pour moy,que de vous trouuer à la court de ce Roy malheureux , au iour qu'ilz luy declareront ces
nouuelles,pour voir comme il les aura agreables: & aufsi s'ilz font defaill-
lans de leurs promeffes ,que d'orefenauant vous publiez en tous lieux la
faulte qu'ilz feront , n'entretenans ce traité , pour lequel acomplir ie leur
donne feulement terme de dix iours.Certes,refpódit la Dame du chafteau
ie fuis trefcontente de faire ce dont vous me priez,pourueu qu'ilz s'y con-
fentent . Nous vous en prions, dit Galaor, par tel fi, que l'on nous tiendra
aufsi ce que l'on nous a promis.Il n'y aura faulte,refpondit Madafime:car
des à prefent ie vous metz en toute liberté : toutesfois ie vous prie ne vous
en aller meshuy . Et ce difoit elle pour auoir Galaor à coucher auecq'elle,
ce qu'il luy acorda.Adonc chacun fe retira, & fut Amadis conduit en vne
chambre,& Galaor en vne autre,auecq' lequel peu apres la Dame de Gantafi,qui eftoit ieune,belle,& en point,fe vint coucher : au moyen dequoy
Galaor (qui eftoit defirant fi bonnes fortunes) la traita comme celuy qui
eftoit feiourné de longue main, & gentil compagnon en telles efcarmou-
ches . Dont la belle Dame fe contenta tant , qu'elle dit depuys en maintz
lieux,que de fa vie n'auoit eu plus plaifante nuiet:& n'euft efté la promeffe
qu'elle auoit faite de les laiffer aller, il n'euft eu encores fon congé,toutef-
fois elle le pria de bien toft retourner.Or eftoit elle fi encliné à cefte volup
té, que fans craindre fon hóneur fe laiffoit fouuent tomber en femblables
traitemens : mais elle n'en auoit de fa vie effayé de plus parfait, fuyuant ce
qu'elle tefmoignoit . Ainfi efchaperent Amadis & Galaor de la Dame de
Gantafi,fouz la condition que vous auez entendue , de laquelle ilz efpe-

roient

roient bien fortir à leur honneur, côme cy apres pourrez entédre. Et cheminerent tout le iour fans trouuer auanture : puys eftant nuict clofe f'a-
drefferent en vn hermitage, ou ilz furent pauurement repuz , & le lendemain au poinct du iour reprindrent leur chemin , pour aller trouuer le
Roy Lifuart.

Comme le Roy Lifuart fut en

danger de perdre fa perfonne & fes eftatz, par les promeffes illicites , qu'il fit trop legierement.

Chapitre　　　　　XXXV.

Vatre iours apres qu'Amadis & Galaor furent partiz de
la Court, arriua en la ville de Lôdres l'ancien Cheualier
qui auoit laiffé à la Royne la corône & le manteau, dôt
n'agueres il a efté parlé : lequel fe vît ieter à genoux deuât le Roy, & luy dit : Sire, ie m'esbahis que vous ne portez, à tel iour, la belle corône que ievous laiffay. Etvous,
ma Dame, dit il à la Royne, eft il poffible de tenir fi peu de cônte du riche
mâteau que ie vous baillay en garde, que ne l'ayez encores daigné efprou
uer, ou vous en parer? Quand le Roy l'entendit, fçachât qu'ilz eftoiét perduz, demeura long téps fans refpôdre vn feul mot : parquoy le Cheualier,
reprit fon propos, difant : Sur ma foy, ie fuis trefayfe qu'ilz ne vous ont efté
V iii

agrea-

agreable : car s'il vous eust pleu les retenir, il vous eust conuenu aussi mé
bailler ce que ie vous eusse demandé, qui est (peult estre) plus grand' chose
que vous ne pensez, autrement en me fauçant promesse, vous m'eussiez
fait perdre la teste. Pourtant, Sire, ie vous suplie treshumblement me les
faire rendre presentement, pource que ie ne puis longuement seiourner
par deça. Lors le Roy plus fasché que deuant, luy respondit : Cheualier, si ie vous ay promis quelque chose ie le vous tiendray, quoy qui me
doiue couster, encores que la coronne & le manteau soyent perduz : dont
ie suis trop desplaisant, tant pour l'amour de qui en auez afaire, que pour
moy mesmes. Lors le Cheualier commença à ieter vn hault cry, disant:
Ah pauure vieillard, chetif & malheureux ! c'est maintenant fait de toy.
Puys se prit à lamenter & faire si grand dueil que merueilles. Làs, disoit
il, n'auois-ie assez longuement enduré tourment & pauureté, sans finir
mes ans vieux par la plus cruelle mort qu'oncques creature endura, ne
l'ayant aucunement meritée? Adoncq' les grosses larmes luy tõboient des
yeux, mouillants sa barbe blãche, qui esmouuoit les plus cõstants à grand'
pitié : tellement que le Roy mesmes en eut si grande compassion, qu'il luy
respondit : Cheualier, n'ayez peur d'auoir pis pour la perte que i'ay faite,
car elle vous sera recogneuë, quoy qu'il me doiue couster, ainsi que ie vous
ay promis. A' ceste parole le Cheualier s'auança pour luy baiser les piedz:
mais le Roy le souzleua par la main, & luy dit : Non non, demandez tout
ce que vous voudrez : car vous l'aurez. Sire, respondit il, ie croy qu'auez
encores bonne souuenance, que vous me promistes rendre mon manteau
& la coronne, ou ce que ie vous demanderois pour iceux. Maintenant
Dieu sçait combien mon intention estoit esloignée de vous requerir ce,
qu'il fault que ie vous demande : car si i'auois autre moyen pour me deliurer, ie vous prometz ma foy, Sire, que ie vous exépterois de l'ennuy que
ie sçay que vous receurez, m'otroyant ce que ie vous demanderay, & que
vous m'auez promis. Mais ie ne puis faire autrement : toutesfois ce vous
seroit encores plus de blasme, si vous defaillez de foy & loyauté. Ie vous
asseure, Cheualier, dit le Roy, que i'aymerois mieux perdre ma coronne,
que d'auoir promis chose que ie ne tinse : pourtant demandez hardiment.
Grand mercy, respõdit le Cheualier. Il ne reste doncques plus que d'auoir
asseurance de tous ceux qui sont en vostre Court, qu'ilz ne me feront force pour recouurer ce que vous me deliurerez, & que vous mesmes me le
promettez : autrement vostre parole ne seroit tenue veritable, ne moy satisfait, m'ostant d'vn costé, ce que l'on me dõneroit de l'autre. C'est raison,
dit le Roy, & ainsi le vous otroye. Or, Sire, puys que la fortune a permis
que vous ayez perdu mon manteau, & la corõne : il est impossible que ie
ne perde la teste, si vous ne me donnez ma Dame Oriane vostre fille aisnée. A' ceste cause auisez, ou à me rédre mes ioyaux, ou à me la bailler : tou
tesfois i'aymerois trop mieux l'vn que l'autre, atendu, que ie ne pourray iamais

ray iamais auoir tant de bien par elle, que i'auray encores de mal par la
perte que vous auez faite. Cheualier, respondit le Roy, vous demandez
trop. Lors chacun commença à murmurer contre le vieillard, & si le
Roy les eust voulu croyre, il eust esté refusé : mais il eust mieux aymé
mourir, tant estoit loyal & bon Prince. Parquoy il leur respondit : Mes
amys, ie vous prie ne vous fascher : car la perte de ma fille ne me sçauroit
estre tant preiudiciable, que ma parole, si elle se trouuoit mensongiere:
veu que si l'vn est enuieux, l'autre est iniurieux & euitable par tous moyens. Et qu'ainsi soit, si les subietz ne tiennent leur Prince fidele, & sa
parole inuiolable, comme pourront ilz auoir, ou garder en luy l'amour
& fidelité qu'ilz luy doiuent ? Certes il luy seroit meilleur n'auoir iamais
esté né : pourtant que l'on amene tout presentement ma fille : car ie la li-
ureray puis que ie la luy ay promise. Et de fait l'enuoya querir. Or estoit la
Royne presente à tout ce discours: mais elle n'eust iamais estimé que le
Roy eust oublié iusques là l'amour paternelle : toutesfois quand elle ouyt
la rigoureuse sentence prononcée contre sa fille, la bonne Dame se vint
ieter aux piedz du Roy. Et pleurant, comme mere qui perd son enfant,
luy dit : Monsieur, que voulez vous faire ? Voulez vous estre plus inhumain enuers vostre sang, que les bestes brutes ne sont enuers leurs con-
traires ? Certes quelque brutalité qu'elles ayent, si ne sont elles iamais si
desnaturées, qu'elles facét tord à leurs faós. Est il doncq' raisonnable souz
ombre d'vne promesse acordée (sans sçauoir quelle) faire si grand tord,
non seulement à vous, pere impiteux, & à moy mere triste & malheureuse, mais à toute la republique de vostre royaume ? Helas, Sire ! ie vous suplie pour l'honneur de Dieu, auisez autre moyen pour satisfaire à vous,
à nous, & au Cheualier ensemble. Ma Dame, respondit le Roy, c'est fait. Ie
vous prie ne m'en parlez iamais. Et ce disant les grosses larmes luy tomboient des yeux, dont les asistants furent si ennuyez que rien plus : & ce
qui les troubla d'auantage, toutes ces femmes se prindrent à crier, parquoy le Roy (trop marry)leur commanda de se retirer en leurs chambres.
Lors la Royne tomba esuanouye, ce nonobstant le Roy la fit emporter
par deux Gentilzhommes, commandant à chacun, sur peine de mort, de
ne pleurer ne destourner ce qu'il auoit promis, disant tout hault: Il auiendra de ma fille ce qu'il plaira à Dieu:mais ma parole ne sera fauce, si ie puis.
Durant ces choses, les nouuelles vindrent à Oriane de la deliberation
qu'auoit faite le Roy sur le partement d'elle:dót elle fut(de premier sault)
si esperdue, qu'elle cheut sur le plancher de sa chambre si grand sault, que
de long temps apres elle ne remua ny pied ne main. Au moyen dequoy
Mabile & ses Damoyselles pensoient qu'elle fust morte, & de fait le cuy-
derent mander au Roy : mais à force de remcdes, elle reuint peu apres,&
ieta vn hault souspir. Or estoient la plus part de ces femmes, les vnes aupres d'elle, les autres plus arriere, à ce qu'elle n'entendist leurs pleurs:

V iiii   & estoit

& eftoit la compaffion fi grande, qu'elle euft efmeu les plus durs cueurs à fondre en l'armes, fpecialement quand la Princeffe eut le pouuoir de faire fes regretz, qu'elle commença à dire : Ie cognois bien maintenant ma ruyne. Certes, amy, fi vous fufsiez icy, ie fuis feure que vous me pourriez ayfément retirer de cefte peine : mais tout autant m'en difoit le cueur quand vous prinftes congé de moy. Que maudite foit l'heure qu'oncques ie vous l'acorday. Làs quand vous fçaurez ces nouuelles, ie crains encores que vous (ne pouuant foufrir tel malheur) ne mourez incontinét! mais au fort (amy) nous nous fuyurons bien pres l'vn l'autre. Ah Mort! refuge des malheureux, ne me voyez vous premier en ce reng? Que tardez vous? Fortune veult triumpher fur vous, en me faïfant tout du pis qu'elle peult, combien que ie fois feure que vous auez dequoy vous venger : pourtant acourez, & ne laiffez aquerir tant de prééminence fur moy contre voftre auctorité. Or à dieu doncq', amy, puys que de noz vies ne nous entreuerrons. Et ce difant f'efuanouyt de rechef. Lors le Roy voyant qu'elle tardoit fi longuemét à venir, enuoya deuers elle pour la faire diligéter : mais le meffager la trouua en l'eftat que ie vous ay dit, & atendoit tant qu'elle euft repris fes efpritz. Et ainfi qu'elle vouloit recommencer fes doleances, il luy dit : MaDame, le Roy fe courrouce que vous ne venez à luy. Quád elle l'entendit, elle fe leua, ayant le cueur fi ferré, qu'il fembloit que l'extremité de l'ennuy luy euft doublé fes forces : & fans eftre fuyuie de nulle de fes femmes que de la Damoyfelle de Dánemarc, vint trouuer le Roy. Adoncq' fe mit à pleurer fi abondamment, que nul de ceux qui la virent, ne peurent eftre tant continens, ne le Roy mefmes fi conftant, que les groffes larmes ne leur tombaffent des yeux. Puys fe vint ieter aux piedz de fó pere, luy difant : Mó Seigneur, que vous plaift il faire de moy? M'amye, refpondit il, ie veux tenir ma promeffe. A' cefte parole la paurette f'efuanouit, & le Roy pour ne la voir tourna la tefte, difant au Cheualier : Amy, voicy le don que vous demandez, & la chofe que i'ayme le plus en ce monde : mais entendez vous l'emmener feule ? Sire, refpondit il, elle fera acompagnée de deux Cheualiers, & des deux Efcuyers, qui eftoient auecq' moy lors que ie parlay à vous à Vindelifore : & autres ne puis auoir, tant qu'elle foit es mains de celuy à qui ie fuis contraint de la liurer. Au moins, dit le Roy, permettez qu'elle foit acompagnée de cefte Damoyfelle : car elle ne feroit trop honneftement feule entre tant d'hommes. Et bien, refpondit le Cheualier, pour vne femme ne plus ny moins. Adoncq' f'aprocha & prit la Princeffe entre fes deux braz ainfi efuanouye qu'elle eftoit, & l'afsit fur vn grand rouffin dans la felle : puys fit monter vn Efcuyer en croupe qui la tenoit embracée par le corps, de peur qu'elle ne tombaft. Et ainfi que le Cheualier l'acouftroit, il pleuroit fi fort, que l'on euft iugé qu'il en eftoit trefdefplaifant, & difoit : Sur ma foy, ie croy qu'il n'y a perfonne en cefte Court, qui en ayt plus d'ennuy que

i'ay. Ce

ſ'ay. Ce pendant fut amené monture à la Damoyſelle de Dannemarc, à laquelle le Roy dit : M'amye, ie vous prie ne l'habandonnez pour bien, ny
pour mal qu'elle puiſſe auoir . Sire, reſpondit elle, comment pouez vous
conſentir à ſon partement? A l'heure la Princeſſe retourna de paſmoiſon, & vint vn grand Cheualier armé de toutes pieces, qui ſans oſter ſon
armet, ne ſaluer la compagnie, prit les reſnes du cheual, ſur lequel O-
riane eſtoit aſsiſe : & entendez que c'eſtoit Arcalaus l'Enchanteur, qui
ne vouloit eſtre cogneu . Lors commanda à l'Eſcuyer de marcher, parquoy la Princeſſe cognoiſſant qu'il n'y auoit plus de remede, ieta vn tel
ſouſpir, qu'il ſembloit que le cueur luy deuſt fendre, diſant : Ah mon cher
amy! à mal'heure vous fut oncques le don octroyé: car ce ſera voſtre mort,
& la mienne! Cecy diſoit elle pour Amadis, auquel elle auoit donné congé d'aller auecq' la Damoyſelle : mais les autres penſoient que ce fuſt du
Roy ſon pere & d'elle . Et ainſi s'en partit Oriane & ceux qui la condui-
ſoient, leſquelz piquerent ſi roydement, que bien toſt apres ilz entrerent
au plus profond de la foreſt prochaine . Or eſtoit le Roy monté à cheual
pour conduyre ſa fille, tenant vn baſton en ſon poing: defendant que nul
n'allaſt apres, ainſi qu'il l'auoit promis . D'autre par Mabile s'eſtoit miſe à
vne feneſtre, pour regarder ce dur departement :car elle auoit le cueur ſi
ſerré, qu'elle n'euſt ſçeu aprocher d'Oriane : mais de fortune aperceut
Ardan le Nain d'Amadis, monté ſur vn cheual bien courant, qui ſe ha-
ſtoit d'aller tant qu'il pouuoit. Toutesfois elle l'apella & luy dit : Ardan,
ſi tu aymes ton maiſtre ne ſeiourne vne ſeule heure, tant que tu luy ayes
fait entendre ceſt infortune : & garde de luy faillir maintenant, autrement il aura cauſe d'eſtre trop mal content de toy, eſtant certaine qu'il ſera trop deplaiſant, s'il n'en eſt promptement auerty. Par dieu, ma Dame,
reſpondit le Nain, i'en feray toute diligence & mon deuoir. Puys, ſans
plus ſeiourner, donna du fouët au cheual, & s'en partit à treſgrand haſte, ſuyuant le chemin qu'il auoit veu prendre à Amadis . Mais maintenant le laiſſerons courre, pour vous reciter ce qu'à meſme heure ſuruint
au Roy Liſuart, qui auoit conduit Oriane iuſques à l'entrée de la foreſt, fai
ſant retourner arriere tous ceux qui la vouloient ſuyure. Dócques à l'heure que ce trouble eſtoit, ſe vint adreſſer à luy vne Damoyſelle montée ſur
vn cheual de legiere taille, qui portoit vne eſpée pendue au col, & vne
lance au poing ayant le fer doré, & la hante painte richement: laquelle le ſalua, diſant : Sire, Dieu vous doint ioye, & volunté de parfaire ce
que dernierement vous me promiſtes à Vindeliſore, en la preſence de voz
Cheualiers. Lors le Roy la recogneut, & luy ſouuint que c'eſtoit celle à
qui il diſt, qu'à l'eſpreuue, elle cognoiſtroit le bon cueur qu'il auoit. Et à
ceſte cauſe luy reſpondit : En bonne foy, Damoyſelle, i'aurois maintenant bien beſoing de plus de ioye que ie n'ay : mais nonobſtant, ie ſuis
tout preſt d'acomplir ce que ie vous ay promis . Sire, dit elle, c'eſt ce qui

m'a fait

m'a fait retourner vers vous, comme au plus loyal Roy du monde : pourtant ie vous fuplie prefentement me venger d'vn Cheualier, qui paffe par cefte foreft, lequel tua (n'a pas long temps) mon pere, par la plus grãd' trahifon du monde, & non content de ce, le mefchant me rauit, faifant fa volunté de moy, par force. Mais il eft tellement enchanté, qu'il ne peult mourir, fi le plus vertueux perfonnage du royaume de la grand' Bretaigne ne luy donne vn coup de cefte lance, & vn autre de l'efpée que voycy : qu'il auoit baillé en garde à vne Damoyfelle, de laquelle il penfe eftre aymé. Toutesfois il eft bien deceu : car elle le hait fur toute rien : au moyen dequoy i'ay trouué moyen qu'elle m'en a fait prefent, à ce que plus ayfément elle & moy nous foyons vengées de luy. Ce que ne pouons eftre fans vous : car vous eftes le premier, & le plus vertueux, à mon auis de tout ce païs. Pourtant, Sire, fuyuant ce que vous me promiftes deuant tant de preud'hommes, il vous plaira faire cefte iufte vengeance : & pource que ie luy ay dit maintesfois que dans le iourd'huy ie luy bailleray Cheualier, qui le combatera, il eft venu feul en cefte foreft, ou il vous a tend. Parquoy il vous y fault aufsi aller, fans autre compagnie que de moy : car ne fe doutant que i'aye l'efpée & la lance, qui luy font tant dommageables, nous auons tel conuenant enfemble, que s'il demeure vaincueur, ie luy pardonne mon iniure, & aufsi, s'il eft vaincu, il doit faire ma volunté. Et bien, refpondit le Roy, allons quand il vous plaira. Lors fit aporter fes armes, & s'arma legierement, puys monta fur vn gentil cheual, & ceignit l'efpée que la Damoyfelle luy auoit aportée, laiffant la fienne qui eftoit l'vne des meilleures du monde : & fans autre compagnie s'en alla auecq' elle, tenant la lance au poing, & elle luy portoit fon armet. Mais ilz n'eurent cheminé longuement, qu'elle le fit deftourner du grand chemin, le conduifant par vn petit fentier le long des arbriffeaux, par ou eftoient paffez (n'auoit pas long temps) ceux qui emmenoient Oriane. Lors la Damoyfelle luy monftra vn grand Cheualier armé, cheuauchant vn cheual fort noir, ayant au col vn efcu verd & le heaume femblable, & luy dit : Sire, prenez voftre armet : car voylà celuy duquel ie vous ay parlé. Ce que fit le Roy, & s'aprochant du Cheualier luy cria : Gardez vous de moy, Cheualier fuperbe, & de mauuais vouloir. Adonc le Cheualier qui l'étendit coucha la lâce qu'il auoit au poing, contre le Roy, & le Roy contre luy, puys donnant des efperons à leurs cheuaux rompirent dans leurs efcuz. Mais il fut auis au Roy, que la lance painte que luy auoit baillée la Damoyfelle, fuft conuertie en vne cheneuote tant fe brifa facilement : au moyen dequoy il mit la main à l'efpée, & vint charger le Cheualier : mais du premier coup qu'il en rua, elle fe rópit ioignant la poignée. Lors cogneut qu'il eftoit trahy : car le Cheualier le vint ioindre à fon plaifir. Et ainfi qu'il fe baiffoit pour donner dans les flans de fon cheual, le Roy qui eftoit hardy, prompt, & adextre, le faifit

au collet

au collet : & tirerent tant l'vn l'autre, qu'ilz tomberent tous deux sur le champ, le Cheualier deſſouz, & le Roy deſſus luy, au moyen dequoy il ſaiſit l'eſpée qui eſtoit eſchapée des poings de ſon ennemy. Et ainſi qu'il eſſayoit à le deſarmer pour luy trencher la teſte, la Damoyſelle, qui les regardoit cria tant qu'elle peut : Seigneur Arcalaus, ſecourez toſt voſtre couſin, ou il eſt mort. Quand le Roy entendit parler d'Arcalus, il hauça ſa veuë, & auiſa dix Cheualiers, qui acouroient à luy, l'vn deſquelz diſoit à haulte voix : Roy Liſuart, laiſſe le Cheualier, autrement ceſt fait de toy, & ne regneras de ta vie vn ſeul iour. Ie ne ſçay qu'il en ſera, reſpondit le Roy : mais ſi ie meurs auſſi ferez vous tous par moy, comme trahiſtres & meſchants que vous eſtes. A'peine eut acheué la parole, que l'vn des dix Cheualiers arriua, & donna au Roy ſi grand coup de lance, qu'il luy fit donner du nez à terre, & le naüra fort : toutesfois il ſe releua promptement, comme celuy qui eſtoit bien deliberé de ſe defendre iuſques à la mort, qui luy ſembloit eſtre prochaine : & tenant l'eſpée du Cheualier, qu'il auoit abatu, en tira vn ſi grand coup au cheual de celuy qui l'auoit frapé, qu'il luy coupa les iarretz. Lors ſuruindrent les autres, qui tous ſe mirent à l'outrager, & combien qu'il ſe defendiſt brauement, ſa defenſe peu luy profita, car il fut renuerſé, & tant petillé aux piedz des cheuaux, qu'il ne ſe peut releuer. Parquoy les deux Cheualiers qui eſtoiét à pied le ſaiſirent au corps, & par force luy tirerét l'eſpée du poing, l'eſcu du col, & le heaume de la teſte : puys l'enchaiſnerent d'vne double chaiſ-ne. Ce fait le firent monter ſur vn meſchant cheual, & les deux Cheualiers prindrent chacun l'vn des boutz de ſon lien : & le menerét au fonds d'vne vallée, ou ilz trouuérent Arcalaus aüecq' Oriane, & la Damoyſelle de Dannemarc. Et ainſi qu'ilz aprocherent pres, le Cheualier contre qui le Roy auoit combatu au premier, donna carriere à ſon cheual : & tenant le bras droit hault eſleué, remuant ſon gantelet eſcria : Couſin Couſin, voi-cy le Roy Liſuart qui eſt noſtre. Certes, reſpondit Arcalaus, c'eſt vne treſ-bonne priſe : car ie feray que deſormais ſes ennemys n'auront cauſe de le douter. Paillard, reſpondit le Roy, ie ſçay bien que tu ne ſeras iamais autre que trahiſtre : & celà te prouueray-ie tout naüré que ie ſuis, ſi tu te oſes combatre à moy. Par dieu, dit Arcalaus, ie ne m'eſtimerois de gue-res plus, pour vaincre vn tel Seigneur que vous eſtes. Et ce diſant le firent paſſer outre, & ſuyuirent leur chemin, tant qu'ilz arriuerent en vne voye fourchée. Lors Arcalaus ſ'arreſta, & dit à vn ſien paige : Pique diligem-ment à Londres, & dy à mon Seigneur Barſinan, qu'il execute ce que ie luy ay dit, & que i'ay deſia tresbien commené, ſ'il ſçait bien para-cheuer. Adoncq' le paige tourna bride, & prit le chemin de la ville. Ce pendant Arcalaus ſ'auiſa d'enuoyer le Roy d'vn coſté, & Oriane d'au-tre : parquoy il dit à ſon couſin : Prenez auecq' vous dix Cheualiers, & co-duiſez Liſuart, iuſques en mes priſons de Daganel : & ces quatre au-

tres me

tres me feront compagnie pour mener Oriane au mont Aldin , ou ie luy
monſtreray les plus ſingulieres choſes qui y ſont.Ce mont Aldin eſtoit la
maiſon,ou plus communément il reſidoit , l'vn des plus fortz & plaiſants
lieux du monde.Lors les dix Cheualiers emmenerét le Roy par vn coſté,
& les quatre autres auecq' Arcalaus prindrét autre chemin,cõduiſants les
Damoyſelles. Certes qui bien cõſiderera en ceſt endroit les tours de fortu
ne, il pourra ayſément iuger, qu'elle eſt auſsi muable (voyre plus) enuers
les grands Princes & Seigneurs,que les moindres: comme elle fit cognoiſtre au Roy Liſuart, au temps qu'il penſoit auoir plus de vent en poupe,&
le pouuoir de luy commander : Car en vn inſtant il ſe vid es mains de ſes
plus grands ennemys,ſa fille(heritiere de ſes païs) hors de ſa puiſſance, &
ſes eſtatz balancer en ruyne . Luy qui ſouloit eſtre honoré de tous , eſtre
maintenant vilipendé & iniurié,pris & lié comme vn larron, par vn paillard Enchanteur, ſimple Gentilhomme , & ſans eſpoir d'auoir iamais
mieux que la mort. N'eſt ce pas doncq' bel exemple pour ceux qui ſont
auiourd'huy apellez aux plus haultx honneurs du monde ? auxquelz ilz
ſ'aueuglent tãt que(peult eſtre) ilz en oubliét Dieu.Ce Roy Liſuart eſtoit
tresbon,vertueux, & ſage Prince : neantmoins noſtre Seigneur permit le
faire tomber en tous ces dangers, à ce qu'il euſt ſouuenance que luy ſeul
diſpoſe des creatures comme il luy plaiſt. Et bien luy en donna cognoiſſance: car il le mit en peu d'heure au plus bas qu'il euſt peu eſtre: mais il le
releua auſsi toſt par le merite d'aucune de ſes bonnes oeuures , ainſi que
pourrez preſentement entendre.

Comme Amadis & Galaor ſceu-

rent que l'on auoit emmené le Roy Liſuart priſonnier, & ſa
fille, parquoy ilz ſe diligenterent de les
aller ſecourir.

Chapitre   XXXVI.

Nous

Ous auons cy deuant recité, par quel moyen Amadis &
Galaor s'eschaperent de Madasime Dame de Gantasi,
qui les eust fait mourir, s'ilz eussent esté cogneuz : Aussi
comme ilz reprindrent le chemin de Londres, ioyeux
d'auoir euité si grande fortune. Mais ainsi qu'ilz aprocherent pres de la ville, ilz aperceurent d'assez pres
Ardan le Nain, courant tant que son cheual pouoit aller: parquoy Amadis
dit à Galaor : Mon frere, ne me croyez iamais, si Ardan ne vient vers nous
pour quelque affaire d'importance. Ne voyez vous la diligence qu'il fait?
Et comme il acheuoit son propos Ardan suruint, qui leur recita tout ce
qui estoit suruenu depuys leur partement. Mais quãd il dit, que la Princes
se Oriane auoit esté enleuée de la Court oultre son gré, & les regretz qu'el
le faisoit, Amadis entra en telle fureur, qu'il cuyda desesperer, & luy demã
da quel chemin auoient pris ceux qui l'emmenoient. Par dieu, mon Seigneur, respondit Ardan, ilz sont entrez dans la forest, qui regarde de l'autre part de la ville. Lors Amadis sans plus s'enquerir donna des esperons à
son cheual : & s'en court tant qu'il peut vers Londres, tant estonné, qu'il
ne sceut seulement dire vn mot à Galaor, lequel le suyuoit de pres. Et ainsi
courans passerét au trauers de la ville, sans regarder ne çà ne là: mais à tous
ceux que Amadis rencontroit, s'enqueroit quel chemin tenoient ceux
qui enleuoient la Princesse, & chacun le luy monstroit. Or alloit Gandalin apres, lequel de fortune passa vis à vis du logis de la Royne : qui estoit
lors en vne fenestre tant pleine d'ennuy que rien plus. Et ainsi qu'elle pensoit à son ma l, aperceut venir Gandalin, lequel elle apella luy, demandant ou il auoit laissé son maistre. Ma Dame, respódit il, il s'en va tãt qu'il
peult apres ceux qui emmenent ma Dame Oriane, Mon amy, dit elle, a-
tendez vn petit. Lors enuoya querir l'espée du Roy (qui estoit l'vne des
meilleures du monde) puys la bailla à Gandalin, luy disant: Ie te prie porte ceste espée à Amadis, & luy dy, que c'est celle du Roy, qu'il a laissée ce
matin, pource qu'vne Damoyselle l'est venu querir, pour faire quelque
combat, & luy en a baillé vne autre : toutesfois il n'est point depuys retourné, & si n'en auons ouy nulles nouuelles, & ne sçauons qu'il est deuenu. Bien, ma Dame, respondit Gandalin. Qui prit l'espée & courut apres
son maistre, lequel estoit ia fort eslongné : car il alloit sans sçauoir quel
chemin il tenoit, pour la trop grãde fascherie ou il estoit entré. Au moyen
dequoy resuant, sans prendre garde à soy, mit son cheual dans vn bour-
bier si auant, qu'il ne l'en peut retirer sans mettre pied à terre : parquoy il
fut contraint de descendre & le tirer hors par le frain. Et fut cest arrest cau
se que Galaor & Gandalin l'ataignirent, lequel luy recita entierement ce
que la Royne luy mandoit : puys luy bailla l'espée qu'elle luy enuoyoit.
Quand il entendit parler que le Roy mesmes estoit perdu, l'enuie luy aug
menta d'vser de diligence pour le secourir : toutesfois il auoit son cheual

X

tant

tant recreu,qu’il fut contraint prendre celuy de Gádalin,qui valoit(peult
eſtre) pis : neantmoins,à force de coups d’eſperon, il le faiſoit cheminer.
Ainſi cheminerent enſemble tant qu’ilz aperceurent le train des cheuaux,qui auoient n’a gueres paſſé par là, & cogneurent qu’ilz eſtoient de
ceux qui emmenoient le Roy & ſa fille : au moyen dequoy ilz ſe mirent à ſuyure le trac, & trouuerent peu apres aucuns baucherons , auxquelz ilz s’enquirent,s’ilz auoient veu paſſer nul par ce chemin.Ouy bien
Seigneur (reſpondirent ilz, & leur conterent comme ilz auoient veu
prendre vn Cheualier, & emmener deux Damoyſelles)toutesfois nous ne
nous ſommes oſez monſtrer:ains auons quaſi touſiours eſté cachez au plus
eſpais de ce boys : car,ſans doute,ce ſont meſchans gens . Puys leur declarerent par tant de moyens les geſtes des priſonniers, qu’ilz cogneurent
ayſément que c’eſtoit le Roy & Oriane qui eſtoient trahiz . Mes amys,dit
Amadis, cognoiſſez vous nul de ceux qui les emmenent : car c’eſt le Roy
& ſa fille . Non, reſpondirent ilz : mais nous entendiſmes bien qu’vn
d’eux, qui tenoit les reſnes du cheual de la plus belle Damoyſelle, apella
pluſieurs foys Arcalaus .Par dieu,dit Amadis,c’eſt mon Enchanteur.Lors
leuant les mains au ciel, dit : Seigneur Dieu ! vous plairoit il me faire tant
de grace, que ie les puiſſe auiourd’huy rencontrer ! Seigneurs, dirent les
baucherons, dix de ces brigans prindrent le chemin à main droite, auecq’
le Cheualier priſonnier: les cinq celuy à gauche auecq’ les Damoyſelles.
Mon frere, dit Amadis à Galaor, ie vous ſuplie ſuyure le Roy, & Dieu
vous vueille guider, & moy auſsi qui vois apres Oriane. Et ce diſant donna des eſperons à ſon cheual, & ſ’en alla au plus roide qu’il peut apres la
Princeſſe : & Galaor d’autre coſté . Mais apres que Amadis eut longuement cheminé , eſtant deſia Soleil couchant,il trouua ſon cheual ſi recreu,
que pour coup d’eſperon qui luy donnaſt ne l’euſt ſceu faire aller autrement que le pas : & ainſi qu’il le talonnoit auiſa à main dextre ioignant
le chemin vn Cheualier mort,& tout au plus pres de luy vn Eſcuyer qui te
noit vn cheual par la bride . Parquoy Amadis s’aprocha, & luy demanda qui auoit occis ce Cheualier. Ce a fait,reſpondit l’Eſcuyer,vn trahiſtre,
lequel s’en va cy deuant,& mene quant & luy par force les deux plus belles Damoyſelles du monde: & ne l’a tué pour autre raiſon, ſinon pource
qu’il luy demandoit qui elles eſtoient.Et bien,dit Amadis, qu’as-tu deliberé de faire ? Seigneur, reſpondit il,ſi i’auois trouué quelqu’vn qui m’ai-
daſt à conduyre le corps de mon maiſtre,iuſques en quelque cymetiere,ou
ie l’enterreroys : ie chercherois apres ma fortune . Si tu me veux donne,
ce cheual que tu tiens, dit Amadis, ie te laiſſeray le mien, & mon Eſcuyer,pour te ſecourir, & ſi t’en donneray quelque iour deux meilleurs qu’il
n’eſt .L’Eſcuyer s’y acorda: au moyen dequoy Amadis monta deſſus, &
commanda à Gandalin ayder à mettre le corps du Cheualier en terre , &
que auſsi toſt il retournaſt à luy le chemin qu’il alloit.Ce diſant dóna des
eſperons

esperons au cheual,courant au pluftoft qu'il peut, & tant qu'au poinct du
iour il fe trouua tout au pres d'vn Hermitage, dedans lequel il entra
pour fçauoir fi nul y demouroit : ou il trouua vn Hermite à qui il demanda s'il auoit point veu paffer par la cinq Cheualiers,qui côduyfoient deux
Damoyfelles. Non certes, refpondit le preud'homme. Mais ne vous en
eftes vous point enquis en vn chafteau, qui eft icy ioignant ? Non, dit
Amadis, pourquoy ? Pour autant, refpondit l'Hermite, qu'vn mien
neueu, qui en vient, m'a dit,que le bruit y eftoit, qu'Arcalaus l'Enchanteur y deuoit tantoft arriuer, & deux Damoyfelles qu'il mene auecq' luy
par force. Ah,dit Amadis,c'eft le trahiftre que ie cherche. Sans faulte,re-
fpondit l'Hermite, il a fait maints grands maux en ces contrées. Et Dieu
l'en vueille bien toft ofter, ou luy donner grace d'amender fa vie. Mais
n'auez vous ayde de nul pour vous fecourir ? Non, dit Amadis,finon celle de noftre Seigneur.Comment?Cheualier,refpondit l'Hermite,vous di
tes qu'ilz font cinq, & vous feul,& Arcalaus eft l'vn des meilleurs Cheualiers du monde,voyre des plus affeurez que l'on fçache.Soit tel qu'il pour
ra eftre, dit Amadis : toutesfois il eft trahiftre & mefchant, & ceux aufsi
qui l'acompagnent. Parquoy ie ne les doy craindre : car Dieu qui eft iufte, m'aydera,s'il luy plaift. Cognoiffez vous les Damoyfelles?refpondit
le bon hôme. Certes,dit Amadis, l'vne eft la Princeffe Oriane fille aifnée
du Roy Lifuart, & l'autre l'vne de fes Damoyfelles. Helas, refpondit
l'Hermite,ie prie à la douce vierge Marie qu'elle vous foit en ayde ,& que
fi bonne Princeffe ne foit longuement au pouuoir de fi mefchant homme
Ie vous prie, dit Amadis, fi auez de l'auoyne en donner quelque peu à
mon cheual. Voluntiers,refpondit il, & tandis qu'il repaiffoit, Amadis
demanda à l'Hermite,à qui apartenoit la fortereffe : Elle eft,refpondit il,
à vn Cheualier nommé Grumen, coufin germain de Dardan, celuy qui
fut occis en la maifon du Roy Lifuart: qui me fait eftimer,que plus volun
tiers il logera ceux qui portent hayne à fi bon Prince. Mon pere, dit A-
madis,ie vous prie auoir fouuenance de moy en voz oraifons,& me monftrez le plus court chemin pour aller ou vous dites.Ce que fit le bon homme. Lors Amadis le commandant à Dieu, monta à cheual, & fuyuit l'a-
dreffe que l'on luy auoit enfeignée. Et peu apres il auifa le chafteau en
uironné de plufieurs groffes tours,& de murailles haultes:parquoy le plus
couuertement qu'il peut il aprocha tout ioignant, & entendit le grand
bruit que l'on y faifoit pour l'arriuée d'Arcalaus, qui y eftoit n'a gueres
entré. Au moyen dequoy il fe retira, tournoyant à l'entour pour voir
quelle yffue il y auoit, & n'en trouua qu'vne feule : parquoy il s'alla em-
bufcher dans vne môntaigne affez prochaine, & vis à vis:puys defcédit &
atacha fon cheual pour le faire paiftre, atendant que le iour vint, ou que
Arcalaus & ceux qu'il conduyfoit failliffent. Et tant y demeura,que l'aube du iour s'aparut: au moyen dequoy doutant que la guete du chafteau

X ii

le def-

le defcouurift, fe retira plus auant dans la montaigne, & monta au hault
d'vne cofte, pleine de tailliz fort efpais. Lors auifa fortir vn autre Cheualier, qui s'en alla au fommet d'vne longue roche, pour defcouurir de toutes parts s'il verroit quelque embufche : ce fait fe retira, & ne tarda longue
ment que Arcalaus faillit hors auecq' fes quatre compagnons tresbien armez, conduyfans les deux Damoyfelles, lefquelles Amadis cogneut aufsi
toft. Parquoy voyant qu'il venoient tout droit à luy, fe mit à genoux, &
faifant fon oraifon, dit ainfi : Dieu tout puiffant, ie vous fuplie qu'il
vous plaife eftre en mon ayde, & vous Marie vierge glorieufe, priez
maintenant voftre filz (qui eft voftre pere) de me guider & adreffer. Puys
s'acouftra de fes armes, & regarda fi fon cheual eftoit bien fanglé, monta deffus, prit fa lance & fon armet, atendant fes gens au paffage. Mais
pource que le lieu ou il s'embufchoit eftoit mal à propos pour combatre,
delibera de les laiffer paffer & gaigner la plaine, & de fait fe retira au
plus efpais du taillis. Adonc paffa Arcalaus & fa compagnie fi pres d'A-
madis, qu'il entendit la Princeffe Oriane, qui difoit : Làs, mon amy, vous
auiez bien raifon de me dire à Dieu, quand ie vous permis d'aller fecourir celle qui me fembloit la plus trifte du monde : car ie croy que ce fera le
dernier congé, & que iamais plus ne me verrez, pource que la mort me
tient defia afsiegée, & me fuyt de fi pres, qu'il me feroit impofsible la
fuyr. Cefte complainte eut tant de vertu, qu'encores qu'Amadis ne fe
peuft contenir de pleurer, fi luy enflamma elle le cueur de forte, qu'aufsi
toft qu'il vid fes gens en compagnie il les fuyuit de fi pres, que deuant
qu'ilz s'en aperceuffent, il entra pefle mefle, cryant : Trahiftres, trahiftres, par dieu vous mentirez : car les Dames ne pafferont pas plus oultre.
La voix d'Amadis fut incontinent cogneuë par Oriane & la Damoyfelle
de Dannemarc : au moyen dequoy fe fentans (ce leur fembloit) defia re-
couffes, le cueur leur commença à efiouyr & celuy des gens d'armes à
douter. Toutesfois voyant Arcalaus, qu'Amadis effayoit à outrager fes
gens, s'adreffa à luy, & Amadis qui le cogneut le choyfit fi à propos, qu'il
le defarçonna d'vn coup de lance auãt qu'elle rópift, puys entra fur les qua
tre autres & chargea Grumen le Seigneur du chaftean ou ilz auoient loge, & l'ataignit de fi droit fil, que le fer & la hante luy trauerferent les
coftes, & tomba mort, luy demeurant le tronçon dedans le corps. Parquoy Amadis mit la main à l'efpée, que la Royne luy auoit enuoyée,
auecq' laquelle il fit tant d'effort, que nonobftant que fes ennemys fe mif-
fent en leur deuoir, fi craignoient ilz trop les pefans coupz qu'il donnoit :
car la prefence de celle, de laquelle il eftimoit toute fa fortune dependre,
luy doubloit tellement fes forces, qu'il luy eftoit auis que tout le monde enfemble ne l'euft peu vaincre, ains que luy feul eftoit fufifant pour
rompre vne armée. Au moyen dequoy en peu d'heure defit cefte canaille. Mais ainfi qu'il eftoit au fort du combat, la Damoyfelle de Dannemarc

voyant

voyant que les gens d'Arcalaus branloient, & que luy mefmes ne fe pouuoit releuer, dit à Oriane: Ma Dame, Dieu nous ayde, car voftre Amadis
fe monftre (pour l'amour de vous) plus que homme. Ne voyez vous là
forte qu'il a defia traité Arcalaus, & noftre hofte? Croyez moy que nous
fommes fecouruz, car le refte ne luy pourra plus gueres refifter. M'amye,
dit Oriane, ie croy que vous dites vray. Puys ietant vn hault foufpir,
dit: Ah heureux Amadis! miroir de toute vertu & cheualerie! ie prie noftre Seigneur, qu'il vous doint grace de paracheuer noftre fecours, & la victoire fur ces trahiftres! Quand l'Efcuyer, qui tenoit Oriane (ainfi qu'il
vous a efté recité) entendit parler d'Amadis, eut telle paour, qu'il la defcendit à terre, difant à foymefmes: Par dieu, ie ferois bien fot d'atendre à
receuoir fur ma tefte les coups qu'il donne fur ces autres. Puys donnant
des efperons à fon cheual, f'en fuyt le plus toft qu'il peut. Mais il ne fceut
tant fe diligenter, qu'il ne vift auant fon partement Amadis donner fi
grand coup d'efpée fur le bras d'vn des Cheualiers, contre qui il combatoit, qu'il le luy fit tomber à terre: au moyen dequoy ce malheureux
fentant angoiffe mortelle, fe prit à crier & à courir enfemble. Or ne le
chaffa longuement Amadis: car il tourna vifage aux autres: entre lefquelz l'vn d'eux mal armé par la tefte, fut ataint à defcouuert par fi grande force, que de là en auant il n'eut que faire de bonnet de nuict, pource qu'il eut la tefte fendue iufques aux yeux. Et pourtant n'en reftoit plus
qu'vn, lequel voyant le fort eftre tombé fur fes compagnons, tourna dos
& le gaigna à fuyr. Et ainfi que Amadis le pourfuyuoit, il entendit crier
la Princeffe: parquoy regardant vers elle, auifa Arcalaus qui l'auoit defia
chargée deuant foy, & l'emmenoit au pluftoft que le cheual pouuoit fuyr.
Et à cefte caufe Amadis laiffa la pourfuyte du fuyart pour fecourir Oriane: & quelque diligéce que fift Arcalaus Amadis l'ataignit toft apres. Mais
ainfi qu'il auoit haucé le bras pour le fraper, il eut crainte de blecer Oriane, au moyen dequoy il faingnit fon coup: toutesfois il eftoit defia tant
esbranlé, qu'il ne le peut du tout retenir, qu'il ne cheuft fur les efpaules d'Arcalaus, & luy aualla vne piece de fa cote de maille, & de la chair
viue enfemble. Dont de dovleur qu'il fentit, laiffa tomber à terre la Princeffe, pour fuyr encores plus legierement: car il fçauoit que fi Amadis
l'atrapoit, que tout l'auoir du monde ne le fauueroit. Toutesfois il le
pourfuyuit affez loing, & luy difoit Amadis en le fuyuant: Tourne Arcalaus, tourne, & tu verras fi Amadis eft mort, ainfi que tu as dit ces iours
paffez. Mais Arcalaus n'auoit pas loyfir de luy obeïr, & ayma mieux o-
fter fon efcu du col, & le ieter à terre pour n'auoir chofe qui empefchaft
fon cheual à courir. Et ainfi qu'il f'amufoit à le ieter, Amadis l'ataignit, & luy donna d'affez loing vn coup du bout de fon efpée, de laquelle il luy fendit le haubert tout le long des reins, & defcendit l'efpée fur
l'arçon de derriere, de telle roideur, qu'il le luy coupa outre iufques dans

X iii

la crou-

la croupe du cheual, lequel fe fentant blecé,fe print plus fort à courir que
deuant,& f'eflongna en peu de téps d'Amadis, qui vouloit mal de mort à
Arcalaus:neátmoins ne le voulut pourfuyure plus auát, craignát qu'il fur
uint quelqu'vn pour faire defplaifir à Oriane,au moyé dequoy il perdroit
par fa faulte,ce qu'il auoit recouuert par fon effort.Et pourtant retourna à
elle: puys defcendit de cheual,& fe mettant à genoux luy baifa les mains,
difát:MaDame,noftre Seigneur m'a fait plus de grace,par le fecours qu'il
vous à donné, qu'il ne fit oncques à Cheualier, car ie ne m'atendois plus
vous voir de ma vie . Or eftoit elle encor' fi efperdue (tant pour le mal
qu'elle auoit foufert, que pour la crainte qu'elle auoit d'eftre à l'entour
de tant de gens mortz) qu'elle ne luy fceut nullement refpondre : mais
l'embraça pour f'affeurer de la grand' frayeur ou elle eftoit.Ce pendant la
Damoyfelle de Dannemarc courut prédre le cheual d'Amadis,& en y allant auifa l'efpée d'Arcalus fur la terre, laquelle elle leua, & l'aporta à
Amadis , luy difant : Seigneur,voyez cefte belle efpée . Amadis la prit,&
cogneut que c'eftoit c'elle qu'il auoit quand il fut trouué en la mer:laquel
le depuys Arcalaus luy roba quand il l'enchanta, & fut trefayfe de l'auoir
recouuerte. Or entendez, que tant pour le trauail qu'auoit receu Oriane,
que pour l'efroy ou elle eftoit malheureufement tombée, ne f'eftoit peu
releuer du lieu ou l'auoit mife Arcalaus : parquoy Amadis fut toufiours à
genoux parlant à elle, tant que Gandalin y arriua , lequel auoit cheminé
toute nuict pour ataindre fon maiftre,de grand defir qu'il auoit de le trou
uer,apres qu'il eut laiffé le corps du Cheualier mort en vn Hermitage.A-
madis fut trefayfe de fon retour,& Gandalin encores plus,voyant comme
ce combat auoit efté demeflé. Apres que Oriane fe fut vn peu affeurée,elle
pria Amadis de l'ofter de ce lieu : parquoy il commanda à Gandalin qu'il
montaft la Damoyfelle de Dannemarc fur l'vn des cheuaux qui eftoient
efchapez , & qu'Oriane auroit celuy de la Damoyfelle : & ainfi f'equipe-
rent, & f'en partirent auecq' autant de plaifir que l'on fçauroit eftimer.
Amadis códuifoit fon Oriane tenant les refnes de fon palefroy,& elle luy
recitoit en cheminát la paour qu'elle auoit euë des Cheualiers qui gifoiét
mortz.Et telle,difoit elle,que ie ne me puis encores affeurer.MaDame,re-
fpondit Amadis,trop plus gráde a efté la peine que i'ay receuë d'vne perfonne viue,& moins efpouuentable que les mortz:lefquelz ne peuuent fai
re mal , mais cefte là pour fa beauté me fait mourir . Encores qu'Oriane
l'entendift bien,elle luy demáda,& qui eft cefte perfonne? Vous, ma Dame,dit il,qui me tenez en telle vie qui eft plus penible que la mort. Mó a-
my,dit elle,iamais de mon confentement vous n'euftes mal,& ferois bien
marrie de le vous auoir prouchaffé : car pluftoft y remedirois, fi i'auois le
pouuoir.Ma Dame,refpódit Amadis,vous feule fás le pourchaffer le m'a-
uez fait,&vous feule en auez le remede,que ie pourchaffe:& n'eft incóue-
nient que de fi gráde perfection,foit caufée fi extreme pafsion . Mais fi en
vous y a

vous y a la pitié que promet le reste de voz excellences , vous ne voudrez
voir en moy ce qui vous a despleu en voz énemys: c'est la mort, laquelle ie
n'eusse peu tant diferer en si grand tourment , n'eust esté la cognoissance
que i'auois que vous n'auiez encores nulle oportunité d'y pouruoir , &
deliurer ensemble vous de vostre promesse , & moy de ce trauail. Mais
puys que l'ocasion s'y offre, & que la fortune nous a eslongné tout ce qui
pouuoit empescher nostre contentement: ie vous suplie , ma Dame, ne
nous estre point plus contraire qu'elle, & vouloir vser de sa liberalité, sça
chant que l'ocasion est chauue,& qu'estant passée , on ne treuue p as tousiours par ou la reprendre. Oriane (non tant pour ces raisons , que pource
qu'elle estoit en ausi grand' peine que luy , & que s'il n'eust commencé,
elle eust voluntiers fait l'ofice de requerir) luy dit ainsi: Grande est la force de voz persuasions , mais plus grande est celle de l'amour que ie vous
porte, qui me tient si esprise, que quand bien vous auriez moindre ocasion de demander , si suis-ie contente & contrainte de vous obeïr , & de
me fier en vous de la chose qu'à grand' peine ie tenois seure en ma pensée.
Bien vous prie-ie, que puis que vous me voyez si despourueuë d'entende-
ment , vous preniez la cure de conduire nostre fait si prudemment, qu'il
soit incogneu, & que aumoins ce qui aux hommes sembleroit mal fait,ne
le soit deuant Dieu. Assez de protestations & remonstrances fit la dessus
Amadis : mais il ne faloit grande baterie, à ville rendue. Ainsi sur ce
propos arriuerent en vn lieu assez pres de la ville,ou il y auoit vn bois fort
espais d'arbres. A l'endroit duquel grand sommeil prit à Oriane, comme à celle qui n'auoit oncques dormy la nuict precedante, & dit à A-
madis : Ie vous asseure mon amy, que l'enuie du dormir me prend si tresfort, que ie ne me puis plus tenir. Ma Dame, respondit il, descendons en
ceste vallée ou vous reposerez.Et laissants le grand chemin.trouuerent vn
petit ruysseau bruyant doucement, ioignant l'herbe & les arbrisseaux
tout à l'entour, qui donnoient grand ombrage au lieu. Là descendirent
& dit Amadis à la Princesse : Ma Dame,s'il vous plaist,nous passerons icy
la chaleur, & dormirez tandis que la fraischeur viendra : & ce pendant
i'éuoyray Gandalin en la ville pour nous aporter viures. Vous dites bien,
respondit Oriane, mais qui luy en baillera ? Il en empruntera, dit Amadis , sur ce cheual qu'il menera , & retournera à pied. En bonne foy,re-
spondit elle, nous luy ferons mieux : il vendra cest anneau , lequel iamais
ne nous seruira si bien qu'il fera maintenant. Et le tirant de son doigt , le
bailla à Gandalin qui s'en partit, & passant pres d'Amadis,luy dit : Qui a
temps à propos & le perd, tard le recouure. Amadis entendit assez pourquoy il le disoit, combien qu'il n'en fist semblant: mais se prit à desarmer, & tandis Oriane faisoit estendre le manteau de la Damoyselle de
Dannemarc sur l'herbe, & se coucha dessus. Puys se retira la Damoyselle
vn peu apres dans le taillis , & s'endormit comme celle qui en auoit gran-

X iiii

de enuie

de enuie. Ainſi demeura Amadis ſeul auecq' ſa Dame, tant plein de grand
ayſe (pour le bien qu'elle luy auoit otroyé, qui eſtoit la perfection de ce
qu'il euſt ſceu deſirer) qu'il ne pouuoit oſter l'œil de deſſus elle en ſe deſarmant, qui le faiſoit faillir : & tant plus il auoit de haſte, & moins il ſa-
uançoit. Mais en fin, eſtant en pourpoint, & à ſon ayſe, ſi ſes mains a-
uoiét eſté lentes en leur ofice de le deſarmer, tout le reſte de ſes membres
ne l'eſtoit point : car il n'y auoit celuy qui ne fuſt en ſon deuoir. Le cueur
eſtoit rauy en penſées, l'œil en contemplation de l'infinie beauté, la
bouche au baiſer, & le bras à l'embracer, de tous n'en y auoit vn ſeul
mal content, ſinon les yeux, qui euſſent voulu eſtre en auſsi grand nombre, qu'il y a d'eſtoilles au ciel, pour mieux la regarder : car ilz ne penſoient ſufire à aſſez clerement voir choſe ſi diuine. Ilz eſtoient en grand'
peine auſsi de ce qu'ilz ne voyoient point leur lumiere : car la Princeſſe les
tenoit clos, tant pour ne ſembler auoir, ſans raiſon, parlé de dormir, que
pour la diſcrete honte que ſon grand plaiſir luy aportoit, ne luy permet-
tant oſer voir hardíment ce qu'elle aymoit le plus en ce monde. Et pour
ceſte meſme ocaſion, tenoit les braz negligemment eſtenduz comme en-
dormie : & auoit pour le chauld laiſſé ſa gorge deſcouuerte & monſtroit
deux petites boules d'Albaſtre vif, le plus blanc & le plus doucement
reſpirant que Nature fit iamais. Lors oubliant Amadis ſon acouſtumée
diſcretion, à la charge d'eſtre importun, il laſcha la bride à ſes deſirs ſi a-
uantageuſement, que quelque priere & foyble reſiſtance que fiſt Oriane, elle ne ſe ſceut exempter de ſçauoir par eſpreuue, le bien & le mal
iointz enſemble, qui rend les filles femmes. Grande fut l'aſtuce & bonne grace qu'eut la Princeſſe de ſçauoir ſi bien temperer ſon grand plaiſir
receu, auecques vne delicate & feminine plainte de l'audace d'Amadis :
& au viſage monſtroit enſemble vn ſi gracieux courroux, & vn ſi content deſplaiſir, qu'en lieu de conſumer le temps en excuſes, Amadis prit
encores la hardieſſe de la rebaiſer, & de luy donner vne nouuelle cauſe
de le tenſer. Ce que pourtant (voyant que c'eſtoit vne peine perdue, &
qu'il eſtoit obſtiné) elle ne fit point : mais conuertit tout ſon propos à
ſe r'apaiſer : & par leurs auis donnerent ordre à pouuoir le temps à venir continuer leur iouïſſance ſi ſagement, que nulle partie du plaiſir fuſt
troublée par ennuy & empeſchement. Dequoy ilz deuiſerent grande piè-
ce, entremeſlans leurs paroles d'infiniz baiſers, & de plus delicates careſſes, dequoy Amour ſe peult auiſer. Ah combien de contes luy fit lors
Oriane, des peines qu'elle auoit ſouffertes atendant ce iour ! luy confeſ-
ſant des particularitez, qu'autre qu'elle & ſon deſir n'auoient encores entendues ! Combien auſsi de choſes luy dit Amadis pour luy teſmoigner
ſon contentement, & l'aſſeurer de ſa perpetuelle foy ! tenant tous les trauaux qu'il auoit ſouferts pour bien heureux, & trop bien recompenſez !
Et bien qu'en ce diſcours & plaiſir ilz euſſent conſumé la plus grande partie du

tie du iour, & qu'il deuint tard: si estoient ilz si distraitz de tout autre
souuenir, qu'ilz n'en sentoient point le téps, ny ne leur souuenoit de iour
ne de nuict: ne à peine d'eux mesmes:& quand Gandalin ne fust iamais
suruenu, ne la Damoyselle esueillée, ilz ne s'en fussent souciez ne auisez.
Assez de viures leur sembloit auoir de la iouyssance l'vn de l'autre, qui les
paissoit plus delicieusement que n'eust sceu faire tout le Nectar, & l'Am-
brosie de Iupiter. Et assez bien seruie estoit la Princesse d'Amadis, sans sa
Damoyselle: neantmoins l'vn & l'autre suruindrent presque à mesme heure, qui fut cause que les deux amans se leuerent, & se prenans par les braz se
mirent à proumener le lóg d'vne couuerte allée qui estoit en ce boys. Et ce
pendant Gandalin & la Damoyselle de Dannemarc mirent ordre à leur
menger sur vne petite leuée, tapissée de menue herbe, assez cómode pour
le lieu. Et combien que là n'y eust buffet d'or ne d'argent, comme chez les
Roys Lisuart & Perion, ny solennité de grans seruices: si s'estimerent ilz
mieux traitez qu'oncques parauant n'auoient esté. Et durant leur repas
voyans l'amenité de ce boys & des fontaines, commencerent à ne trouuer
estrange que les dieux eussent autresfois habandonné le ciel pour venir
habiter les forestz: & tindrent Iupiter sage pour auoir suyuy Europa, Io,
& ses autres amyes, & Apollo auoit eu raison de deuenir pasteur pour l'a-
mour de Daphné, & de la fille d'Ametus. Et eussent voulu à l'exemple
d'eux, demeurer là, sans iamais retourner à leurs palays & royales poim-
pes: estimans les Nymphes des boys plus heureuses déesses, que celles qui
sur les autelz de Marbre demeurent aux superbes temples des grádes villes. En telz propoz passerent le temps qu'ilz furent à table: puys estás Gandalin & la Damoyselle retirez, les deux amans recommencerent leurs plus
agreables deuiz, prouuoyants si bien par doux effaitz & paroles, que nulle
minute de téps fut perdue. Puys doncques qu'ilz sont si à leurs ayses, nous
ne les destourberons point: mais les ylaisserons, & viendrons à parler de ce
qui auint à Galaor estant en la queste du Roy.

Comme don Galaor deliura le

Roy Lisuart de prison, en laquelle on le menoit.

Chapitre   XXXVII.

Estant

Stant dõ Galaor party d'auecq' fon frere Amadis (ainfi que vous auez peu entendre)il fuyuit le chemin, par lequel l'on emmenoit le Roy prifonnier, & faifoit diligé ce fi extreme pour le grand defir qu'il auoit de l'ataindre,qu'il ne penfoit en cheminant à chofe qu'il rencontraft en fa voye. Et courut tant, qu'enuiron l'heure de véfpres il entra en vne vallée,ou il s'aperceut que quelques gens de cheual y auoiét repofé la nuiʤ:& pourtát fuyuit le trac au pluftoft qu'il peut,prefumant que c'eftoiét ceux qu'il cherchoit &qu'ilz ne pouuoient eftre encorés loing . Mais ainfi qu'il alloit auifa vn Cheualier armé de toutes pieces, &bien monté , qui venoit contre luy, lequel f'aprochant pres , luy dit Cheualier, demeurez, & me dites quel affaire vous preffe d'ainfi fuyr . Ie vous prie,refpondit Galaor,deportezvous:car pour m'arrefter il en pourroit venir top d'inconuenient.Par dieu,dit le Cheualier vous ne m'efchaperez pas ainfi : car vous me le direz,vueillez,ou non.Pour celàGalaor ne s'arrefta ains donnant des efperons à fon cheual paffa oultre: ce que voyát l'autre luy cria:Ah galland vous fuyez!ie vous feray tantoft arrefter à voz defpens . Ce difant courut & l'ataignit incontinent, pource que fon cheual eftoit plus frais que celuy de Galaor , qui eftoit defia laffé pour le grád chemin qu'il auoit fait tout le iour . Quand Galaor cogneut que l'autre le pourchaffoit ainfi, & qu'il eftoit fi pres qu'il ne pouuoit plus aller qu'il ne fut ataint : il luy tourna vifage ietant fon efcu derrierre le dos . Parquoy le Cheualier coucha fa lance pour l'ataindre : mais Galaor fe retira à cofté tellement que l'autre paffa outre de grand' roydeur.Etcognoiffant la ruze que Galaor luy auoit faite , & qu'il s'en fuyoit trencha chemin & le vint deuancer à vn deftroit, luy criant : Ca maiftre couard ça , ou nous nous combatrons maintenant , ou vous me direz qui vous meut de fuyr ainfi . Puys de rechef coucha contreGalaor,lequel faignant de le receuoir,fe tira à cofté & paffa oultre fans f'arrefter , couurant au pluftoft que fon cheual pouuoit aller,tandis que le Cheualier paracheuoit fa carriere:car il ne fçauoit arrefter le fien,& à cefte caufe en peu de temps Galaor s'eflongna grá dement de luy,dont le Cheualier fut trop defpité,& dit en foy mefmes.Il ne fera pas vray , vous n'efchaperez ainfi. Or fçauoit il les adreffes de la foreft au moyen dequoy toft apres il l'ataignit, & s'aprochant de luy dit: Paillard,infame,& fans cneur,choifis maintenant de trois chofes la meilleure, pour toy : ou combatre, ou retourner, ou me dire ce que ie t'ay demandé.Par dieu, refpondit Galaor, la plus ayfée de ces trois offres m'eft dificile & fi ne faites courtoyfemét : car ie ne retourneray, & fi ie me combatz ,ce fera maugré moy.Toutesfois fi vous defirez fçauoir qui me preffe tant, fuyuez moy , & vous le verrez : car i'arrefteroys trop à le vous faire entendre,& peult eftre aufsi que apres vous ne me croyriez,tant eft grand & mal'heureux le fait, pour lequel ie fuis ainfi preffé . Vrayement , dit le

Cheua-

Cheüalier, ie vous fuyuray auant trois iours entiers, que ie ne fçache fi vous mentez. Lors Galaor paffa oultre continuant fa diligence, & le Cheualier le fuyuit: puys ayant cheminé enuiron demye lieuë, ilz aperceurent deux Cheualiers, l'vn à pied courant apres fon cheual, & l'autre qui fuyoit tant qu'il pouuoit. Or eftoit celuy de pied, coufin germain du Cheualier qui fuyuoit Galaor (lequel auoit efté abatu d'vn coup de lance, que luy auoit donné l'autre qui s'en couroit) toutesfois il ne le cogneut de prime face: mais luy demanda comme ce luy eftoit auenu. Adonc l'autre qui l'auifa, le courut embracer, luy difant: Sur ma foy, coufin mon amy, ie m'en allois refuant fi fort à celle que vous fçauez, que ie ne prenois garde à moy, ny à autre, quand ie fenty vn coup de lance, que me donna ce Cheualier qui va deuant de fi grand' roydeur, qu'il a renuerfé moy & mon cheual enfemble: toutesfois ieme fuis releué promptement, & l'ay apellé au combat: mais il l'a refufé, & m'a feulement refpondu, que ie fuffe vne autresfois plus prompt à refpondre quand on m'apelleroit. A' cefte caufe ie vous fuplie allons apres, & vous pourrez voir comme ie me fçauray venger de luy. Ce ne peult eftre, dit l'autre, premier que i'aye fuyuy trois ious entiers ce Cheualier que vous voyez: Puys luy recita tout ce qu'il luy eftoit auenu auecq' Galaor. Certes, refpondit le Cheualier à ce que vous dites c'eft bien le plus couard du monde, ou il fe contregarde ainfi, pour executer quelque grande entreprife: pourtant ie fuis content diferer la vengeance de mon iniure, & vous fuiure, à ce que ie fçache quelle fera la fin de voftre entreprife. Et ainfi que ilz deuifoient, aperceurent que Galaor eftoit fort eflongné, & encores preffoit fon cheual tant qu'il pouuoit, parquoy ilz coururent apres luy: toutesfois ainfi que Galaor entroit dans l'efpeffeur de le foreft, la nuict le furprit, qui luy fit perdre le trac qu'il fuyuoit, tellement qu'il ne fçauoit quel chemin il deuoit tenir. Lors fe recommandant à Dieu, le fuplia de le r'adreffer, & permettre qu'il fuft le premier à fecourir le Roy. Et pource qu'il eftima que ceux qui le conduyfoient fe fuffent defia retirez, & que fon cheual eftoit hors d'aleine, il fe mit au pas efcoutant, puys ça, puys là, s'il oyroit nouuelles, ou bruit de gens. Ce pendant les deux autres Cheualiers, qui le fuyuoient, penfants qu'il euft pris le chemin à droite, trauerferent la foreft, & arriuans en la plaine (voyans qu'il l'auoient ainfi perdu) eurent foupçon qu'il fe fuft caché: parquoy ilz s'en allerent defcendre au logis d'vne Dame vefue, qui eftoit ioignant de là. Mais Galaor, qui n'auoit enuie de dormir, ne faifoit que trauerfer le boys, efcoutant s'il entendroit quelque bruit de gens: & voyant qu'il n'y profitoit rien, s'auifa de monter au hault d'vne montaigne, pour regarder de toutes parts, s'il en en aperceüroit quelque chofe toutesfoys il perdit fes pas. Parquoy reprit l'adreffe du chemin qu'il auoit laiffée, & tant chemina, qu'il entra en la plaine. Lors aperceut vn petit feu au

bas

bas d'vne vallée : & cheminant ceſte part tronna quelques gardes de ha-
ras, leſquelz le voyant armé, de crainte qu'ilz en eurent prindrent leurs
iauelines, & vindrent encontre. Mais il leur dit, qu'ilz fuſſent aſſeurez,
& qu'il les prioit ſeulement de donner vn petit d'auoyne à ſon cheual,
ce qu'ilz firent. Adonc mit pied à terre, & le desbrida : puis ces paſteurs
luy demanderent, ſi luy meſmes vouloit menger. Non, reſpondit Gala-
or, mais ie ſuis content de dormir quelque peu, pourueu que me faciez
ce plaiſir de m'eſueiller au poinct du iour. A l'heure les deux partz de la
nuict pouuoient eſtre paſſées, & s'aparut peu apres l'aube du iour : au
moyen dequoy Galaor, qui ne dormoit qu'en trenſe, s'eſueilla promptement, prit ſes armes, monta à cheual, & commandant ces paſteurs, s'en
alla au plus hault de la montaigne. Puys eſtendit ſa veuë de toutes parts,
pour voir s'il pourroit auoir nouuelles de ce qu'il cherchoit : mais il deſ-
couurit ſeulement les deux Cheualiers, qui l'auoient ſuyuy le iour precedant, leſquelz ſortoient du logis ou ilz auoient couché. Deſia le Soleil
commençoit à rayonner, parquoy ces Cheualiers l'auiſerent de loing, &
le cogneurent à l'eſcu qu'il portoit : & à meſme inſtant le virent deſcendre de la coſte, au pluſtoſt que ſon cheual pouoit courre. Lors le Cheualier
qui auoit eſté abatu, dit à ſon couſin : Le galand nous a aperceuz, & s'en
fuyt. Certes ie croy qu'il court ainſi pour quelque meſchanceté qu'il a
faite, qui le contraint aller couuert : parquoy ie fais veu à Dieu, que ſi ie
le puis ataindre, ie ſçauray qui le meult, & peult eſtre à ſon dommage.
A ceſte cauſe ie vous prie allons apres. Mais Galaor (qui penſoit bien à
autre choſe) auoit deſia veu paſſer les dix Cheualiers qui, conduyſoient le
Roy par vn deſtroit, & marchoient cinq deuant, & cinq derriere : le
Roy eſtant au mylieu. Lors Galaor delibera de pluſtoſt mourir qu'il ne
le deliuraſt, & en ceſte deliberation s'aprocha d'eux, baiſſa la viſiere, &
vint charger le cinq premiers : car il fut ſi animé de voir le Roy enchaiſ-
né, qu'il luy ſembloit eſtre luy ſeul trop fort pour deffaire les dix, & dix
autres, s'ilz y euſſent eſté. En ſorte qu'il leur cria, Trahiſtres, auez vous oſé
mettre la main ſur le meilleur Roy du monde? Et ce diſant chargea le premier qu'il rencontra, & l'ataignit tellement, qu'il luy mit la lance dans
le corps plus d'vne braſſe oultre, dont il tõba mort. Ce que voyant les quatre autres enuironnerent Galaor, & ſe mirent à l'aſſaillir de toutes parts,
& ſi rudement, que ſon cheual fut contraint donner du genoil à terre. A-
donc l'vn d'eux penſant bien ieter bas Galaor, coucha ſa lance contre
luy : mais le coup gliſſa, & Galaor qui eſtoit fort adroit, la luy arracha des
poings en paſſant : & preſſant ſon cheual en donna ſi grand coup à vn
qu'il rencontra, qu'il luy trauerſa les deux cuyſſes, & le corps du cheual
enſemble, lequel cheut mort, ſans plus marcher vn ſeul pas. Parquoy
Galaor mit la main à l'eſpée : mais les cinq autres Cheualiers, voyans le
combat tant durer, vindrent au ſecours de leurs compagnons. Lors Ga-

laor

laor cognoiſſant l'extremité ou il eſtoit, delibera de venger ſa mort, & le
Roy enſemble : & à ceſte cauſe entra peſle meſle, fendant & renuerſant
tous ceux qu'il rencôtroit, tellement que les plus hardiz ne ſ'oſoient quaſi
trouuer deuant luy. Or pouuoient voir les deux couſins, qui les ſuyuoiét,
l'effort qu'il faiſoit, dont ilz furent ſi eſmerueillez, qu'ilz diſoient l'vn à
l'autre : Par dieu, nous auons eu tord de l'eſtimer couard, car c'eſt le plus
hardy Cheualier, que ie cogneu oncques. Ne voyez vous les coups qu'il
donne, & ce qu'il fait contre tant ? Ie vous ſuplie allons le ſecourir, &
ne le laiſſons ainſi malheureuſement tuer. Qui voudroit faire autrement,
reſpondit il, ſinon ayder au meilleur Cheualier du monde ? & ſi croyez
qu'il ne ſ'eſt point adreſſé à tant de gens, ſi n'eſt pour quelque grand cas.
Lors coururent le pluſtoſt qu'ilz peurent le ſecourir, & entrerent dans les
gens d'Arcalaus frapants ſur eux à dextre & ſeneſtre, tellement que Galaor ſe ſentit incontinent ſecouru : car ilz les firent eſcarter de ſorte, qu'il
eut loyſir de reprendre aleine, pource que les deux nouuellement arriuez
eſcarmoucherent tous les autres, de ſorte que leur reſiſtance commença à
afoyblir. Toutesfois ilz ſouſtindrent longuement l'aſſault, & iuſques à
ce que Galaor ſ'esbahiſſant d'ou telle ayde luy venoit, r'entra en la preſſe. Ce qui mit les autres entierement hors d'eſpoir : car ilz eſtimerent que
le ſecours fuſt plus grand, au moyen dequoy ilz recommencerent à
branſler. Quand le couſin d'Arcalaus aperceut que la ruyne tomboit de
ſon coſté, & que deſia tous ſes gens eſtoient recreuz, mortz, ou defaitz:
il propoſa de tuer le Roy, lequel auoit parauant trouué moyen de ſe deſ-
ſcendre du cheual, & de prendre l'eſcu & l'eſpée de l'vn des Cheualiers
mortz. Parquoy quand l'autre ſ'aprocha pour le fraper, le Roy hauça
l'eſcu, & fut le coup ſi grand, que l'eſpée entra bien vne paume dedans,
& de la pointe luy entama le chef iuſques à l'os : toutesfois il ne ſ'eſtonna,
car il donna ſur le muſle du cheual de ſon ennemy, de ſorte qu'il l'eſtourdit, & ſe renuerſa auecq' celuy qui le cheuauchoit. Or ſ'eſtoit Galaor mis
à pied, pource que ſon cheual n'en pouuoit plus: & voyant ce Cheualier,
aſſaillir le Roy, courut le ſecourir, mais le Roy ſ'eſtoit ieté deſſus quand
il le vid renuerſé. Au moyen dequoy Galaor luy arracha l'armet de la
teſte pour la luy couper, ce que le Roy luy pria de diferer: Car il fault,
diſoit il, qu'il meure en larron comme il le merite. En ces entrefaites don
Guillan & Ladaſin pourſuyuoient vn autre Cheualier, qu'ilz occirent:
puys vindrent ou eſtoit le Roy, lequel ilz cogneurent auſsi toſt: mais oncques gens ne furent plus esbahiz, pource qu'ilz ne ſçauoient rien de ſon
infortune. Lors mirent incontinent pied à terre, & luy firent la reuerance, puys oſterent leurs heaumes, au moyen dequoy il les cogneut des l'heu
re, & les vint embracer, leur diſant : Mes amys, vous m'auez ſecouru en
bonne ſaiſon, & telle que i'aperçoy bien maintenant que voſtre amye, diſoit il à Guillan, me fait grand tord de vous diſtraire ſi ſouuent de ma com

Y

pagnie,

pagnie : car par elle ie vous perds, & vous aufsi, Ladafin, pour l'amour de
luy. Guillan fut tout honteux , & rougit de cefte parole, non pourtant
qu'il ne continuaft depuys à aymer celle, dont le Roy parloit,qui eftoit la
Ducheffe de Briftoye : laquelle ne luy portoit moins d'afection que luy à
elle , comme elle luy en auoit donné affeurance, par le bon traitement
qu'elle luy auoit fait,gouftants enfemble du fruit,qui caufe contentement
à ceux qui ayment. Dont le Duc fe douta, & en eut toufiours foupçon,
qui fut caufe de l'ennuy, qu'eut Galaor, lors que le Nain le cuyda fur-
prendre au fortir du iardin , ou il eftoit entré ,pour aller coucher auecq'
Aldene, & que la Damoyfelle, qui l'y mena, cuyda depuys eftre bruflée:
ainfi que l'hiftoire vous a recité n'a gueres.Mais entendez,que durant que
le Roy deuifoit auecq' Guillan, Galaor tira le neueu d'Arcalaus de deffouz fon cheual : puys luy mit au col la chaifne que le Roy auoit. Ce fait
prindrent les meilleurs cheuaux des Cheualiers morts , fur lefquelz ilz
monterent, & fe mirent au chemin de Londres : & en cheminant, Ladafin conta au Roy tout ce qui eftoit auenu à Galaor, dequoy il l'eftima
grandement , mefmes pour f'eftre tant bien contregardé en f'efpergnant
pour l'execution de fon entreprife . Mais, Sire, dit Guillan,il fut bon: car
penfant à celle qui fouuent me fait oublier moymefmes, vn Cheualier
me furprit, & d'vn coup de lance me defarçonna, dequoy le Roy & les
autres fe prindrent bien fort à rire.Vrayement, refpondit le Roy,i'ay ouy
parler de maints amoureux , & de ce qu'ilz font pour leurs amyes : mais
oncques ie ne fu defieuné d'vn fait femblable au voftre . Et certes Guillan , à ce que ie voy, ce n'eft fans caufe fi l'on vous nomme le Penfif : car
vous eftes le plus grand refueur qui foit au móde. Ainfi alloient deuifants
de plufieurs propoz , tant qu'ilz arriuerent en la maifon de Ladafin, qui
n'eftoit loing de là : ou toft apres arriua l'Efcuyer de Galaor, & Ardan le
Nain d'Amadis,lequel péfoit que fon maiftre euft pris ce chemin. A'l'heu
re Galaor recita au Roy la maniere comme Amadis & luy f'eftoient fepa-
rez ,luy confeillant d'enuoyer à Londres:Pource, dit il, que les baucherós,
qui nous dirent nouuelles de voftre prife, n'auront failly à l'aller publier
en la ville,qui fera caufe de faire entierement efmouuoir le peuple. Sur ma
foy,refpondit le Roy,puys que voftre frere Amadis a entrepris le fecours
de ma fille, ie ne la tiens encores perdue, fi ce trahiftre Arcalaus ne fait
quelque nouuelle tromperie par enchantement : & croy que ce foit le
meilleur que la Royne fçache de mes nouuelles. Parquoy Ladafin fit a-
peller vn Efcuyer, que le Roy depefcha pour aller vers elle , fuyuant l'a-
uis de Galaor. Or eftoit il ia tard : à cefte caufe,apres le bon traitement que
leur fit Ladafin , le Roy fe voulut retirer, atendant le iour que chacun fe
leua : puys f'armerent & reprindrent leur chemin , fur lequel le Roy prenoit plaifir à interroguer le neueu d'Arcalaus de l'entreprife de fon oncle, qui luy raconta au long toute leur deliberation, & comme Barfinan

efperoit

esperoit se faire Roy de la grand' Bretaigne. Par ce moyen le Roy se diligenta plus fort, esperant le trouuer encores à Londres, & le punir.

Comme les nouuelles vindrent

à la Royne de la prise du Roy, & que Barsinan s'esforçoit d'vsurper la ville de Londres.

Chapitre XXXVIII.

SI vous auez bien entendu le discours qui vous a esté fait n'a gueres: il vous pourra souuenir, que les baucherós (ne cognoissans le Roy ne Oriane) virent le traitement que leur firent Arcalaus & ses gens, qui estoient embuschez dans le boys, & comme depuys par Amadis & Galaor ilz sceurét, que c'estoiét le Roy Lisuart & sa fille. Au moyen dequoy aussi tost que les deux Cheualiers se furent partiz d'eux ilz coururent le dire à Londres, qui fut cause d'esmouuoir entierement la ville, especialement les Cheualiers: lesquelz incontinent prindrét leurs armes, & monterent à cheual en si grand nombre, que les champs estoient couuerts d'hommes & de cheuaux. A l'heure estoit Arban Roy de Norgales deuisant auecq' la Royne, qui ne sçauoit aucune chose de ceste infortune, quand l'vn de ses Escuyers luy fut porter son harnois, & mener son cheual, lequel luy dit : Sire, vous faites icy trop de seiour, armez vous, s'il vous plaist, & suyuez les autres qui sont desia quasi tous dás la forest. Et pourquoy? respondit Arban. Pour autant, dit il, que nouuelles sont venues qu'aucuns paillards tiennent le Roy prisonnier. Prisonnier? respondit le Roy Arban. Sire, respondit l'autre, il est vray. Quand la Royne, qui estoit presente l'entendit, elle fut si esperdue, que sans auoir le pouoir de resister à si grand inconuenient, elle tomba esuanouye : neantmoins le Roy Arban se voyant pressé d'ailleurs, la laissa entre les braz de ses femmes, & diligemmét s'arma prest de monter à cheual. Mais ainsi qu'il auoit le pied en l'estrier il entendit crier l'alarme, & le bruit de l'assault, que Barsinan donnoit au chasteau. Lors dit Arban: Par dieu nous sommes trahiz. Et à ce ste cause fit reparer soudainement le logis de la Royne. Ce pendant la reuolte & emotion fut grande par la ville : car chacun estoit en armes. Parquoy le Roy Arban, r'allia tous ceux qu'il peut, & fit tant de diligéce, qu'il retira iusques à deux céts Cheualiers, auecq' quelque peuple: puys enuoya deux des plus aparans vers le chasteau, sçauoir dont venoit l'alarme. Lesquelz raporterent aussi tost, que Barsinan auoit forcé la place, & qu'il estoit entré dedans auecq' grand nombre de ses gens, qui auoient deffait, mis à mort, & ieté par les murailles tous ceux qu'ilz auoient rencontré. Et ce auoit il fait, suyuant ce que luy auoit mandé Arcalaus, par le page,

Y ii   aussi

aufsi auecq' le peu de refiſtáce qu'il y trouua:car la plus grád part de la che
ualerie & gens de defenſe eſtoiét allez au ſecours du Roy,& puys il auoit
auecq' luy bien ſix céts que Cheualiers,qu'autres armez & equipez . Trop
fut deſplaiſant le Roy Arban de ces nouuelles , & tint lors pour tout ſeur,
que le Roy auoit eſté trahy:parquoy voulát pouruoir aux inconueniés qui
pourroient ſuruenir, fit mettre ſes gens en bataille & aſſeoir guet tout autour du logis de laRoyne.Vers lequel peu apres arriua Barſiná,pour le cuy
der ſurprendre,cóme il auoit fait le chaſteau:mais il y trouua plus de con-
trediſans qu'il ne penſoit . Parquoy ſe dreſſa l'eſcarmouche d'vne part &
d'autre : durant laquelle Barſinan prit vn priſonnier, duquel il fut auerty,que le Roy Arbá de Norgales eſtoit deliberé de luy reſiſter iuſques à la
mort.Et à ceſte cauſe le cuy dant auoir par tromperie,& belles paroles:de-
manda à parlementer à luy, ce qu'Arban luy acorda . Ce pendant treues
d'vne part & d'autre furent criées.Lors Barſinan luy dit:Vrayement,mon
ſieur,i'ay creu iuſques à maintenant, que vous eſtiez l'vn des plus ſages &
auiſez Cheualiers du monde : mais ie cognois par eſpreuue tout le côtrai-
re,bien que i'eſtime, que ce que vous faites ſoit péſant ſauuer voſtre honneur . C'eſt trop mal auiſé, veu qu'à la fin vous n'en ſçauriez receuoir que
perte de vous & de voz gés:car il eſt tout ſeur que le Roy Liſuart eſt mort
& qu'ainſi ſoit celuy qui l'a occis m'en enuoyra en brief la teſte.Puys donc
ques que la fortune luy eſt auenue, & que ie ſuis à preſent le plus fort &
plus grand Seigneur de tout ce païs : oſez vous contredire que ie me face
Roy?non nó , vous vous abuſez. Le meilleur ſera que veniez à moy par a-
mour,& ie vous traiteray autant bien,que Prince de mon royaume: d'autant que des à preſent ie vous remetz la terre de Norgales, & ſi vous feray
particulierement tant de biens, que vous aurez cauſe d'eſtre content. Par
dieu,paillard,reſpondit le Roy Arban,tu manifeſtes bien ta grande trahi-
ſon:car oultre la meſchanceté que tu as faite,pourchaſſant la mort de mon
Seigneur, tu me perſuades & conſeilles que ie ſoys trahiſtre aux ſiens,com
me tu luy as eſté . Rien rien , fay tout du pis que tu pouuas : ta meſchanceté ſeule prendra ſur toy la vengeance que tu merites , auecq' l'ayde que
nous luy ferons . Comment ? dit Barſinan , penſes-tu doncques me garder que ie ne ſoys Roy de Londres ? Roy de Londres ? reſpondit Arban,
iamais trahiſtre ne le ſera , ſi Dieu plaiſt , tant que viura le plus loyal Roy
du monde . Ie t'auois, dit Barſinan, au premier auiſé de ton profit, plus
que nul autre, penſant que tu fuſſes le plus ſage de tous : mais comme
ie t'ay ia dit, ie me ſuis trouué deceu. Parquoy c'eſt raiſon que ton outrecuidance te face ſucomber : car maugré toy ie demeureray Roy re-
gnant ſur la grand' Bretaigne.Aſſeure toy,reſpódit Arban,que ie t'en gar
deray,tout ainſi que ſi le Roy mon Seigneur y eſtoit maintenát en proſpe
rité .Ie verray qu'il en auiendra , dit Barſinan . Et à l'inſtant commanda
à ſes gens recommencer l'aſſault.Adóc le bon Roy Arban ſe retira auecq'

ſa troupe

fa troupe pour receuoir les autres, tant irrité de ce que luy auoit dit Barſinan que rien plus. Lors ſ'il fut bien aſſailly, il ſe defendit encores mieux,
parquoy maints y furent occiz & naürez : toutesfois il fut touſiours premier à combatre, & dernier à la retraite, laquelle l'obſcurité de la nuict
moyenna. Et ne fault douter, que (veu la puiſſance de Barſinan, & le peu
qu'eſtoient les autres) le Roy Arban n'euſt ſceu tant reſiſter, ſans la com-
modité du lieu ou ſe donnoit l'aſſault : car les ruës eſtoient ſi eſtroites, que
trois ou quatre hommes n'y euſſent peu combatre de frõt, & à ceſte cauſe
Barſinan ſe trouua plus endõmagé, que ne furent ſes ennemys, pour le bõ
ordre qu'auoit donné le Prince Arban, tant à remparer le lieu, qu'à animer ceux de ſa troupe. Ainſi ſe retirerent d'vne part & d'autre. Lors le
Roy Arban voyant ſes ſouldatz las, & eſtonnez du grand effort qu'ilz a-
uoient tout le iour ſouſtenu, faiſant office de vray chef & bon capitaine,
vint à les reconforter & aſſeurer, leur diſant: Mes cõpagnõs & amys, vous
auez auiourd'huy tant bien combatu, qu'il n'y a celuy de vous, qui ne merite eſtre eſtimé entre les plus gentilz compagnons de tout le monde:
mais ſi vous auez bien commencé, i'eſpere que nous yrons touſiours de
mieux en mieux, & vous ſouuienne, que vous vous defendez, tant pour
maintenir voſtre bon Prince, que pour voſtre liberté meſmes, cõtre vn ti-
ran trahiſtre & meſchant, qui ſans crainte de Dieu veult vſurper & ſe pai-
ſtre du ſang de vous & de voz enfants. Ne voyez vous comme il a traité
ceux du chaſteau qu'il a ſurpris? Ne voyez vous la fin ou il tend? qui n'eſt
qu'à ruyner ce noble royaume & ſubietz, qui ont eſté par ſi long temps
conſeruez (par la grace de noſtre Seigneur) & touſiours veſcu en reputatiõ
d'eſtre loy aux ſubietz à leur Prince? Ne cognoiſſez vous les perſuaſions,
deſquelles ce paillard a vſé deuant l'aſſault qu'il nous a dõné, péſant nous
abatre par ſa lãgue dorée? Non non, il eſt trop mal arriué. Ie ſuis ſeur qu'il
n'y a celuy de nous tousqui ne choiſiſt pluſtoſt mourir de mile morts,
n'eſt il pas vray? Certes ie voy à voz bons viſages que ſi ie péſois, ou diſois
autremét, que ie métirois, & ſ'ilz ſont plus de gents que nous: nous auons
plus de cueur & de droit qu'eux : ainſi nous ne les deuons craindre, mais
poſtpoſer toute doute pour viure deformais en la reputatiõ que nous me-
ritons. Vous aſſeurant, mes amys, qu'ilz ſe ſont retirez (ſi vous y auez
pris garde) auecq' contenance de gens peu affectionnez de nous venir reuoir : & quelque choſe qu'ayt dite ce trahiſtre Barſinan, noſtre Roy n'eſt
point mort, car il nous viendra bien toſt ſecourir. Ce pendant ie vous prie
mes cõpagnons, que nul de vous ne ſ'ennuye, mais face & cõtinue comme
il a commencé: ayant deuant les yeux, qu'il vault trop mieux mourir pour
la liberté, que de viure vn bien long temps en captiuité & miſere, meſmes
ſouz vn miſerable Prince. Quand le Roy Arban eut acheué ſa harangue,
il n'y eut celuy de la troupe, quelque mal qu'il euſt, qui ne deliberaſt,
non ſeulement atendre la puiſſance de Barſinan, mais de l'aller aſſaillir

Y iii

le lende-

lé lendemain dans le chaſteau . Et à ceſte bonne opinion ſe retira le Roy
Arban au logis de la Royne , ayant le viſage tout poudreux , & ſon harnois couuert de ſang tout figé,à l’ocaſion de cinq playes qu’il auoit, partie au corps, partie au chef,& en la gorge. A dócq’ les Dames le voyát en ſi
piteux eſtat furent merueilleuſement esbahies, meſmes la Royne, qui e-
ſtoit preſque morte d’ennuy & de paour enſemble. Et comme ſi deſia tout
euſt eſté perdu , luy eſcria : Mon neueu , que ferons nous ? nous ſommes
ruynez ! Ma Dame,reſpondit Arban,tout yra bien, ſi Dieu plaiſt. Il n’eſt
beſoing de vous deſconforter ainſi : car i’eſpere que nous aurons bonnes
nouuelles du Roy,& que les trahiſtres, qui veulent entreprendre ſur ſon
royaume , à la fin en ſeront puniz , par l’ayde de voz bons & loyaux ſubietz. Hé Dieu le vueille! dit elle : mais ie vous voy ſi naüré qu’il me ſemble qu’il vous ſera impoſſible de vous trouuer demain à l’aſſault, ſi Barſinan retourne: & ſi ne ſçay que pourront faire voz gens ſans vous.Ma Dame , reſpondit Arban , ne vous en ſouciez : car tant que i’auray l’ame au
corps, ie n’habandonneray les armes . Et ce diſant donna le bon ſoir à la
Royne.Et apres auoir fait medeciner ſes playes retourna ou il auoit laiſſé
ſes gents d’armes,auecq’ leſquelz il paſſa la nuiƈt. Barſinan d’autre part e-
ſtoit au chaſteau,qu’il auoit forcé,lequel,apres que ſes gents ſ’y furent reti
rez , cogneut bien qu’il en auoit beaucoup perdu le iour . Toutesfois, de
paour de les effrayer , il n’en fit aucun ſemblant, ains leur monſtrant bon
viſage leur dit : Mes amys, ce m’eſt aſſez d’auoir dóné à ƈognoiſtre à noz
ennemys qu’ilz ſont, ſi bon me ſemble,à ma mercy : parquoy ie ſuis deliberé (ſans perdre plus nul de vous)diferer encores pour cinq ou ſix iours,
qu’Arcalaus m’enuoyera la teſte du Roy Liſuart, lors ie croy que la leur
monſtrant, ne ſeront plus oſez de me contredire, & les pourrons atraire
à nous par amour. Pourtant chacun de vous ſe reſiouyſſe, & face bonne
chere: car eſtant Roy,comme i’eſpere, ie vous feray tous riches. Ainſi ſ’en
allerent repoſer iuſques au lendemain matin,que Barſinan ſ’arma & mon
ta à cheual auecq’ vingt Cheualiers ſeulemét:puys vít au fort, que gardoït
vn Gentilhomme maiſtre d’hoſtel du Roy Arban , lequel voyant venir
ceſte troupe fit ſonner l’alarme . Mais Barſinan luy enuoya dire, qu’il
vouloit parlementer ſeulement, & demandoit d’auantage treue pour ſix
heures : dont l’on auertit incontinent le Roy Arban , auecq’ lequel treue
fut arreſtée, comme Barſinan la requeroit,& pour cinq iours d’auantage,
ſouz condition ,toutesfois, qu’il ne feroit aucun efort en nulle maiſon,
de la ville,pour y entrer , & que ſi le Roy retournoit auecq’ les cinq iours
expirez, que le Roy Arban & les ſiens obeïroient à ſon commandement . Ce que Barſinan otroya facilement, pource qu’il tenoit la mort
du Roy Liſuart ſi certaine , qu’il dit au Roy Arban : I’eſpere bien que ceſte petite treue ſera commencement de perpetuelle paix entre vous &
nous : car ie vous aſſeure, que voſtre Roy eſt mort,& que ſa fille ſera ma
femme

femme,& cela pourrez vous voir dans les cinq iours prochains. Cóment?
respondit Arban, tu l'as doncq' fait mourir & pourchassé si grande trahison enuers celuy,qui t'a fait si bon recueil en sa maison? i'aymerois mieux
mourir presentement, que d'auoir iamais vne seule heure de paix auecq'
toy: & te haste de retourner, autrement ie te feray mettre en pieces. Est
il vray? dit Barsinan, vous me menacez : mais c'est à moy à vous en faire
repentir.Et de fait se retira auecq' ses gents,auxquelz il declara l'honnesteté dont il auoit vsé enuers Arban, & les termes audacieux, que l'autre luy
auoit tenuz.

Comme Amadis vint au se-
cours de la ville de Londres.

Chapitre   XXXIX.

Ous auons n'a gueres laissé Amadis deuisant dás le bois
auecq' la Princesse Oriane, tant à leur ayse, qu'il ne leur
souuenoit d'autre chose,sinon de leur plaisir:& luy prioit Amadis,qu'elle luy recitast ce qu'Arcalaus luy disoit
en la códuisant. Sur ma foy, respondit elle, mon amy,il
me rópoit la teste à force de me persuader à me resiouir,
& me disoit,que deuát qu'il fust cinq iours, il me feroit Royne de la grád'
Bretaigne: Barsinan,mon mary: & luy son premier gouuerneur & grand
Maistre d'hostel,en recompense des seruices qu'il luy auoit faitz,luy donnant la teste de mon pere, & moy pour sa femme.Mon Dieu,respódit A-
madis, qu'elle trahison de Barsinan qui se monstroit tant amy du Roy! Ie
doute qu'il face quelque grand ennuy à la Royne.Mon amy, dit Oriane,
ie vous suplie allons la secourir. Ce qu'il vous plaira, respondit Amadis:
mais il me fasche bien de partir si tost de ce plaisant lieu : car i'auois deliberé de n'é sortir de huict iours,nó pas de noz vies,si vous l'eusiez trouué
bon.Bon? dit elle,en faites vous doute? Certes i'en serois plus contéte que
vous,n'estoit qu'il en pourroit venir,pour nostre retardemét, trop de mal
au païs,qui sera,si Dieu plaist,quelque iour vostre & mié.Et bien,respódit
Amadis,nous partirons demain matin.Et donnás fin à ce propos entrerét
en plus plaisants deuiz entremeslez quád bon leur sembloit du plaisir que
Amadis auoit nouuellement fait esprouuer à la Princesse: & croyez qu'ilz
en firent grandemét leur deuoir, sçachants bien que de long téps ilz n'auroient lieu si oportun. Puys le iour ensuyuát monterét à cheual, & tenoit

Y iiii

Amadis

Amadis les refnes de la hacquenée d'Oriane,cheminants droit àLondres.
Adoncq' rencôtrerét maîts Cheualiers, qui alloiét apres le Roy,auxquelz
Amadis monftra le chemin qu'ilz deuoient tenir : & leur dit,que Galaor
eftoit deuant.Et ainfi qu'ilz paffoient outre, Oriane auifa don Grumedã,
le bon vieillard, Cheualier d'hôneur de la Royne,& auecq' luy vígt Che-
liers,lefquelz auoiét efté toute la nuiĉt au trauers de la foreft cherchâts le
Roy de toutes parts.Lors Oriane l'apella.Et quãd il la cogneut,les larmes
luy vindrent aux yeux.& luy dit:Ma Dame,vous foyez la tresbien retour
née.Pour Dieu quelles nouuelles fçauez vous du Roy voftre pere?Certes,
mon amy,refpondit la Princeffe,l'on me fepara d'auecq' luy,eftãt encores
aupres de la ville: & depuys Dieu m'a tant voulu de bien,qu'Amadis m'a
fecourue & deliurée de ceux qui m'emmenoient,faifant tant d'armes,qu'il
les a quafi tous mis à mort.C'eft folie,dit Grumedan,à nul d'entreprendre
ce,à quoy Amadis ne met fin.Et f'adreffant à Amadis, luy demanda qu'e-
ftoit deuenu fon frere.Au lieu mefmes,refpondit il, où fe fit la feparation
du Roy & de fa fille:nous nous feparafmes,luy allant apres le Roy,&moy
fuy uant Arcalaus,qui emmenoit maDame Oriane.Or ay-ie meilleure efperance à fon fecours que ie n'auois, dit Grumedan,puys que fi bô Cheualier queGalaor eft apres.Lors Amadis luy recita la grãde trahifon d'Arcalaus &de Barfinan:Et pourtant,dit il,côduifez ma Dame au pas & ie m'en
iray le pluftoft que ie pourray au fecours de la Royne: car ie crains que ce
trahiftre luy face quelque defplaifir. Et ce me femble pour le mieux, que
deuez faire retourner tous les Cheualiers que vous trouuerez : pource que
fi le Roy doit auoir fecours par nombre de gens,il y en a defia plus deuãt
qu'il n'eft befoing. Or allez, refpondit Grumedan, lequel prit Oriane en
fa garde , fuyuant toufiours au pas le chemin de Londres , faifant tourner
tous ceux qu'ilz rencôtroiét. Adoncq' Amadis donnãt des efperons à fon
cheual, fit tant que toft apres il arriua en la ville:toutesfois deuant que d'y
entrer,il ataignit l'Efcuyer que le Roy auoit depefché vers la Royne pour
luy faire entendre les nouuelles de fa deliurance, lequel luy declara comme le tout eftoit paffé, dont Amadis rendit graces à Dieu, pour la bonne
fortune qu'il auoit donnée à Galaor fon frere. Or auoit il efté parauant a-
uerty de tout ce que Barfinan auoit fait àLôdres:parquoy il y entra le plus
couuertement qu'il peut.Mais quand le Roy Arban & fes gens l'auiferent,
leur doute fut conuertie en affeurance & hardieffe, & le vint le Roy Arban acoler , luy difant : Mon Seigneur, quelles nouuelles nous aportez
vous? Bônes bônes, refpôdit Amadis,& toutes telles que vous les defirez:
& pource que ie croy que laRoyne eft en eftrãge peine,ie vous prie allôs la
voir & elle aura dequoy f'efiouyr . Lors marcherent enfemble & Amadis
tenoit toufiours l'Efcuyer qu'il auoit rencontré en chemin: puys eftãt deuant la Royne , Amadis fe mit à genoux,& luy dit:Ma Dame,ce Gentilhomme a laiffé ce iourd'huy le Roy fain, & en liberté. C'eft ce qu'il vous

mande

mande par luy:aufsi ay-ie mis n'a gueres ma Dame voftre fille es mains de
don Grumedan, laquelle fera tantoft auecq' vous .Et pource que i'ay fceu
que Barfinan a enuie de côbarre,ie vous fuplie permettre que nous l'alliôs
voir.Quand la Royne entédit tant bonnes nouuelles,elle fut fi ayfe,qu'el
le ne peut de long temps parler, & ne faifoit que ioindre les mains,&leuer
les yeux au ciel : puys quelque peu apres elle ieta vn hault foufpir, difant:
Seigneur Dieu, voftre faint nòm foit loué ! & vous Amadis grandement
remercié ! Et ainfi qu'elle luy vouloit demander des nouuelles, l'alarme
fonna:parquoy Amadis & le Roy Arban coururent haftiuement aux barrieres,ou ilz trouuerent que les gens de Barfinan combatoient fort contre
ceux du Roy Arban,efperans les emporter. Lors Amadis fe mit en auant,
& faifant leuer la barriere, fendit la preffe,& commença à entrer dans fes
ennemys auecq' le Roy Arban : ce que voyants leurs gents prindrét cueur
les fuyuirent, Au moyen dequoy le combat fut afpre & perilleux,tant que
d'vne part & d'autre maints y furent occiz.Ce que voyant Barfinan,qui fe
fioit en fa troupe groffe au pris de l'autre : fe mit auant,cuydant(puys que
les barrieres eftoient haucées)enfoncer ceux de dedans. Mais il rencontra
Amadis en equipage de bien fimple fouldat: car il auoit pris vn armet
enroillé, & vn efcu tout depaint: toutesfois il luy dònna fi grand coup de
lance, qu'il luy fauça l'efcu & le harnois:& entra le fer bien auant dedans
la chair volant le fuft en efclatz . Puys mit l'efpée au poing, & retournant
luy donna fur l'armet fi rudement,qu'il coupa tout ce qu'il rencontra iufques au cuir de la tefte:dontBarfinan fut tout eftourdy,neâtmoins l'efpée
paffa fi legierement , qu'Amadis penfa ne luy auoir fait aucun mal : Mais
il le rechargea de toute fa puiffance, & tomba le coup fur le bras, duquel il
tenoit l'efpée,& le luy aualla tout au plus pres de l'efpaule:puys defcendât
le coup luy entaina la iambe prefque à moytié.Et ainfi que Barfinan fe cui
doit fauuer à courfe de cheual,il cheut efuanouy:parquoy Amadis le laiffa
là , & fe mift à pourfuyure les autres , tuant & renuerfant ceux qu'il ren-
controit.Ce que voyant les gens de Barfinan(mefmes la mort de leur maiftre)commencerent tous à fuyr,pour garantir leur vie:ce nonobftát ilz furent fuyuiz defi pres,que la plus grand' part demourerent fur le champ.Et
quelque peu des autres entrerent au chafteau,faifans leuer haftiuement le
pont : parquoy Amadis & les fiens retournerent ou ilz auoient laiffé Barfinan . Et pource qu'il n'eftoit encores mort,commanda que l'on l'empor-
taft au logis de la Royne , & qu'on le gardaft iufques au retour du Roy.
Ainfi fut departy le debat,comme auez entendu, demourâs les vns morts,
& les autres encloz en la forterefle.Lors Amadis voulant mettre fon efpée
au fourreau, s'aperceut qu'elle eftoit toute tainte de fang , & commença
à dire : Ah bonne efpée ! en bonne heure nafquit le Cheualier à qui vous
eftes.Certes comme l'vne des meilleures du monde eftes vous au meilleur
Prince qui y foit viuant.Et ce difoit il pour leRoy Lifuart,à qui elle eftoit,

& l'auoit

& l'auoit la Royne enuoyée à Amadis par Gandalin, comme cy deuant ie vous ay declaré. A l'heure mesme Amadis s'en alla au logis de la Royne, laquelle estoit atendant nouuelles du Roy, qui faisoit toute diligence de venir à Londres : & donnoit ordre de faire retourner tous les Cheualiers qu'il rencontroit , & d'auantage enuoya gens expres pour en auertir ceux qui estoient deuant . Mais entendez que les Princes que le Roy cogneut de ceux de sa queste, furent Agraies, Galuanes, Soliuan, Galdan, Dinadaus & Bernas. Ces six cheminoient faisans grand dueil ne sçachants rien du secours du Roy, quand ilz le virent venir de loing vers eux, dont leur malayse fut conuerty en plus grand plaisir . Lors le Roy les fut embracer leur disant : Mes amys, vous m'auez quasi perdu : mais Dieu mercy vous m'auez maintenát recouuert, par l'ayde de ces trois bons Cheualiers Galaor, Guillan & Ladasin. Puys leur recita la maniere. Certes, Sire, respó dit Dinadaus ausi tost que l'on a sceu en la ville vostre infortune, chacun sest mis en deuoir de vous secourir . Mon neueu, dit le Roy, d'autant ie suis tenu à vous tous. Ie vous prie prenez auecq' vous quelque nóbre de ces Cheualiers , & allez diligemment secourir la Royne : car ie me doute qu'elle a beaucoup d'affaires. Ce Dinadaus estoit l'vn des meilleurs Cheualiers du lignage du Roy, & fort estimé entre les bons, tant pour ses vertuz, que pour les grandes cheualeries , & faitz d'armes, qu'il auoit faitz : lequel s'en partit ausi tost auecq' bonne troupe. Et le Roy suyuoit son chemin , auecq' gros renfort, pour soustenir son neueu, s'il estoit besoing : mais il n'eut gueres cheminé, qu'il ataignit le bon vieillard don Grumedan conduisant Oriane. Ie vous puis bien asseurer, que le plaisir qu'ilz eurét ensemble à ceste rencótre fut d'autant grand, que leur separation ennuyeuse, quand Arcalaus les departit. Lors Grumedan cóta au Roy , comme Amadis luy auoit baillé en garde la Princesse, & qu'il estoit allé en la ville pour secourir la Royne . Et cótinuant leurs propoz arriuerent à Londres , ou il fut auerty quelle fin a uoit euë l'entreprise de Barsinan, & la resistáce que le Roy Arbá auoit faite contre luy. Puys cómme Amadis le tenoit prisonnier , & qu'il l'auoit defait auecq' tous ses gens, excepté aucuns qui estoiét encores dás le chasteau. Or fut la Royne incontinent auertie du retour du Roy, & qu'il arriuoit en son logis : au moyen dequoy elle s'en alla au deuant de luy. Mais qui vous sçauroit dire ne reciter la ioye qui fut entre eux ? Ie croy qu'il seroit impossible. Et apres maintz gracieux propoz qu'ilz eurent ensemble, la Royne luy fit entendre l'effroy qu'elle auoit eu, & comme le chasteau auoit esté pris . Dans lequel, dit elle, aucuns de ses trahistres se sont sauuez : parquoy le Roy voulant que l'on l'assiegeast, & pour donner plus de crainte à ceux de dedans, fit amener Barsinan , & le cousin d'Arcalaus : lesquelz , en la presence de tout le peuple, confesserent la trahison, comme elle auoit esté conduite . Ce fait fut allumé vn grand feu, ou ilz furent bruslez tous vifz, dequoy ceux du chasteau auertiz , mesmes que les viures leur

failloient

failloient, se mirent tous en la mercy du Roy : la plufpart defquelz furent
cinq iours apres penduz aux carneaux , & les autres mis en liberté , pourtant fera mis fin au propos. Tant y a, que long temps depuys, il y eut gráde
inimytié, à caufe de cefte mort, entre ceux de la grád' Bretaigne, & de Sá-
fuegue: car vn filz de ce Barfiná, qui fut gentil Cheualier, mena grád' guer
re contre le Roy Lifuart, comme cy apres l'hiftoire fera mention. Or eftát
le Roy efchapé de celles infortunes, fe recommencerent ioyes & autres
paffetemps, ainfi qu'ilz auoient efté commencez: durant lefquelz árriua la
Dame, meffagiere de Madafime, & fes deux enfants, qui auoient efté prefens quand Amadis & Galaor promirét d'eux departir du feruice du Roy
Lifuart. Dequoy Galaor fut incontinent auerty , & vint la receuoir auecq'
Amadis & leur firent bonne chere. Puys elle leur dit: Mes amys, ie fuis venue ceans, pour ce que fçauez . Eftes vous deliberez acomplir voftre promeffe? Ouy vrayement, refpondirent ilz, nous tiendrons le cóuenant que
nous auós promis à Madafime, & tout prefentemét, fi voulez venir deuát
le Roy. Allós doncq' ie vous en prie, dit la Dame. A dócq' Amadis & Gala-
or la conduirent auecq' fes deux filz. Lors la Dame fe vint ieter à genoux,
& dit au Roy: Sire, ie fuis venue en voftre court, pour voir fi ces deux Cheualiers tiendront vn cóuenát, qu'ilz ont fait à vne Dame. Quel eft il? refpó
dit le Roy. Sur ma foy, dit elle, ie croy qu'il vous fera peu agreable, & à tous
ceux qui les aymét. Puys le luy declara. Quand le Roy l'entédit il fut trop
marry & dit: Seigneur Galaor, vous me faites tord. Sire, refpódit il, il valoit
mieux que fifsions ainfi, que d'eftre malheureufement occiz: car fi nous
euffions efté cogneuz, tout le móde enfemble ne nous euft peu fauuer les
vies: mais ne vous en ennuyez, f'il vous plaift: car le remede fera plus própt
que n'efperez. Puys f'adreffant à Amadis, luy dit: Monfieur, vous m'auez
promis, que vous ferez en cecy tout ainfi que moy. Il eft vray, refpódit A-
madis. Lors Galaor pourfuyuant fon dire recita deuant tous, par quelle
trahifon ilz furent pris, dont il n'y eut celuy, qui n'en fuft efmerueillé:
Toutesfois, dit Galaor, i'efpere que la Dame mefmes fe trouuera trompée,
ainfi que vous verrez prefentement. Et parlát au Roy, dit fi hault que tous
l'entendirent : Sire , en acompliffant ce que i'ay promis à Madafime Dame de Gantafi , ie prens congé de vous, me departant entierement de voftre feruice : vous auifant, qu'elle treuue bon vous faire ceft ennuy , & pis
encores, fi elle peult, pour le grád mal qu'elle vous veult. Puys Amadis f'a-
uáça, qui dit le femblable. Lors Galaor f'adreffa à la Dame & à fes deux enfants, leur difant: Vous femble il que nous ayons acomply noftre promeffe? Ouy certes, refpondit la Dame, vous auez fait voftre deuoir en tout ce
qu'auez promis. Vous vous en pouuez dócq' retourner quád il vous plaira,
dit Galaor: mais dites à Madafime, qu'elle n'a fait fi finement qu'elle penfoit, comme vous cognoiftrez prefentemét par effait. Adoncq' dit au Roy:
Sire, nous auons entierement acomply ce qu'auions promis à Madafimé:

& pour-

& pource qu'en luy faisant ceste promesse,le téps que nous serons hors de
vostre seruice n'a esté nullement limité,il est en nous d'y rentrer quand il
vous plaira,& que le commanderez.Pourtant, Sire, nous sommes vostres
prestz de vous obeïr. Quand le Roy & ceux qui estoient presents l'entendirent,ilz furent tant esiouyz,& estimerent Galaor & Amadis tresauisez:
& pourtant le Roy dit à la Dame: Vrayemét selon la grande trahison qui
leur fut faite,souz ombre de si bonne foy, ilz ne sont obligez à plus qu'ilz
ont acomply:car il est iuste, que ceux qui veulent tromper soient deceuz.
Et dites à Madasime, que puys qu'elle me hait si fort, qu'elle auoit en son
pouuoir assez dequoy me faire triste tout le téps de ma vie:mais Dieu,qui
en autres lieux les a deliurez de maints grands perilz, n'a pasvoulu qu'ilz
perissent es mains de telle persóne qu'elle est.Sire,respódit la Dame, vous
me direz,s'il vous plaist,qui ilz sont.C'est,dit il,Amadis,& dó Galaor son
frere.Comment? respódit elle,est il possible que Madasime ayt tenu Ama
dis en son pouuoir? Ouy vrayemét, dit le Roy.Dieu soit loué, respódit la
Dame: car ilz ne fussent de leur vie eschapez,s'ilz eussent esté cogneuz. Et
certes c'eust esté grand dommage , si deux telz personnages fussent periz
ainsi: Toutesfois ie croy que le sçachant,dit le Roy,qu'elle s'en repentira,
qui est le plus iustement qu'elle sçauroit faire.Adoncq' la Dame prit congé, & s'en retourna le chemin qu'elle estoit venue.

Cõme le Roy Lisuart tint court

en la ville de Londres plusieurs iours,durant lesquelz furent festoyez maints grands personnages qui s'y trouuerét,la pluspart
desquelz y seiournerent bien long temps apres.

Chapitre   . X L.

Ouze iours entiers le Roy Lisuart , apres ses infortunes
passées,cótinua sa court en toute magnificéce,en laquel
le s'estoiét assemblez plusieurs grands personnages, tát
estráges qu'autres,esperants y faire peu de seiour & pró
ptement retourner en leurs maisons: neátmoins la plus
grand' part demoura auecq' le Roy,& en si grád nóbre,
que c'estoit merueilles , mesmes des Dames & Damoyselles que la Royne
retit en sa cópagnie.Entre autres Cheualiers que le Roy arresta,furét Guil
lan le Pensif & Ladasin son cousin:lesquelz,cóme i'ay dit,estoiét tresbons
cheualiers.MaisGuillá l'estoit trop meilleur que son cousin:car il s'en trou
uoit peu en tout leRoyaume de la grád' Bretaigne,qui le passast en armes,
& si estoit pourueu de toutes autres graces que bon Cheualier doit estre,
hors ce grád pésemét & resuérie qu'il auoite, lquel estoit moyen, que nul
ne pouuoit

ne pouuoit iouyr de fa perfonne, & moins de fa parole, ou compagnie:
mais Amour en eftoit caufe, qui le rendoit tant aymant fa Dame, qu'il ne
pouuoit vouloir bien à autre chofe, non pas à foymefmes. Cefte dont ie
vous parle eftoit tresbelle, & fe nommoit Brandalife, fœur de la femme
du Roy de Sobradife, & mariée auecq' le Duc de Briftoye, qui arriua lors,
à la Court, pour refpondre à l'acufation qu'auoit faite contre luy Oliuas.
Le Roy luy fit tresbon recueil: puys le lendemain le Duc luy dit en la prefence de maints grands Seigneurs : Sire, vous m'auez fait aiourner à ce
iour, pour me iuftifier deuant voftre maiefté de ce qu'Oliuas m'a mis fus.
Ce que i'efpere faire, & demourer abfoulz, felon le droit & iugement que
vous en donnerez, & luy vilipendé, comme mefchant qu'il eft: car ie fuis
preft de luy prouuer, ou à autre qu'il voudra, qu'oncques ie ne commis
trahifon, ou lafche tour. Adoncq' fe leua Oliuas, & auecq' luy grand nóbre
de Cheualiers errants, tous deliberez de fouftenir cefte querelle contre le
Duc. Quand le Roy les auifa en telle troupe, il fut tout esbahy qu'ilz
demandoient. Lors Grumedan prit la parole pour tous les autres, & dit:
Sire, pour autant que le Duc de Briftoye a menacé & defié tous Cheualiers errants, nous fommes prefens pour luy refpondre à cefte defience. En
bonne foy, refpondit le Roy, f'il eft ainfi, il a entrepris vne fole guerre:
car ie croy qu'il n'y a fi puiffant Roy au monde, qui en peuft ayfément
venir à bout. Mais pour cefte heure vous vous deporterez, & ne luy ferez
aucun defplaifir, pource qu'il eft icy pour auoir iuftice: laquelle luy fera
faite, fuyuant l'auis & confeil que m'en donneront ces Princes & Seigneurs prefents, fans fauorifer aucun. Adoncq' Oliuas fe mit à genoux
deuant le Roy, & luy dit: Sire, le Duc, qui eft deuant voftre maiefté, a occis vn mien coufin germain, fans qu'il luy euft oncques fait outrage:
pourtant ie luy maintiens qu'il eft trahiftre & mefchant, & ce luy feray-ie
confeffer par fa bouche mefmes, ou ie le tueray & ieteray hors du camp.
Le Duc luy refpondit qu'il mentoit, & qu'il eftoit preft d'acomplir ce
que le Roy & fa Court en ordonneroient. Et à cefte caufe fut dit, que cefte
preuue fe vuyderoit par combat, ce que le Duc accepta: fupliant le Roy
permettre, qu'il euft auecq' foy deux de fes neueux côtre deux autres, telz
que voudroit eflire Oliuas. Ce qu'il luy fut acordé, dont le Duc eut grand
plaifir : car il les eftimoit telz, qu'il f'affeuroit, qu'Oliuas n'en recouureroit
iamais de fi bons, toutesfois le tout fut diferé iufques au lendemain. Ce
pendant don Galuanes demanda au Prince Agraies fon neueu, f'il vouloit pas ayder à Oliuas contre le Duc. Ouy vrayement, refpondit il. Et à
cefte caufe Galuanes vint à Oliuas, & luy dit: Seigneur Oliuas, puys que
le Duc a enuie de combatre luy troyfiefme contre vous, & deux autres:
mon neueu & moy fommes deliberez de vous ayder. Ce qu'entendu
par le Duc, il fe fouuint, que c'eftoient ceux, qu'il auoit defiez en fa maifon, lors que Agraies combatit le neueu du Nain, & que la Dame que

Z

l'on vou-

l'on vouloit brusler fut secourue : à ceste cause il deuint fort pensif. Car
encores qu'il estimast ses neueux plus que nulz autres Cheualiers, si se
repentit il de s'estre mis de la partie, & s'en fust voluntiers lors excusé, s'il
eust peu, ayant esprouué ce que sçauoient faire Galuanes & Agraies : mais
ce luy fut force de paracheuer ce, qu'il auoit acordé deuant le Roy, &
tant de grands personnages : parquoy le lendemain matin se trouua sur
les régs, auecq' ses aydes, & Oliuas & les siens aussi. Or estoient les Dames
aux fenestres, pour voir l'yssue de ceste querelle, & entre les autres la belle Olinde amye d'Agraies, laquelle le voyant prest d'entrer en tel peril,
se trouua si esperdue, qu'elle ne sçauoit quelle contenance tenir : & ioignant d'elle estoit Mabile, qui n'estoit en moindre peine de son oncle, &
de son frere ensemble. D'autre part Oriane, qui les aymoit tous deux,
pour les raisons qu'auez cy deuant peu entendre, estoit morne & pensiue,
craignant de voir ce qu'elle n'eust voulu : mais estants ces Cheualiers prestz
à combatre, le Roy fit cryer par vn Herauld, qu'ilz fissent leur deuoir. A-
doncq' coururent l'vn contre l'autre, de si droit fil, qu'ilz se donnerent
tous atainte. Agraies & don Galuanes, qui s'adresserent aux deux neueux du Duc, les desarçonnerent, brisants leurs lances. Et combien que
Oliuas receust vn grand coup en l'estomac, par le Duc, dont il fut tres-
naüré : neantmoins si le Duc n'eust embracé le col de son cheual, il fust
tombé comme ses neueux, dont l'vn d'eux se releua legierement. Ce
pendant Agraies s'adressa au Duc (comme à la personne du monde qu'il
hayoit le plus) & de premiere charge luy donna tant de coups d'espée,
qu'il luy faisoit sortir le pur sang du corps. Lors celuy qui estoit releué,
voyant le peril de son oncle, courut le secourir, & mit son espée dedans
les flans du cheual de son ennemy. A quoy Agraies ne prenoit garde : car
il n'essayoit qu'à defaire le Duc, & l'auoit desia mis à telle raison, qu'il
estoit prest d'y perdre la teste. Mais le cheual d'Agraies cheut souz luy,
ou il se trouua fort empesché, ce que Galuanes voyoit bien : toutesfois il
auoit tant affaire contre l'autre, qu'il n'eust peu secourir son neueu,
combien que celuy, qui auoit occis son cheual, essayast de luy arracher
l'armet. Ce pendaut le Duc cherchoit les endroitz pour luy donner de
l'espée dedans le ventre : mais il estoit si bien armé & de si grand cueur,
qu'il trouua moyen de se defaire de tous deux. Vous pouuez penser, que
ses amys le voyant en tel danger, estoient en estrange peine, mesmes les
Dames : car les trois, dont nous auons cy dessus parlé, faisoient ruysseaux
de larmes qui leur tomboiét des yeux, entre les autres la triste Olinde, qui
paroissoit plus morte que viue. Et ne fault douter, que si Agraies eust longuement esté en ce peril, qu'elle ne fust trepassée : mais il se releua, & comme si tout le iour il n'eust combatu, commença à charger sur le Duc &
son neueu par telle promptitude, qu'il n'y auoit celuy, qui ne l'estimast
hardy, & tresgentil Cheualier. Et pource que depuys qu'Oliuas eut esté

naüré

naũré du coup de lance que luy donna le Duc, il ne s’eſtoit mis en nul deuoir d’aſſaillir ne defendre. Galaor dit aſſez hault: Par dieu Oliuas a grãd
tort de laiſſer ainſi ſes amys au beſoing. Ne luy euſt il eſté meilleur n’auoir
oncques porté cuyraſſe en dos, que de faire à preſent ſi grand’ laſchété?
Vrayement, s’il euſt ſceu la verité, il l’eut pluſtoſt excuſé: car il eſtoit ſi naũré, que c’eſtoit choſe eſtrange, comme il ſe pouuoit tenir à cheual. Ce non
obſtant voyant Agraies en tel peril, le cueur luy ſouzleua de ſorte, qu’il
mit la main à l’eſpée, & vint s’adreſſer au Duc, lequel le repouſſa vertement. Au moyen dequoy Oliuas entra en colere, qui l’enflamba ſi fort,
qu’il oublia ſon mal, & recouura nouuelle force: & telle qu’à l’opinion de
tous, il ne combatoit moins rudement que s’il n’euſt eſté blecé. Ce pendãt
Agraies qui n’auoit plus affaire qu’à vn, faiſoit grand deuoir d’en venir à
bout, & auiſa à l’heure la Princeſſe Olinde, qui le regardoit: au moyen dequoy il luy ſembla ayſé, non ſeulement de le defaire: mais luy ſeul eſtre
ſufiſant pour en combatre vn cent de telz. Adonc ſe mit à faire tant d’armes que l’autre s’en fuyt: toutesfois il ne courut pas loing: car Agraies luy
donna ſur l’armet ſi grand coup, qu’il l’abatit à terre puys: luy trencha la
teſte. Lors ſans s’arreſter courut ſus au Duc, qui combatoit contre Oliuas,
lequel eſtoit ſi vuidé de ſang, qu’à l’inſtant meſmes, qu’Agraies le fut ſecourir, il tomba ſur le champ eſuanouy. Et ainſi que le Duc le vouloit tuer,
Agraies ſe mit entre deux, & commença à donner tant d’affaires à ſon ennemy, & à le pourſuyure ſi viuement, que la plus part voyans l’aſpreté de
luy douterent qu’il ne peuſt durer: mais ilz le cognoiſſoient mal: car il ſe
trouuoit touſiours plus rude à la fin d’vn affaire qu’au commencement, de
ſorte que ſi la force luy euſt eſté autant à commandement que le cueur, il
n’euſt eſté à aucun ſecond. Et ainſi qu’il continua ſes efforts, il rencontra
l’autre neueu du Duc, & luy donna ſur les laqz de ſon armet, de ſorte qu’il
le luy fit voler de la teſte. Adonc Galuanes, qui eſtoit tout ioignant, eſtendit le bras, & la luy ſepara en deux. Lors enueloperent eux deux le Duc de
toutes parts: mais il ſe mit à la fuyte: toutesfois Agraies le pourſuyuit de ſi
pres que d’vn coup d’eſpée il luy aualla le bras, dont il eut telle angoyſſe,
qu’il ſe laiſſa tomber, ayant encores vn pied en l’eſtrier. Adonc le cheual
eſtant en liberté, ſentant ce fardeau pendant, ſe prit à fuyr, à ruer, & à
courre, & ne peut-on donner ſi prompt ſecours au Duc, qu’il n’euſt la teſte
efondrée, & la ceruelle tirée hors: au moyen dequoy Agraies le laiſſa là
& retourna vers ſon oncle, pour ſçauoir de luy comme il ſe portoit. Bien,
Dieu mercy, reſpondit Galuanes: mais ie ſuis treſdeſplaiſant d’Oliuas, qui
eſt mort comme ie croy. Sur ma foy, dit Agraies, i’en ſuis treſmarry: &
pource ie vous prie tandis que ie ieteray ces ruſtres hors du champ, allez
voir ce qu’il fait. Et trouua qu’il parloit encores, & demandoit confeſſion,
Vrayement, reſpondit Galuanes, vous l’aurez: mais il vous fault prendre
cueur. Et ce diſant aperceut ſa playe, laquelle haſtiuement il benda, & vid

Z ii

bien

bien qu'elle n'estoit mortelle, parquoy il luy dit: Oliuas mon amy, prenez courage: car ayant recouuert voftre fang perdu, vous auez recouuert auſsi voſtre ſanté, & n'eſt voſtre playe en lieu dangereux. Ah Dieu! reſpondit Oliuas, le cueur me fault: & combien que i'aye autresfois eſté fort naüré, ie n'eu oncques telle deffaillance. Ce n'eſt rien, dit Galuanes, prenez bon courage. Adonc le Roy voulut ſçauoir s'il eſtoit mort, ou non, & quãd on luy dit qu'il ſe porteroit bien, s'il eſtoit mediciné, il commanda que prom ptement on le portaſt en la ville le plus doucement qu'il ſeroit poſsible, & que ſes Chirurgiens prinſent garde de luy, comme de ſa perſonne propre, ce qu'ilz firent, & donnerent aſſeurance de le rendre ſain en peu de iours auecq' l'ayde de Dieu. Ainſi chacun ſe retira deuiſans diuerſemét de la fin du combat, & ſelon les particulieres affections: tellement que peu apres la Royne, qui eſtoit l'vne des meilleures Dames du monde, s'auiſa de faire venir à la Court la veſue du feu Duc, pour paſſer partie de ſa melencolie. Et à ceſte cauſe enuoya vers elle don Grumedan, par lequel elle la prioit de la venir voir, & d'amener Aldene ſa niece: dequoy Galuanes fut treſayſe, meſmes don Guillan, qui eſtoit, comme ie vous ay dit, amy & aymé de ceſte Ducheſſe, laquelle peu de téps apres arriua à la Court auecq' ſa niece, qui furent les tresbien receuës & grandement feſtoyées. Ainſi le Roy paſſoit le temps en ſa ville de Londres, acompagné de maints grands Seigneurs, Cheualiers, Dames, & Damoyſelles: pource que le bruit courut par tout le monde du bon traitement, honneur, & grand recueil qu'il faiſoit aux Cheualiers eſtranges. Peu de téps apres il en vint vn treſgrand nóbre à la Court, auxquelz le Roy fit de grans biens, eſperant par leur moyen, non ſeulement defendre & maintenir en paix ſes païs: mais conqueſter les autres, qui autresfois auoient eſté ſubietz & tributaires à ſa coronne: leſquelz par la puſilanimité & negligence de ſes anteceſſeurs Roys, s'eſtoient diſtraitz de leur obeïſſance.

Comme Amadis delibera daller

combatre contre Abiſeos, & ſes deux filz, pour venger la mort du Roy pere de la belle Briolanie, & de ce qu'il en auint.

Chapitre XLI.

Cy deuant

Y deuant vous a esté recité, cóme estant Amadis auecq'
Briolanie, il luy promist de venger la mort du Roy son
pere contre Abiseos, & ses deux filz, & estre dans vn an
apres acompagné de deux autres Cheualiers ou elle seroit: aussi comme en prenant congé d'elle, elle luy donna vne espée, pource que la sienne estoit rompue, luy
priant qu'il la gardast pour l'amour d'elle : & comme depuys ceste espée
fut rompue au chasteau de l'amye d'Angriote d'Estrauaux par Amadis,
ainsi qu'il se combatoit contre Gasinan, & en fit songneusement emporter les pieces par Gandalin, dont grand mal luy auint depuys (comme il
vous sera recité cy apres) non par sa faulte : mais par l'indiscretion d'Ardan le Nain, lequel pensoit que son maistre aymast ardamment la belle
Briolanie, sçachant qu'il s'estoit offert à estre son Cheualier. Vn iour dócques estant Amadis auecq' le Roy Lisuart, voyant cótinuellement sa Dame
Oriane, au grand contentement d'eux deux : Amour, qui esguillonne
souuent ses subietz, ne les voulut plus entretenir en si grand ayse : mais
leur donna vn fort ennuy pour leur faire receuoir apres plus de plaisir. Et à
ceste cause le fit souuenir de la promesse qu'il auoit faite à Briolanie, de
cóbatre Abiseos dans vn an, duquel le terme aprochoit : parquoy ne voulant faillir de sa promesse, va songer tous les moyens du monde à faire
trouuer bon son congé à la Princesse Oriane, & tant qu'il se delibera de
luy dire & remonstrer la pitié de la Princesse, à si grand tord desheritée
d'vn royaume, qui luy deuoit apartenir. Et de fait sceut si bien palier ses
remonstrances, que nonobstant qu'Oriane n'eust aucun desir de luy o-
ctroyer ce qu'il demandoit, ne qu'il s'absentast d'elle: si fut elle tant surprise de compassion, qu'elle força sa volunté, & faisant tous les regretz du
monde, luy respondit: Mon amy, ie sçay bien que ce que vous dites est
raisonnable: mais le tord que vous me faites vous est inexcusable : toutesfois pource que ie vous ayme, comme vous estes asseuré, il est conuenable
que i'ayme aussi vostre honneur plus que mon plaisir. Vous auez promis
(à ce que vous m'auez fait entendre) à vne Damoyselle desheritée de l'a-
ler secourir : i'en suis contente, puys qu'autrement ne peult estre. Neantmoins ie vous prometz, que c'est auecq' plus grand regret, que vous ne pen
sez : car le cueur me menace de quelque meschef, qui nous pourra auenir
durant vostre voyage. Ma Dame, respódit Amadis, ia à Dieu ne plaise, que
ie face de ma vie chose qui vous cause ennuy, ou qui soit contre vostre vou
loir, & aymerois mieux iamais n'auoir esté né. Pourtant, treuue bon
Briolanie mon retardement, ie m'en tiens moymesme pour tout excusé,
puys qu'il ne vous est agreable. Non non, mon amy, ie veux que vous y
alliez, dit Oriane : mais faites brief retour ie vous en prie. Puys luy donnant congé le baisa, le priant aussi qu'il en parlast à la Royne, à ce qu'elle
estimast que par son commandement seul il entreprenoit ce voyage : ce

                    qu'il

qu'il fit . Et le lendemain matin s'en partit auecq' Galaor & Agraies : mais
ayant cheminé enuiron demye lieuë, il s'auifa de demander à Gandalin,
s'il ne portoit pas les trois pieees de l'efpée que la belle Briolanie luy auoit
donnée . Non, refpondit Gandalin. Or les retourne querir, dit il au Nain,
& fay diligence de nous ataindre . Ah! s'il euft fceu le mal, qui depuys luy
en auint, il n'euft enuoyé vn tel meffagier : car il cuyda eftre caufe, pour
parler trop legierement de la mort d'Amadis, & d'Oriane enfemble, comme apres fera deduit . Ainfi s'en alla le Nain au logis d'Amadis, & y trouua les pieces de l'efpée, au lieu que Gandalin luy auoit enfeigné : & retournant haftiuement vers fon maiftre , de fortune paffa ioignât le logis de la
Royne, ou il entendit qu'on l'apelloit : & haulçant la tefte, aperceut la
Princeffe Oriane & Mabile, qui luy demanderent pourquoy il auoit laiffé Amadis . Ma Dame, refpondit il, ie ne l'ay laiffé de fi loing, que ie ne le
retrouue bien toft : car ce que ie luy porte fera caufe, qu'il ne fe haftera que
ie ne l'aye r'ataint. Et qu'eft ce? dit Oriane. Voyez, refpondit le Nain. Lors
luy monftra l'efpée rompue. Et qu'en veult il faire ? dit Oriane. Quoy? refpondit le Nain : ie vous affeure, ma Dame, qu'il la prife plus, telle qu'elle
eft, pour l'amour de celle qui la luy donna , que les deux meilleures du
monde. Et qui eft elle? dit Oriane . C'eft, refpondit le Nain, la Damoyfelle mefmes, pour laquelle il va combatre . Et combien que vous foyez fille du meilleur Roy du monde, & plus belle, à mon auis que nulle autre Dame : fi deüriez vous vouloir pluftoft auoir gaigné ce qu'elle a conquis, que tout l'auoir de ce royaume. Ie ne fçay pas comme tu l'entends,
dit Oriane, c'eft (peult eftre) ton maiftre , qui s'eft donné à elle . Vous dites vray, refpondit le Nain : car il eft tant à fon commandement, qu'il s'e-
ftime heureux d'eftre fon Cheualier . Et ce difant donna du fouët à fon
cheual, pour ataindre Amadis, lequel ne penfoit à l'heure à cefte menfon-
gere parole : mais Oriane l'ayant entendu entra en telle ialoufie, que,
fans auoir egard à chofe quelconque, cuyda fe ieter du hault de la feneftre en bas, fans Mabile & la Damoyfelle de Dannemarc qui l'engarderét.
Lors commença à blemir & à changer couleur , fans fçauoir tenir contenance affeurée : puys de grand' colere fe prit à groumeler contre celuy
qui ne penfoit à autre chofe , qu'à luy faire feruice. Deftordant fes mains,
& ferrant fes doigtz fe va fouuenir de quelle affection il luy auoit demandé congé d'aller en tel voyage, qui luy augmenta la fufpicion de
ce que le Nain luy difoit, dont elle fentit fon cueur fi opreffé, qu'il luy
fut impofsible ieter l'arme d'œil, au moyen que le pleur s'eftoit retiré au plus digne lieu d'elle . Qui luy redoubloit fon tourment en telle extremité, qu'oncques Dido pour la tromperie que luy fit Eneas, ou la trifte Medée fe voyant delaiffée de fon amy Iafon, ne fentirent pareille angoiffe : & n'euft failly à les fuyure par la cruelle fureur du glaiue, fans
celles qui eftoient au tour d'elle, qui trouuerent moyen de l'en garantir.

Ce pen-

Ce pendant le Nain suyuit son chemin, iusques à ce qu'il ataignit Amadis & ses compagnons, lesquelz cheminoient le pas en l'atendant : mais
aussi tost qu'il fut arriué, ilz firent meilleure diligence, sans ce qu'Amadis s'enquist à luy d'aucune chose, ne que le Nain luy recitast ce qu'il a-
uoit dit à la Princesse, seulement luy monstra les pieces de l'espée qu'il
portoit. Or n'eurent ilz gueres passé oultre, qu'ilz rencontrerent vne Damoyselle, laquelle apres les auoir saluez, leur demanda quelle voye ilz tenoient. Nous suyuons ce chemin, respondirent ilz. Et ie vous conseille,
dit elle, de le laisser. Pourquoy? respondit Amadis. Pour autant, dit la
Damoyselle, que depuys quinze iours il n'y passa cheualier errãt, qui n'ayt
esté nauré, ou occis. Et qui leur fait ce deplaisir? respondit Amadis. C'est
dit la Damoyselle, vn Cheualier, qui est le plus adroit aux armes que l'on
sçauroit trouuer. Damoyselle m'amye, dit Agraies, ie vous prie nous le
fairevoir. Certes, respondit elle, vous n'aurez passé la forest deuant qu'il
ne se monstre à vous. Adonc continuerent leur chemin auecq' la Damoyselle, mais ilz furent bien long temps sans en ouyr nouuelles. Parquoy ilz
penserent qu'elle leur vouloit seulement donner crainte : toutesfois peu
apres Amadis auisa le Cheualier, & luy sembla de fort belle taille & en
poinct pour combatre. Lors le monstra à ses compagnons, & ainsi qu'ilz
le regardoient virent qu'il parloit à vn Escuyer, qui arengeoit quatre lances contre vn arbre, lequel vint incontinent à eux leur dire : Seigneurs, ce
Cheualier vous mande, qu'il auoit entrepris de garder la forest contre tous
Cheualiers errants quinze iours durant. Et que pendant ce temps il a esté
tant fortuné qu'il n'en a trouué aucun qu'il n'ayt vaincu, & si a iour & demy que son terme est acomply : toutesfois il s'y est tenu iusques à present
pour le plaisir qu'il prend à iouster. Mais ainsi qu'il s'en vouloit retourner
il vous a auisez : parquoy il vous fait sçauoir, que s'il vous plaist rompre
chacun vne lance, qu'il est encores conten:, pourueu que puys apres le
combat de l'espée cesse, pource que peu souuent il entre en ces termes, sans
faire plus de mal qu'il ne voudroit. Quand Agraies l'entendit parler, il
prit hastiuement ses armes, & respondit pour les autres : Amy, va dire
à ton maistre, qu'il se garde, & que la iouste ne luy faudra par moy. Lors
donna des esperons à son cheual, ce que voyant le Cheualier, en fit au·
tant, au moyen dequoy ilz se donnerent si rude atainte, que leurs lances
volerent en esclatz. Mais Agraies fut desarçonné si legierement, qu'il en
eut grand' honte: car en combatant il perdit les resnes de son cheual, qui
s'en fuyt. Quand Galaor vid son cousin renuersé, il se delibera de le venger, cryant au Cheualier de la forest qu'il se gardast : lequel prit vne autre lance, & courut contre Galaor de si grand' roydeur, que leur boys se
brisa en pieces, & se rencontrerent d'escuz & de corps si rudement, que
le cheual de Galaor, qui estoit plus foyble que celuy de l'autre, fut renuersé, & son maistre dessouz. Toutesfois le cheual se leua promptement,

Z iiii   & s'en

& s'en fuyt comme le premier. Lors Amadis esbahy de ceste fortune, prit
ses armes, puys dit au Cheualier : Ie ne sçay qui tu es : mais tu te peux vanter, que tu as abatu les deux plus gentilz Cheualiers du monde. Puys coucha sa lance en l'arrest : mais ainsi qu'il vouloit donner des esperons à son
cheual, Galaor s'estoit desia releué, & apelloit l'autre au combat de l'espée, lequel rioit, sans rien respondre. Parquoy Amadis dist à son frere : Ne vous plaignez de luy : car deuant que de iouster, il nous a mandé, qu'il ne se combatroit à l'espée : mas ie vous en sçauray bien venger.
Lors piqua son cheual & courut la lance baissée contre le Cheualier, & luy
au semblable, de sorte qu'ilz se donnerent dans les escuz, si rudement,
que leur boys se brisa tout contre le poignet, se rencontrans d'escuz, de
corps, & de testes, par si grande vigueur, que Amadis & son cheual tomberent à terre, & en eut le cheual l'espaule rompue : toutesfois le Cheualier
fut desarçonné comme luy, neantmoins il ne perdit pour celà les resnes
du destrier, au moyen dequoy il remonta legierement. Lors luy dit A-
madis : Par dieu, il nous faudra essayer encores vn coup, si voulez auoir
l'honneur : car il ne vous est pas encores aquis, puys que nous sommes
tous deux tombez. Ie n'ay maintenant plus d'enuie de iouster, respondit
le Cheualier. Vous me ferez donc tord, dit Amadis. Or le redressez si vous
pouez, respondit l'autre : car selon que ie vous fis entendre auant que
de courre, ie ne suis plus obligé qu'à ce que i'ay fait. Et ce disant donna des
esperós à son cheual, courant tant qu'il peut au trauers de la forest. Quand
Amadis & ses compagnons, qui estoient à pied, le virent fuyr, ilz demeurerent tous honteux : car ilz ne sçauoient presumer qui pouuoit estre
celuy qui les auoit ainsi traitez. Parquoy Amadis monta sur le cheual de
Gandalin, & dit à ses compagnons. Suyuez moy, s'il vous plaist : car ie serois trop desplaisant, si ie ne sçauois le nom de ce Cheualier. Certes, respódit la Damoyselle ce seroit à vous (voyre à tous les autres Cheualiers du
Roy Lisuart) la plus grande folie du monde de le penser trouuer d'vn an,
pour trauail qu'ilz y missent, si vous n'estiez guidé. Damoyselle m'amye,
dit Galaor, peult estre sçauez vous qui il est, & le lieu ou il se tient. Sur ma
foy, respondit elle, si i'en sçay quelque chose, ie ne le vous diray pourtant :
car pour rien ie ne voudrois fascher vn tant bon Cheualier. Ah Damoyselle, dit Galaor, par la foy que vous deuez à Dieu & à la chose que plus
vous aymez en ce monde, dites nous ie vous prie ce que vous en sçauez.
Vous me coniurez en vain, respódit elle : car iamais ie ne descouuriray tant
ses affaires, si n'est que me vousissiez faire quelque bon present. Demandez
tout ce que vous voudrez, dit Amadis : & vous l'aurez, si nous pouuons,
pourueu que vous nous donniez moyen de trouuer Cheualier. Vrayement, respondit la Damoyselle, i'en suis contente, par tel si que vous me
direz premier voz noms, & que me donnerez apres chacun de vous vn
don, quand ie le vous demanderay. Nous le voulons tresbien, dit Amadis.

Cestuy

ceſtuy eſt Galaor, l'autre Agraies, & moy Amadis. Quand la Damoyſelle
cogneut qu'Amadis parloit à elle, elle fut treſayſe, & luy reſpondit: Certes
mon Seigneur, à ce que ie voy, mon voyage eſt acourſy : car ie vous cher-
-chois. Vous m'auez doncques trouué, dit Amadis. Auez vous tant affaire à
moy? Ie le vous diray, dit elle, quand il ſera temps : mais vous ſouuient il
plus du combat que vous promiſtés faire pour la fille du Roy de Sobradi-
ſe, quand elle vous ſecourut par le moyen des Lyons? Ouy bien, reſpondit
Amadis, ie ſuis en chemin pour aller vers elle. Comment? voulez vous
doncques ſuyure ce Cheualier ſi malayſé à trouuer, dit la Damoyſelle, & le
terme eſt ſi prés du combat que vous ſçauez? Monſieur, dit Galaor, elle dit
vray, pourtant vous & Agraies yrez, s'il vous plaiſt, à l'aſsignation promiſe, & ie chercheray le Cheualier auecq' ceſte Damoyſelle: car iamais ie ne ſe
ray ayſe que ie ne l'aye trouué:&, ſi ie puis, ie vous reprendray deuant que
ayez combatu Abiſeos. De par Dieu ſoit, dit Amadis: mais elle nous a promis nous dire ſon nom & ou nous le pourrons trouuer. Son nom, reſpondit elle, ne vous puis-ie dire: car ie ne le ſçay, encores que i'aye eſté vn moys
auecq' luy, durãt lequel ie luy ay tãt veu faire d'armes, qu'à grãd' peine les
pourriez vous croyre, ſans les auoir veuës: mais ou il eſt preſentement, i'y
conduiray celuy qui y voudra venir auecq' moy. C'eſt ce que ie demande,
dit Galaor. Or me ſuyuez donc, dit elle, & commandant les autres à Dieu
ſe ſeparerent. Lors Amadis & Agraies ſuyuirent leur chemin, & quelques
iours depuys ilz arriuerét au chaſteau de Torin, ou ilz trouuerent la belle
Briolanie & Groueneſe: leſquelles auerties de leur venue, vindrent les receuoir. Mais quand Amadis l'auiſa, il la trouua toute changée: car ſi elle e-
ſtoit belle quand il la vid au premier, elle auoit aquis tant d'excellence,
qu'il l'eſtimoit (ſans Oriane) la plus belle du monde. Et dit à Agraies : Si
Dieu a eu enuie de faire vne perſonnne belle, il à bien acomply ſa volunté
en ceſte Dame. Et cecy diſoit il, en aprochant d'elle. Lors Briolanie, dit à
Amadis. Mon Seigneur, nous atendions voſtre venue en bõne deuotion:
car en vous giſt tout mon bien & eſperance, vous ſoyez les tresbien venuz.
Ma Dame, reſpõdit Amadit, i'eſpere auecq' l'ayde de Dieu que nous vous
ferõs recouurer voſtre perte, pour le moins nous y ferons tout noſtre pouuoir. Et ainſi qu'ilz deuiſoient, entrerent en vne belle chambre. Or vous re
fraiſchiſſez, s'il vous plaiſt, dit Briolanie. Adonc vindrent valetz, qui leur
aporterent chacun vn manteau, & la belle Briolanie aydoit à Amadis à
le deſarmer: car elle ne ſe pouuoit raſſaſier de le regarder, & luy ſembloit le
plus beau Cheualier qu'elle euſt oncques veu. Auſsi eſtoit il, & de l'aage
ſeulement de vingt ans. Et de tel œil le regarda, qu'elle en fut depuys fort
long temps ſi amoureuſe, qu'apres qu'elle eut recouuert ſon royaume, il
ne tint qu'à luy, qu'il ne fuſt Seigneur de la perſonne d'elle & de ſes païs
enſemble, ainſi que cy apres vous ſera declaré. Mais Amadis s'eſtoit dõné
ailleurs, & luy fit bien cognoiſtre, que les angoyſſes & douleurs qu'il endu

roit

roit pour fon Oriane n’eſtoient fouffertes fans grande loyauté.Toutesfois le Seigneur Infant de Portugal ayãt pitié de ceſte belle Briolanie,a voulu deguiſer l’hyſtoire, deſcriuant tout autrement les amours d’elle & d’A- madis A`quoy il ne ſe doit donner foy:car il dit,qu’eſtantBriolanie reſti- tuée en ſon royaume, faiſant guerir Amadis & Agraies, qui eſtoient na- ũrez, elle touſiours tant amoureuſe d’Amadis, voyant que par nulle ma- niere ne le pouoit faire condeſcendre à le traiter comme amye, retira à part la Damoyſelle,à laquelle Amadis,Galaor, & Agraies anoiét promis vn don(quãd elle cõduit Galaor au lieu ou eſtoit leCheualier de la foreſt) & luy deſcouurãt le ſecret de ſon cueur,auecq’grande abõdance de larmes & affectionnez ſouſpirs, luy demanda conſeil & remede à ſes amoureuſes paſsions. La Damoyſelle compaſsionnée du mal de ſa maiſtreſſe,luy pro- mit d’y pouruoir. Et pour ce faire, dit à Amadis, que le don qu’elle vou- loit auoir de luy,eſtoit,qu’il entraſt en vne tour: de laquelle il ne partiroit iuſques à ce qu’il euſt engendré à Briolanie filz & fille : parquoy Amadis, pour ne faillir de promeſſe,obëit à la Damoyſelle,ſans,toutesfois,vouloir par nulle maniere toucher à Briolanie.Au moyen dequoy il ſemelencolia tant, qu’il en perdit non ſeulement le boyre & le menger : mais tomba en ſi grand danger de ſa perſonne , qu’il cuyda mourir . Ce qu’entendu en la court duRoy Liſuart,&l’extremité ou il eſtoit,Oriane(pour ne le perdre) luy manda , qu’il fiſt ce que la Damoyſelle vouloit : & qu’à ceſte cauſe A- madis conſiderant ne pouuoir autrement ſortir, ne ſa parole eſtre vraye, engendra filz & fille à Briolanie,leſquelz elle eut d’vne ventrée.Mais ceſte hiſtoire eſt fainte, & menſongere . Il peult bien eſtre poſsible qu’Amadis fut priſonnier en la tour,& que Briolanie voyant qu’il definoit peu à peu, pria la Damoyſelle de luy remettre ce don , ſouz telle condicion, qu’il ne partiroit iuſques à ce que don Galaor fuſt de retour , voulant que ſes yeux (pour le moins) iouyſſent de la veuë de luy atendãt l’arriuée de ſon frere: car depuys Galaor l’eſpouſa,comme ie vous feray ſçauoir au quatreieſme liure . Parquoy pour ceſte heure il vous ſufira d’entendre, que Amadis & Agraies ſeiournerent quelques iours en cechaſteau,atendants que les cho- ſes neceſſaires pour leur combat fuſſent apareillées.

Cõme don Galaor ſen alla auecq’

la Dame apres le Cheualier,qui auoit abatu luy & ſes compa- gnons,lequel il trouua & combatirent enſemble,puys au plus fort du combat s’entrecogneurent.

Chapitre   XLII.

Vatre iours entiers chemina Galaor auecq' la Damoysel
le, qui le guidoit vers le Cheualier de la Forest : mais il
estoit tant marry de ce qu'il auoit esté abatu si aysémét,
qu'il ne se combatit sur le chemin à Cheualier, qui ne
portast tesmoignage de sa colere, tellement que plusieurs en receurent mort. Et au quatreiesme iour auise-
rent vne tresbelle forteresse sur le hault d'vne montaigne. Lors dit la Damoyselle à Galaor : Seigneur, il n'y a lieu en ce quartier ou nous puissions
nous heberger que leans, s'il vous plaist, nous nous y en yrons. Et bien respondit Galaor : Allons. Ainsi arriuerent en ce chasteau, ou ilz trouuerent
à l'entrée maints Gentilzhommes, Dames, & Damoyselles, qui s'esbatoiét
ensemble : & sembloit bien que ce fust le logis de quelque grand Seigneur.
Entre lesquelz estoit vn Cheualier, aagé (peult estre) de soixante ans, qui
les vint receuoir, priant Galaor de se mettre à pied, & que leans luy seroit
fait tout l'honneur & bon traitement, dont ilz se pourroient auiser. Seigneur, respondit Galaor : vous nous faites si bon visage, qu'encores que
nous eussions enuie de passer outre, nous demourerions ceans pour l'a-
mour de vous. Adoncq' vindrent valetz prendre les Cheuaux. Et furent
Galaor & la Damoyselle conduitz en vne belle chambre, tandis que l'on
couuroit pour le souper, ou ilz furent bien festoyez. Et quád vint le temps
de se retirer, le Cheualier demáda à Galaor, s'il coucheroit auec la Damoy
selle. Non, dit il. Parquoy il fist apeller des autres femmes, qui la menerent
auecq' elles, & demeura Galaor seul auecq' son hoste, tant qu'il luy donna le bon soir, luy disant : Ie vous prie reposez à vostre ayse, & n'espergnez chose qui soit ceans : car Dieu sçait quel plaisir i'ay à vous traiter, non
vous seulemét, mais tous Cheualiers errants qui passent par cy, pource que
l'ay esté, comme vous estes. Et si ay encores deux filz, qui le sont, & qui
ne prennent plaisir qu'a chercher auantures : mais maintenant ilz gisent
au lict malades de coups qu'ilz ont receuz par vn Cheualier, contre lequel
ilz se combatirent hyer, pource qu'il les auoit abatuz tous deux d'vne
seule lance, dont ilz eurent si grand' honte, qu'ilz remonterent à cheual,
coururent apres luy, & l'ataignirent ainsi qu'il vouloit entrer en vne barque pour passer l'eau. Lors mes enfants luy dirét, que puys qu'il auoit tant
bien iousté, qu'ilz verroient comme il sçauoit combatre de l'espée. Mais le
Cheualier, qui estoit hasté d'aller (comme il disoit) n'y vouloit entendre.
Ce nonobstant mes enfants le presserent tant, qu'ilz luy dirent, qu'ilz ne
permettroient autrement qu'il entrast en la barque. Adoncq' vne Damoy
selle, qui estoit presente, leur respondit : Cheualiers, vous nous faites tord
de vouloir si audacieusement arrester nostre Cheualier. Toutesfois ilz luy
dirent, qu'il ne partiroit d'eux, que premier ilz ne se fussent combatuz à
l'espée. Puys qu'ainsi est, respondit la Damoyselle : il se combatra au meilleur de vous deux, par tel conuenant, que s'il en vient au dessus, le combat

de l'autre

de l’autre ceſſera. Et ilz luy dirent, qu’il faloit, ſi l’vn eſtoit vaincu, que l’autre le vengeaſt. Ce qu’entendu par le Cheualier, fut ſi marry, qu’il leur diſt : Or venez tous deux enſemble, puys qu’autrement ie ne me puis eſchaper de vous importuns. Et ce diſant, rua ſur eux. Lors l’vn de mes filz ſ’auança, mais il ne peut longuement durer:parquoy ſon frere, voyât qu’il eſtoit en peril de mort, voulut le ſecourir. Toutesfois tel ſecours ſeruit de peu : car le Cheualier en peu d’heure les traita ſi rudement, qu’il les fit choir en la place tous eſtourdiz, puys étra en la barque & ſ’en alla. Adôcq’ ie fu auerty de ceſte infortune, & enuoyay querir mes enfants, que l’on trouua quaſi morts. Et à fin que vous croyez mieux ce que ie vous ay dit, ie vous prie venez voir leurs harnois rompuz & froiſſez par les plus grands coups d’eſpée qu’oncques furent ruez de main d’homme. Puys les luy mô ſtra encores tous taintz & pleins de ſang, & briſez en maintz endroitz: dont Galaor fut tout esbahy, & luy demanda quelles armes portoit celuy qui auoit fait tel efort. Vn eſcu vermeil & deux Lyons de ſable, reſpondit il, & autant en a ſur ſon armet, & cheuauche vn cheual rouen. A’ ces enſeignes Galaor cogneut que c’eſtoit celuy qu’il cherchoit, & reſpondit à ſon hoſte:Ne ſçauez vous autrement de ſes affaires? Non, dit il. Or Dieu vous doint le bon ſoir, reſpondit Galaor, ie m’en voys pour meshuy dormir, & demain i’eſſayeray de trouuer celuy, duquel nous auons parlé, car il y a deſia quatre iours entiers que ie le quiers. Mais ſi ie le puis trouuer i’eſpere de venger voz enfants, & d’autres qu’il a auſſi outragez, ou ie mourray en la peine. Seigneur, dit il, ie loueroys que laiſſant ceſte entrepriſe tant perilleuſe vous prinſiez autre chemin, veu que ſi mes deux enfants ont eſté mal traitez, leur outrecuydance en eſt cauſe. Et ce diſant ſe retira & laiſſa Galaor, qui ſ’en alla repoſer iuſques au lendemain de grand matin, qu’il demanda ſes armes. Et prenant congé de ſon hoſte, ſ’en alla auecq’ la Damoyſelle, qui le conduit ſi longuement, qu’ilz arriuerent le long d’vne riuiere, ou ilz trouuerent la barque, dont n’a gueres il a eſté parlé, en laquelle ilz entrerent: puys paſſerent outre. Et ayant cheminé enuiron cinq lieuës, ilz auiſerent vn tresbeau chaſteau. Lors luy dit la Damoyſelle: Atendez moy, ſ’il vous plaiſt, en ce lieu, & ie retourneray promptement. Puys ſ’en alla vers la fortereſſe : mais elle ſeiourna peu, qu’elle ne reuint auecq’ vne autre Damoyſelle tresbelle par excellence (acompagnée de dix hommes à cheual) laquelle, apres auoir ſalué Galaor, luy dit : Seigneur, la Damoyſelle qui eſt venue auecq’ vous m’a dit, que vous cherchez vn Cheualier, qui porte vnes armes vermeilles aux Lyons noirs, pour ſçauoir ſon nom. Ie vous auiſe, que vous, ne autre, ne le ſçauriez trouuer de troys ans, ſi n’eſt par force d’armes, choſe qui vous ſera mal aiſée à faire:car ſoyez ſeur, que ſô ſemblable ne ſe trouuera en toutes les Iſles de la grand’ Bretaigne. Damoyſelle m’amye, reſpôdit Galaor, ie ne laiſſeray de le chercher, encores qu’il ſe couure côme il fait : & ſi ie le puis trouuer,

il me ſera

il me fera plus agreable de combatre contre luy, que de fçauoir ce que ie
demande par autre maniere. Puys doncques, dit la Damoyſelle, que vous
auez tant d’enuie de ce faire, ie le vous môſtreray dedâs le troiſieſme iour
ſuyuât, pour l’amour de ceſte mienne couſine qui le vous a promis, & qui
m’en a fort priée. Ie vous remercie de bon cueur, reſpôdit Galaor. Aiſi cô-
tinuerent leur chemin, & enuiron veſpres arriuerent le long d’vn bras de
mer, qui enuirônoit vne Iſle prochaine : tellemét qu’il faloit nauiguer, enuiron trois lieuës auant que d’y aborder : parquoy entrerét en vne barque,
ou eſtoient aucuns mariniers, qui les firent tous iurer, ſ’il y auoit en leur
troupe plus d’vn Cheualier. Non, dit la Damoyſelle. Au moyé dequoy ilz
firent voyle. Lors Galaor demanda à la Damoyſelle, pour quelle raiſon ilz
auoient pris d’elle ce ſerment. Pour autant, reſpondit la Damoyſelle, que
la Dame de l’Iſle ou nous allons, l’a ainſi ordonné, & cômandé par expres
qu’ilz ne paſſaſſent plus d’vn Cheualier à la fois : encores quant ilz l’aurôt
paſſé, ilz n’en paſſent d’autre, tant qu’il ſoit retourné, ou qu’il demeure
mort. Et qui eſt celuy, qui les vainct, ou tue? dit Galaor. Ce Cheualier meſmes que vous cherchez, reſpôdit la Damoyſelle, lequel ceſte Dame(dôt ie
vous parle) tient auec elle, il y a deſia plus de demy an, & l’ayme de grâd’
amour : & la cauſe de ceſte amytié eſt, pource qu’il y eut n’a gueres vn tour
nay en ceſte côtrée, pour l’amour d’elle & d’vne autre bié belle Dame, lequel ce Cheualier(qui eſt venu de païs eſtrâge) vaíquit, & eſtoir de la part
de celle, auec laquelle il eſt de preſent : car elle luy a touſiours depuys porté telle afection, qu’elle fuſt morte, ſ’il ne luy euſt otroyé ſon amour : Et aíſi
le tient touſiours aupres d’elle, l’aymant ſi ardâment, qu’elle ne le voit pas
à demy. Et pour autât que quelque fois il a voulu aller chercher les auantures eſtranges : la Dame, pour le detenir en ce lieu, y fait paſſer les Cheua
liers, qui y veulét venir l’vn apres l’autre, côtre leſquelz il ſe côbat, & n’en
eſt encores retournévn qui ne ſoit mort, ou vaícu. Les morts ſont enterrez,
& les vaincuz renuoyez, apres que l’on leur a oſté armes & cheuaux : leſquelz le Cheualier preſente à ſ’amye, qui eſt l’vne des plus belles Dames du
monde, nômée Coriſande, & l’iſle Brauiſande. Ne me ſçauriez vous faire
entédre, dit Galaor, pourquoy le Cheualier ſ’en alla ces iours paſſez en v-
ne foreſt ou ie le trouuay, & l’a gardée (ainſi que i’ay entédu) quinze iours
entiers, contre tous ceux qui y paſſoient? Ouy bien, reſpondit elle, il auoit
promis vn don à vne Damoyſelle auât qu’il arriuaſt pardeça, parquoy elle
le pria qu’il gardaſt la foreſt durât quinze iours(ainſi que vous dites) mais
à toute peine a il eu congé de ſ’amye, laquelle par importunité le luy donna d’vn moys, tant pour aller, ſeiourner, que retourner. Et aíſi qu’ilz deuiſoient prindrent port en l’Iſle. Deſia la plus part de la nuict eſtoit paſſée,
touteſfois la Lune eſtoit claire : au moyé dequoy ilz ſe deſembarquerét, &
ſe vindrent refraiſchir à la riue d’vn petit ruyſſeau, ou la Damoyſelle fit
tendre deux pauillons. Et pource qu’elle eſtoit tresbelle (comme i’ay dit)

AA

Galaor

Galaor la pria de coucher auecq' luy, mais elle n'y voulut cõfentir: parquoy
ilz fe dormirent iufques au lendemain matin que Galaor fe leua, puys f'arma & monta à cheual auecq' les Damoyfelles qui le cõduifoient, deuifants
toufiours du Cheualier, duquel Galaor defiroit (fur tout) fçauoir le nom.
Mais elles luy difoient, qu'il n'y auoit homme ne femme en la contrée qui
le fceuft, fors Corifande: parquoy il eut encores plus d'éuie de le cognoiftre, d'autant qu'il f'alloit ainfi celant, eftant fi bon Cheualier. Durant ces
propoz ilz entrerent en vn lieu defcouuert, au deffus duquel ilz auiferent
vn tresbeau chafteau, afsis fur vne montaigne, enuironnée d'vne grande
plaine. Lors l'vne des Damoyfelles dit à Galaor: Seigneur, voylà le chafteau
ou eft le Cheualier que vous demandez. Vrayement, refpondit il, i'en fuis
trefaife, & feray encores plus, fi ie puis parler à luy. Or eftoiét ilz ioignáts
vn perron de Marbre, auquel pendoit vn cor, que la Damoyfelle luy mõ-
ftra, difant en riant: Seigneur, fonnez ce cor: car aufsi toft que le Cheualier
l'entendra, il ne faudra à venir à vous. Lors le prit & le fonna, & puys apres
auiferent valetz fortir du chafteau, qui vindrent tendre vn pauillon au
mylieu de la prairie: & les fuyuoient dix Damoyfelles, entre lefquelles e-
ftoit vne, laquelle en contenance & acouftrement monftroit bien eftre la
maiftreffe des autres, qui entra auecq' fa fuyte dedans le pauillon. Ce pen-
dát il ennuyoit fort à Galaor, & demáda aux Damoyfelles, fi le Cheualier
tarderoit encores longuement. Vous le verrez, dirent elles, incõtinent que
celle qui eft la premiere entrée dans le pauillon le luy enuoyera dire, & nõ
pluftoft. Ie vous fuplie, dit Galaor, que l'vne de vous aille à elle la prier
pour moy de le faire auácer: car i'ay ailleurs fi affaire, que ie ne puis lõgue-
ment tarder icy. Ce qu'elles firent. Comment? refpondit Corifande, fait il
fi peu de cas de noftre Cheualiers Péfe il fi ayfément efchaper de luy? Fait
il defia fon eftat d'aller à fes autres affaires? Vrayement ie croy bien qu'il
f'en retournera pluftoft encores qu'il ne dit: mais ce fera (peult eftre) à fon
grand defauantage. Puys apella vn paige, & luy dit: Va & dy au Cheualier eftrange, qu'il vienne. Lors y courut le paige, & toft apres le Cheualier
fortit du chafteau à pied, & armé de toutes pieces hors l'armet, que fes géts
luy aportoient auecq' la lance & l'efcu, & les autres qui luy amenoient fon
cheual en main. Adoncq' fe vint prefenter à la Dame, laquelle luy dit: Mõ
amy, voylà vn braue Cheualier qui fait eftat de fe defaire de vous aufsi legie
rement, que ie fuis feure que vous viendrez à bout de luy: pourtant ie vous
pr e luy faire cognoiftre toft fa folie. Et ce difant le vint baifer & embracer. Or voyoit Galaor tous ces mifteres, qui le faifoit entrer en plus de colere: car ce Cheualier tarda vn lõg téps depuys à mõter à cheual. Puys fans
fe hafter prit fes armes, & defcendit de la cofte au petit pas, le long d'vn
fentier pour aller trouuer Galaor, lequel le voyát apr ocher, laça fon heaume, prit fon efcu & fa lance, & vint au deuant. Puys eftát en la plaine f'ef-
crierent l'vn à l'autre de fe garder: & donnant des efperons à leurs che-

uaux

uaux, se vindrent rencontrer de leurs lances si rudement, qu'ilz faucerent leurs harnois, & furent naürez, volans les boys en esclatz. Adonc Galaor voulut mettre la main à l'espée: mais le Cheualier le pria par la chose qu'il aymoit le mieux en ce monde de iouster encores vn coup. Vous m'auez tãt coniuré, respõdit Galaor, que ie le feray: toutesfois il me desplaist fort que ie n'ay vn aussi bon cheual que le vostre:car si le mien fust tel, ie serois content de ne cesser tant que l'vn de nous deux fust tombé, ou que nous eussions rompu toutes les lances que sçauriez recouurer. Le Cheualier ne respondit rien, & cria à vn autre Escuyer, qu'il luy portast deux autres lan ces, dont il prit l'vne & enuoya l'autre à Galaor: puys recommencerent leur iouste, courans l'vn contre l'autre de si droit fil, que de ceste rencontre le cheual de Galaor cuyda donner du genoil à terre. Mais le Cheualier per dit les deux estriers, & fut contraint de se tenir aux crains du sien: parquoy Galaor mit la main à l'espée, & le Cheualier semblablement. Lequel estoit encores si honteux de ce qui luy estoit auenu, qu'il dit à Galaor: Vous de sirez le combat de l'espée, lequel i'auois differé, non pour doute que i'aye, ains pour vous espergner seulement: mais maintenant vous verrez comme il vous en auiendra. Faites ce que vous pourrez, respondit Galaor, car ie vengeray, si ie puis, les derniers que vous abatistes en la forest. Quãd le Cheualier l'entendit, il le recogneut, & que c'estoit celuy, lequel estant à pied, l'auoit apellé au combat: parquoy luy dit comme par despit: Or les vengez dõcques, si vous pouuez, toutesfois ie croy que deuãt que m'escha-piez: que vous acumulerez vne iniure sur l'autre. Lors se ioignirẽt, & commença le combat entre eux deux si cruel que merueille. Or des le commencement les Dames, qui les regardoient, auoient estimé que Galaor ne pourroit longuemẽt resister à leur Cheualier: mais quãd elles les virent au combat si aspre, elles changerent toutes d'opinion, iugeans en leur esprit qu'il seroit impossible que l'vn d'eux n'y terminast ses iours, &, peult estre, tous deux par mesme moyen. Car ilz se chargeoient si menu, & tant conti nuellement, que bien souuent l'vn & l'autre donnoient du nez sur les arçons, rompans, taillans, & effondrans leurs heaumes & harnois: desquelz faisoient sortir maintes estincelles de feu, & le sang pur de leurs corps, dõt le champ estoit taint & couuert, aussi des pieces de leurs escuz, & des mail les de leurs harnois. En telle sorte se maintindrent si longuement, qu'eux mesmes estoient esbahiz cõme ilz pouuoient tant durer. Adonc le cheual de Galaor se trouua si recreu, qu'il ne pouuoit quasi auancer vn pied deuãt l'autre, dequoy il estoit trop desplaisant: car il doutoit que sa victoire en retardoit. Ce pendant le Cheualier estrange faisoit grand deuoir de venir au dessus de Galaor, lequel pour lasseté qu'eust son cheual ne laissoit l'au-tre gueres en repos: toutesfois il voyoit bien, qu'à la longue, s'il ne mettoit ses piedz à terre, que son cheual le luy feroit mettre par force, & à son des-auantage. Au moyen dequoy il eut crainte de mourir, plus qu'oncques il

AA ii   n'auoit

n'auóit eu, hors le iour qu'il cogneut son frere Amadis, apres lequel il estimoit celuy à qui il se combatoit, meilleur Cheualier que nul autre à qui il
eust eu iamais affaire. Parquoy se voyant en telle necessité, il dit au Cheualier. Ie vous prie combatós à pied, ou me faites donner vn autre cheual, sinon ie tueray le vostre , & serez cause de ceste vilanie . Faites tout ce que
vous pourrez, respódit le Cheualier : car nostre bataille se paracheuera, cóme elle a esté commencée toutesfois i'ay grand' honte de ce qu'elle dure
tant . Ce disant, se lança sur Galaor, pensant le ieter bas : mais Galaor l'empoigna par le corps, & le tira si rudement à soy, qu'ilz tóberent à terre l'vn
quant & l'autre, sans (toutesfois) lascher leurs espées. Lors se leuerent legierement, & recommencerent leur combat plus asprement qu'ilz n'auoient
encores fait : car ilz estoient tous deux si animez, qu'ilz eussent esté contens
de mourir, pour auoir chacun d'eux la victoire, especialement Galaor, lequel iusques adonc n'auoit peu se ioindre à l'autre (comme il desiroit) à
cause de la lascheté de son cheual : parquoy baissant la teste, comméça à le
charger de sorte, qu'il ne luy donnoit quasi le loysir de prendre aleine. Ce
nonobstant il se defendoit brauement : mais à la fin il cómença à afoyblir.
Ce que cognoissant Galaor luy dit : Mon compagnon, voulez vous que
nous prenions vn peu le vent ? L'autre qui en auoit tant de besoing ne s'en
fit gueres prier, & se retira : puys luy dit Galaor : Or ça, vous pouuez voir
que i'ay le meilleur du combat : toutesfois, s'il vous plaisoit me dire vostre
nom, & pourquoy ainsi vous vous celez, vous me feriez grãd plaisir, & demourerions amys, autrement ie vous feray le pis que ie pourray . Asseurez
vous, respondit le Cheualier, que i'ay bien intention que nostre debat ne se
desmeslera si aysément : car ie ne suis encores siaysé à vaincre que vous estimez . Et , qui plus est, ie n'eu oncques plus de desir de combatre, que i'ay à
present, pour autãt que de ma vie ie ne trouuay Cheualier qui me donnast
tãt d'affaires que vous faites : mais , si Dieu plaist, par vous ne autre, ie ne seray encores cogneu de mon gré, si n'est par vn seul Cheualier qui a puissan
ce deme cómander. Ne vous opiniastrez point tant, dit Galaor : car ie vous
iure par la foy que ie tiens de Dieu, de ne vous laisser iusques à ce que ie sça
che qui vous estes, & pourquoy ainsi vous vous celez . Et ie vous iure , respondit le Cheualier, que par moy ne le sçaurez tãt que i'aye la vie au corps
& ayme mieux mourir presentement, que de le vous dire, ny à autre, qu'à
deux seulz : lesquelz ie ne cognois encores : mais à eux ie ne voudrois(fust
par force, ou degré)le leur taire, s'ilz le vouloient sçauoir. Et qui sont ceux
que tant vous estimez? dit Galaor . Vous le sçaurez encores moins, respondit il. Par dieu, dit Galaor , si feray, & ce que ie demande aussi, ou l'vn de
nous mourra, & peult estre tous deux ensemble. Ie ne demande autre chose, respondit le Cheualier . Lors renforcerent leur cómbat si aspre, qu'ilz
(oublians les coups passez) recommencerent nouuelles charges, comme
s'ilz eussent recouuert nouuelles forces : Mais à la longue l'esort ne le bon

coura-

courage du Cheualier eſtrange luy profitoient peu : car Galaor le preſſa
tant, qu'à grands coupz d'eſpée il luy rompit ſon harnois, le naũrant en
pluſieurs lieux du corps, tellement que le champ eſtoit tout rouge de ſon
ſang. Ce que voyant la Dame amye du Cheualier, conſiderant l'extreme
peril de ſa vie, ne peut plus ſoufrir l'outrage que luy faiſoit Galaor : au
moyen dequoy elle ſ'en courut vers eux, criant à Galaor : Arreſtez vous
Cheualier, arreſtez vous : Que pleuſt à Dieu que la barque euſt eſté efondrée, & le marinier qui vous a paſſé icy ! Lors ſe retirerent les deux combatants, & reſpondit Galaor : Dame, vous ne me deuez blaſmer pour faire mon deuoir contre ce Cheualier, qui m'a tant outragé & maints autres auſsi, leſquelz, ſi Dieu plaiſt, ie végeray ce ioũrd'huy. Ceſſez, dit la Da
me, de plus luy mal faire, autrement vous demeurerez pour luy es mains
de tel, qui n'aura mercy de vous. Ie ne ſçay qu'il en auiendra, reſpondit
Galaor : mais ie ne le laiſſeray en nulle maniere, que premier il ne m'ayt
dit ce que ie luy demande. Et que luy demãdez vous? dit elle. Qu'il me die
ſon nom, reſpõdit Galaor, & pourquoy il ſe cele ainſi, & qui ſont les deux
Cheualiers, deſquelz il m'a n'a gueres parlé. De Dieu ſoit il maudit, dit
la Damoyſelle, qui vous a ſi bien apris à fraper, & vous auſsi d'en a-
uoir tant retenu. Or le quitez, & ie vous diray ce que vous deſirez ſçauoir
de luy. Ie vous auiſe, qu'il ſe nomme don Floreſtan, qui ſe cache ainſi
pour deux Cheualiers ſes freres, qui ſont en ce païs tant eſtimez aux armes, que (encores qu'il ſoit tel que vous l'auez eſprouué) il ne veult ſe faire
cognoiſtre, que premier il n'ayt tant fait de cheualerie, que par icelle il ſe
puiſſe à peu pres egaler à eux : & me ſemble (ſelon le grand cueur de luy,
& la bonne reputation des autres, leſquelz ſont de preſent en la maiſon
du Roy Liſuart) qu'il y a l'vn d'eux nommé Amadis, & l'autre don Galaor, & ſont eux trois enfants du Roy Perion de Gaule. O Dieu ! dit Galaor, qu'ay-ie fait? Et ce diſant tendit ſon eſpée à Floreſtã : Tenez, mon frere, dit il, prenez mon eſpée, & receuez l'honneur de la bataille, car ie vous
ay trop offenſé. Cõment? reſpondit il, ſuis-ie doncq' voſtre frere? Ouy certes, reſpondit Galaor, à ce que dit ceſte Dame ie ſuis voſtre frere Galaor.
Lors don Floreſtan esbahy de telle rencontre, ſe mit incõtinét à genoux,
& luy reſpondit : Mon Seigneur, ie vous ſuplie me pardonner : car ſi i'ay
failly, me combatant auecq' vous, ſans vous cognoiſtre, ce n'a eſte pour autre raiſon, que d'autant que ſans auoir honte, ie ne m'oſois nommer voſtre frere (cõme ie ſuis) que premier ie n'imitaſſe voſtre grand' valeur en
quelque choſe. A' l'heure Galaor le prit par les mains, & le releua : puys
le tint embracé vn bien long temps, pleurant de grand' ioye qu'il eut lors,
& de deſplaiſir pour les playes qu'il luy auoit faites, dont il doutoit que
ſa vie fuſt en danger. Quand la Dame les vid tant amys, & ceſte inimytié, n'a gueres ſi grande, conuertie en telle humilité, elle fut treſioyeuſe, &
dit à Galaor : Seigneur, ſi vous me miſtes en grand' triſteſſe, vous m'auez

AA iii

ſatisfaite

satisfaite pour trop plus grand' ioye . Puys les prenant eux deux par les mains , les condit en son chasteau , & les fit coucher en riches lictz , ou elle mesme (qui sçauoit l'art de Chirurgie) les medecina par grande diligence. Ainsi demeurerent les deux freres en la garde de ceste riche & belle Dame Corisande, laquelle desiroit autant leur bonne santé, que la sienne propre.

Comme don Florestan fut en-

gendré du Roy Perion, & de la belle fille du Comte de Salandrie.

Chapitre   XLIII.

AV temps que le Roy Perion cherchoit les auantures estranges, il arriua au païs d'Alemaigne, ou il seiourna l'espace de deux ans, faisant maints haultx faitz d'armes, au moyen dequoy sa renommée est perpetuée iusques au iourd'huy: & tellement, qu'il en est fait encores métion par toute la contrée. Auint qu'ainsi qu'il retournoit en ses païs, logea en la maison du Comte de Saládrie, ou il fut tresbié receu, tant pour la bóne reputation de luy, qu'aussi pource que le Comte mesmes auoit esté autresfois Cheualier errát: au moyen dequoy il aymoit & honoroit voluntiers tous ceux qui suyuoient les armes, comme il auoit fait. Et apres plusieurs festiemens faitz par le Comte , chacun se retira: & le Roy Perion fut conduit en vne chambre, en laquelle il trouua tout ce qui luy fut necessaire pour passer la nuict , & se coucha peu apres dans vn lict de parement, ou il s'endormit aussi tost, comme celuy qui estoit las de lóg chemin qu'il auoit fait . Mais estant au plus fort de son somme, il se sentit embracé & baisé d'vne personne, sans sçauoir qui. Lors en sursault s'esueilla & cuyda se leuer : toutesfois il fut detenu si ferme, qu'il ne peut quasi se mouuoir. Et luy dit celle qui le tenoit: Cóment? Sire, ne prendrez vous pas plus de plaisir auecq' moy (me tenant vostre) qu'à estre seul ? Lors le Roy ouurit les yeux, & à cause de la lumiere qui ardoit en la chambre, cogneut que c'estoit

que c’eſtoit l’vne des plus belles Damoyſelles qu’il euſt oncques veuē, parquoy il luy reſpondit : Ie vous prie , ma grande amye, me dire doncques
qui vous eſtes. Toute telle que ie ſuis, dit la Damoyſelle, ie vous ayme trop
afectueuſement, & comme celle qui ſe donne du tout à vous . En bonne
foy, reſpondit le Roy : Ie ſçauray premier voſtre nom, ſ’il vous plaiſt. Ah,
dit elle, que vous me faſchez de ceſte importunité ! toutesfois Dieu ſçait
qu’il n’eſt en mon pouuoir d’vſer de plus de continence que ie fais. Si conuient il, reſpondit le Roy , que ie vous cognoiſſe, ſi vous voulez eſtre m’a-
mye. Et bien dit elle, puys que c’eſt force , ie ſuis fille ſeule du Comte, qui
vous a tant bien receu . Par dieu, ma Dame, reſpondit le Roy , vous me
pardonnerez : car i’aymerois mieux mourir que de faire ce tord à vn perſonnage à qui ie ſuis tant tenu. Comment ? dit la Damoyſelle , vous me
refuſez doncq’ ? Vrayement vous eſtes bien le Prince du mõde le plus mal
apris, chaſſant de vous ce que deüriez tout le temps de voſtre vie trauailler pour auoir. Et croy que voſtre entendemét esblouy, ne merite que
voſtre corps ayt le bien que ie luy deſire . Vous direz ce qu’il vous plaira,
reſpondit le Roy Perion : mais ie feray ce qui ſera conuenant à voſtre hon
neur & au mien, non pas choſe tant à voſtre deſauantage , que pourchaſſez. Ouy ? dit elle : Et ie feray que mon pere aura plus de deſplaiſir de
vous, que ſi vous ne ſatisfaiſiez comme ie vous prie . Lors ſe leua & prit
l’eſpée du Roy, qui pendoit ioignant ſon eſcu (& eſtoit celle que depuys
l’on mit auecq’ Amadis dans le coffret , quand il fut ieté en la mer) laquelle elle deſgueſna : puys ioignit la pointe nue aupres de ſon cueur, diſant : Or ſçay-ie bien que mon pere mourra par la mort que vous me moyé
nez . Et ce diſant, faignit d’eſtendre le bras pour ſe tuer. Ce que voyant
le Roy fut trop eſmerueillé, & ſe leuant promptement ſaiſit l’eſpée, puys
luy diſt : Ma Damoyſelle, ie vous prie ne vous faſcher : car ie feray tout ce
que vous voudrez . Adoncq’ la baiſa & embraça doucement & couche-
rent ceſte nuict enſemble, en ſorte qu’il ſatisfit à l’afection de la Damoyſelle : & auecq’ tant de plaiſir, qu’à l’inſtant meſmes elle deuint groſſe d’en
fant, ſans que le Roy la viſt oncques puys : car le lendemain du grand
matin il prit congé d’elle & du Comte, pour ſe retirer en Gaule . Mais
venant le temps que l’enfant faiſoit enfler le ventre de ceſte amante, elle
ſ’auiſa, pour mieux celer ſon afaire, d’aller voir vne ſienne tante, qui ſe
tenoit à deux ou trois lieuës d’elle , auecq’ laquelle elle auoit couſtume de
frequenter ſouuent. Et de fait elle ſe mit en chemin auecq’ vne ſienne Damoyſelle , ſans aucune compagnie . Et ainſi qu’elle trauerſoit dans la foreſt, la douleur d’enfant la preſſa tant, qu’elle fut contrainte de deſcendre
de ſon palefroy, & peu apres acoucha d’vn tresbeau filz. Lors la Damoyſelle qui eſtoit auecq’ elle, voyãt l’incõuenient, ſ’auiſa de prendre l’enfant
& de le mettre entre les braz de la mere. A’ laquelle elle dit : Ma Dame, il
fault que le cueur que vous euſtes pour faire la faulte, vous ſerue mainte-

AA iiii

nant pour

nant pour vous donner remede, atendant que ie fois de retour de là ou
ie m'en voys. Et fans luy tenir autre proces, remonta à cheual & f'en alla
au pluftoft qu'elle peut vers cefte tante: à laquelle elle declara comme le
tout f'eftoit paffé. Quand la bonne vieille l'entédit, elle deuint fort trifte:
toutesfois elle ne difera le fecours de fa niece: car aufsi toft fift partir
quant & elle vne lictiere pour l'aporter, & fon enfant. Et arriuez ou ilz
eftoient, les fit conduyre fecretement en fon chafteau: parquoy peu de
gents f'en aperceurent, & fut le cas fi fecretement fait, que le Comte n'en
fceut rien. Finablement la Damoyfelle eftant releuée, & retournée en la
maifon de fon pere, laiffa fon enfant en la garde de la tante, qui le fift
nourrir iufques en l'aage de dixhuyt ans. Durant lequel temps, luy furent baillez Efcuyers & Gentilzhommes, pour l'adextrer aux armes: car
il deuint fi grand & de tant belle taille que merueilles, & à cefte caufe
vn iour la bonne vieille le mena à la Court du Comte fon ayeul, pour le
faire Cheualier, ce qu'il fit fans le cognoiftre. Mais apres y auoir feiourné quelques iours, fa tante le r'amena en fon chafteau, & en cheminant,
elle luy dit telles paroles: Mon amy, vous ne cognoiffez (comme ie croy)
voftre parentage, mais ie veux que vous fçachez, que vous eftes filz du
Roy Perion de Gaule, & de la fille de celuy qui vous a fait Cheualier:
à cefte caufe ie vous prie d'imiter voftre pere, qui eft l'vn des meilleurs
Cheualiers du monde. Ma Dame, refpondit il, i'ay autresfoys ouy parler de fa bonté, mais iamais ie n'euffe cuydé eftre fon filz. Et pourtant,
par la foy que ie doy à Dieu & à vous, qui m'auez nourry, ie m'en partiray pour l'aller trouuer, fans me faire cognoiftre à nulle perfonne, tant
que mes faitz tefmoignent que ie fois digne d'eftre filz de tant preud'-
homme. Et de fait peu apres prit congé d'elle & emmena quant & foy
deux Efcuyers, prenant la voye de Conftantinople: ou pour lors y auoit
vne forte & rude guerre, en laquelle il feiourna l'efpace de quatre ans entiers, & y fit tant d'armes, qu'il fut tenu pour le meilleur Cheualier
qui euft oncques entré au païs. Lors fe voyant en telle reputation, delibera de f'en partir & aller en Gaule pour trouuer fon pere & fe monftrer
à luy: mais en aprochant de la grand' Bretaigne, il entendit la renommée d'Amadis, qui à lors commençoit à faire merueilles. Qui fut caufe
qu'il f'y arrefta, & fut fon voyage retardé pour fe faire cognoiftre par armes, ainfi que fes deux freres faifoient, tant qu'ilz en auroient nouuelles. Et de fait il n'en partit iufques à ce que don Galaor & luy fe combatirent, ainfi que vous auez entendu: lefquelz feiournerent enfemble iufques
à ce qu'ilz furent gueriz. Mais pour n'efloigner trop du propos d'Amadis
& d'Agraiës, entendez qu'eftants arriuez au chafteau, ou ilz trouuerent la
belle Briolanie, ilz f'y tindrent cinq iours entiers: durant lefquelz ilz firent r'acouftrer leurs armes: puys fe mirent en chemin auecq' Briolanie fa
tante, & quelques autres Damoyfelles acompagnées d'aucuns Efcuyers
pour les

pour la seruir . Toutesfois ilz n'eurent cheminé enuiron vne lieuë, que
Briolanie demanda vn don à Amadis , & sa tante vn autre à Agraies : lesquelz ilz leur octroyerent . Sçauez vous, dit Briolanie, que vous nous a-
uez donné ? Non , respondirent ilz : C'est dirent les Dames, que vous ne
vous desuoyerez, ne sortirez de nostre chemin, pour chose que vous voyez
sans nostre congé . Ce qu'ilz promirent faire, combien que depuys ilz en
furent desplaisans : car ilz passerent quelque fois au plus pres de telz , qui
auoient bien besoing de leur ayde, laquelle iustement ilz n'eussent refusée , sans ce qu'ilz auoient promis aux Dames . Et depuys ilz firent telle
diligence, qu'au douzeiesme iour arriueret à l'entrée du païs de Sobradise . Lors laissants le grand chemin , prindrent vne sente, par laquelle ilz
cheminerent bien longuement: & tant qu'estant la plus grande part de la
nuict passée , ilz se trouuerent en vn petit chasteau apartenant à vne Damoyselle fort vieille & sage nommée Galumbe, laquelle auoit tousiours
esté nourrie en la maison du pere de Briolanie. Adonc heurterent à la porte, & quand elle les cogneut, elle leur fit tresgrand recueil, & tost a-
prester le souper: puys s'en allerent reposer iusques au lendemain, que
Galumbe demanda à Grouenese (la tante de Briolanie) quel chemin elle
prenoit auecq' ceste compagnie. Lors elle luy recita comme Amadis estoit
l'vn des meilleurs Cheualiers du monde, & qu'il auoit promis venger la
mort du pere de Briolanie, & comme il auoit combatu les gardes de la
charrette, & depuys ceux de son chasteau, au temps que les Lyons eschaperent. La Dame s'esbahit fort de tant de prouësse, & luy respondit:Puys
qu'il est tel que vous dites, il ne peult estre que son compagnon ne vaille
quelque chose,& pourront donner fin à vostre affaire auecq' le grád droit
que vous y auez . Toutesfois ie crains que ce trahistre Roy leur face quelque meschanceté, ou les tue en trahison. C'est, dit elle, la cause pour laquelle ie suis venue vers vous à ce que m'en conseillez que ie doy faire. Or vous
en reposez sur moy, respondit elle . Lors escriuit vne letre, laquelle elle
séella du seau de Briolanie: puys apella vne sienne Damoyselle, & la
luy bailla, l'auisant de ce qu'elle auoit à faire: Laquelle monta à cheual, & fit telle diligence,que peu apres elle arriua en la grand' ville de Sobradise, de laquelle tout le royaume auoit pris le nom . Là estoit Abiseos
auecq' ses deux filz Darison, & Dramis. Ces trois estoient ceux contre lesquelz Amadis deuoit combatre : car Abiseos auoit occis le pere de Briolanie, qui estoit son frere aisné pour la grád' couuoytise d'auoir le royaume qu'il tenoit,lequel il vsurpa & en iouyt depuys, plus par tyrannie:que
du gré des subietz . La Damoyselle arriuée en la ville, vint au palais, & y
entra à cheual. Adonc vindrent aucuns Cheualiers la receuoir,la priát de-
scendre:mais elle leur dist qu'elle se tiédroit à cheual tant que le Roy l'eust
veuë , & qu'il luy eust commandé de se mettre à pied . Parquoy le furent
dire au Roy,lequel l'enuoya querir , & le trouua en vne salle acompagné
de ses

de ſes deux filz, & de pluſieurs Princes & Seigneurs. Lors elle les ſalua humblement, & luy dit le Roy: qu'elle diſt hardíment ce qu'elle voudroit dire.
Sire, reſpondit la Damoyſelle, ie le feray, puys qu'il vous plaiſt: par condition, toutesfois, que ie ſeray en voſtre protection, & que pour choſe que ie dic, ſoit côtre vous, ou autre, ie n'auray aucun deplaiſir. Ie le vous prometz ſur ma coronne, dit le Roy. Puys la Damoyſelle commença ſon propos: Sire, puys qu'il fault que ie vous die en la preſence des plus grans Princes & Seigneurs de voſtre royaume mon meſſage, ie vous ſuplie les mander venir à vous, à ce qu'ilz en ſoyent tous teſmoings. Damoyſelle, dit le Roy, vous les pouuez voir icy quaſi tous: Car il y a bien ſix ious que ie les ay faitz venir pour quelques affaires. Lors dit la Damoyſelle. Sire, ma Dame Briolanie, que vous auez desheritée, vous ẽuoye ceſte letre, laquelle vous ferez lire preſentemẽt, deuant l'aſſiſtance: puys m'en donnerez reſponſe pour ma deſcharge. Quand le Roy entendit nommer celle, dont elle parloit, remords de conſcience ſe vint preſenter, auecq' le tord qu'il luy faiſoit: toutesfois il ne differa la lecture de la letre, qui ne portoit ſinon creance ſur la Damoyſelle. Adõc la pluſpart des preſens, qui eſtoiét naturelz du païs, & vaſſaux du bon Roy occis, voyãs la meſſagiere de leur Dame, eurent grãd' pitié en leurs cueurs de la ſentir ſi iniuſtement desheritée : & prioyent en eux meſmes à Dieu, qu'il luy donnaſt remede & moyen de venger la grande trahiſon qui auoit eſté faite à ſon pere. Or bien, reſpondit le Roy, dites donques voſtre charge. Sire, dit la Damoyſelle, vous occiſtes le pere de ma Dame en trahiſon, & contre raiſon l'auez mal'heureuſemét desheritéc: à ceſte cauſe, ſuyuant ce que vous auez dit maintesfois, que vous & voz deux filz ſouſtiendrez par armes le droit que vous pretendez en ce royaume, elle vous mande par moy, que ſi vous eſtes encores en tel propos, qu'elle amenera icy deux Cheualiers, qui prendront la querelle pour elle, & vous combatront, vous faiſant cognoiſtre la grande deſloyauté & trahiſon que vous auez commiſe. Quand Dariſon filz aiſné du Roy entendit iniurier ſon pere, la colere luy monta au viſage, & par grand deſpit ſe leua, & ſans le conſentement du Roy, dit à la Damoyſelle: Damoyſelle, ſi voſtre maiſtreſſe Briolanie a auecq' elle deux Cheualiers voulants combatre ſur ce que vous dites, deſmaintenant ie reçoy le combat, pour mon Seigneur & pere, & pour mon frere auſſi: & ſe i'y faux, ie prometz en la preſence de tous ces Cheualiers, luy enuoyer ma teſte, pour celle de ſon pere occis par raiſon. Vrayement, reſpondit la Damoyſelle, Seigneur Dariſon, vous parlez comme Cheualier de grand cueur: toutesfois ie ne ſçay ſi c'eſt par colere: car ie vous voy changer viſage. Mais ſi vous faites vous auouër par le Roy de ce que vous promettez, i'eſtimeray lors que voſtre bon cueur vous fait dire ce que vous proferez. Damoyſelle, dit il, c'eſt la reſponſe que ferez à celle qui vous a enuoyée vers luy.
Faites donc, dit la Damoyſelle qu'il donne ſeureté aux Cheualiers

de ma

de ma Dame, & que pour mal qu'il vous auienne de ce combat ilz ne re-
ceuront desplaisir, si ce n'est de vous trois, si vous leur en faites: & si vous
leur donnez tel saufconduit, vous les aurez icy, pour le plus tard, dedans
les trois prochains iours . Lors Darison se mit à genoux deuant le Roy,
auquel il dit: Sire, vous auez entendu ce que demande la Damoyselle & la
promesse que i'ay faite deuãt vostre maiesté, & en la presence de tous ces
Princes & Seigneurs : pourtant ie vous suplie, puys que mon honneur est
le vostre, que sa requeste luy soit acordée par vous, & les autres semblablement . Autrement, & à nostre grand desauantage, ces Cheualiers te-
meraires, qui veulent soustenir ceste folle Briolanie, se tiendront pour
vaincueurs, & vous & nous lasches & couards: ay ãts tousiours publié, que
si on vouloit mettre quelque charge sur vostre illustre renómée, pour les
choses passées, que par le combat de nous trois vous estiez prest de vous
purger. Et encores que vous ne l'eusiez ainsi promis, si ne le deuons-nous
refuser : car, ainsi que i'ay entendu, ilz sont de ces folz Cheualiers de la
maison du Roy Lisuart, lesquelz par leur outrecuydance, & peu de sens,
font grand estime de leurs faitz, & contennent ceux des autres. Le Roy,
qui aymoit plus Darison que soymesmes (encores que la mort de son
frere le rendist coulpable, & qu'il doutast fort le combat) otroya le saufconduit, ainsi que la Damoyselle l'auoit requis pour les deux Cheualiers,
& ceux de leur cópagnie. Et fault estimer, que le periode de la fortune de
ce trahistre estoit terminé, & que le Seigneur tout puissant vouloit que luy
& ses enfants receussent punition de ceste grande trahison , ainsi que si a-
pres il sera deduit . La Damoyselle voyant que son message auoit sorty
l'effait tel qu'elle desiroit, dit haultement: Or vous tenez doncques prestz:
car vous aurez demain , sans faulte, ceux à qui auez affaire. Puys remonta sur son pallefroy, prenant le chemin du chasteau, ou elle arriua : & fit
entendre aux Dames & aux Cheualiers, comme elle auoit entieremét ob-
tenu ce qu'elle auoit demádé à Abiseos. Mais quand elle leur dit, que Darison reputoit folz les Cheualiers du Roy Lisuart, ilz furent fort despitez:
mesmes Amadis, qui respondit: Par dieu, il y en a tel en la compagnie de
ce bon Roy, qui se soucieroit peu d'abatre à Darison son grand orgueil,
& la teste ensemble: mais i'estime que la colere le maistrisoit, lors qu'il disoit telles paroles. Certes, mon Seigneur, respódit Briolanie, vous ne sçauriez tant dire, ne faire contre ces trahistres, qu'ilz n'en meritent d'auátage:
car vous sçauez ce qu'ilz ont commis en la personne du Roy mon pere, &
le long téps qu'ilz m'ont desheritée. Pourtant ie vous suplie auoir pitié de
moy, veu qu'en Dieu & vous ie remetz tout mon affaire , & espere que ie
seray vengée. Amadis qui auoit le cueur souzmis à la vertu, & en toute
douceur, eut grand' compassion d'elle, & luy dit: Ma Damoyselle, si Dieu
plaist, deuant qu'il soit demain nuict, vostre tristesse amere tournera en
grand ayse & plaisir. Lors Briolanie se ieta à ses piedz, & les luy baisa:

mais

mais il en eut honte, & se recula arriere, & Agraies la vint embracer la
releuant doucement. A' l'heure conclureut de partir le iour suyuant au
poinct du iour, & aller ouyr messe en l'hermitage des troys Fontaines,
qui n'estoit qu'à demye licuë pres de Sobradise: pourtant chacun se retira
pour aller dormir, fors Briolanie, qui demeura derriere, deuisant de mai-
tes choses auecq' Amadis, & tant, qu'en continuant leurs propoz, elle luy
cuyda plusieursfoys parler du mariage de luy & d'elle. Toutesfois soup-
çonnant que les pensemcnts tant continuelz, & les pleurs, qu'elle luy
voyoit quelques foys sur la face, fussent causez, non de faulte de grand
cueur, mais pour estre tourmenté, souzmis, & afligé de l'amour de quelque autre Dame, pour laquelle il auoit tant de passion: s'en deporta, & luy
donnant le bon soir, se retira, à ce qu'il reposast pour partir à l'heure qu'ilz
auoient conclud. Parquoy le lendemain au plus matin, les Cheualiers s'armerent, & auecq' leur compagnie se mirent en chemin. Et vne heure a-
pres arriuerent en l'hermitage, ou ilz descendirent, & furent ouyr la messe d'vn deuot Hermite: durant laquelle les deux Cheualiers firent leur requeste à Dieu, qu'ainsi qu'il sçauoit que pour iuste ocasion ilz alloient
combatre Briolanie, il luy pleust leur estre aydant. La messe celebrée, les
Cheualiers prindrent la reste de leurs armes, hors l'armet & les ganteletz:
puys montants à cheual, continuerent leur chemin tant qu'ilz arriuerent
en la grand' ville de Sobradise. Au dehors de laquelle, ilz trouuerent le
Roy Abiseos & ses deux filz, auecq' grand' compagnie de gents: lesquelz
auertiz de leur venue, les atendoient. Lors la pluspart voyant leur Dame naturelle, qu'Amadis conduysoit par les resnes de son palefroy, furent tresioyeux: car ilz l'aymoient d'vne singuliere amour. Et ainsi que
Amadis trauersa au mylieu de la presse auecq' la Pricesse, qui auoit tout le
visage descouuert, à ce que le peuple la peust voir plus ayfément: de pitié maintz se prindrent à plorer, priants Dieu pour elle, que par sa bonté
il luy pleust luy donner secours. A' l'heure Abiseos cósiderant le tord qu'il
luy faisoit, & la trahison qu'il auoit si laschement commise, ne peut tenir
si bonne contenance, que l'on ne s'aperceust qu'il eust honte & remords
de conscience: toutesfois ayant esté si long temps obstiné & endurcy en
son mal, pensoit encores que la fortune ne fust ennuyée de la maintenir
en l'estat, auquel elle l'auoit esleué. Parquoy entendant que le peuple parloit contre luy, s'escria contre eux: O gens chetifz & malheureux! i'a-
perçoy bien l'ayse que vous donne la presence de ceste garce, & que le sens
vous fault au besoing. Car, à ce que ie cognois, vous l'aymeriez mieux
pour Dame, encores que ce soit vne femme flasque & debile à vous defendre, que moy qui suis Cheualier preux & hardy: combien que vous voyez
son impuissance, & qu'en si long temps elle n'a peu recouurer que deux
Cheualiers, qui sont venuz pour receuoir leur mort igzominieusement,
dont i'ay grand' pitié. Quand Amadis l'entédit ainsi causer, il fut remply

d'ire

d'ire qu'il sembloit que le sang luy sortist des yeux : & se leuant sur ses
estriers, respondit si hault que chacun le peut entendre : Abiseos, il est
aysé à cognoistre, que la venue de ceste Princesse t'est fort desplaisante,
pour la grande trahison que tu commis, faisant mourir son pere ton
seigneur & frere aisné, & si tu auois tant de cognoissance & de vertu,
qu'en te repentant de ceste lascheté, vousisses rendre ce que tu as tant in-
iustement vsurpé, ie te quiterois le combat, pourueu que tu requisses à
Dieu mercy, faisant penitence telle que tu dois faire pour ton peché,
à ce que ayant perdu l'honneur de ce monde, tu puisses (neantmoins)
cy apres moyenner la saluation de ton ame. Lors Darison, trop marry de
ces propoz, s'auança, & deuant que son pere eust loysir de respondre prit
la parole, disant à Amadis : Fol Cheualier de la maison du Roy Lisuart,
ie n'eusse iamais pensé que i'eusse peu soufrir les iniures que tu as dites
au Roy en ma presence : mais i'ay esté content de diferer iusques à ce que
nous soyons à l'effait de ce que tu nous as demandé, lors i'auray moyen
d'en prendre telle vengeance que ie desire : car encores que le cueur te
faillist au besoing, pensant sauuer ta vie pour fuyr, si ne courras tu si
roide, que ie ne t'arreste pour te faire chastier, de sorte que chacun aura
pitié de toy. C'est trop causé, respondit Agraies, puys que tu veux maintenir la trahison de ton pere, va presentement t'armer, & vien au
combat ainsi que tu as promis, lors tu verras si fortune te sera fauorable de te donner la victoire que tu tiens desia seure : car si elle est autre,
asseure toy que toy & les tiens receürez le chastiment de voz meschan-
tes œuures. Dy ce que tu voudras, respondit Darison : car il ne tardera gueres que ta langue iniurieuse (sans le corps) sera enuoyée en la
maison de ton Roy Lisuart : à ce que ceux qui verront la peine que tu auras souferte, soient asseurez d'en auoir autant, disants les folies que tu
dis. Et demanda promptement ses armes, que l'on luy aporta, & s'armerent le Roy & ses deux filz, puys montans à cheual, entrerent au lieu,
ou de toute antiquité on auoit de coustume faire telz combatz. Lors A-
madis & Agraies, lacerent leurs armetz, prindrent leurs lances & escuz, & entrerent dedans le camp. Adoncq' Dramis (qui estoit le plus ieune, toutesfois si gentil Cheualier que les deux meilleurs du païs ne l'eussent osé atendre au combat) dist à son pere. Sire, là ou vostre maiesté, &
la personne de mon frere est, ie suis excusé de parler : mais maintenant
il sera autrement de l'effait par la force que ie tiens de Dieu, & de
vous, pourtant ie vous prie me laisser ce Cheualier qui vous a iniurié, &
si du premier coup de lance ne le tue, ie ne veux iamais porter harnois:
mais si de fortune ie ne l'atains de droit fil, sa mort sera retardée iusques au premier coup d'espée que ie luy donneray. Maintz entendirent
la parole du ieune Dramis, & estimerent grandement son entreprise, de
laquelle ilz ne faisoient doute, atendu les grands faitz d'armes que

BB   autres-

autresfois ilz luy auoient veu faire. Mais ainſi qu'ilz eſtoient preſtz de coucher l'vn contre l'autre, Dariſon ſaperceut qu'Amadis & Agraies eſtoient ſeulz contre eux trois : parquoy s'eſcria à Amadis : Que veult ce dire, que vous n'eſtes que deux, &'nous deuons eſtre egaux en nombre ? ie croy que le cueur à failly au tiers, apellez le, qu'il vienne toſt, & qu'il ne nous regarde plus. Ne vous donnez peine pour l'autre, reſpondit Amadis : car il y a tel icy, qui le tient pour excuſé, & ſi ay eſperance en Dieu, que deuant qu'il ſoit peu de temps, vous voudriez que le ſecond fuſt dehors, & gardez vous, ſi vous voulez. Lors mirent les lances aux arreſtz, ſe couurans de leurs eſcuz, & donnants des eſperons à leurs cheuaux, coururent l'vn contre l'autre au pluſtoſt qu'ilz peurent. Dramis ſadreſſa à Amadis, & luy donna telle atainte, que la lance trauerſa l'eſcu, & paruint iuſques au pres des coſtes ſe briſant en eſclatz. Et Amadis qui courut de plus droit fil, l'ataignit de telle roideur, que ſans rompre vne ſeule maille de haubert luy creua le cueur au ventre, & tomba mort ſi peſantement, qu'il ſembloit que ce fuſt la cheute d'vn bœuf. Va à tous les diables, dit Ardan le Nain, mon maiſtre eſt depeſché de ceſtuy, & me ſemble que ceſt effait eſt plus certain, que la menace qu'il faiſoit n'agueres. A' l'inſtant Agraies courut aux deux autres, & rencontra premier Dariſon, ſi que leurs lances furent briſées : mais Dariſon perdit l'vn des eſtriers : toutesfois nul d'eux ne tomba pour ce coup : car Abiſeos faillit d'atainte, & quand il tourna viſage, & aperceut ſon filz Dramis mort, il eut vn ſi merueilleux deſplaiſir (encores qu'il eſtimaſt qu'il ne fuſt outré) que de grand' colere coucha contre Amadis pour le venger, & tenant ſa lance ſerrée contre le bras, donna dans l'eſcu d'Amadis par ſi grand' vigueur, que le fer paſſa oultre, & luy perça le bras volant la lance en eſclatz : au moyen dequoy les aſſiſtants ne faiſoient doute que de là en auant Amadis euſt plus de durée. Si lors la ieune Princeſſe Briolanie fut dolente, il n'en fault douter : car ſans mentir le cueur & la lumiere des yeux luy faillirent, & de fait ſi promptement elle n'euſt eſté ſecourue, elle fuſt tombée de deſſus ſon palefroy : mais celuy qui ne s'eſpouuentoit pour telz coupz, miſt au poing l'eſpée qu'il auoit recouuerte d'Arcalaus, & ſe ioignant contre Abiſeos, luy vint donner ſur le coing de l'armet ſi grand coup, qu'il luy entama la teſte iuſques aux os, & deſcendant ſur l'eſpaule gauche le naüra grandement, au moyen dequoy Abiſeos ſe trouua tant outragé & eſtourdy, qu'il luy fut impoſsible ſe tenir plus à cheual, ains cheut en la place. Trop fut le peuple eſmerueillé, ayant veu Amadis de deux coups abatre deux ſi puiſſans Cheualiers, eſtimez entr'eux les meilleurs du monde, deſquelz Amadis ſe voyant depeſché, retourna contre celuy, qui combatoit Agraies, & ſe maintenoient ſi bien l'vn enuers l'autre, que l'on n'euſt ſceu dire lequel auoit le meilleur du combat. Lors diſt Amadis à Dariſon . Ie croy

bien

bien maintenant que tu aurois plus grand plaifir à fentir le fecond hors
de cefte meflée, que d'y voir entrer le tiers. Darifon fe teut fans mot luy
refpondre, & ainfi qu'il paroit fon efcu au coup qu'Amadis luy vouloit
ruer, Agraies fe mit entre deux, difant: Mon Seigneur, vous auez affez
fait, ie vous prie laiffez moy ceftuy qui me menaçoit n'agueres, quand
il difoit qu'il m'arracheroit la langue: mais Amadis (qui eftoit en trop
de furie) ne l'entendit, & rua fur l'efcu de Darifon tel coup, qu'il mit
à terre tout ce qu'il en rencontra, & paffant l'efpée oultre, ataignit l'arçon de deuant, portant le coup fur la tefte du cheual, de forte qu'il la
luy fendit iufques à la ceruelle: toutesfois Darifon eut tant de loyfir, qu'il
mit fon efpée dans les tripes de celuy d'Amadis. Adoncq' le cheual fe
fentant naüré, fe prit à fuyr fi fort, qu'il fut impofsible à fon maiftre de
l'arrefter: car en tirant contre, les refnes luy demourerent es mains. Lors
voyant qu'il n'y auoit plus de remede, & que fon cheual eftoit preft de
le ieter hors du camp, il luy donna de l'efpée fur la tefte, & la luy fendit
en deux, tombant mort à l'inftant fur Amadis, dequoy il fe trouua tout
brifé, neantmoins il fe releua promptement, combien que ce fuft à grand'
peine. Puys tenant toufiours l'efpée au poing vint contre Abifeos, qui
aufsi eftoit fur bout, & couroit ayder à fon filz: car Agraies luy auoit
donné tel coup fur l'armet, que l'efpée eftoit entrée dedans fi auant, qu'il
ne l'en pouuoit retirer, pourtant Darifon vfant de reuanche l'outrageoit
ayfément. Et combien qu'Agraies fuft fans efpée, neantmoins il ne
s'en trouuoit nullement eftonné: car il fe lança fi legierement fur Darifon, qu'il n'eut moyen de le plus fraper: mais s'embracerent tirants l'vn
contre l'autre, de fi grand' force, qu'eux deux enfemble tomberent fur
le camp. Lors Abifeos y furuint, qui fe mift à chamailler Agraies, effayant par tous moyens de le trouuer à defcouuert. Quand Amadis l'a-
uifa en ce danger, il s'auança de le venir fecourir: car il voyoit Abifeos
luy leuer le haubert, pour luy mettre l'efpée aux tripes, toutesfois
quand il aperceut Amadis fi pres de luy, de paour laiffa Agraies, & courut prendre fon efcu, & Amadis luy rua fi grand coup deffus, qu'il luy
en fift donner contre le nez fi ferme, qu'il cuyda fe laiffer choir. A'
l'heure Agraies auifant fon coufin fi pres, s'esforça d'autant plus à fe
leuer, & Darifon femblablement, fi que chacun fut content de fe defaire de fon ennemy, au moyen dequoy Agraies (qui fut premier
fur piedz) choifit à terre l'efpée de Darifon, de laquelle il fe faifit,
ce que voyant l'autre arracha par force celle, qui tenoit en fon armet.
Or eftoit Agraies naüré en la gorge, & par fa playe perdoit tant de fang,
que toutes fes armes en eftoient taintes, dont Amadis en eftoit fort
defplaifant: car il penfoit qu'il fuft naüré à mort, & luy dit: Coufin,
repofez-vous, & me laiffez traiter ces trahiftres. Mon Seigneur, refpondit Agraies, ie n'ay (Dieu mercy) playe, qui me garde de vous fecourir,

B B ii   comme

comme vous pourrez maintenant voir. Or allons doncques, dit Amadis:
& ce difant, s'aprocherent d'Abifeos & de fon filz, auxquelz ilz donnerent maintz grands coups : mais Amadis(à qui il fafchoit, penfant qu'A-
graies fuft en danger pour fa playe) entra en plus grand' colere que deuant, & pourtant en plus de force : parquoy en peu d'heure il fift tel deuoir, que les armes de fes ennemys furent deshachées & mifes en pieces,
efparces par le camp, tellement qu'il leur fut impofsible de plus fouftenir fon rude affault : à cefte caufe ilz fe mirent à tournoyer d'vne part &
d'autre, euitants au mieux qu'ilz pouuoient le trenchant de l'efpée d'A-
madis,doutants la mort. Ainfi fe maintindrent Abifeos & Darifon, iufques à l'heure de tierce, qu'Abifeos, cognoiffant que fa fin s'aprochoit,
prit fon efpée à deux mains, & rua fi rudement fur la tefte d'Amadis,que
l'on euft iugé n'eftre donné par homme aucunement naüré,mais par perfonne faine & vigoureufe : car il abatit grand' partie du coing de l'armet,
& defcendit fur l'efpaule gauche rompant le harnois, & naürant grandement Amadis, lequel fentant cefte douleur, ne tarda gueres à en rendre le payement à Abifeos:car il l'ataignit fi mortellement fur le malheureux bras, duquel il auoit occis fon frere, fon Roy, & Seigneur naturel,
qu'il le luy fepara du corps,ne tenant plus qu'au bout des coftez, & tomba mort. Lors luy dit Amadis : Abifeos, Abifeos, c'eft la punition du
membre, par lequel tu te mis autresfois en l'eftat, auquel tu mourras,
& ce difant tourna fa veuë fur Darifon, & vid qu'Agraies luy auoit tren-
ché la tefte, dont ceux du païs furent tous efiouyz, & louërent grandement noftre Seigneur, puys vindrent faluër Briolanie leur nouuelle
Royne. Telle fut la malheureufe fin du pere & des enfants, feruant au
iour d'huy d'exemple pour ceux,qui font couftumiers d'vfurper & pren-
dre à tord le bien d'autruy, duquel le Seigneur Dieu pacient & mifericors, leur permet iouyr pour quelque temps : mais à la fin il defcoche fa
fagette contre eux, qui les fait tomber & entierement ruyner. Pourtant
chacun doit auoir deuant les yeux, que nul mal ne demeure impuny, &
qu'à la fin toute chofe termine, fors la beatitude des ames celeftes, & les
cruciements des dannez miferables. Ainfi vous voyez quel profit r'a-
porta Abifeos & les fiens, pour auoir ocupé par tyrannie & homicide,
qu'il commift luy mefmes en la perfonne de fon frere aifné, le royaume
de Sobradife. Certes nul autre,finon mort, & fin miferable qu'ilz receurent par Amadis & Agraies, lefquelz les trainerent hors du camp : puys
s'enquirent s'il y auoit plus nul contredifant au droit de la belle Briolanie : & ilz furent affeurez que non, mefmes par l'vn des plus grands Seigneurs du païs, nommé Goman, qui tefmoigna auecques cent Gentilzhommes fes parents,que tout le peuple eftoit preft de receuoir Briolanie
comme leur Dame, & de luy faire hommage comme fes feaux fubietz,
& vaffaux. Parquoy Amadis & Agraies fe retirerent au palays royal, ou
les conduit

les conduit la nouuelle Royne. Là se desarmerent, & furent mandez Chirurgiens & Medecins pour guerir leurs playes, & ce pendant vindrét tous les subietz du royaume de Sobradise faire les hommages, & serment de fidelité à leur Princesse, qui les receut auecq' bon visage: mais pour autant que les deux Cheualiers auoient esté fort naürez, & que leurs playes se trou uerent dangereuses, tous ieux & esbatz, que l'on a acoustumé de faire en telles receptions & auenements, furent remises iusques à ce que leur santé fust recouuerte: & pour ce faire, il fut auisé, qu'ilz auroient chacun leur chambre separée, à ce que nul ne parlast à eux, craignans qu'ilz entrassent en fieüre continue: toutesfoys Briolanie) non ingrate du bien qu'elle auoit receu par leur moyen (n'en partoit ne iour ne nuict, sinon à l'heure des repas, tellement qu'au moyen du bon traitement qui leur fut fait, ilz receurent tost apres guerison, Voy là la vraye histoire: car le surplus qui se dit des amours de ceste belle Princesse & d'Amadis, a esté inuenté & augmété, ainsi que nous auons cy déuant recité, pourtant nous nous en tairons puys qu'il ne vient à propos, & que le contraire se pourra cognoistre, com me l'histoire le declarera cy apres.

Comme Galaor & Florestan,

cheminans vers le royaume de Sobradise, rencontrerent trois Damoyselles à la fontaine des Oliuiers:

Chapitre XLIIII.

Estans Galaor & Florestan au chasteau de Corisande (comme vous auez entendu) seiournerét tant que leurs playes furét gueries. Lors se delibererét de partir, & d'al ler trouuer Amadis au royaume de Sobradise desirans sur toutes choses que le combat qu'il auoit entrepris né fust encores encommencé, à ce qu'ilz eussent part au peril, & à la gloire qu'il en pourroit auenir, s'il plaisoit à Dieu: mais quand Florestan prit congé de s'amye, les angoisses & larmes d'elle furent tant extremes, qu'ilz en eurent tous grande compassion, encores que don Florestan l'asseurast de retourner de brief vers elle. Ainsi se separerent & estás armez & montez, s'embarquerent auecq' leurs Escuyers, puysvindrent à terre ferme, & suyuirent le chemin de Sobradise: lors Florestan, dit à Galaor: Mon seigneur ie vous suplie m'octroyer vn don. Lors Galaor

 se doutant

se doutant qu'il luy vousist demander ce qu'il luy demanda , luy respondit : En bonne foy, mon frere, ie crains que ne me requeriez de chose
qui me soit ennuyeuse. Non feray, certes, dit Florestan . Demandez donc,
respondit Galaor , ce que vous voudrez , & vous ne serez refusé. Ie vous
prie , dit Florestan , que vous ne combatiez sur ce chemin , pour chose qui
vous auienne, tant que voyez que ie n'en puisse plus . Vrayement , respondit Galaor, vous ne me tenez pas promesse . Ie vous prie, dit Florestan , ne vous fascher : car si ie vaux quelque chose , c'est ausi bien vostre
honneur que le mien. Et bien , respondit Galaor. Ainsi cheminerent ensemble quatre iours durants , sans trouuer auanture digne de reciter:
mais au cinqiesme iour ilz arriuerent enuiron le soleil couchât pres d'vne
tour , assez pres de laquelle rencontrerent vn Cheualier , qui afectueuse-
ment les pria de loger chez luy , ce qu'ilz luy acorderent . Lors descendirent & vindrent valetz les desarmer : puys en atendant le souper, le seigneur de leans eut diuers propoz auecq' eux . Or estoit il de belle taille &
bien parlant: mais il se monstroit tant triste & pensif, qu'ilz s'en esbahis-
soient , & tant que don Galaor ne se peut plus contenir, qu'il ne luy dist:
Seigneur, il nous semble que vous n'estes point si ioyeux , qu'il vous fust
besoing : mais si vostre tristesse se peult amoindrir par ayde que vous puis
sions faire , dites le nous , & de bon cueur nous y employerons . Moult
de merciz, respondit le Cheualier : Ie croy asseurément que comme bons
Cheualiers vous feriez ce que vous dites , tant y a que ma melencolie procede de grand' amour , & pour ceste heure vous n'en sçaurez d'auantage,
s'il vous plaist : parquoy mirent fin à ce propos , & s'en allerent souper.
Puys venant l'heure de se retirer , Galaor & son frere furent conduitz en
vne chambre assez belle , ou ilz reposerent iusques au lendemain qu'ilz
s'armerent, & monterent à cheual auecq' leur hoste, qui les voulut côduire
cheuauchant vn gentil cheual d'Espaigne , sans (toutesfois) qu'il eust
nul harnois en dos , & ce faisoit il pour voir ce qu'il leur auiendroit, le
long du chemin qu'il lesguideroit, ou il esperoit les voir combatre, & s'ilz
estoient vaincuz, ou morts, fuyr legierement . Et tant cheminerent, qu'ilz
ariuerent en vn lieu nommé la fontaine des troys Oliuiers , pource qu'elle estoit au mylieu de trois Oliuiers haultx & droitz : Aupres desquelz ilz
auiserent trois Damoyselles assez belles & bien parées , & vn Nain
assis au hault de l'vn des arbres. Lors Florestan piqua deuant & s'aprochant des Damoyselles les salua courtoisement, comme celuy qui estoit
sage & bien apris . L'vne d'elles, luy rendant son salut, luy dit: Seigneur
Cheualier , si Dieu a mis en vous autant de bonté que de beauté, il vous a
fait beaucoup de grace. Damoyselle m'amye, respondit Florestan: si
vous trouuez en moy quelque beauté, vous y trouuerez mieux la force, si
en auez besoing. Vous parlez si bien, dit elle, que ie veux tout maintenant
essayer si vous estes assez gentil compagnon pour m'enleuer de ce lieu.
Vrayement

Vrayement, d it Floreſtan, puys que vous en voulez venir, vous viendrez quant & moy. Lors commanda à ſes Eſcuyers, qu'ilz la miſſent ſur vn palefroy ataché à l'vn des Oliuiers : mais quand le Nain s'en aperceut, il ſe prit à crier à haulte voix : Sortez, Cheualier, ſortez, l'on emmene voſtre amye. A' ce cry ſaillit d'vne valléevn Cheualier bien armé & mieux monté, lequel dit à Floreſtan: Qui vous meut, beau ſire, de toucher à maDame? Ie ne croy pas qu'elle ſoit voſtre, reſpódit Floreſtan, puys qu'elle me prie de l'emmener. Encore, dit le Cheualier, qu'elle le vueille, il ne m'eſt pour le preſent agreable, & ſi l'ay defendue de meilleurs que vous n'eſtes . Ie ne ſçay quelle defenſe vous en auez faite, reſpondit Floreſtan : mais elle viédra auecq' moy, ſi ie puis. Par dieu, dit l'autre, vous ſçaurez deuát quelz ſont les Cheualiers de ce val, & comme ilz ſçauent defendre celles qu'ilz ayment. Or auant doncques, reſpondit Floreſtan. Lors mettants les lances aux arreſtz, coururent l'vn contre lautre, & ſe donnerent ſi rude atainte, que le Cheualier briſa ſon boys, & Floreſtan le pouſſa de ſorte, qu'il luy fit donner de l'eſcu ſi rudement contre l'armet, que les lacz ſe rompirent, & le deſarma de la teſte, &, qui pis eſt, il tomba ſi lourdement deſſus ſon eſpée, qu'il la miſt en deux pieces. Et Floreſtan perfaiſant ſa carriere paſſa oultre, ayant encores ſa lance entiere, puys tourna viſage au Cheualier: mais il l'auiſa, qu'il ne remuoit ne pied ne main : parquoy s'aprocha de luy, & luy miſt la lance contre l'eſtomach, luy criant : Paillard, tu es mort, ſi tu ne te réds. Lors le Cheualier reuint de paſmoyſon, & ſe voyát en tel dáger dit: Seigneur, pour Dieu mercy. Il fault, reſpondit Floreſtan, que tu m'ottroyes dócques la Damoyſelle miéne. Tout ce qu'ilvous plaira, dit le Cheualier, que maudite ſoit elle , & le iour qu'oncques ie la vy : car elle m'a tant fait faire de folies, que i'en ſuis perdu. Lors Floreſtan le laiſſa & retourna à la Damoyſelle, à laquelle il diſt : Damoyſelle m'amye vous eſtes maintenant mienne . Auſsi m'auez vous ſi bien conquiſe, reſpondit elle, que vous pouuez faire de moy tout ce qu'il vous plaira . Allons donc, dit Floreſtan . Adonc l'vne de ſes compagnes commença à dire : Ah, ah Seigneur ! voulez vous ainſi ſeparer ſi bonne compagnie ? Il y a vn an & plus, que nous n'auons habandonné l'vne l'autre & nous faſche bien à preſent de nous departir . S'il vous plaiſt venir auecq' elle, reſpondit Floreſtan, ie vous conduyray, & ainſi ſerez vous touſiours enſemble, & autre choſe ne vous puis faire : car ie ne le laiſſeroys (pour rien) vne ſi belle Damoyſelle. Ie ne m'eſtime tant laide dit l'autre, que quelque bon Cheualier ne vouſiſt bien entreprendre pour moy aucune grande auanture : toutesfois ie croy bien que vous n'eſtes de ceux là, qui ont tát de hardieſſe. Commét? reſpódit Floreſtá, péſez vous, que ie vous laiſſe de crainte? ie vousprometz ma foy (n'eſtoit que ie ne voudrois vous enleuer par force) vous en viendriez preſentemét. Et ce diſant cómanda à l'vn de ſes Eſcuyers qu'il la miſt ſur vn autre pallefroy, ſi elle vouloit. Adonc le Nain s'eſcria cóme au

BB iiii　　　premier

premier, parquoy peu apres fortit le fecond Cheualier, qui fembloit fort
adroit, & apres luy vn Efcuyer, qui portoit deux lances, & dit à Floreftan : Damp Cheualier, vous auez gaigné vne Damoyfelle, & non content
vous voulez encores l'autre : mais il faudra que vous les perdez toutes
deux à vn coup, & voftre tefte enfemble : Car il n'apartient à Cheualier
(de telle race que vous eftes) auoir en fa garde Dame de fi grãd' guife. Vous
vantez beaucoup, dit Floreftan, veu qu'il y a en mon lignage deux Cheualiers, le moindre defquelz i'aymerois mieux à mon ayde, que vous &
les deux meilleurs des voftres. Pour tant prifer les tiens, dit le Cheualier,
ie ne t'en eftime d'auantage, aufsi n'ay-ie affaire qu'à toy que ie repute
autant peu que rien, encores que tu ayes gaigné vne Damoyfelle de celuy qui mal l'a peu defendre : laquelle fera mienne fi ie te vainqs. Et aufsi
fi ie fuis vaincu, tu les auras toutes deux enfemble. Ce party me contente, refpondit Floreftan. Or te garde maintenãt fi tu veux, dit le Cheualier.
Lors donnerent des efperons à leurs cheuaux, lefquelz au pluftoft courir
qu'ilz peurent vindrent l'vn contre l'autre. Le Cheualier ataignit Floreftan en l'efcu, qu'il fauça & arrefta le coup contre le harnois, qui eftoit
fort & bien maillé, volãt la lãce en efclatz. Et Floreftan paffant oultre faillit d'atainte, parquoy le Cheualier prit l'autre lance, que tenoit fon Efcuyer : mais Floreftan fut fi honteux & defpité de la faulte qu'il auoit faite deuant fon frere, qu'il tourna promptement vifage, & donna à l'autre de forte, qu'il luy fauça l'efcu & le bras enfemble, donnant contre la
cote de maille de telle forte, qu'il le defarçonna & le ieta fur la croupe
de fon cheual : & paffant oultre, le pouffa des iambes fi lourdement, qu'il
le fift choir fur le champ, qui eftoit dur, dont il prit tel fault, qu'il demoura tranfy, fans aucunement fe remuer. Quand Floreftan le vid ainfi, il
dit à la Damoyfelle : Damoyfelle vous eftes mienne, puys que voftre amy
ne vous a peu defendre, non pas foy mefmes. Il me l'eft bien auis, refpondit elle. Adonc Floreftan regarda l'autre Damoyfelle, qui demouroit feule, tant trifte que merueilles. Et luy dit : Sur ma foy, Damoyfelle m'amye,
s'il ne vous deplaifoit, ie ne vous laifferoys. Quand la Damoyfelle l'entendit, elle ieta fon regard fur le Seigneur de la Tour, & luy dit : Amy, ie
vous confeille que vous en aliez d'icy, veu que vous fçauez bien que ces
deux Cheualiers ne font fufifants pour vous defendre de celuy, qui viendra prefentement, & que s'il vous treuue, vous mourrez. En bonne foy ma
Damoyfelle, refpondit il, fi verray-ie ce qu'il en auiendra : car mon cheual eft bon coureur, & ma tour forte & bien fermée, pour me garder de
luy. Helas, dit elle : gardez vous toft, vous n'eftes que trois, encores
eftes vous defarmé, & fi fcauez bien que contre luy, c'eft autant que rien.
Quand Floreftan vid qu'elle prifoit tant celuy, qui eftoit à venir, il eut en
core plus d'enuie que deuant d'enleuer la Damoyfelle pour le voir : parquoy la fift prendre par vn Efcuyer & monter à cheual comme les autres.

Lors

Lors le Nain, qui eſtoit au deſſus des Oliuiers, luy dit: Par Dieu, Cheualier, en mal’heure euſtes vous tant de hardieſſe, car preſentement viendra
celuy, qui ſçaura venger ſes compagnõs, & luy enſemble, puys cria à haute voix: Au ſecours, Seigneurs, vous tardez beaucoup. A´ ce cry ſortit du
Val vn Cheualier armé d’vnes armes myparties d’or, monté ſur vn cheual
bay, tant grand, qu’il ſembloit que le Cheualier fuſt vn Geant deſſus, &
eu-ſton peu iuger qu’il y auoit en luy beaucoup de force. Or eſtoit il tout
armé, ſans qu’il y euſt rien deſcouuert. Et le ſuyuoient deux Eſcuyers armez de harnois & cabaſſetz, comme Sergents, & portoient chacun vne
hache grande & bien taillante, deſquelles le Cheualier ſe ſçauoit dextre-
ment ayder. Et auſsi toſt qu’il fut pres de Floreſtan, il luy dit: Cheualier,
arreſte, & ne ſuy: car ta fuyte ne te pourra garder que tu ne meures, & vaut
mieux que ce ſoit comme gentil Cheualier, & non comme couard, puys
que par couardie ne peux nullement eſchaper. Quand Floreſtan s’entendit menacer de mort, & depriſer cóme peu hardy, il fut ſi depit que merueilles, & luy reſpondit: Vien vien, perſonne chetiue, & ſans raiſon: car
ainſi Dieu m’ayde, ie te crains auſsi peu qu’vne lourde beſte, ſans pouuoir
& ſans cueur. Par Dieu, dit le Cheualier, ie ſuis trop deſplaiſant, que ie ne
pourray eſtre vengé par choſe que ie te face, mais ie voudrois que les quatre meilleurs de ton lignage fuſſent maintenát auecq’ toy, à ce que ie leur
trenchaſſe les teſtes, comme ie feray la tienne preſentemét. Garde toy ſeulement de moy, reſpondit Floreſtan: car i’eſpere auecq’ l’ayde de Dieu, que
ie les pourray excuſer, & te feray en celà leur lieutenant. A´ l’heure coururent l’vn contre l’autre, bien couuerts, & de grand’ colere, & ſe donnerét
ſur leurs eſcuz telle atainte, qu’ilz les faulcerent, & deſmaillerent leurs
harnois. Mais le grád Cheualier perdit les eſtriers, tellement que s’il n’euſt
embracé le col de ſon cheual, il fuſt tombé par terre. Et paſſant Floreſtan
oultre, rencontra au bout de la carriere l’vn des Eſcuyers, auquel il arracha
la hache qu’il tenoit, le pouſſant ſi lourdement, qu’il renuerſa, luy, & le
cheual en my le camp, puys tourna viſage contre le Cheualier, qui s’eſtoit
redreſſé, & reprit ſes eſtriers, auecq’ la hache que portoit l’autre Eſcuyer.
Lors s’aprocha de Floreſtan, & commença le combat entr’eux deux, ſe
donnants ſi gráds coups ſur leurs heaumes, leſquelz encores qu’ilz fuſſent
de fin acier, les haches entrerent dedans plus de trois doigtz. Dont Floreſtan ſe trouua ſi chargé, qu’il fut contraint ſouuent de donner du menton
contre l’eſtomac, mais le grád Cheualier eut encores pis: car il fut ſi eſtourdy, que laiſſant ſa hache dans l’armet de Floreſtan, demoura ſi failly, qu’il
miſt ſa teſte ſur le col du cheual, ſans la pouuoir redreſſer. Parquoy Floreſtan le voyant deſcouuert, luy donna entre le heaume & la brigandine tel
coup, qu’il luy miſt la teſte à ſes piedz. Celà fait, retourna vers les Damoyſelles. Lors la premiere conquiſe, luy dit: Certes, bon Cheualier, il a eſté
telle heure, que ie penſois que dix telz que vous eſtes, ne nous euſſent
peu

peu conquerir ainſi que vous auez fait, parquoy il eſt bien raiſon que nous ſoyons voſtres. Adoncq' s'aprocha celuy, qui les auoit logez la nuict pre-cedāte. Lequel cóme il a eſté n'agueres recité, eſtoit ieune Cheualier, beau & treſdiſpos, lequel dit à Floreſtan : Seigneur, i'ayme tant ceſte Damoy-ſelle, & elle moy, que nous auons cuidé mourir l'vn pour l'autre par trop aymer, mais depuys vn an, le grand Cheualier que vous auez occis, la de-tenoit par force. Parquoy maintenāt que ie la puis auoir par vous, ie vous ſuplie, Seigneur, en eſtre content, & me la donner. Vrayemét mon hoſte, reſpódit il, s'il eſt ainſi que vous dites, vous trouuerez en moy vn bon ad-iuteur, toutesfois contre ſa volunté ie ne le permettrois à vous, ou à autre. Helas! Seigneur, diſt la Damoyſelle, faites moy ce bien : car ie ſuis entiere-ment ſienne. I'en ſuis treſcontent, diſt Floreſtan, ie vous metz en voz li-bertez, pour faire ce que vous voudrez. Grand mercy, dirent ilz. Puys prindrent congé de Floreſtan & de Galaor, & emmena le Cheualier quāt & ſoy, ſon amye nouuellement reconquiſe, auecq' le cheual du grād Che-ualier, que Galaor luy donna, pource qu'il luy ſembla l'vn des plus beaux qu'il euſt oncques veu. Ainſi demeurerent les deux freres ſeulz auecq' les autres deux Damoyſelles, deſquelles Floreſtan prit l'vne, priant l'autre qu'elle fiſt ce, que ſon compagnon voudroit. Comment? dit elle, me vou-lez-vous donner à celuy qui vault encores moins qu'vne femme, qui n'a-gueres vous a veu en ſi grand danger, ſans s'eſtre mis en efort de vous ſe-courir? En bóne foy ie croy que les armes qu'il porte, ſont plus pour quel-que autre, que pour luy, ſelon le peu de cueur qu'il a. Damoyſelle m'amye, dit Floreſtan, aſſeurez-vous, que ie vous donne le meilleur Cheualier qui ſoit au iour d'huy au monde, excepté Amadis mon Seigneur. Lors la Da-moyſelle ſe mit à le regarder, & le vid tant ieune & beau, qu'elle fut toute eſmerueillée de tant de bien que l'on diſoit de luy, & fut contente d'eſtre ſienne. Par ce moyen elles furét pour ce coup toutes deux pourueuës d'a-mys, auecq' leſquelz elles s'en allerét loger en la maiſon d'vne Damoyſel-le, ſœur du Gentilhóme qui les auoit receuz la nuict precedante, laquelle leur fiſt tout le ſeruice qu'elle peut, quand elle fut auertie de ce qui leur e-ſtoit auenu. Leās repoſerét la nuict, puys le lendemain matin deſlogerét, & dirent aux Damoyſelles : Mes amyes, nous ſommes cótraints cheminer par maintes terres, ou vous auriez trop de trauail à nous ſuyure, pourtant dites nous ou il vous plaiſt que nous vous conduiſions. Puys qu'ainſi eſt, dirent elles, il y a quatre iournées d'icy (ſur le chemin que vous allez) vn chaſteau, apartenāt à noſtre tante, ou (s'il vous plaiſt) nous menerez, puys faites ce qu'il vous plaira. Or allons doncq'. Et en cheminant, Galaor de-manda à ſa Damoyſelle, comme le Cheualier les tenoit à la fontaine, ie le vous diray, reſpondit elle. Entendez que ce grand Cheualier, qui mourut au combat, aymoit grandement la Damoyſelle, que voſtre hoſte a emme-née auecq' ſoy, & elle le hayoit ſur tout autre, & aymoit ſeulement, celuy

à qui

à qui elle a esté nouuellement donnée . Et pource que ce Cheualier estoit
le meilleur de toute la contrée, il la detenoit par force, sans aucun contredit, encore que la Damoyselle ne luy vousist faire chere .Ce nonobstant,
il l'aymoit tousiours sans luy vouloir deplaire . Parquoy vn iour il luy
dist : Ma grande amye, à fin que par grand' raison ie soys de vous aymé
& traité, comme le meilleur Cheualier du monde , ie feray pour l'amour
de vous ce que ie vous diray. Il y a vn Cheualier nómé Amadis de Gaule,
estimé par tout le monde le meilleur Cheualier de la terre , lquel occist
en la court du Roy Lisuart vn mien cousin , nommé Dardan le superbe,
ie le chercheray , & luy couperay la teste, tellement que toute se renommée se tournera en moy . Et atendant que celà se face , ie vous bailleray
pour compagnie, deux des plus belles Damoyselles de tout le païs , auxquelles ie donneray, pour amys, les deux meilleurs Cheualiers de mon lignage, & chacun iour ie vous meneray à la fontaine des trois Oliuiers, qui
est le grand chemin des Cheualiers errants, & s'ilz vous cuydent enleuer,
vous y pourrez voir maintes belles ioustes , & celles que i'y feray , pour
l'amour de vous, qui vous donnera ocasion de m'aymer, ainsi que ie vous
ayme. Voylà comment nous fusmes prises, & baillées aux deux premiers
Cheualiers, qui ont esté vaincuz, lesquelz nous ont tenues vn an durant,
faisants tous les iours maintz combatz, ou vous les trouuastes. Certainemét
ma grand' amye, dist Galaor, la pensée de ce Cheualier estoit assez grande ,
s'il l'eust executée, comme il presumoit : mais ie croy , qu'il se fust trouué
en autant de danger, qu'il s'est trouué, s'il eust rencontré cest Amadis, qu'il
desiroit trouuer. Ie le croy bien, respondit elle, veu que vous l'estimez encores plus que vous autres. Comme se nommoit il? dit Galaor . En bonne
foy , respondit elle , il auoit nom Alimias . Et estimez , que si son grand
orgueil, ne l'eust obusé, qu'il estoit tresgentil personnage, & adroit aux
armes. Telz & semblables propoz eurét les Cheualiers, & Damoysellesen
semble, iusques à tant qu'ilz arriuerent au chasteau de la tante, ou ilz furét
bien receuz, mesmes quand on leur dist, que Don Florestan auoit occis A-
limias , & ses compagnons, qui tenoient par force ses nieces, lesquelles
furent laissées auecq' elle, & prindrent les deux Cheualiers congé de leurs
amys, pour aller au Royaume de Sobradise , ou ilz furent auertiz (auant
que d'entrer en la ville) comme Amadis, & Agraies auoient occis Abiseos
& ses deux filz, ayants rendu Royne paisible Briolanie. Dót ilz eurent tres
grand plaisir, louants Dieu de ceste fortune . Puys vindrent descendre au
palays, sans que personne les cogneust , iusques à ce qu'ilz fussent deuant
Amadis, & Agraies, lesquelz estoient desia gueriz de leurs playes, & deuisoient auec la belle Royne Briolanie à l'heure qu'ilz se presenterét. Or entendez que la Damoyselle qui auoit conduit Galaor, ou estoit Florestan,
les auoit laissez apres leur cóbat, & estoit venue deuant, vers sa maistresse,
à laquelle elle auoit conté , & à Amadis aussi, la cognoissance de Galaor,
& de

& de Floreftan,& qu'elle fin auoit eu leur meflée . Parquoy à leur arriuée
Amadis les vint tous deux embracer:mais Floreftan mit les genoux à terre,pour luy baifer les mains,ce que Amadis ne voulut permettre,ains le re
leua, puys fe mirent à deuifer de leurs auantures pafsées.Mais vn iour entre autres , la nouuelle Royne Briolanie(apres maintz feftiemens & bonnes cheres,qu'elle leur fift)voyant que les quatre Cheualiers deliberoient
de partir , confiderant le bien qu'elle auoit receu par Amadis & Agraies,
& qu'elle (qui fouloit eftre pauure Princeffe desheritée) eftoit par leur
moyen reftituée en fon royaume,voyant la rouë de fortune muée , & que
telz perfonnages eftoiét non feulement pour luy ayder à l'auenir à garder
fes païs:mais affez puiffanspour eux mefmes eftre Roys,&grás Seigneurs,
fe vint ieter à genoux deuant eux , rendant premierement graces à Dieu,
qui luy auoit fait tant de bien, que de la regarder en pitié . Et continuant
fon propos,dit:Croyez mes Seigneurs,que telles mutatiós font de merueil
les du Seigneur tout puiffant:lefquelles nous font admirables, & les tenós
trefgrandes:mais à fon regard,c'eft moins que rien.Voyonsdonc maintenant f'il feroit bon de fuyr,& abhorrer les grandes feigneuries , & richef-
fes (pour lefquelles aquerir nous auons tant de trauaux & d'ennuys , &
pour les garder innumerables angoiffes & trifteffes) Et comme fuperflues
les deieter,d'autant qu'elles font tourments de corps & d'ames , incertai-
nes , & non permanantes . Quant à moy, ie dy que non: mais i'aferme,
qu'elles eftans loyaument aquifes,en en vfant modeftement & difperfant
felon Dieu,elles font en ce monde repos,plaifir,ioye, & chemin pour paruenir en la gloire eternelle.

ACVERDO OLVIDO.

*Fin du premier liure d'Amadis de Gaule,imprimé à Paris
par Eftienne Groulleau,pour luy,Ian Longis,&
Vincent Sertenas,Libraires.*

1 5 4 8.

9 782329 607115